JN272757

地中海世界の旅人

移動と記述の中近世史

長谷部史彦【編著】

慶應義塾大学言語文化研究所

序

地中海の港アレクサンドリアに生まれ、マムルーク朝スルターンのジャクマク（在位 1438–53）とも親交があったハナフィー派法学者のイブン・アル＝フマームが 1457 年、首都のカイロで死去し、カラーファ墓地のスーフィー聖者イブン・アター・アッラー（1309 歿）の廟に埋葬された。イブン・アル＝フマームは約 70 年の生涯に何度もメッカへのハッジ巡礼を果たしたが、そのうち一回には妻のファーティマも同行していた。イブン・アル＝フマームの死後、おそらくまだ若かったファーティマは、アズハル・モスクのマハッラキーというシャーフィイー派法学者と再婚した。しかし、学者でありながら仕立屋として稼いでいたマハッラキーにも 1481 年に先立たれてしまう。その後しばらくして彼女は、住み慣れたカイロを旅立ち、紅海経由で再度聖地メッカへ向かった。約 1 万 2000 人の有名人の伝記を収めた『輝く光』の著者サハーウィーの記述によれば、その途上、彼女は「混交の意図と慎重であることの能力の欠如から、運送業者の如き同行者」と人生三度目の結婚を成就させたのであった。しかし、1493 年、聖地メッカ到着の直後、彼女は落下事故のため命を落とすことになる。ファーティマの遺産は、再婚相手に離縁され一足先にメッカに来ていた、イブン・アル＝フマームとの間の娘アーイシャが継承したという[1]。

以上は、15 世紀のアラブ地域のムスリマ（イスラーム教徒女性）の旅の一例である。中世や近世のムスリマたちの旅は、父や夫などに同行する場合が多かったと言われるが、このファーティマのように主体的に聖地をめざし、おまけに「恋愛結婚」まで実現してしまう年嵩の女もいたのである。参詣のみならず終の棲家や死地を求める聖地への道行き、女性学者（アーリマ）としての学問修業の旅、飢饉やトビバッタの被害からの逃避行など、遠距離の旅路を進む女たちの動態や情動にもわれわれは思いを致すべきであろう。

中世から近世にかけての「地中海世界」において、老若男女の人々はいかなる思いから、何を求め、どのように旅をしたのか。そして、移動の時空間と経験、旅のかたちと方法、旅先の印象や情景、旅路の思索、異郷の人々や異文化との接触交流は、いかに記述化されたのか。旅や移動をめぐる記述は旅行記に限定されず、多様かつ膨大である。旅する彼／彼女や集団を取り巻く歴史社会、旅人への時代の刻印を把捉するために、我々はそれらをどう読み、史料のいかなる問題・特徴・陥穽に注意を払い、どのような解釈をほどこすべきなのか。本論集は、西暦10世紀／イスラーム暦4世紀頃から西暦18世紀／イスラーム暦12世紀の初頭へと至る「地中海世界」を対象として、個別事例の分析と検討という多分に局所的な歴史研究の作業成果を基に、以上の問いへの答えを探究しようとするものである。

ここでの「地中海世界」は、「拡大環地中海世界」である。それは、アラビア語やトルコ語で「白い海」と呼ばれる地中海の周辺地域や大小の島々だけでなく、中世・近世におけるイスラーム圏とヨーロッパ圏を合わせた広大な多元的世界を指し用いている。イスラームの成立した7世紀以降、それは、西アジア起源の3つの一神教が多大なる影響を及ぼす、濃密かつ複雑な人間活動の大舞台であった。と、かくも断定的な口調で「地中海世界」を語るべきではないかもしれない。イスラーム圏とヨーロッパ圏を区別固定化し、その内側に安座する研究姿勢をよしとせず、交流史や比較史へと一歩踏み出すことで歴史の新側面を照射し得るのではないか。そうした希求から、政治体制的に、或いは「文明」的に、決して一枚岩とは言えぬ広域をあえて仮設してみると表現した方がよいだろう。

西アジア・北アフリカ、そして狭義の環地中海圏は、紀元前から都市や交通の発展という面で地球上の最先進地域の一つであり、人の移動や往来が並外れて活発な場であった。本論集の対象とする時期に入る頃にはヨーロッパの社会経済的成長もあり、地中海を中心とした東西南北の諸地域間の交流は格段にその勢いを増すこととなった。旅という空間移動の動機や目的は、富や権力の獲得、軍事・外交・統治、学問や技能の習得、聖地参詣や生／死の聖者への訪問、「驚異（ミラビリア／アジャーイブ）」の探究、止み難き漂泊の思い、経済危機・戦乱・迫害による避難など、実にさまざまであった。そして、王や王族、政治・社会的エリート、商工民、農民、牧畜民、水上民、マイノリティーや下層・周縁民など多様な人々が異郷の地へと長短の旅の軌跡を描き、旅をめぐる知的営為や記述は、中近世を通じ明らかに豊かになっていった。「レコンキスタ」や「十字軍」、「後の十字軍」、「大航海時代」や「バルバリア海賊」といった対立や紛争の諸局面にもかかわらず、異文化圏へと越境し、旅する個人や集団による長距離移動は途絶えることがなかった。

アラブ史専攻の編者が注目する当該期の「越境者」を列挙してみよう。12世紀末のアンダルスに生まれ、ジェノヴァの船で地中海を横断した後にメッカ巡礼を果たし、アラビア語のリフラ（メッカ巡礼記）の手本となる傑作を著したイブン・ジュバイル[2]。プラートの大商人フランチェスコ・ダティーニの商会駐在員としてシリアに長期滞在したシエーナ商人で、アラブの族長ヌアイルとも親交を結び、帰国後『バルクーク伝』と『ティムール伝』をラテン語で著した「最初のオリエンタリスト」、ベルトラーモ・ミニャネッリ（1455 歿）[3]。ナスル朝末期のグラナダに生まれ、故郷を追われてフェズに移住し、ワッタース朝の外交使節として、ソンガイ帝国、ボルヌー王国、マムルーク朝、オスマン帝国を歴訪したマーリク派法学者のアル゠ハサン・アル゠ワッザーン。彼はオスマン帝国への編入直後のエジプトを経てメッカ巡礼の後、帰路にジェルバ島付近でスペイン海賊に捕まり、ローマのサンタンジェロ城に収監され、教皇レオ 10 世の下でカトリックに改宗してジョヴァンニ・レオ（レオ・アフリカヌス）となり、浩瀚な『アフリカ誌』をイタリア語で執筆した[4]。そして、ヴェネト地方のマロースティカに生まれ、1580 年にヴェネツィア領事付きの医師としてカイロに赴き 3 年余のエジプト生活を経験し、後にパドヴァ大学の植物園長になり、『エジプト自然誌』などの著作を残した博物学者のプロスペーロ・アルピーニ[5]。17 世紀初頭、オスマン政府にその離脱・自立の企てを看破され、メディチ家のトスカーナ大公国への亡命を余儀なくされたレバノン南部のドゥルーズ派名士のファフル・アッ＝ディーン2世[6]。異文化圏への旅は、その果実である作品が示すように、新たな文化的創造の契機とも成り得たのである。

本論集には、中近世地中海世界の旅に関する記述や旅人たちについて、それぞれ独自の研究視角から考察した論攷が収載されている。慶應義塾大学言語文化研究所の「公募研究シリーズ」では、序文後半で所収論文の概要をそれぞれ詳らかに示すのが定石であるが、要約把握で本棚へ直行となる事態を防止するため、ここでは常道を踏まず、ごく簡単に触れるにとどめたい。

本書における注視対象の旅人は次のとおりである。11世紀半ば、セルジューク朝の官職を捨てて西アジアやファーティマ朝下のエジプトを遍歴し、イスマーイール派の宣教文献としての性格を色濃く帯びつつも稀有の地域情報を伝える旅行記をペルシア語で書き残したナーセル・ホスロウ（森本一夫論文）。エストレマドゥーラ地方出身のモリスコ（イスラームからキリスト教への改宗者、「隠れムスリム」）でイベリア半島を脱出し、モロッコのサアド朝の通訳となり、宮廷使節として1610年代にフランスやオランダを訪問したアフマド・アル＝ハジャリー（佐藤健太郎論文）。15世紀末のユダヤ人追放令以降、イベリア半島からヴェネツィアに亡命したリスボン出身のイサーク・アブラバーネル、セビーリャ生まれで中米植民地総督となったペドロ・アリアス2世など南欧・イスラーム圏のみならず、北西ヨーロッパ、カナリア諸島、中南米へも拡散したセファルディーム系ユダヤ人（ユダヤ教徒）及びその改宗者たち（関哲行論文）。異境への強い関心からイスタンブルやカイロを拠点に33年間にわたってオスマン帝国（アナトリア、バルカン、アラブ地域）とイラン、オーストリア、ポーランドなど周辺諸国を移動した17世紀の大旅行家エヴリヤ・チェレビー（藤木健二論文）。対オスマン十字軍に熱意を注ぐ教皇ピウス2世（1458-64年）となる7年前、皇帝フリードリヒ3世の使節としてボヘミアを旅し、フス派急進勢力の拠点ターボルについて詳述したシエーナ近郊出身のエネア・ピッコローミニ（藤井真生論文）。マリーン朝下モロッコのタンジャに生まれ、メッカ巡礼を中心に据えつつ三大陸を巡る空前の大旅行を達成し、広域に関する貴重情報を豊富に含む異色のリフラを残したベルベル系ムスリム学者のイブン・バットゥータ（拙論文）。サファヴィー朝のシャー・アッバースの外交使節としてモスクワ、さらには白海を経由して中欧、イタリア、南仏を歴訪し、スペインのヴァリャドリードでシーア派からカトリックに改宗して「ペルシアのドン・フアン」となったウルチ・ベク。そして、シーア派に改宗したことから家族によってイスファハーンから「放逐」され、ヴェネツィアへと移住して工芸技術を習得し、ブルガリアやアルメニアを経て故郷へと帰還したアルメニア人のアブガル（以上、守川知子論文）。

こうした出身出自、宗教、エトノス（前近代民族）において多彩な旅人たち、そしてその関連記述に目を凝らして検討したものだけでなく、当該地域の旅に関わるさまざまな重要問題に独自の角度から迫った論攷も本書は少なからず内包する。中近世の旅人の長距離移動において帆船が大きな役割を担い続けたことは周知のとおりだが、栗山保之は、「拡大地中海世界」を掲げれば当然視野に入るインド洋海域での旅に関して、ポルトガル来航期のスライマーン・アル＝マフリーの航海技術書を中心に分析し、季節風・航海時期・暦をめぐる新たな成果を披露する。他方、中近世地中海世界で旅人を引き寄せる中心は、一神教の巡礼地、とりわけ大聖地であった。櫻井康人は、1330年代から16世紀前半にかけてヨーロッパ人が書いた計84に及ぶエルサレム巡礼記の記述内容を総合的に分析し、この重層的聖地における「聖墳墓の騎士」の儀礼へのフランチェスコ会の関わりとその変容について詳論する。神崎忠昭は、数多い中世ローマの聖地案内書の中で特に読まれた『ローマの都の驚異』に着目し、その特徴や政治的背景について幅広い視野から論じる。太田啓子は、レバノン生まれのキリスト教徒医師で古代地中海医学の継承者であるクスター・イブン・ルーカー（10世紀初頭歿）が、メッカ巡礼者のために記したアラビア語の医療手引書について、メジナ虫症に焦点を当てつつ検討し、同書の文化的背景や史的意味を探る。また、地中海世界の知的ネットワークの包括的把握をめざす岩波敦子は、移動と交流の高位文化的な面について、12世紀を中心としたイスラーム世界からヨーロッパへの数学、天文学、光学などの科学知の伝播に照準を合わせ、フワーリズミーの算術論などのラテン語諸写本を吟味しながら考察を展開する。

個性溢れる各論攷の一端に言及してみた。以下では、それらを概ね西から東へとならべて提示することにしたい。地中海世界はもとより、広く旅とその記述に興味を抱かれる読者諸氏にとって、本書の試みが何がしかの学的な作興となれば幸いである。

2013 年 3 月

長谷部史彦

註

1 Al-Sakhāwī, *al-Ḍaw' al-lāmi' li-ahl al-qarn al-tāsi'*, 12 vols, Cairo: Maktabat al-Qudsī, 1353–1355 A. H., 3: 319; 8: 127–132; 12: 81, 91–92.

2 イブン・ジュバイル（藤本勝次・池田修監訳）『イブン・ジュバイルの旅行記』講談社（学術文庫）、2009 年.

3 詳しくは、Angelo Michele Piemontese, "Beltramo Mignanelli senese biografo di Tamerlano", *Oriente Moderno*, Nuova serie, 15/2 (1996), 213–226 などピエモンテーゼによる一連のミニャネッリ研究を参照のこと。

4 詳しくは、Natalie Zemon Davis, *Trickster Travels: A Sixteen-Century Muslim between Worlds*, New York: Hill and Wang, 2006 を参照のこと。

5 Prosper Alpin, *Histoire naturelle de l'Égypte, 1581–1584*, 2vols, Cairo: Institut français d'archéologie orientale du Caire, 1979.

6 Paolo Carali, *Fakhr al-Dīn II, principe del Libano e la corte di Toscana, 1605–1635*, 2vols, Rome: Reale Accademia d'Italia, 1936–38. 同時代のスンナ派学者のハーリディーは亡命に同行しなかったが、詳しい伝聞情報を基にこのマアン家当主のトスカーナ滞在記をまとめ上げた。このアラビア語の滞在記には、フィレンツェのサンタ・マリア・デル・フィオーレ大聖堂に関する細かい記述などもみられる。al-Khālidī, *Lubnān fī 'ahd al-Amīr Fakhr al-Dīn al-Ma'nī*, Beirut: al-Jāmi'a al-Lubnāniyya, 1969 を参照のこと。

目　次

序　長谷部史彦　i

中近世イベリア半島における宗教的マイノリティーの移動
——ユダヤ人とコンベルソ、マラーノを中心に　関　哲行　1

17世紀モリスコの旅行記
——ハジャリーのイスラーム再確認の旅　佐藤健太郎　25

イタリア司教の目に映った15世紀のチェコ
——エネアのボヘミア・レポートとその背景　藤井　真生　55

学知の旅、写本の旅
——中世地中海世界における科学知の継受と伝播　岩波　敦子　83

『ローマの都の驚異』考
——「ガイドブック」あるいは政治的文書　神崎　忠昭　109

近世オスマン帝国の旅と旅人
——エヴリヤ・チェレビーを中心に　藤木　健二　137

イブン・バットゥータの旅行記におけるナイル・デルタ情報の虚実　長谷部史彦　157

14世紀～16世紀前半の聖地巡礼記に見る「聖墳墓の騎士」
——儀礼へのフランチェスコ会の関与過程を中心に　櫻井　康人　185

中世のメッカ巡礼と医療
——クスター・イブン・ルーカーの巡礼医学書の記述から　太田　啓子　217

ナーセル・ホスロウとその『旅行記』
——屋上に牛はいたのか　森本　一夫　237

地中海を旅した二人の改宗者
——イラン人カトリック信徒とアルメニア人シーア派ムスリム　守川　知子　257

インド洋船旅の風
——ポルトガル来航期におけるアラブの航海技術研究の一齣　栗山　保之　285

跋　311

中近世イベリア半島における宗教的マイノリティーの移動
――ユダヤ人とコンベルソ、マラーノを中心に

関　哲行

はじめに

ユダヤ人とコンベルソ（改宗ユダヤ人）ないしマラーノ（偽装改宗者）は、ムデハル（キリスト教徒支配下のムスリム）やモリスコ（改宗ムスリム）と並び、中近世イベリア半島を代表する宗教的マイノリティーである。中世末期のイベリア半島には、セビーリャ、トレード、バレンシア、バルセローナ、リスボン、エヴォーラなどの主要都市を中心に、30万人とも35万人ともいわれるセファルディーム（地中海系ユダヤ人）が定住した。わけてもスペインには25～30万人のセファルディームが集中し、スペインは中世ヨーロッパ最大のユダヤ人居住地を構成した。14世紀前半までのイベリア半島では、再征服・再植民運動と、それに伴う入植者確保の必要から、西ヨーロッパ諸国と異なり、反ユダヤ運動は比較的抑制された。こうした状況を一変させ、ユダヤ人とコンベルソ、マラーノの大規模な移動の起点となったのは、14世紀半ばのペストとトラスタマラ朝の内乱、14世紀末の大規模な反ユダヤ運動であった[1]。

反ユダヤ運動の拡大とコンベルソ問題

14世紀後半～15世紀のスペインは、ペストによる大幅な人口減少、貧民の増加、百年戦争と連動したトラスタマラ朝の内乱を背景に、深刻な社会・経済危機に直面した。封建制社会の危機は、キリスト教徒のユダヤ人観にも波及し、ユダヤ人を潜在的「キリスト教徒」とする、13世紀までの楽観的ユダヤ人観はほぼ消滅した。高利貸しや徴税請負によってキリスト教徒民衆を収奪し、聖体冒涜を繰り返す悪魔サタンの手先。邪悪な信仰に固執して、メシアとしてのイエスを否定し、イエスを殺害した「神殺しの民」としてのユダヤ人。こうした「神殺しの民」との「共存」は不可能とされ、武力による反ユダヤ政策が追求されることになる。ユダヤ人の「負のイメージ」が累積され、キリスト教徒のユダヤ人観は悲観論へと大きく傾斜した。差別的バッジの携行やユダヤ人街のゲットー化を命じる反ユダヤ法が制定された中世末のポルトガルでも、状況は酷似していた[2]。

スペイン有数のユダヤ人居住都市セビーリャでは、1370年代以降、聖堂助祭フェラント・マルティネスによる反ユダヤ説教が繰り返されていた。その沈静化を目指したカスティーリャ王フアン1世とセビーリャ大司教が相次いで没し、権力の空白が生じた1391年6月、セビーリャで民衆を主体とする大規模な反ユダヤ運動が勃発した。小麦の端境期にあたる6月にセビーリャで始まった反ユダヤ運動は、数ヶ月の間にコルドバ、トレード、バレンシア、バルセローナ、ブルゴスなどの主要都市に飛び火し、全国規模でのユダヤ人虐殺とユダヤ人の強制改宗、シナゴーグ破壊を誘発した。1391年の反ユダヤ運動は、主要都市のユダヤ人共同体（アルハマ）に壊滅的な打撃を与え、ユダヤ人追放へ向けての出発点となった[3]。

15世紀初頭にはバレンシアの民衆説教師ビセンテ・フェレール（ビセン・ファレ）が、スペイン全域で反ユダヤ説教、ユダヤ人の改宗運動を展開し、同様に多くのユダヤ人を改宗させた。そのため15世紀半ばには、ユダヤ人以上に、コンベルソ問題が、大きな課題として浮上した[4]。

「判決法規」と新たな異端審問制度の導入

カトリック教会と王権が、組織的なコンベルソ教化策をとらなかったこともあり、多数の強制改宗者を含むコンベルソの同化は容易ではなかった。改宗後もコンベルソはユダヤ人街に居住し、ユダヤ人と緊密な社会・経済・親族関係を維持した。ユダヤ教の宗教儀礼を実践し続けるマラーノが続出しても、何ら不思議ではなかった。1449年にトレードで勃発した反ユダヤ運動と、その過程で制定された「判決法規」は、マラーノを含むコンベルソへの不信の表明に他ならなかった。「判決法規」によりユダヤ人の家系に連なる者やマラーノは、キリスト教徒を支配する都市官職の保有を禁じられたからである。1449年にはリスボンでも大規模な反ユダヤ運動が発生しており、15世紀半ばにはイベリア半島全域で、ユダヤ人との「共存」の道は確実に狭まっていた[5]。

1470年代のスペインでは、カスティーリャ王位継承をめぐる不安定な政治・社会情勢の中で、反コンベルソ運動が各地で再燃した。これに危機感を強めたのが、「絶対王政」の確立を目指すカトリック両王（カスティーリャ女王イサベル1世とアラゴン王フェルナンド2世）と、その側近の有力コンベルソであった。国王側近の有力コンベルソにとって、反コンベルソ運動の拡大は、自らの失脚に直結する危険性を孕んでいたためである。そこでカトリック両王は側近の有力コンベルソの提言などを踏まえつつ、ローマ教皇シクストゥス4世から、新たな異端審問所設立の認可を取りつけ、1480年セビーリャに最初の異端審問所を開設した[6]。

カトリック両王の推挙により初代異端審問長官には、コンベルソのドミニコ会士トマス・デ・トルケマーダが任命され、異端審問長官の統括する異端審問会議と、それに従属する各地の異端審問所から成る、新たな異端審問制度が確立した。それはローマ教皇の普遍的権威に依りながらも、実質的に王権の利害と緊密に結びついた国王行政機構の一部であり、異端根絶を名目に、地方特権によって分断されたスペイン各地への、王権の浸透を図る権力装置でもあった[7]。

ユダヤ人追放

新たな異端審問制度は、コンベルソの「真の改宗」を目的とした、王権と教会の組織的対応を意味し、コンベルソへの不信を払拭できない「旧キリスト教徒」——4世代を遡って異教徒の「血」の混じっていない伝統的キリスト教徒をさす——、とりわけ民衆の強い支持を受けた。この異端審問制度をもってしても、巧妙な「偽装改宗者」を防止できず、コンベルソ問題の抜本的解決には至らなかった。しかも異端審問制度は特殊な場合を除き、異教徒であるユダヤ人への裁判権を行使できず、ユダヤ人が存在する限り、コンベルソの「真の改宗」は期待できなかったのである[8]。

こうした中でカトリック両王は、1492年3月、異端審問所や国王側近の有力コンベルソの要望に沿って、ユダヤ人追放令を発した。ユダヤ人に追放か改宗かの二者択一を迫った、ユダヤ人追放令の目的は、ユダヤ人の追放ではなく、ユダヤ人の改宗とコンベルソの「真の改宗」にあった。ユダヤ人追放による宗教的統合は、言語や法制度を異にするモザイク国家スペインの政治・社会統合に不可欠の手段であり、「絶対王政」の大前提であった。1492年3月の追放令により、数万人のユダヤ人が改宗する一方で、ユダヤ人民衆を中心とする7万〜10万人のユダヤ人が、信仰を守ってスペインを離れた。「第二のディアスポラ」である[9]。

追放後のユダヤ人、コンベルソ、マラーノ

15世紀末〜17世紀前半に、スペインを追われたユダヤ人やコンベルソ、マラーノは、主としてポルトガル、フランス、イタリアといった近隣のカトリック諸国、オランダやイギリスなどのプロテスタント諸国、イスラーム世界の覇権国家であるオスマン帝国や、ジブラルタル海峡対岸のマグリブ諸都市に亡命した。ポルトガルでも1496年と1536年に、ユダヤ人追放令と異端審問制度が相次いで導入され、その間の1506年にはリスボンで反コンベルソ暴動が発生した。こうした状況下に、イベリア半島の多数のユダヤ人とコンベルソないしマラーノが、前掲諸国の主要都市へ逃れ、ユダヤ教を維持、あるいはユダヤ

教に再改宗したのであった[10]。

地中海の覇権をめぐってスペインと激突したオスマン帝国は、イベリア半島を追放されたユダヤ人やコンベルソ、マラーノの資本、軍事・産業技術、情報ネットワークに着目し、彼らを積極的に受容した。オスマン帝国の経済的繁栄と寛容な宗教政策も、ユダヤ人やコンベルソ、マラーノを魅了した要因であった。その結果、16 世紀のスマン帝国の首都イスタンブルには、世界最大のユダヤ人共同体が再建され、1535 年当時、4 万人を超えるユダヤ人が集住したのである。マグリブ都市フェズでも、多数のユダヤ人やコンベルソ、マラーノが流入し、1545 年のユダヤ人人口は 1 万人強に達した。宗教儀礼をめぐり、メゴラシーム（流入ユダヤ人）とトシャヴィーム（在来ユダヤ人）間に、一時期対立が生じたものの、16 世紀後半には経済的にも住民数でもメゴラシームの優位が確定した。16 世紀後半～ 17 世紀には、メゴラシームがユダヤ人ネットワークを使い、イギリスやオランダ貿易――主要輸出品は砂糖、輸入品は武器――に、重要な役割を担った[11]。

16 世紀後半～ 17 世紀のスペインやポルトガルのコンベルソ、マラーノは、オランダ独立戦争、スペインのポルトガル併合、三十年戦争を契機に、イベリア半島を脱出してオランダに亡命し、ユダヤ教に再改宗した。アムステルダム都市当局の寛容な宗教政策、16 世紀末以降のオランダの軍事・経済的優位が、その背景にあることはいうまでもない。同時に興味深いのは、1609 ～ 21 年のスペイン・オランダ停戦協定であり、オランダ船がスペインとポルトガルの主要港に寄港したため、多くのコンベルソ、マラーノがこれを利用して、「北のイェルサレム」アムステルダムに亡命することができた。しかも三十年戦争の過程でオランダが、サトウキビ栽培の中心地であった、ブラジル北東部の主要都市レシフェを占領したことから、セファルディームはアメリカ植民地にまで進出したのである[12]。

同様のことは、イベリア半島の南西端に位置し、スペインとアメリカ植民地を結ぶ大西洋貿易の要衝であった、16 ～ 17 世紀のカナリア諸島にも妥当する。スペインの大西洋貿易のみならず、ポルトガル経由の黒人奴隷貿易の中継拠点でもあったカナリア諸島には、アムステルダムやロンドンのユダヤ人——スペイン、ポルトガル系のマラーノで、イベリア半島脱出後にユダヤ教に再改宗——商人が、奴隷や砂糖、ワインを求めて、秘密裏に滞在もしくは定住し、異端審問所に告発される事例が続出した[13]。

以下では、コンベルソの中米総督ペドロ・アリアス・ダビラ Pedro Arias Dávila、改宗を拒否して追放された宮廷ユダヤ人イサーク・アブラバーネル Isaac Abravanel、アムステルダムの異端者ウリエル・ダ・コスタ Uriel da Costa、オスマン帝国のスルタン側近でナクソス公に任じられたヨセフ・ナシ Joseph Nasi、カナリア諸島とレシフェのマラーノないしユダヤ人であるガスパール・デ・ペレーラ Gaspar de Perera、ディエゴ・ロドリーゲス・アリアス Diego Rodríguez Arias、イサーク・アボアブ・ダ・フォンセカ Isaac Aboab da Fonseca、イサーク・デ・カストロ Isaac de Castro を例に、中近世イベリア半島におけるユダヤ人ないしコンベルソ、マラーノの移動様態を具体的に検証したい。

1. コンベルソの中米総督ペドロ・アリアス2世

1.1 コンベルソ家門アリアス・ダビラ家

ペドロ・アリアス2世を輩出したアリアス・ダビラ家は、カスティーリャ北部都市セゴビアの出身のユダヤ人家門で、ユダヤ人の間ではベナサール（アベナサール）家という家門名で知られていた。15世紀初頭に、小売商業に携わっていた祖父のイサーク・ベナサールが改宗し、ディエゴ・アリアス・ダビラと改名した。以後、急速に台頭し、祖父ディエゴは1430～40年代に、カスティーリャ王フアン2世の寵臣ビリェーナ公の保護を受けて、宮廷との関係を深め、フアン2世や王太子エンリケ（後のエンリケ4世）の顧問官を勤めた。エンリケ4世即位後は、国王顧問会議の一員となり、サンティアゴ騎士団およびアルカンタラ騎士団への加入を認められ、王室財務長官も勤めた。コンベルソとして異例の社会的上昇を遂げたディエゴであったが、彼は改宗後も、ユダヤ教の宗教儀礼を遵守し続けた。ディエゴがセゴビアのラ・メルセー修道院に、ユダヤ教の宗教儀礼に則って埋葬されたことは、それを示すものである[14]。

ディエゴにはペドロとフアンという2人の息子がおり、フアンが聖界に入ったことから、ペドロがアリアス・ダビラ家を継承した。このペドロの同名の息子が、本稿の対象とする、中米総督ペドロ（以下ペドロ・アリアス2世と表記）である。ペドロ・アリアス2世の父ペドロは、軍人としてエンリケ4世とイサベル1世に仕え、祖父と同様に、国王顧問会議の一員、カスティーリャ王国の財務長官などを歴任した[15]。

叔父フアンはセゴビア司教となり、イサベル1世の側近として、政治的にも大きな影響力を行使した。1486年にはセゴビア司教区に異端審問制度を導入したが、このことがアリアス・ダビラ家の存亡にかかわる事件へと発展した。アリアス・ダビラ家のコンベルソ奉公人が、セゴビアに異端審問制度を導入し、急速な社会的上昇を遂げる同家への憎悪と嫉妬を募らせ、異端審問所にディエゴを告発したのである。フアンはセゴビア司教としての権力を濫用して、ディエゴの遺骸をローマに移葬させ、また教皇庁への買収工作を進め、マラーノの痕跡を消去した。この隠蔽工作はイサベル1世の知るところとなるが、イサベル1世は、長年にわたる同家の王権への奉仕に配慮し、穏便な処置でこの事案を落着させた[16]。

1.2 ペドロ・アリアス2世

ペドロ・アリアス2世は1460年頃にセビーリャで生まれ、王族や有力貴族の子供たちとともに、宮廷で育てられた。成人後、カスティーリャの名門貴族で、カラトラバ騎士団長職にあったボバディーリャ家のイサベル・デ・ボバディーリャと結婚した。イサベル・デ・ボバディーリャは、イサベル1世側近のモヤ公女の親族にあたり、ペドロ・アリアス2世の昇進と苦境からの脱却に重要な役割を果たした[17]。

ペドロ・アリアス2世は、カトリック両王の下で軍人として勤務し、1492

年に終結するグラナダ戦争や1508～11年の北アフリカ戦役、とりわけマグリブ地方の戦略拠点オランやブージー攻略に軍功をあげた。北アフリカ戦役の過程で、カスティーリャ摂政ともなる枢機卿シスネーロスの信任を勝ち得、その後ろ盾を得ることができた。こうした有力者の保護と軍功を背景に、1513年、中米植民地のカスティーリャ・デ・オロ総督に登用された。ペドロ・アリアス2世は、妻や家族、奉公人、奴隷、約1000人の兵士や植民者――親族や同郷者を含む――を伴って現地に赴任し、翌年初代総督として着任する。異端審問所に提訴されたマラーノの家系に属する者が、広範な権限をもつアメリカ植民地の初代総督に任じられた、数少ない事例の一つである[18]。

着任後ペドロ・アリアス2世は、異教徒のインディオを征服・略奪し、ベレン、ノンブレ・デ・ディオス、サンタ・クルス、パナマ、レオン、グラナダなどの諸都市を建設する。新設都市の都市役人レヒドールには、親族や同郷者をあて、総督の支配権を強化し、パナマ地峡を南米征服の拠点としていく。同時にインディオを奴隷――1512年のブルゴス法は、一部に例外はあるものの、インディオの奴隷化を禁止――として売却し、莫大な収益をあげた。1528年、ペドロ・アリアス2世は、天然痘の蔓延や奴隷貿易により、インディオ人口が激減していたニカラグア総督に転身する。マラーノの家系に属し、インディオへの過酷な支配を断行したことから、ラス・カサスに名指しで批判され、異端審問所からも不信の目を向けられた。1531年、ペドロ・アリアス2世は、自ら創設したニカラグアのレオン市で没し、同市内のヌエストラ・セニョーラ・デ・ラ・メルセー修道院に埋葬された[19]。

マラーノという瑕疵のある家系に連なる、ペドロ・アリアス2世にとって、異教徒であるインディオの征服・教化は、神と王権によって命じられた天与の使命であり、万難を排して遂行すべきキリスト教徒の義務であった。大西洋を越えた中米植民地においても、時にマラーノとして指弾されたペドロ・アリアス2世は、キリスト教徒としての義務を過剰に意識し、インディオへの圧政を行ったのであろう。1514年の彼の遺言状には、家族や親族、奉公人、奴隷、同郷者、ニカラグアとセゴビアの教会・修道院、施療院、兄弟団への遺贈や寄進はみられても、インディオへのそれは全くといっていいほど確認できない。ペドロ・アリアス2世は、コンキスタドールのピサロやコルテスと異なり、インディオの征服・殺戮を合法的行為とみなし、良心の呵責をほとんど感じていなかったのである[20]。

有力貴族家門へ成り上がったとはいえ、コンベルソであることを自覚するペドロ・アリアス2世は、前掲遺言状の中でマヨラスゴ（限嗣相続財産）を継承する息子に、毎日ミサに参列し、騎士として武芸に励み、歴史、哲学、神学、文法、論理学、修辞学を修めるよう助言している。マラーノという汚点を拭い去り、有力貴族家門の地位を維持するには、息子にキリスト教徒の騎士としての教養を身に着けさせることが、不可欠と判断したに違いない[21]。

2. 改宗を拒否した宮廷ユダヤ人イサーク・アブラバーネル

2.1 アブラバーネル家とイサーク・アブラバーネル

アブラバーネル家はセビーリャに拠点を置く、カスティーリャ王国の有力ユダヤ人家門で、イサーク・アブラバーネルの祖父サムエル・アブラバーネルはエンリケ3世の宮廷ユダヤ人、財務長官を勤めた。14世紀末の反ユダヤ運動で改宗を強いられたサムエルは、家族と共にポルトガルに亡命し、ユダヤ教へ再改宗した。スペインと同様、ポルトガルにおいても反ユダヤ運動は広がりをみせていたが、イサークの父ユダ・アブラバーネルは、そうした逆境の中にあって、国際商業や金融業を展開し、有力貴族ブラガンサ公の保護下に、有力ユダヤ人家門としての地位を再建した。1437年、リスボンに生まれたアブラバーネル家の継承者イサークは、父ユダの薫陶を受け、有力ユダヤ人の子弟として、イェシバで高等教育――ユダヤ、ギリシア、イスラーム哲学、医学や天文学など――を授けられたばかりか、キリスト教徒の支配層に不可欠な、ラテン語、スコラ学を学び、セネカやキケロなどの古典文学にも親しんだ。ブラガンサ公やポルトガル王アフォンソ5世の保護下に、イサークが、父に代わり、宮廷ユダヤ人、ポルトガルのユダヤ人共同体代表となるのは、1470年代のことであった[22]。

宮廷ユダヤ人たるイサークは、王室財政の拡充に辣腕をふるう一方で、マイモニデス駁論を著し、知識人としての片鱗も見せ始めた。そうした中でアフォンソ5世が急逝し、ブラガンサ公は、新たに即位したジョアン2世への反逆、ポルトガル王権と敵対するカトリック両王への内通を理由に逮捕された。危機感を強めたイサークは、スペインへの亡命を決断し、カトリック両王の庇護を求めた。イサークの財政手腕を高く評価していたカトリック両王は、イサークの要請を受け入れ、1484年、イサークのスペイン亡命が実現する。グラナダ戦争の渦中にあり、財政難に苦しむカトリック両王にとって、イサークは国王側近の一人として、また徴税業務を統括する宮廷ユダヤ人の補佐役として、ぜひとも必要な人材であった。1484～92年にかけてイサークは、カトリック両王側近の有力ユダヤ人の一人として、誠実に職務を遂行した[23]。

グラナダ戦争が終結した1492年、カトリック両王はユダヤ人追放令を発し、統治下の全てのユダヤ人に対し、4ヶ月以内の改宗か追放かの二者択一を迫った。カトリック両王の圧力に屈し、アブラハム・セネオールやルイス・デ・サンタンヘルといった国王側近の有力ユダヤ人は相次いで改宗した。しかしイサークは信仰に殉じ、多くのユダヤ人民衆と共に、「第二のディアスポラ」を選択した。同年夏イサークは、フランス軍の侵攻に揺れるナポリ王国に入り、国王アルフォンソ2世への拝謁を許される。アルフォンソ2世に従ってナポリ、シチリアなどを転々とした後の1503年、イサークは「終の棲家」となるヴェネツィアに亡命した。多数のユダヤ人を受容していた、オスマン帝国の主要都市サロニカへの亡命も選択肢の一つではあったが、ヨーロッパ文化に馴染んでいたイサークにとって、ヴェネツィアはより現実的な亡命先であったのであろう[24]。

1503年当時のヴェネツィアは、香辛料貿易の規制――ガマによるインド航路開拓の結果である――をめぐり、ポルトガルとの外交交渉を進めていた。ヴェネツィア総督にとって、ポルトガル情勢に詳しいイサークは、外交交渉を有利に展開する上で、最適の人物と映じた。イサークは親族ネットワークを使って、ポルトガルとの経済問題を、外交交渉によって解決しようと試みたが、マラーノにして亡命ユダヤ人であることから、十分な成果を上げることはできなかった。イサークがヴェネツィアで没したのは、1508年のことである[25]。

このようにイサーク・アブラバーネルは、反ユダヤ運動が高まりを見せた15～16世紀初頭にあって、改宗を拒否し、ポルトガル、スペイン、イタリア各地を転々と移動した、数少ない有力ユダヤ人の一人であった。イサークの改宗拒否の背景には、祖父サムエルの改宗と再改宗のトラウマ、優れたユダヤ知識人としてのイサークが到達した、歴史観やメシア思想が大きく作用していた。

2.2 神秘主義者としてのイサーク・アブラバーネル

イサーク・アブラバーネルは、理性と信仰の調和を説いたマイモニデスを批判し、信仰の優位、「神の言葉」としての聖書の字義通りの解釈を主張した、ユダヤ神秘主義者でもあった。イサークによれば、神は最初の6000年紀に天と地を「無から創造」されたのであり、7000年紀に安息をとられ給う。ユダヤ人の歴史は、こうした神意の表出そのものであって、それは天体の運行や奇跡、夢によって敬虔なユダヤ人に啓示されてきた。しかしユダヤ人が神意を蔑にし、欲望に身を委ねたことから、ユダヤ人は神意を認識できず、堕落の歴史を繰り返してきた。ユダヤ人虐殺や追放などのユダヤ人迫害は、堕落したユダヤ人への神罰であるが、それはメシア再臨と終末の予兆でもある[26]。

その上でイサーク・アブラバーネルは、『旧約聖書』の中で最も終末論的色彩の濃い『ダニエル書』を根拠に、メシアないし終末の到来を1503～31年と算定する。1503年はイサークがヴェネツィアに亡命した年であり、コンスタンティノープル陥落から50年目の節目の年でもある。コンスタンティノープルが、第二神殿を破壊したローマ帝国の継承国家、東ローマ帝国の首都であったことはいうまでもない。コンスタンティノープル陥落は、メシア再臨と終末の予兆であり、ユダヤ人はこれを自覚し、悔い改めるべきである。それがユダヤ人救済と、ユダヤ人を基軸とした「神の王国」実現の前提である。イサーク・アブラバーネルの終末論とメシア思想は、激しいユダヤ人迫害の中で絶望し、信仰を失いかけていたユダヤ人民衆の救済を企図したものに他ならなかった[27]。

3. アムステルダムの異端者ウリエル・ダ・コスタ

ウリエル・ダ・コスタは1584年頃、ポルトガル北部の主要都市ポルトで、コンベルソないしマラーノの家庭に生まれた。聖書に精通したコンベルソの聖職者であった父の影響で、ウリエル・ダ・コスタもコインブラ大学神学部へ進み、聖書の研究に没頭した。しかし父が亡くなり、零落したダ・コスタ家は、母が敬虔なユダヤ人であったことも手伝い、再改宗を決断し、1617年にアムステルダムに亡命した。ダ・コスタ家の親族は、アムステルダム、ハンブルク、ブラジルなど各地に拡散しており、同家が、西ヨーロッパ最大のユダヤ人共同体を有するアムステルダムへの移住を決断したのは、合理的な選択であった。アムステルダムでは母方の親族が、ユダヤ人共同体創設者の一人に名を連ねていたし、ウリエルの弟ジョアンも同地のユダヤ人共同体に短期間で同化していた。アムステルダムでは、こうした親族の援助が期待できたのであり、親族ネットワークに支えられて、生活基盤の再建は、比較的容易であったろう[28]。

アムステルダム定住後、ウリエルはユダヤ教の宗教儀礼や解釈をめぐり、ユダヤ人共同体当局と対立を深め、異端者として破門される。そのため一時期、ハンブルク——当時、比較的大きなユダヤ人共同体があった——に滞在するが、再び追放され、屈辱的な条件を飲んで、アムステルダムへの帰還を許された。しかし異端的言説を繰り返し、家族からも忌避され、1640年、自ら命を絶った。宗教的自由を求めて亡命したアムステルダムにおいて、ウリエルは異端者として自らの生涯を閉じたのである[29]。

アムステルダムやハンブルクにおいて、ウリエルが目の当たりにしたユダヤ教は、ポルトガルで長い間、思い描いてきたそれとは、大きくかけ離れていた。あまりに儀礼的で、『旧約聖書』の言説から乖離した、空疎なユダヤ教というのが、ウリエルの率直な印象であった。安息日の衣替えや断食など、瑣末な宗教儀礼が日常的に実践されているばかりか、霊魂の不滅や死者の復活、神の啓示、殉教がユダヤ教の根本教義として、シナゴーグで説かれている。コインブラ大学でキリスト教神学、反ユダヤ的教説の洗礼を受けた、ウリエルによれば、これらは聖書に根拠を持たない、ラビの「創作」にすぎず、「真のユダヤ教」から逸脱し、それを歪める教義である。絶えざる暴力や抗争の主要因も、そこにある。神は自然の中に宿るのであるから、「真のユダヤ教」も自然法に基づくものでなければならない[30]。

ウリエルのユダヤ教正統派（ラビ派）批判は、多くのユダヤ人にとって受け入れ難いものであった。彼らは、ユダヤ人追放や異端審問所による迫害の過程で、投獄され、また財産没収を宣告されて貧窮し、家族や親族を失いながら、やっとの思いでアムステルダムやハンブルクに、ユダヤ人共同体を再建した。こうしたユダヤ人にあって、霊魂の不滅や死者の復活、神の啓示、殉教の否定は、迫害の犠牲となった家族や親族への侮蔑を意味した。霊魂が死すべきものであるとすれば、葬儀や死者への祈りは無価値となり、神の啓示や殉教は自然に反するものとみなされるからである[31]。

ウリエルのユダヤ教正統派批判は、カライ派——聖書主義の立場を取り、ラビやタルムードを否定するユダヤ教の少数派——と共通する部分が少なくないが、それは、ウリエルがポルトガルでマラーノとして孤立しながら、キリスト教的雰囲気の中で聖書を学び、解釈したことと、深く関わっている。17 世紀前半のアムステルダムのユダヤ人共同体から、異端者として断罪、排斥されたウリエルは、同様の運命を辿るスピノザの先達、ユダヤ教世俗化の先駆者としても、注目すべき知識人である[32]。

4. スルタン側近の有力ユダヤ人ヨセフ・ナシ

4.1 ナシ家とヨセフ・ナシ

ナシ家はアラゴン王国やカスティーリャ王国の宮廷医、徴税請負人を勤めた有力ユダヤ人家門であったが、15 世紀末にポルトガルに亡命、改宗し、ポルトガルの有力マラーノ家門の一つとなった。16世紀前半のナシ家の当主は、ポルトガル王国の宮廷医を勤めるミゲスであり、ヨセフ・ナシ（洗礼名ジョアン・ミゲス）は、宮廷医ミゲスの息子として1520年頃に生まれた。宮廷医ミゲスの姉妹グラシア・ナシ（洗礼名ベアトリス・デ・ルナ）は、国際商業や金融業を手広く営むポルトガルの最有力マラーノ家門、メンデス家のフランシスコ・メンデスと結婚しており、ヨセフ・ナシは父親亡き後、叔母グラシア・ナシの下で育てられた。ポルトガル時代のヨセフ・ナシは、有力家門の子弟に相応しく、騎士としての武術と教養、多言語の習得に努めた[33]。

フランシスコ・メンデスが急逝し、ポルトガルに異端審問制度が導入された1536年、マラーノのグラシア・ナシは身の危険を感じ、娘レイナと甥ヨセフを伴って、メンデス家の主要支店のあったアントワープに避難した。フランドル地方でヨセフ・ナシは、西ヨーロッパ各地の商人、文人、芸術家、宗教改革運動の指導者の知己を得、ブリュッセルの宮廷に出入りし、カルロス1世から騎士の称号すら授与されている。1530年代後半〜40年代前半のヨセフ・ナシは、叔母を支えて、メンデス家の企業経営に参画し、フランス王権への貸し付け、リヨン支店の拡大策を推し進めた。フランス王フランソワ1世、スペイン王フェリーペ2世と接触するのも、この時期である[34]。

こうした状況下の1544年、グラシア・ナシは、アントワープに設立された異端審問所の摘発を恐れ、家族や奉公人を伴って、北イタリアへ亡命した。マラーノとしての告発を受け、グラシア・ナシは、ヴェネツィアで一時拘束されるが、ヨセフ・ナシはスレイマン1世側近のユダヤ人宮廷医モーセス・ハモンに働きかけ、スレイマン1世を通じて、ヴェネツィア政府に、通行許可証の発給を急ぐよう圧力をかけた。グラシア・ナシがバルカン半島経由で、イスタンブルに到着したのは、1553年のことであった。ヨセフ・ナシは翌年イスタンブルでグラシア・ナシと合流し、ユダヤ教に再改宗すると共に、グラシア・ナシの娘レイナと結婚する[35]。

4.2　オスマン帝国のヨセフ・ナシ

ヨーロッパの政治・経済・軍事情報に精通したヨセフ・ナシは、スレイマン1世に歓待され、イスタンブルの宮廷ユダヤ人としての道を歩み始めた。わけても重要なのは、スレイマン1世を継承したセリム2世時代であり、後者のスルタン位継承に枢要な働きをしたことから、セリム2世の寵臣としての地位を確実なものとした。寵臣としてのヨセフ・ナシは、ユダヤ人でありながらナクソス公に任じられ、種々の特権を下賜されたのみならず、宮廷内でも強い影響力を行使した。宮廷ユダヤ人としての、こうした政治力を背景にヨセフ・ナシは、グラシア・ナシと共に、ムスリムとの共同出資会社を設立し、大規模な国際商業や金融業を展開した。グラシア・ナシの「商業帝国」を実質的に拡大させたのは、甥にして女婿のヨセフ・ナシであった[36]。

ヨーロッパの事情に精通し、多言語を操るヨセフ・ナシは、セリム2世の外交顧問を勤め、オランダ独立戦争にも関与した。オスマン帝国と敵対するスペイン帝国は、セリム2世と亡命ユダヤ人であるヨセフ・ナシの双方にとって、打破すべき障壁であり、オランダ独立戦争支援は、そのための手段であった。スペイン帝国の内情を熟知していたヨセフ・ナシは、その最大の弱点がオランダ独立戦争にあることを見抜いていた。そこでヨセフ・ナシは、オラニエ公やプロテスタントと接触し、オランダ独立戦争を側面から支援した。オランダの独立は、スペイン帝国を弱体化させるばかりか、イベリア半島のマラーノに「保護区」を提供するからである。同様の思惑から、スペインのモリスコ反乱も支持し、東地中海の戦略拠点キプロス攻略を実現した。しかしキプロス攻略は、スペイン、ヴェネツィア、ローマ教皇による対トルコ同盟の結成を促し、レパントの敗戦の序章、ヨセフ・ナシ失脚の一因ともなった[37]。

4.3　ヨセフ・ナシの救貧事業

ヨセフ・ナシはグラシア・ナシの意を継いで、また有力ユダヤ人の宗教的義務として、迫害と貧困に苦しむマラーノやユダヤ人の救済に強い関心を示した。シナゴーグや学校、施療院を各地に建設ないし再建したのみならず、荒廃したガリラヤ湖西岸の小都市ティベリアスの再開発に奔走したのである。荒廃した小都市とはいえティベリアスは、イェルサレム、ヘブロン、サフェド（ツファット）と並ぶ、ユダヤ教の四大聖地のひとつで、中世最大のユダヤ人哲学者マイモニデスの墓廟が付設されていた。16 世紀半ばには、ヨーロッパを追われた多数のユダヤ人が、ユダヤ神秘主義者イサーク・ルリアなどの影響下に、「メシア再臨の地」とされる、ガリラヤ湖北部の都市サフェドに定住しており、ヨセフ・ナシのティベリアス再開発も、こうした動向と無縁であったとは思われない[38]。

1561 年、この地をセリム 2 世から封与されたヨセフ・ナシは、周囲に防御用の城壁をめぐらし、ヨーロッパ各地を追われたユダヤ人やマラーノ手工業者を入植させて、シナゴーグを再建した。同時に、ユダヤ人の伝統的手工業であった絹織物工業を興し、それを梃子にティベリアスの経済基盤の拡充を図った。食料品確保を目的に、ガリラヤ湖の内水面漁業、農業の振興もはかったが、ヨセフ・ナシの没した 16 世紀末には、外敵の侵入などもあって、ティベリアスは再び衰退した。持続的な成果を上げることができなかったとはいえ、ティベリアス再開発は、有力ユダヤ人による救貧事業の一環として注目してよい[39]。

5. カナリア諸島とレシフェのマラーノ、ユダヤ人

5.1　カナリア諸島のユダヤ人とマラーノ

15 世紀末～ 17 世紀半ばのカナリア諸島は、スペインとアメリカ植民地や西ヨーロッパを結ぶ交通の要衝、スペイン帝国の戦略拠点であったばかりか、黒人奴隷を使ったサトウキビ栽培と製糖業、ブドウ栽培とワイン醸造、ポルトガル経由の黒人奴隷貿易の中心でもあった。そのため近世のカナリア諸島では、西ヨーロッパ向けの奴隷貿易や砂糖貿易、ワイン貿易が盛んで、300 ～ 400 人のコンベルソやマラーノ、ユダヤ人を含む外国人商人が定住ないし一時滞在した。マラーノとしてスペインやポルトガルを追われ、アムステルダム、ロンドン、ルーアン、ナントなどでユダヤ教に再改宗したセファルディームは、スペ

イン語やポルトガル語能力、スペインやポルトガルの商慣習への習熟、イベリア半島とアメリカ植民地の親族ネットワークを駆使して、国際商業に参入し、秘密裏にカナリア諸島に来住した。サンタ・クルス・デ・テネリフェやラス・パルマスといったカナリア諸島の主要都市には、コンベルソやマラーノの親族が在住しており、西ヨーロッパのユダヤ人商人は、彼らと共同出資会社を設立し、大西洋貿易に従事した。その一方、一時滞在中のカナリア諸島で、マラーノの親族とユダヤ教の宗教儀礼を実践したとして、異端審問所に告発される事例も、少なくなかった[40]。

5.1.1　ポルトガル系ユダヤ人ガスパール・デ・ペレーラ

ガスパール・デ・ペレーラは、ポルトガルからフランスに亡命したマラーノの息子で、17 世紀初頭にルーアンで生まれた。ペレーラ家が、アムステルダムやロンドンに移住し、ユダヤ教に再改宗する中で、ガスパールはユダヤ人として成長し、大西洋貿易に従事するユダヤ人商人として、ヨーロッパ各地を転々とした。アムステルダムの有力ユダヤ人の娘と結婚し、テネリフェ島の有力住民にしてマラーノの親族ディエゴ・ペレーラとの関係も、当然ながら維持した。1662 年、ガスパールが商用でテネリフェ島に赴いた際、異端審問所に拘束され、自身がポルトガル系マラーノの末裔であること、西ヨーロッパ各地に展開されるペレーラ家の親族ネットワークについて自白した。1664 年ガスパールは、異端審問所により終身刑を宣告された[41]。

5.1.2　スペイン系ユダヤ人ディエゴ・ロドリーゲス・アリアス

ディエゴ・ロドリーゲス・アリアスは、セビーリャ市東方の中小都市マルチェーナ出身のマラーノで、17 世紀半ばにアムステルダム経由でロンドンに亡命し、ユダヤ教に再改宗した。17 世紀半ば、クロムウェル治下のロンドンでは、ユダヤ人共同体が再建されつつあり、イベリア半島のマラーノが蝟集し始めていた。ディエゴもそうしたマラーノの一人で、ロンドンを拠点に海運業を営んだ。ロンドンのユダヤ人共同体の指導者が、ディエゴの親族であったことも、ロンドン移住を決意させた要因の一つであったろう。

1653年、ディエゴはワイン取引のため、サンタ・クルス・デ・テネリフェに立ち寄ったが、黒人奉公人に告発され、テネリフェ在住のマラーノの親族で義父にあたる、ゴンサロ・ロドリーゲス・バエスの自宅で、異端審問官に逮捕された。しかし翌年、ディエゴは脱獄に成功し、再びロンドンに亡命した。1655年、異端審問所はディエゴの脱獄・逃亡を幇助したとして、ゴンサロと甥のロレンソなどを拘束した。ゴンサロのその後の動向は不明だが、ロレンソは1675年、ディエゴの待つロンドンに脱出し、王立取引所の株式仲介人となった[42]。

5.2　レシフェのユダヤ人

1580年、スペイン王フェリーペ2世が、ポルトガル王位を継承すると、ポルトガル本国とブラジルを含むポルトガル植民地は、スペイン帝国の一部に組み込まれた。スペインは1609年の停戦協定で、オランダの独立を事実上承認したが、1621年、フェリーペ4世は停戦協定を破棄して三十年戦争に参加し、オランダへの通商禁止措置も発動した[43]。

16世紀末～17世紀初頭には、カナリア諸島に代わりブラジル北東部が、サトウキビ栽培と砂糖生産の一大中心地へと変貌していたが、レシフェはその中心都市であった。スペインの通商禁止措置で、ブラジルとの砂糖貿易に大打撃を受けたオランダ西インド会社は、砂糖生産地の獲得に乗り出し、1630年、レシフェを占領すると共に、西ヨーロッパ最大の規模を誇る、アムステルダムのセファルディームを入植させた。オランダ政府と西インド会社が、本国以上に有利な経済特権と宗教的自由、市民権をユダヤ人に保証し、アムステルダムのユダヤ人共同体も、イベリア半島を追われたユダヤ人の海外移住を積極的に支援したことから、17世紀半ばのレシフェには400～600人の規模をもつ、アメリカ植民地最初のユダヤ人共同体が構築された。レシフェのユダヤ人共同体は、1654年のポルトガル軍の侵攻により壊滅するが、レシフェを逃れたユダヤ人の多くはアムステルダムに帰還する一方、一部のユダヤ人はニュー・アムステルダム（現ニューヨーク）に定住し、北アメリカ最初のユダヤ人共同体を組織した[44]。

5.2.1　アメリカ最初のラビ、イサーク・アボアブ・ダ・フォンセカ

イサーク・アボアブ・ダ・フォンセカは、ポルトガルのマラーノ、アルバロ・フォンセカの息子として、1605年にポルトガル北部で生まれた。曾祖父は、1492年の追放令により、ポルトガル北部の都市ポルトに亡命した、著名なユダヤ法学者であった。イサーク・アボアブは、マラーノの両親と共に、南フランス、次いでアムステルダムに逃れ、1612年、ユダヤ教に再改宗した[45]。

若くして、アムステルダムのユダヤ人共同体のラビとなったが、薄給のため、レシフェ移住を決断し、1642年、アメリカ植民地最初のラビとなった。レシフェにおいてイサーク・アボアブは、聖書とタルムードを教授し、レシフェ地域のマラーノの再改宗に尽力した。ヘブライ詩人としても名を馳せ、ポルトガル軍によるレシフェ包囲時には、民衆と共に現地に踏みとどまったものの、レシフェ陥落を機に、アムステルダムに帰還し、アムステルダム・ユダヤ人共同体の宗教指導者の一人となった。ユダヤ人共同体の宗教指導者の一人として、イサーク・アボアブはスピノザの破門令を支持し、アムステルダムのシナゴーグ拡充も実現させた[46]。

5.2.2　殉教者イサーク・デ・カストロ

イサーク・デ・カストロは、ポルトガル出身のマラーノ、クリストバン・ルイスの息子として、1625年にフランス南西部のアキテーヌ地方で生まれた。その後、カストロ家はアムステルダムに移り住み、ユダヤ教に再改宗した。やがてイサーク・デ・カストロは、パリとボルドーで哲学と医学を学び、1641年、大西洋を越え、アムステルダムからレシフェに入った。1644年、商取引のため、レシフェ近郊にあるポルトガル支配下の都市バイアに赴いたが、フランス語、スペイン語、ラテン語、ヘブライ語に堪能なオランダ人スパイとして、異端審問所に摘発された。1645年、イサーク・デ・カストロはリスボンの異

端審問所に移送され、バイアのコンベルソをユダヤ教に再改宗するため、レシフェから送り込まれた危険人物、「戻り異端」として、厳しく指弾された[47]。

異端審問官はイサーク・デ・カストロに、棄教とカトリックへの再改宗を求めたが、拒否され、1647年、火刑を宣告した。彼がリスボンで火刑に処されたのは、22歳の時であった。青年イサーク・デ・カストロの殉教は、アムステルダムのユダヤ人共同体に大きな衝撃を与え、彼の殉教を悼む声が相次いだ[48]。

6. 結び

「大航海時代」にあたる15世紀末のユダヤ人追放令は、宗教的統合によるスペインとポルトガルの政治・社会的統合、「絶対王政」確立のための一施策であった。この追放令を機に、イベリア半島のユダヤ人やコンベルソ、マラーノは、伝統的な居住空間である地中海世界を脱却し、西ヨーロッパ諸都市、カナリア諸島、中南米にまで拡散した。彼らがグローバルな移動を実現できたのは、「大航海時代」と近代世界システム、主要都市のユダヤ人共同体と親族ネットトワークに支えられてのことであり、地中海の覇権をめぐるスペイン帝国とオスマン帝国の激突、カトリックとプロテスタントとの宗教対立という状況下においてであった。

移動の目的は多様で、コンベルソ第3世代のペドロ・アリアス2世は、「旧キリスト教徒」の有力家門との婚姻関係や軍功を梃子に、中米植民地の総督職を取得、インディオを収奪し、富を蓄積して、スペイン帝国の有力家門としての地位を確実なものとした。宮廷ユダヤ人のイサーク・アブラバーネルは、ユダヤ神秘主義思想やメシア思想を背景に、カトリック両王による改宗を拒否して、終末が開始される1503年にヴェネツィアへ亡命した。ポルトガル系マラーノの知識人ウリエル・ダ・コスタは、ポルトからアムステルダムに亡命し、ユダヤ教に再改宗した。ポルトガル時代、キリスト教神学や反ユダヤ的教説の影響を受けつつ、孤立した環境の中で聖書を学び、解釈したことから、カライ派に接近し、霊魂の不滅や死者の復活、神の啓示、殉教といった、ユダヤ教正統派の根本教義を否定した。そのため、信仰の自由を求めて移住したはずのアムステルダムでも、異端者として断罪され、遂には家族からも忌避されて、自ら命を絶った。

ポルトガル系マラーノで、国際商業や金融業に携わっていたヨセフ・ナシは、叔母のグラシア・ナシと共に、スペイン帝国と敵対するオスマン帝国の首都イスタンブルに亡命し、ユダヤ教に再改宗したばかりではない。亡命後はセリム2世側近の宮廷ユダヤ人として、オスマン帝国の外交政策を左右し、ユダヤ神秘主義の影響下に、迫害と貧困に苦しむユダヤ人の救済事業にも携わった。商業活動のため、危険を冒して、大西洋貿易の要衝カナリア諸島に足を踏み入れる、ロンドンやアムステルダムのマラーノもいれば、スペインとオランダを巻き込んだ三十年戦争に際し、アムステルダムから、サトウキビ栽培と砂糖貿易の拠点都市である、ブラジル北東部のレシフェに移動し、ユダヤ人共同体の内面的指導にあたったラビも実在した。商業活動のためにアムステルダムからブラジルに赴きながらも、ポルトガルの異端審問所に拘束され、若くして殉教者となったマラーノないしユダヤ人すら確認できる。

このように中近世のイベリア半島にあっては、多数のユダヤ人、コンベルソ、マラーノが、信仰の自由を求めて、あるいは宗教的目的と政治・経済・社会的目的を綯い交ぜにしながら、地中海と大西洋世界各地へと拡散し、多様な活動を展開した。キリスト教世界でもイスラーム世界でもマイノリティーであればこそ、ユダヤ人とコンベルソないしマラーノは、カトリック、プロテスタント、イスラーム世界の枠を超え、地中海世界、西ヨーロッパ、カナリア諸島から、アメリカ植民地にまで移動できたのである。1492年と1496年が、イベリア半島におけるユダヤ人史の終焉を意味したにしても、それは単なる断絶ではない。マイノリティーとしてのユダヤ人、コンベルソ、マラーノが、伝統的な居住空間である地中海世界から、アメリカ植民地を含めた大西洋世界へと飛躍する起点ともなったのである[49]。

註

1　関 哲行「スファラディム・ユダヤ人——中世以降の歴史的変遷」『ヨーロッパ・ロシア・アメリカのディアスポラ』明石書店、2009 年、159–61、165 頁。M. J. Pimenta Ferro Tavaros, *Los judíos en Portugal*, Madrid, 1992, pp. 38, 41.

2　関 哲行、前掲稿、161–62 頁; B. Netanyahu, *Don Isaac Abravanel*, Philadelphia, 1972, pp. 9–10.

3　関 哲行、前掲稿、162 頁; H. Beinart, *Los judíos en España*, Madrid, 1992, pp. 170–73; L. Suárez Fernández, *Judíos españoles en la edad media*, Madrid, 1985, pp. 201–17.

4　関 哲行、前掲稿、162 頁; H. Beinart, *op. cit.*, pp. 176–79; L. Suárez Fernández, *op.cit.*, pp. 226–32.

5　関 哲行、前掲稿、162–63 頁; A. Domínguez Ortiz, *La clase social de los conversos en Castilla en la edad media*, Granada, 1991, p. 139.

6　関 哲行、前掲稿、163 頁; H. Beinart, *Los conversos ante el tribunal de la inquisición*, Barcelona, 1983, pp. 31–59.

7　関 哲行、前掲稿、163 頁。

8　同、163 頁。

9　関 哲行、前掲稿、163–64 頁; H. Beinart, *op. cit.*, pp. 197–221; A. Domínguez Ortiz, *Los judeoconversos en la España moderna*, Madrid, 1992, pp. 41–43.

10　関 哲行、前掲稿、164–65 頁。

11　同、164 頁 ; J. S. Gerber, *Jewish Society in Fez, 1450-1700*, Leiden, 1980, pp. 47–51, 160, 168–70.

12　関 哲行、前掲稿、169–70 頁; J. I. Israel, *European Jewry in the Age of Mercantilism, 1550-1750*, London, 1998, pp. 46–52.

13　F. Fernández-Armesto, *The Canary Islands after the Conquest,*Oxford, 1982, p. 70; L. Wolf, *Judíos en las Islas Canarias*,Santa Cruz de Tenerife, 1988, p. 11; J. L. del Río Moreno, Los mercados del azcar y el vino y las relaciones entre Andalucía y Canaria (1550–1600), *Coloquio de historia canario-americana*,Las Palmas, 1994, t. 1, pp. 220, 227–29.

14　M. del C. Mena García, *Un linaje de conversos en tierras americanas*, León, 2004, pp. 17–22.

15　*Ibid.*, pp. 23–29.

16　*Ibid.*, pp. 23, 30–33.

17　*Ibid.*, pp. 35, 42–43, 45.

18　*Ibid.*, pp. 36–37, 46–47, 55, 102–03.

19　*Ibid.*, pp. 57–58, 61, 65.

20　*Ibid.*, pp. 78, 85, 88–91, 126–29.

21　*Ibid.*, p. 91.

22 B. Netanyahu,*op.cit*., pp. 3–20, 22–23.

23 *Ibid*., pp. 21, 25–32, 38–40, 50–53.

24 *Ibid*., pp. 58–68, 73, 82.

25 *Ibid*., pp. 82–87.

26 *Ibid*., pp. 96–97, 103, 107, 119, 123, 133, 137–38, 145–47, 201.

27 *Ibid*., pp. 202–04, 218–19, 226, 230.

28 J. Faer, *In the Shadow of History. Jews and Conversos at the Dawn of Modernity*, New York, 1992, pp. 113–21, 134.

29 *Ibid*., pp. 113, 122.

30 *Ibid*., pp. 129, 131–32.

31 *Ibid*., pp. 131–32.

32 *Ibid*., pp. 134, 138–40.

33 C. Roth, *The House of Nasi.Duke of Naxos*, New York, 1948, p. 4; C. Roth, *Doña Gracia of the House of Nasi*,Philadelphia, 1977, pp. 12–16.

34 C. Roth, *The House of Nasi. Duke of Naxos*, pp. 4–5.

35 *Ibid*., pp. 5–10.

36 *Ibid*., pp. 15–21, 41–43: 関 哲行、前掲稿、166–67 頁。

37 C. Roth, *The House of Nasi.Duke of Naxos*, pp. 22, 58–61, 141, 149, 154.

38 *Ibid*., pp. 97, 108; 関 哲行、前掲稿、167–68 頁。

39 C. Roth, *The House of Nasi. Duke of Naxos*, pp. 114–17, 132–34; 関 哲行、前掲稿、167–68 頁。

40 M. Lobo Cabrera, *La esclavitud en las Canarias Orientales en el siglo XVI*, Tenerife, 1982, p. 161; F. Fernández-Armesto, *op.cit*., pp. 160–79; J. L. del Río Moreno, *op.cit*., pp. 220–27; L. Wolf, *op.cit*., pp. 10–12, 32–36.

41 L. Wolf, *op.cit*., pp. 43–44, 213.

42 *Ibid*., pp. 45–46, 52–54, 173–79.

43 関 哲行、前掲稿、170 頁。

44 同、170–71 頁。

45 G. Böhm, *Los sefardíes en los dominios holandeses de América del Sur y del Caribe, 1630-1750*, Frankfurt am Mein,1992, p. 45.

46 *Ibid*., pp. 44–47.

47 *Ibid*., pp. 103–04.

48 *Ibid*., pp. 105–06.

49 関 哲行、前掲稿、165 頁。

17世紀モリスコの旅行記
——ハジャリーのイスラーム再確認の旅

佐藤健太郎

はじめに

17世紀の地中海世界、とりわけマグリブ地域（チュニジア以西の北アフリカ）には、スペインから移住してきたモリスコの姿を各地で見て取ることができる。彼らモリスコはアンダルス（イスラーム期のイベリア半島）のムスリム住民の末裔であるが、強制改宗により表面上はキリスト教徒となって16世紀まではスペイン国内に残留し続けていた。しかし、1609年の追放令により、あるいはそれ以前からの自発的な移住により、17世紀にはイベリア半島を出て地中海世界各地に散らばるようになったのである。

モリスコたちは、スペインにおいても移住先においても、自分たちの信仰について常に意識せざるを得ない境遇におかれていた。スペインでは「新キリスト教徒」と呼ばれ、先祖代々のキリスト教徒とは異なる信仰心の不確かな者たちと見なされていた。実際に、本稿でとりあげるハジャリーのように密かにイスラーム信仰を保持し続けるいわば「隠れムスリム」も少なくなかった。またマグリブ移住後も、数世代にわたってキリスト教徒と共に暮らしてきたとして、ホスト社会からムスリムとしての信仰心を疑われることがしばしばあった。

そうした境遇におかれた17世紀モリスコの一人にハジャリー Aḥmad b. Qāsim al-Ḥajarī（ヒジュラ暦1051／西暦1641年以降没）という人物がいる。

彼は、人生の中で三度の大きな旅を経験しており、その旅の記録を『不信仰の民に対する信仰のたすけの書 *Kitāb nāṣir al-dīn ʿalā al-qawm al-kāfirīn*』（以下、『信仰のたすけ』）と題する書[1]の中に残している。本稿では、旅の中で異文化と出会い様々な出来事を経験してきたハジャリーが、最終的にイスラーム信仰やムスリムとしての自分をどのように認識するに至ったのかを、彼の旅の記録を通して検討していきたい。

1. ハジャリーの生涯と旅の記録

ハジャリーは977／1569–70年頃、スペイン国内のハジャル・アフマル al-Ḥajar al-Aḥmar と呼ばれる村で生まれた[2]。ハジャリーという名はこの地名にちなむニスバ（由来名）である。この村が現在のどこにあたるのかは諸説あるが、『信仰のたすけ』の校訂者はモリスコの集住地として知られるエストレマドゥーラ地方のオルナーチョスだと考えている。アラビア語を母語として育ち、長じてスペイン語も身に付けたハジャリーは、青年期をマドリードやグラナダで過ごした。グラナダでは聖職者とも親交を結んでおり、モリスコとしては比較的スペインのカトリック社会に適応していたように見えるが、実際には両親からムスリムとして育てられたのだという。ムスリムの地への移住を望むハジャリーは、1007／1599年、スペインを脱け出して現在のモロッコへと移住した。これが彼の第一の旅である。モロッコではアラビア語とスペイン語の両方に通じていることを買われ、マラケシュのサアド朝宮廷において通訳として仕えることになる。この間、1020／1611年から2年以上にわたってフランスおよびオランダへのヨーロッパ旅行をおこなっている。ハジャリーの第二の旅である。ヨーロッパ旅行から戻った後も引き続きマラケシュで通訳を務めていたが、1044／1634年にメッカ巡礼へと向かった。この第三の旅では、メッカ巡礼を終えた後、マラケシュまで戻ることはなかった。カイロを経てチュニスまでは至ったものの、そのままチュニスに住み着いてしまったのである。『信仰のたすけ』が含まれるハジャリー自筆手稿本の奥付には、1051年ラジャブ月

20日／1641年10月25日にチュニスで筆写を終えたとあり[3]、その頃まではチュニスに滞在していたことが分かる。これ以後、ハジャリーの消息は絶えるが70歳を越える年齢を考えると、まもなくチュニスで没したものと思われる。

ハジャリーは晩年になってからいくつかの著作を残しているが、アラビア語とスペイン語の双方に通じた彼自身の能力を反映してその多くは翻訳である。アラビア語からスペイン語への翻訳としては、カーディー・イヤード（544／1149年没）による預言者ムハンマド尽くしの書をモリスコが読めるようスペイン語に翻訳した『聖なる預言者の御業になる奇跡の解説 *Interpretación de algunos milagros que hizo el santo Profeta*』がある。また、スペイン語からアラビア語への翻訳としては、サラマンカ出身のユダヤ教徒アブラハム・ザクート（1510年頃没）の手になる天文表（zīj）の翻訳『ザクート書簡 *al-Risāla al-Zakūṭīya*』（原文はラテン語で，スペイン語を介した重訳）や、スペインの軍船に乗務していた経験のあるモリスコが著した銃砲の扱い方の指南書の翻訳『銃砲により神の道につくす者たちへの力と有用の書 *Kitāb al-ʻizz wal-manāfiʻ lil-mujāhidīn fī sabīl Allāh bil-madāfiʻ*』などがある[4]。一方、ハジャリーは翻訳の他にアラビア語によるオリジナルの著作も残している。それが、本稿で対象とする『信仰のたすけ』、およびその元となった『愛しき者たちに出会うまでの流星の旅行記 *Riḥlat al-shihāb ilā liqā' al-aḥbāb*』（以下、『流星の旅行記』）である。

『流星の旅行記』と『信仰のたすけ』成立のきっかけとなったのは、メッカ巡礼を終えたハジャリーがカイロに立ち寄った際、ウジュフーリー Nūr al-Dīn Abū al-Ḥasan ʻAlī b. Muḥammad al-Ujhūrī（967～1066／1560～1656）という人物と知り合ったことだった。ウジュフーリーはカイロ生まれの知識人で、とりわけマーリク派法学の分野では当代きっての学者であると目されていた人物である[5]。ウジュフーリーは、ハジャリーの数奇な生涯、とりわけヨーロッパ旅行中にキリスト教徒やユダヤ教徒との間に繰り広げた宗教論議に大きな関心を抱き、ハジャリーに書物の執筆を勧めたのである。こうして「旅行記 riḥla」として書き上げられたのが『流星の旅行記』だった[6]。書名に「流星 shihāb」

とあるのは、ハジャリー自身がラカブ（通り名）としてシハーブッディーン Shihāb al-Dīn（「信仰の流星」の意）を名乗っていたことによるのであろう。

『流星の旅行記』は残念ながら散逸してしまっているが、その大まかな内容はその縮約版である『信仰のたすけ』に列挙されている。要約すると、以下のような内容を含んでいたらしい[7]。

・アンダルスの地理
・古代のイベリア半島の住民とムスリムによるその征服
・ジハードの戦士であるアンダルスのイスラーム君主の歴史
・イブン・アル＝ハティーブの書簡[8]
・イスラーム期からキリスト教徒による征服までのアンダルスの歴史
・強制改宗後の「隠れムスリム」としてのモリスコの境遇
・グラナダで発見された羊皮紙文書とハジャリーのかかわり
・グラナダ郊外で発見された鉛板文書とハジャリーのかかわり
・キリスト教徒たちからのハジャリーの脱出
・スペイン王によるモリスコ追放令の経緯
・ハジャリーのマシュリク・マグリブ・ヨーロッパへの旅とキリスト教徒・ユダヤ教徒たちとの宗教論議

これが『流星の旅行記』の章構成を忠実に述べたものかどうかは分からないが、ここから見る限りでは、この旅行記はアンダルスとモリスコについての概略を述べた上で、自分自身の遍歴をたどるような構成になっていたと思われる。

しかし、こうして完成した『流星の旅行記』にウジュフーリーは満足しなかったようである。『流星の旅行記』を渡されたウジュフーリーは、キリスト教徒・ユダヤ教徒との宗教論議を中心に要約して書き直すよう求めたのである。確かに上記の内容のうち前半を占めるアンダルスの地理・歴史・文化等に関する情報は他に類書も多く、ハジャリーが何か独自の情報を付け加えられるような主題ではない。ウジュフーリーがハジャリーから得たいと思っていた情報は、後半に見られるハジャリー自身の異教徒との体験談だったのである。エジプト出立の期日が迫っていたハジャリーにとって著作の要約は困難な依頼だったようだが、彼はこれに応え、その結果として完成したのが現在にまで伝わる『信仰のたすけ』である[9]。

こうして成立した『信仰のたすけ』は、以下のような全13章の構成になっている。ただし、各章の題目を全訳すると冗長になるので、ここではあくまで大意を示すにとどめてある。

第1章　グラナダで発見された羊皮紙文書をめぐって私と大司教との間にあったこと、またグラナダ近くのバルパライソで発見された鉛板文書について

第2章　私のムスリムの地への到着、キリスト教徒たちから逃れる際に生じたこと

第3章　マラケシュへの到達、その12年後に私がフランスへ向かった理由

第4章　渡海、ル・アーヴルそしてルーアンへの到着

第5章　パリへの到着、そこでのキリスト教徒との論議

第6章　モリスコ担当の裁判官およびボルドーの裁判官にスルターンの書簡を届けたこと、ローマ教皇がキリスト教信仰に付け足したこと、女教皇ヨハンナの話

第7章　パリへの帰還、キリスト教徒との論議

第8章　オロンヌへの到着とそこで生じたこと

第9章　ボルドーへの到着、キリスト教徒の司教や修道士や裁判官との論議

第10章　フランスおよびオランダでのユダヤ教徒との論議

第11章　オランダへの到着とそこで生じたこと

第12章　エジプトで修道士との間に生じたこと

第13章　アンダルスやその他の地で神が私に与えて下さった恩寵

このように見ると、『信仰のたすけ』の主要部分は、1599年のマグリブ移住までのスペインでの出来事、および1611年に始まるヨーロッパ旅行についての記述であることが分かる。またその中でも特にキリスト教徒との関わりや宗教

論議の記述に重点が置かれている。まさにウジュフーリーが知りたかった情報に焦点をあてた『流星の旅行記』の縮約版であると言えるだろう。

ここで、「旅行記」にあたるアラビア語のリフラ riḥla という文献ジャンルについて確認しておこう。アラビア語の三子音 RḤL はラクダなどに鞍を置くことから発して旅全般に関わる語を派生させる語根である。その点でリフラを旅行記と見なすことにはもちろん問題はない。ただし、なぜ旅の記録を残したのか、という点については若干の補足を要する。家島彦一が指摘するように、12 世紀半ば頃から出現するリフラという文献ジャンルは、それ以前から書かれていた barnāmaj や fihrist（いずれも一覧表や目録といった意味）と呼ばれる学問修行の履歴、すなわち師匠（さらにはそのまた師匠）の一覧を記すジャンルの延長線上に成立したものである。学問修行の履歴が「旅」と結びつくのは、イスラーム世界における学問修行が多くの場合、優れた師を求めて各地を遍歴することであり、とりわけイスラーム世界西方の辺境に位置するマグリブ・アンダルスにおいてはメッカ巡礼も兼ねて東方への大旅行をすることと同義だったからである[10]。したがって、リフラには、旅を通して自らがイスラーム諸学を修得したことを明らかにし、それによって自分自身が優れた知識人であることを示すいわば履歴書としての機能があったのである。

しかし、ハジャリーのリフラは必ずしも学問修行の履歴を記したものではない。これに関連して参考となるのが、14 世紀の歴史家イブン・ハルドゥーンが自伝をリフラと呼んでいる事実である[11]。彼の大部な歴史書『省察すべき実例の書』の巻末に付されたこの自伝は、確かに学問修行の履歴や他の知識人との交流についての記述も豊富であるが、それだけではなく彼自身がどのような君主に仕え、そしてその下でいかに才知を評価されて恩顧を受けたのかといった彼の政治的生活についても詳しく書かれている。チュニスに生まれ、マグリブ・アンダルス各地の君主や地方有力者の下を転々とした末に最後はカイロに落ち着いたイブン・ハルドゥーンの人生は、まさに旅の連続であった。そしてその旅の記録は、学問修行だけではなく政治的生活も含めた彼の人生全体の履歴でもあり、自分がいかに優れた人物かを喧伝する自伝ともなりえたのである。

ハジャリーのリフラは学問修行の履歴が全く欠落しているが（おそらくハジャリーは他人に披瀝するほどの立派な学問修行の経験を有していなかった）、それでも旅の記録を通して自らの優れた点を示そうとする自伝的な性格を持っている。彼のリフラの表題には「愛しき者たちに出会うまでの」とあるが、これがムスリムたちと出会うまでのという意味だとすれば、おそらくハジャリーが示したかった自画像とは、正しいイスラーム信仰を持つに至ったムスリムとしての自分なのであろう。そして、そのような旅の記録＝宗教的な自伝という性格は、縮約版である『信仰のたすけ』の中でも受け継がれていると考えられる。

以下では、ハジャリーの三つの旅の契機と旅程を確認したうえで、彼が『信仰のたすけ』の中で自分自身をどのように認識しそれをどう表現しようとしていたのかを、とりわけ信仰との関わりの中で見ていこう。

2. ムスリムの地への旅

ハジャリーの第一の旅は、1007 ／ 1599 年、生地スペインを離れて海を渡り、マグリブへと向かった時のことである。その動機として当然考えられるのは、異教徒が支配する地ではなくムスリムが支配する地で生活したいという願望である。実際、ハジャリーは『信仰のたすけ』の序文において物心つく頃から自分をムスリムとして育ててくれた両親に言及したうえで、「神は私の心に、アンダルスの地（bilād al-Andalus）から出て至高の神とその使徒のもとへと移住し（muhājiran）、ムスリムの地（bilād al-muslimīn）に至りたいという願いを、うえつけて下さった」と述べており、幼い頃からスペインを出てマグリブの地に向かいたいという思いを持っていたことを示唆している[12]。

しかし、モリスコとしては比較的キリスト教徒社会になじんでいた彼が、一体どういう契機でマグリブ移住を実行に移すことを決意したのかはよく分からない。ただし一つのきっかけと考えられるのが、16 世紀末に発見された一連のグラナダの「偽文書」の存在である[13]。これは、1588 年にグラナダの大聖堂に付属する塔（イスラーム期にはモスク付属のミナレットだった）の取り壊し作業中に壁の中から発見された羊皮紙文書と、1595年にグラナダ郊外の丘（現在のサクロモンテ）から発見された鉛板文書のことで、いずれも西暦1世紀にグラナダにキリスト教を伝えたアラブ人キリスト教徒が残したものだという体裁をとっている。ハジャリーは、このうちの羊皮紙文書のアラビア語解読作業に、親交のあった聖職者からの依頼でたずさわったことがあり、その内容を『信仰のたすけ』第一章の中で詳しく記している。ハジャリーは、この「偽文書」を真正のものと見なし、さらにその中にアラブ・イスラーム的要素が色濃く見られることから、イエスとその直近の弟子達の信仰はイスラームと何ら違うところのない純正な一神教だったことを示す証拠だと理解する。そして現在の三位一体的なカトリック信仰は、純正な一神教に対する歪曲（taḥrīf）によるものだと確信するに至るのである[14]。このような体験を通じてイスラーム信仰の正しさやカトリックに対するイスラームの優位を確信したことが、移住を決断するきっかけとなったことは十分にありうることであろう。

ムスリムの地への移住を決意したハジャリーは、まず海に近いセビーリャへと向かった。オスマン朝をはじめとする国外のイスラーム勢力との結託を疑われているモリスコに出国は許されておらず、そもそも海岸に近づくことも禁じられていた。ハジャリーはモリスコがスペインを出ることの困難さを繰り返し述べている。しかし実際には、セビーリャの南に位置する海港プエルト・デ・サンタ・マリーア（Marsā Shanta Mariyā）で乗船させてくれる船を見つけると、特に船員から怪しまれることなく、もう一人のモリスコの友人と共にマグリブへと渡ることができた[15]。ハジャリーは別の著作の中で、スペイン語に堪能であれば古くからのキリスト教徒を装うことができてスペインから脱け出しやすくなるため、スペイン語を身につけたのだと記している[16]。ハジャリーが素性を知られることなく、船に乗ることができたのは、このためであろう。

ハジャリーを乗せた船が上陸したのは、マグリブの大西洋沿岸に位置する港町マザガン（アラビア語でブライジャ al-Burayja、現在のジャディーダ）である。この町は、16世紀初頭にポルトガル人が建設した町で、スペインによるポルトガル併合（1580年）後も引き続きキリスト教徒の手中にあった。沿岸地域からのキリスト教徒駆逐を目指すサアド朝との関係が緊張状態にあるため、町周辺は騎馬隊が厳重に警備しており、上陸したハジャリーとその友人がイスラーム支配下の近隣の町アザンムールへと脱け出すのは容易ではなかった。脱出を試みたものの騎馬隊に発見されたりして、一度は脱出を断念してスペイン帰国を考えたこともあったという。やがてスペインへの帰国を装ってなんとかマザガンの街を脱け出すことには成功したが、今度は道に迷い、マザガンの近くまで戻ってきてしまったり、飢えや渇きに苦しんだりするなど相当な苦難を経験したことをハジャリーは記している。ムスリム農民にめぐり会って食糧をもらい、なんとかアザンムールに到達できたのはようやく3日後のことだったという[17]。アザンムール到着後は、その地の太守に保護されて共に首都マラケシュへ向かい、1007年の犠牲祭の前日／1599年7月3日、サアド朝君主アフマド・マンスール（在位986～1012／1578～1603年）と会見した[18]。これ以後、ハジャリーはアフマド・マンスールとその息子で後継者のザイダーン（在位1016～1037／1608～1627年）の宮廷に通訳として仕えることになる。

では、ハジャリーが移住を夢見ていたというムスリムの地、マグリブはどのように描かれているのだろうか。『信仰のたすけ』の中では、当然のことながら随所でムスリムの地に到達できたという実感と喜びを記している。例えば、アザンムールからマラケシュへの道中、ハジャリーはドゥッカーラ地方の市場に立ち寄り、その場にいた人々からイスラームの信仰告白を唱えてみろと要求されたことがあった。その際、ムスリムの市場の感想をアザンムール太守から求められたハジャリーは以下のように答えている[19]。

> 神に称えあれ。この人たちの中には一人として敵を見いだすことはありませんでした。というのも、キリスト教徒の地では、市場に行っても人前で信仰告白をすることを私に禁じる敵しかいませんでした。しかるに［ドゥッカーラの市場の］ムスリムたちは私に信仰告白をするよう促すのです。

ここでは、イスラームの信仰告白が禁じられているスペインと、逆に信仰告白をするよう促されるマグリブとが対照的に位置づけられており、マグリブ移住の結果、公然とイスラームの信仰を公にできるようになったハジャリーの喜びがよく表されているといえる。

ただし、このドゥッカーラ地方の市場での出来事についてのハジャリーの記述を子細に見ると、彼の心情はもう少し複雑なように思われる。ハジャリーがアザンムール太守の部下に案内されて市場へ赴いた際、市場にいた人々はこの部下に対してハジャリーに関してあれこれと質問を投げかけ、彼がムスリムだという答えを得ると、口々に「信仰告白をしろ、信仰告白をしろ（shahhid, shahhid）」と迫った。それに対してハジャリーは最初は黙っていたが、あまりにせがまれるので、ついに信仰告白をしてみせたというのである[20]。この出来事については、幸いにして失われたハジャリーの『流星の旅行記』の一節が、別の史料に引用されて残っている。それによれば、この一件は次のように記されている[21]。

ドゥッカーラ地方の市場の近くに我々は逗留した。すると太守ムハンマドは何人かの部下に向かって「この者（ハジャリー）と共に馬に乗って行け、市場の人々にこの者を見せてやるのだ」と言った。やがて［市場に着くと］市場の人々は売買をやめ、我々の方にやって来た。彼らは我々のことを不思議がり、我々について尋ね、我々のことをキリスト教徒だと思っていた（yaḥsabūna-nā naṣārā）。そして我々に向かって「真理の信仰告白をしろ（shahhidū shahādat al-ḥaqq）」と言った。我々は黙っていたが、あまりに繰り返し迫るので、私はこう言った。「私はアッラー以外に神はないことを告白します。私はムハンマドが神の僕でありその使徒であることを告白します。」すると彼らは言った。「神かけて、こいつはおれらより上手に信仰告白をしたぞ。」そして急いでどこかへ行ってから、ナツメヤシやらディルハム銀貨やらパンやらを持って戻ってきた。我々は「おまえたちからは何も受け取れないよ」と言った。

このオリジナルの旅行記の記述からは、ハジャリーがキリスト教徒と間違えられたこと、それゆえに信仰告白を迫られたこと、そしてそれに対してハジャリーはおそらく辟易していたのであろう、当初は黙殺していたがやむなく信仰告白に応じたことがより明確に分かる。ハジャリーの何をもって、市場の人々がキリスト教徒と判断したのかは分からない。衣服だったのかも知れないし、生まれたときから身についた何らかの身のこなしのようなものなのかも知れない。ともかく、ハジャリー自身が抱いていたムスリムの地への憧れとは裏腹に、市場のムスリムたちは彼を簡単にはムスリム同胞と見なしてくれなかったのである。

ムスリムの地にやって来たばかりのハジャリーが、キリスト教徒と間違えられたり、奇異の目で見られたりした例は他にもある。例えば、アザンムールへの道が分からずに飢えと渇きで困窮していたハジャリーたちがムスリム農民に出会ったときのことを、彼は以下のように記している[22]。

> それから我々は丘に登った。するとムスリムたちが作物を収穫しているのが見えた。我々が近づいていくと、彼らは武器を持ち馬に乗って（bi-asliḥat-him wa-khayl-him）やって来た。彼らがやって来ると、我々は言った。「私たちはムスリムだ、戦わないでくれ。」そこで彼らは大いに喜び、我々に金曜日の午前から月曜日の朝まで目にしていなかったパンと食糧を与えてくれた。

この時もキリスト教徒と間違えられたのだろう、ハジャリーたちはムスリム農民からあやうく殺されそうになったのだが、ムスリム同胞だということを打ち明けて、ようやく受け入れてもらえたのである。ハジャリーを保護してくれたアザンムールの太守も、最初は彼のことを奇異の目で見ていたようである。ハジャリーは以下のように述べている[23]。

> それから我々はアザンムールに到着した。するとそこの太守が我々のところにやって来て、ムスリムたちの信仰に関連していろいろと我々を調べ

た（baḥatha-nā kathīran fī umūr dīn al-muslimīn）。彼は私に言った。「アラビア語で書けるかね。」私は言った。「はい。」彼は言った。「この紙に書いてみよ。」私は言った。「何を書きましょうか。」彼は言った。「好きなことでよい。」そこで私は、至高の神が私に思いつかせたとおりのことを書いた。望みが果たされ不信仰の徒から解放されたことについて神に感謝すること、我々に与えてくれた厚遇について［アザンムールの］太守ムハンマド・イブン・イブラーヒーム・スフヤーニーのために神の恩寵があるよう祈願することを書いた。すると彼はその紙を受け取った。

この時も、ムスリムであることを証明し、アラビア語で神への感謝と太守自身のための祈願文を書いてみせることで、ようやくハジャリーは太守の保護を受けることができたのである。

ハジャリーの第一の旅は、異教徒の地を離れ、ムスリムの地へと移住することが最大の目的だった。ハジャリーはその目的を果たしはしたが、そこで見たムスリムの地は最初からハジャリーを受容したわけではなかった。このときの旅から30年以上を経た後に書かれた『信仰のたすけ』はムスリムの地へと至った喜びを強調してはいるものの、同時にこの時の戸惑いや違和感が依然としてハジャリーの中にあったことを読み取ることができるのである。

3. ヨーロッパへの旅

ハジャリーの第二の旅は、彼がマグリブに移住して12年後、1611年から2年以上にわたって行われたヨーロッパ旅行である。そのきっかけは、1018／1609年にスペイン王フェリーペ3世が国内のモリスコに対して追放令を発したことにあった。追放されたモリスコの多くはキリスト教徒の船に乗って海路マグリブへと渡ったが、その中に海を渡る際にフランス人の船員たちから財産を強奪された者たちがいた。彼らはマグリブ上陸後、マラケシュに赴いてサアド朝君主ザイダーンに支援を要請し、財産返還交渉のために自分たちの代表5

名をフランスへ送り出すこと、またすでにマグリブに移住している古参のモリスコの中から誰か同行者を選び出すよう求めた。ザイダーンはこの要請を受け入れて親書を用意し、彼らのヨーロッパ渡航を支援した。そして古参のモリスコの同行者として選ばれたのが、マラケシュの宮廷で通訳を務めていたハジャリーだったのである[24]。

ただし、モリスコ一行がザイダーンの支援を受けてヨーロッパ旅行を実現できた背景としては、17世紀初頭のサアド朝とヨーロッパ諸国をめぐる外交情勢も考慮に入れる必要がある。当時のサアド朝にとっての軍事的な脅威は、セウタ、タンジェ、マザガンといった地中海や大西洋沿岸の海港都市を占拠するスペイン（および1580年にスペインに併合されたポルトガル）であった。したがって、スペインのハプスブルク家との王朝的な対立を抱えるフランスは、サアド朝にとって格好の提携先である。またハジャリーは、フランスでの財産返還交渉が一段落した後、直接的には財産返還交渉と関係のないはずのオランダを訪れて総督マウリッツと会見している。オランダもまた1609年に休戦協定を結ぶまではスペインとの間に激しい独立戦争を繰り広げており、やはりサアド朝にとってはスペインに対抗する上で良好な関係を築いておくべき相手であった[25]。こうしたことを考え合わせると、ハジャリー一行のヨーロッパ旅行の背景には、スペインに対して遺恨を抱くモリスコたちの派遣を通して、フランスやオランダとの間の友好関係を深めたいというサアド朝宮廷の思惑があったものと考えられる。

マラケシュを発った一行はまず大西洋沿岸の港町アーサフィーに向かい、そこから船に乗ってヨーロッパへと向かった。30日間の航海を経て到着したのはフランス（Faranja）のセーヌ川河口の港町ル・アーヴル（Habri dhā Ghrasiya）である。その後、ルーアン（Ruwān）を経て一行はパリ（Barīsh）に到着した。パリではサアド朝君主からの親書をフランスの当局者に提示して財産返還交渉を開始し、ピレネー山脈北西に位置しスペインからの追放に際して多くのモリスコが通過した国境の町サン・ジャン・ド・リュ（Shān Jiwān dhuluz）の他、モリスコから財産を奪った船の船長がいるオロンヌ（Ūlūna）

やボルドー（Burḍiyūsh）といったフランス各地を回った。財産返還交渉が一段落してボルドーからパリへと戻ったのは、約1年半後のことだったという[26]。その間、ハジャリーは旅先で出会ったキリスト教徒やユダヤ教徒との間で、イスラーム・キリスト教・ユダヤ教に関する宗教論議を繰り広げている。

フランスでの財産返還交渉が一段落した後も、一行はすぐにマラケシュへ戻ったわけではない。パリから港町ル・アーヴルに出たハジャリーらは、北に向かう船に乗りオランダ（Falanḍis）へと向かったのである。その理由をハジャリーは、かつてモリスコが財産を奪われたフランス人の船で帰国することを避けるためだったとしている[27]。しかし、ハジャリーは1613年6月から9月までの少なくとも3ヶ月間をオランダで過ごしており[28]、フランス船の忌避だけがオランダ行きの理由とは思えない。オランダ行きの背景には、先に述べたとおりサアド朝とオランダとの外交関係を想定する必要があるだろう。また、ハジャリーはフランスで知り合ったオランダの東洋学者トマス・エルペニウス（1584～1624）とも大学都市ライデンで会っており、彼からの招きがあった可能性も指摘されている[29]。これらに加えてもう一点考慮に入れる必要があるのが、当時のマラケシュの情勢である。イブン・アビー・マハッリーという人物がマフディー（救世主）を名乗ってサアド朝の軍勢を破り、1612年夏にマラケシュに入城していたのである。このため、サアド朝君主ザイダーンは翌1613年秋のイブン・アビー・マハッリー敗死まで首都を追われた状態となっていた[30]。果たしてザイダーンが復権できるか否か不透明な1613年夏の時点では、ハジャリーらがすぐにマラケシュに帰還することは不可能だったのである。あるいは、イブン・アビー・マハッリーに対抗するための支援を取り付けるために、オランダへと向かった可能性もあろう[31]。

4日余りの航海の後、アムステルダム（Mustarḍām）に上陸したハジャリーは、ライデン（Laydhan）、ハーグ（al-Hāya）といったオランダ国内の都市を訪れている。大学の町ライデンでは旧知の東洋学者エルペニウスの家に滞在し、またオランダの政治の中心であるハーグでは総督マウリッツ（Mawrisiyu）と4度にわたって会見したという。その後の旅程については、ハジャリーは『信仰のたすけ』の中では何も述べていないが、おそらくはザイダーンがマラケシュに帰還した後の1613年末から翌年初めにかけての頃にマラケシュに帰還したのであろう。

一旦は憧れのムスリムの地に移住したにもかかわらず、再び異教徒の地に足を踏み入れることになった自分を、『信仰のたすけ』はどのように記しているのであろうか。まず第一に、ハジャリーが異教徒の地への嫌悪感と警戒心をあらわにしていることを指摘しなければならない。『信仰のたすけ』では、ル・アーヴルに上陸する前夜の様子を以下のように述べている。

> 翌朝上陸すべく、我々は船中で夜を過ごした。その夜ずっと、私は夢の中で「信仰ただひと筋」章（クルアーン第112章）を唱えていた。上陸した後、「告げよ、これぞ、アッラー、唯一なる神」（クルアーン第112章の冒頭節）を読み上げたことで、たとえ多神信仰の地（bilād al-shirk）に降り立っても、私は唯一神信仰と至高なる神のご命令を確認できていたことが分かった[32]。

三位一体説を持つキリスト教は、イスラームの立場からは多神教的と見なされる。ここでハジャリーは、夢の中で（夢を見ることは神の意志のあらわれでもある）神の唯一性を強調するクルアーンの章句を唱えたことにより、キリスト教徒の地に上陸する心構えができたのだとしているのである[33]。また、ハジャリーは同じ章句をフランス国内を旅行するための川船に乗船する前夜にも夢の中で唱えたという。このとき、ハジャリーは夢の中で悪魔たちに取り囲まれてしまったのでこの章句を唱えたのだが、実は目を覚ましてみると、この悪魔たちは、ムスリムでありながらフランス国内を旅するハジャリーに対して批判的な同乗の船客であった。ハジャリーはこの章句を唱えたおかげで自分は危害を加えられずにすんだと解釈している[34]。

異教徒の地にいることへの嫌悪感は、後述する『信仰のたすけ』最終章の記述の中にも見てとることができる。ハジャリーは自分の身に起こった奇蹟として、フランスに2年ほど滞在した頃、壁をたたく不思議な物音を耳にするようになったと述べているが、これは異教徒の地から早く立ち去るようにと促すものだったのだという。

このようにヨーロッパを異教徒の地と捉えるハジャリーは、行く先々で出会ったキリスト教徒と（時にはユダヤ教徒とも）宗教論議を繰り広げる。先にも述べたように、『信仰のたすけ』の主要部分をなすのが、これらの論議の記述である。この中で取り上げられるテーマは、三位一体やイエスの地位といった教義の根幹に関わる問題から、断食・飲酒の禁止・一夫多妻などの信仰に関わる信徒の生活習慣など多岐にわたっている。イスラームは姦通や窃盗を容認しているのではないかといった誤解に基づく偏見に反駁したこともあるし[35]、トルコ人の王子殺しといった宗教とは直接関係のない慣行について質問を受けたこともあった[36]。

こうした宗教論議の中では、ハジャリーが相手と険悪な関係になることもあった。例えば、ハジャリーがフランスで知り合った東洋学者にエティエンヌ・ユベール Ubirt（1614 年没）がいる。パリ大学でアラビア語を教えていた彼は、パリ滞在中のハジャリーに対して自分が所蔵するアラビア語書籍を一緒に読んでくれないかと求めてきたのである。その際、ユベールの持ってきた書籍の中にクルアーンが含まれているのを目にしたハジャリーは、「至高の神の書が、汚らわしい不信仰者（kāfir najis）の手にあるのを見たとき、私は気分を害した」のだという[37]。さらに、そのクルアーンの余白に「この［章句］ゆえにムスリムは同性愛を容認している」という意味の書き込みがフランス語でなされているのを見たハジャリーが、怒ってユベールとの間で書き込みを消せ、いや消さないといった押し問答をしたこともあった[38]。

また、キリスト教徒の地にいることで、彼らの教会の醜聞について触れる機会を得ることもあり、ハジャリーはそうした情報も記している。例えば、ハジャリーはいわゆる女教皇ヨハンナの伝説を旅先で耳にしたらしく、複数の書物の中で読んだ話として『信仰のたすけ』の中でそのことについて記している[39]。13 世紀頃からヨーロッパで語られるようになった伝説だが、おそらくハジャリーは宗教改革期の反教皇的な立場の書物を情報源としてこの話を知ったのであろう。『信仰のたすけ』の中ではこの伝説は、イエスより後のキリスト教徒、とりわけローマ教皇たちが真の唯一神信仰を歪めてきたことを論じる文脈の中で紹介されており、教皇批判の格好の材料として取り上げられている。

しかし、ハジャリーはヨーロッパのキリスト教徒に対して常に敵対的な態度をとっていたわけではない。例えば、サン・ジャン・ド・リュでモリスコの案件を担当する判事（qāḍī al-Andalus）の家に招かれ、会食しながらイスラームにかかわる様々な論題について議論が交わされた様子は、出席者が笑いながらハジャリーに論破されたことを認めるなど、なごやかな雰囲気で描写されている（もちろん、逆にハジャリーが論破される様子は、仮にあったとしても描かれていない）[40]。

また、ハジャリーからアラビア語の知識を得ようとする東洋学者の中では、オランダのエルペニウスとは特に親密な関係を築いていたようである[41]。エルペニウスは、ヨーロッパにおけるアラビア語文法学の基礎を築いた重要な東洋学者であるが、フランス遊学中にハジャリーと知り合い、その後、ライデンで再会することになる人物である。そのエルペニウスとの宗教論議についてハジャリーは、以下のように記している[42]。

> 我々は論議を始めた。彼は神の性質に関して三位一体説を堅持していた。その点については彼ら（エルペニウスを含むプロテスタント）も教皇（al-bāb）やその信奉者たちと同意見だったのである。彼は、我らの主人イエス（sayyid-nā ʿĪsā）への全き称賛をもって、自らの信仰を讃え称揚していた。私は彼に言った。「あなたの言うイエスに関する賛美や称賛の言葉は全て、私たちも同意できるものです。ただし、あなたの言う、彼が神であるとか、真に神の子であるとかいう言葉を除いては」。

ハジャリーは、三位一体説という根幹のところでの不一致を認めながらも、イエスへの称賛という点ではエルペニウスとの間に共通点を見いだし、交友関係を続けていたのである。

ハジャリーとエルペニウスの親密な交友関係の背景として考慮しなければいけないのが、ハジャリーにしばしば見られるオランダに対する好意的な姿勢である。ここには、対スペインという外交上の要因と、宗教改革の時代という宗教上の要因とが不可分なものとなって働いている。オランダの地を紹介する際、ハジャリーは以下のような説明をしている[43]。

> それは、17の島（jazīra）[44]から成っており、その全てはかつてはスペインの王のものであった。やがて、この地にルター（Luṭiryu）ともう一人カルヴァン（Qalbin）という名の学者が現れ、それぞれ、キリスト教徒たちの信仰に関して、我らの主人イエスと福音書の信仰からの歪曲と逸脱（al-taḥrīf wal-khurūj ʻan dīn Sayyid-nā ʻĪsā wal-Injīl）を明らかにした。また、偶像崇拝や司教・修道士の妻帯禁止など信仰に関する数多くの［イエスの時代の信仰に対する］追加によって、ローマの教皇が人々を迷妄へと導いていることを明らかにした。オランダすなわち7つの島の人々は皆この宗派に加わり、現在に到るまで自分たちの王（スペイン王）に反抗している。イングランドの人々やフランスの多くの人々もこの宗派である。

ハジャリーの中でのプロテスタントは、ローマ教皇を頂点とする伝統的なカトリックとは異なり、偶像崇拝に批判的であり、さらにイエスと福音書の時代の信仰への回帰を志向する宗派であると捉えられていた。イスラームの立場に従えば、イエスと彼に下された啓典の書である福音書の信仰は、後世の人々による歪曲（タフリーフ）を受けていない純粋な一神教であると見なされている。したがって、プロテスタントはイスラームと親和性の高い宗派であるとハジャリーは認識していたのである。そして、ハジャリーによればプロテスタント側もムスリムへの親近感を抱いていたのだという。先の引用に続けて、ハジャリーは以下のように述べている[45]。

> 彼ら（プロテスタント）の学者たちは、教皇や偶像崇拝の徒を警戒するよ

> うに信徒たちに言う一方で、ムスリムたちを嫌わないように言っていた。なぜならばムスリムは偶像崇拝の徒に対する地上における神の剣（sayf Allāh fī arḍ-hi）だからだというのである。それゆえ、彼らにはムスリムへの親近感（mayl ilā al-muslimīn）があった。

宗教改革期のネーデルラントでは聖像破壊運動が展開されたことがあったが、こうした事実を踏まえたのが、このハジャリーのプロテスタント理解であろう。

このような教義上の親和性に加え、スペインへの対抗という外交上の理由からも、オランダはムスリムに友好的であるとハジャリーは理解していた。ハジャリーがオランダで最も頼りとした人物に、かつてオランダの外交使節としてマラケシュに来たことのあるピーテル・マルテンスゾーン・コイ（Bidr Martīn）がいる。彼がマラケシュにやってきたきっかけは多数のムスリム捕虜の送還のためだったのだが、この捕虜がオランダにいた事情についてハジャリーは以下のように述べている[46]。

> スペインの王はガレー船団（al-aghriba）を前述のとおり王に服していなかった島々（オランダ）に派遣した。そこで、島々の人々は出撃してガレー船団を拿捕した。そして船の中にいた者のうちキリスト教徒は海に投じてしまい～そのように言われている～、ムスリムは解放してやった。その数は300人以上だった。そして彼らを大きな船に乗せてマラケシュのスルターンへの贈り物としたのである。

このようにハジャリーはオランダ人のことを、キリスト教徒であってもスペイン軍の捕虜は海に投じてしまうほど憎悪するのに対し、ムスリムに関してはガレー船の漕ぎ手から解放してやるほどに厚遇してくれるのだと描いている。コイはマラケシュ滞在中にサアド朝宮廷の政変もあって投獄されてしまうが、彼を救出したのは、捕虜送還の一件で感謝の念を抱いていたハジャリーの働きかけによるものだったという[47]。

このコイの働きかけにより、ハジャリーはオランダ総督マウリッツと会見する機会を得ることができた。この会見の中でマウリッツは、モリスコを糾合してオランダ船に乗せればスペインを攻略できるのではないかという、非常に際どい提案をハジャリーに対しておこなっている。それに対してハジャリーは、サアド朝君主の許可がなければモリスコは動けないし、またオスマン朝にも意を通じておく必要があると一応は慎重な回答をしている。しかしこの記述もまた、ムスリムに対してオランダが友好的であるとハジャリーが理解していたことを示すものであろう[48]。

最後に、ヨーロッパ人との交流がハジャリーのイスラーム世界に対する認識を新たにした点についても触れておこう。15 世紀末に始まるヨーロッパ人の大西洋・インド洋方面への進出により、17 世紀初めのヨーロッパには世界各地に関する情報が相当程度蓄積されていた。その中にはハジャリー自身も詳しくは知らない東南アジアのムスリムについての情報も含まれていた。オランダのライデンでエルペニウスらの東洋学者と交流を持っていた頃、ハジャリーは彼らから東インドのとある島（jazīra kadhā min al-Hunūd al-Mashriqīya）からオランダ人が持ち帰ったというアラビア語の書物を見せられたことがある。おそらくは、当時オランダが本格的に進出し始めていた東南アジア島嶼部から将来した書物なのであろう。このときオランダの東洋学者たちは、1 年近くの航海を要するというはるか遠くの地の書物をハジャリーが理解できることに驚嘆するのだが、ハジャリーもこの書物の存在に大きな感銘を受けたらしい。アラビア語という言語が神の恩寵を受けた言語であることを確認したうえで、「彼らが東の島々から持ってきたアラビア語の本から思うに、そこの住民がムスリムなのは間違いない」とハジャリーは述べて、自分の知らない土地にまでイスラームが広がっていることを確認するのである[49]。

またハジャリーは、ヨーロッパ人が作成した地図や地球儀からも、イスラームが世界各地に広がっていることを確認している。『信仰のたすけ』の中でハジャリーは、旧約聖書の『ダニエル書』にあるネブカドネザル王の予知夢（金・銀・青銅・鉄・粘土でできた巨大な像を石が打ち砕き全世界を覆う）をイスラームが最終的に全世界を覆うことを示すのだと論証しようとしているが、その際、以下のように述べている[50]。

> キリスト教徒は、偶像を打ち砕き大きくなって全世界を覆った石とは、我らの主人イエス〜神よ彼に平安を〜のことだと考えている。その件について私は、彼ら（キリスト教徒）の書物や、彼らが地図（al-mabbāt）や地球儀（al-kuwar al-arḍīya）の中で描いたこと、さらに私が読んだ論考を通して検討した。

そして、全世界を新世界・ヨーロッパ・アフリカ・アジアの四つに分け、最近知られるようになったばかりの新世界は例外として残りの三地域について詳しく検討する。特にアジアについてはそれが世界の半分（niṣf al-dunyā）に相当するとしたうえで、そこに多くのムスリムが居住していることを強調している[51]。さらに地図や地球儀によればマグリブからアジアまでムスリムの居住地域は経度にして140度を越える範囲に及び、それは420日行程に相当するのだとして、その広大さを強調している[52]。

実はハジャリーはこの論証を記すにあたって、これは異教徒との宗教論議に限定して要約するというウジュフーリーの求めとは合致していない旨の断りをいれている。それにもかかわらず、多くのページを割いてこの論証をおこなっているのは、ヨーロッパ人からこのような知識を得ることができるのは自分のような人間だけであり、しかもその知識はイスラーム信仰の正しさを証明することにも役立つのだという自負心のあらわれであろう。このようにハジャリーはヨーロッパ旅行を通してヨーロッパ人が蓄積していた地理的な知識を吸収する一方で、それを通してあらためてイスラームの広がりを認識して自らの信仰を再確認していたのである。

4. 最後の旅と「聖者」ハジャリー

ハジャリーの最後の旅は、1044 ／ 1634 年から始まるメッカ巡礼とそれに続くカイロ、チュニスへの旅である。しかし、この旅については『信仰のたすけ』の中ではあまり詳細に触れられておらず、そのきっかけは必ずしも定かではない。もちろんメッカへの巡礼は多くのムスリムがいつかは果たしたいと願う旅であり、60 歳を過ぎた晩年のハジャリーがメッカ巡礼を志すのは自然なことであろう。また、それに加えて、当時のサアド朝をとりまく政治状況もハジャリーの出立に影響を与えたと考えられる。ハジャリーが長年仕えた君主ザイダーンは 1037 ／ 1627 年に没し、その後マラケシュの宮廷では息子たちの間で激しい後継者争いが繰り広げられていた。また、国内ではザーウィヤや部族勢力などが割拠してマラケシュ政権の支配は首都近辺にしか及ばず、サアド朝は次第に滅亡へと向かいつつあった。この時期にハジャリーが東方へと旅立ち、そのまま戻ってこなかったのは、このようなサアド朝の混乱も背景にあったと思われる。

ハジャリーの東方旅行の旅程は『信仰のたすけ』の中にはほとんど記されていない。第 12 章はエジプトでの出来事が述べられているが、エジプトでキリスト教徒の修道士との間におこなった論議の記述がほとんどで、旅程に関する情報は得られない。しかし、断片的な記述や他の史料を通して、ある程度はその旅程を再現することができる[53]。1044 ／ 1634 年にマラケシュを発ったハジャリーはまず大西洋沿岸の港町ラバトへと向かう。ラバトおよび川を挟んだ対岸のサレはスペインを追放されたモリスコが数多く移住した都市であり、ここでハジャリーはモリスコ同胞との交友を深めている。メッカに到着したのがいつ頃かは分からないが[54]、1046 年シャウワール月／ 1637 年 3 月にはカイロにいたことが分かっており[55]、その前年もしくは前々年の巡礼に参加したものと思われる。既に述べたようにカイロではマーリク派法学者ウジュフーリーと出会って異教徒との体験を執筆するよう勧められ、『流星の旅行記』およびその縮約版である『信仰のたすけ』を著している。まもなくハジャリーはカイロを発ってマグリブ方面へと戻り、少なくとも1047年ラビーウ第2月21日／1637年9月19日までにはチュニスに至っている[56]。この後、ハジャリーの旅は再開されることはなかった。既に述べたように彼はそのままチュニスに住み着き、おそらくはそこで生涯を終えたと考えられる。

この最後の旅はメッカ巡礼の旅を含んでおり、当然、ハジャリーのムスリムとしての自己認識に大きな作用を及ぼしたと思われるが、残念ながら『信仰のたすけ』の中では詳しいことが触れられておらず、最後の旅の直接的な影響について語ることは難しい。そこでここでは『信仰のたすけ』の最終章に着目してみたい。「アンダルスやその他の地で至高の神が私に与えて下さった恩寵(fī dhikr mā anʿama Allāh taʿālā ʿalay-ya min faḍl-hi fī bilād al-Andalus wa-ghayr-hā min al-bilād)」と題されたこの最終章は、他の章とはいささか異なる内容が記されている。ここでいう神の恩寵とは、神の力により起こる奇蹟のことであり、この章ではハジャリーの身に生じた様々な不思議な出来事が列挙されているのである。

その中には、わずか一日で文字を習得してしまったこと、遺失物が見つかったこと、病気を治癒したことなど、自分や他人にとって現世での利益となるような奇蹟も当然含まれている。しかし、それ以外に興味深いのが、ハジャリーが正しい信仰を保てるように様々な形で促す奇蹟も含まれていることである。例えば、あるときハジャリーが繰り返し礼拝の仕方を間違えたことがあった。自分の不注意に怒った彼は、自分に向かって、市場で鞭を買ってきて礼拝を間違える度にお前を叩いてやる、とつぶやいた。するとその晩、空中からタマリスクの木の棒が降ってきたので、それを鞭の代わりとして手に取ったという[57]。

また、ハジャリーがフランスに滞在している頃に聞こえるようになった物音も、奇蹟の中の一つとされている。この物音はフランス滞在2年を過ぎた頃から聞こえるようになったもので、一人でいるときに壁や近くの板を何者かがたたくような音だった。最初ハジャリーは、これをジン（イスラーム世界で信じられている一種の精霊）の仕業かと恐れたり、怒って壁を叩き返したりしていたが、ついにはこの物音は自分を不信仰者の地から追い出そうとしていたのだと理解するに至ったという[58]。

当初ハジャリーは、この最終章を記すにあたって、自分自身の「力不足・無知・罪ゆえに躊躇を感じていた」らしい。しかし、「至高の神が下さった恩寵、すなわち神の唯一性への確かな信仰に思い至った」ので、これらの奇蹟を書き記すことにしたのだという[59]。確かに他の章の内容と比べるといささか浮いた印象のある章だが、ハジャリーにとっては自分が神に特別に愛され、それゆえに正しい信仰の持ち主たり得たのだということは、どうしても書き記しておきたいことだったのだろう。

このような神のお恵みの中でおそらく最も重要だったのは、ハジャリー自身がムスリムとして人生を送ることができたという事実そのものだったろう。ハジャリーは『信仰のたすけ』の冒頭で、両親と共に物心つく頃からイスラームの信仰を抱くことができたのは、神の恩寵（niʻam Allāh）だったのだと述べているのである[60]。モリスコというイスラーム信仰を維持する上で非常に困難な出自を持ったにもかかわらず、ムスリムとして成長することができたという事実は、両親の慈しみと共に神の恩寵がなければ到底果たし得なかった奇蹟と捉えられているのである。

ハジャリーが自分自身を神の奇蹟が生じる「聖者」的な存在と認識するに至った過程をすべてたどることは容易ではない。おそらくは、キリスト教徒支配下のスペインからムスリムの地への移住を果たせたこと、続くヨーロッパ旅行の中でも異教徒と交流しながらもイスラーム信仰を貫けたこと、そしてついにはメッカ巡礼まで果たすことができたこと、こうした一連の旅を経てきたハジャリーの自己認識の到達点が、神の恩寵めでたい「聖者」としての自分だったのではないだろうか。

おわりに

以上、『信仰のたすけ』に見られる旅の記録を通して、ハジャリーという一人のモリスコの旅の体験と、彼がその体験をイスラーム信仰との関わりの中でどのように認識していたのかを見てきた。第一の旅では、ムスリムの地への憧れや、その地に至るまでの困難、そして最終的に念願を果たすことができた喜びが強調される一方で、現実のムスリムたちが容易には自分を受け入れてくれなかったことへの戸惑いや違和感を見て取ることができた。第二の旅では、宗教論議を通してヨーロッパのキリスト教徒・ユダヤ教徒たちを次々と論破していく姿が強調される一方で、イスラームとの親和性が認められるプロテスタントには比較的友好的であったり、地理上の知識のように異教徒由来の情報であってもイスラーム信仰の正しさを証明するのに役立つのであれば、これを積極的に取り入れようとする姿も見て取ることができた。

ハジャリーという人物は、前半生におけるスペインのカトリック社会への適応ぶりや、ヨーロッパ旅行における多くのキリスト教徒との交友関係などからも分かるように、おそらくはイスラームの信仰という側面だけでは語りきれない人物である。しかし、異教徒と身近に接しながらもイスラーム信仰を保ち続けることができたハジャリーは、二つの旅とおそらくは最後のメッカ巡礼の旅も経て最終的には、神の特別な恩寵を受ける「聖者」として自分を認識するに至った。『信仰のたすけ』に見られるハジャリーの旅の記録は、そのようなきわめて敬虔なムスリムとしての自己像を強調するものだといえるだろう。

註

1 al-Ḥajarī, *Kitāb nāṣir al-dīn ʻalā al-qawm al-kāfirīn*, ed. & tr. P.S.van Koningsveld, Q. al-Samarrai & G. A. Wiegers, Madrid: CSIC, 1997（以下、*Nāṣir al-dīn*）。

2 ハジャリーの生涯については、『信仰のたすけ』の校訂者による、未公刊の書簡や文書史料を駆使した詳細な解説がある。P. S. van Koningsveld et al., "General Introduction," in *Nāṣir al-dīn*, pp. 11–59. マグリブで書かれた伝記集史料中の記述としては、以下のものがある。al-Yifrānī, *Nuzhat al-ḥādī bi-akhbār mulūk al-qarn al-ḥādī*, ed. ʻAbd al-Laṭīf al-Shādhilī, Casablanca, 1998, pp. 195–196; al-ʻAbbās b. Ibrāhīm, *al-Iʻlām bi-man ḥalla Murrākush wa-Aghmāt min al-aʻ lām*, 10 vols., Rabat, 1974–83, vol. 2, pp. 273–275. また、以下の拙稿も見よ。佐藤健太郎「キリスト教徒征服後のグラナダと「隠れムスリム」の翻訳者」『アジア遊学』86、2006年、pp. 79–91；

佐藤健太郎「アラビア語とスペイン語のはざまで——モリスコたちの言語と文化」佐藤次高・岡田恵美子編『イスラーム世界のことばと文化』成文堂、2008 年、pp. 221-243。

3　*Nāṣir al-dīn*, p. 206.

4　この書は部分的に校訂されている。L. P. Harvey, "The Morisco who was Muley Zaidan's Spanish Interpreter," *Miscelánea de Estudios Árabes y Hebraicos* 8, 1959, pp. 67-97.

5　al-Muḥibbī, *Khulāṣat al-athr fī a'yān al-qarn al-ḥādī 'ashara*, Cairo, 1283H., vol. 3, p. 157; al-Qādirī, *Nashr al-mathānī li-ahl al-qarn al-ḥādī 'ashara wal-thānī*, 4vols., ed. Muḥammad Ḥijjī, Rabat, 1977-86, vol. 2, pp. 80-81.

6　*Nāṣir al-dīn*, pp. 10-11.

7　*Nāṣir al-dīn*, pp. 11-12.

8　イブン・アル＝ハティーブ（713 ～ 776 ／ 1313 ～ 1374）はグラナダのナスル朝最盛期を支えた宰相（ワズィール）であるとともに、宗教諸学、医学、韻文・散文など様々な学問と教養を身につけた末期アンダルス最大の知識人である。イブン・アル＝ハティーブの作品とアンダルスの地理・歴史とをあわせて叙述する構成は、ハジャリーと同時代を生きたトレムセン出身のマッカリー（1041 ／ 1632 没）がカイロで著したアンダルス百科的な大著 *Nafḥ al-ṭīb min ghuṣn al-Andalus al-raṭīb* を連想させるものである。しかし、ハジャリーとマッカリーの書との間に何らかの接点があったのかどうかは現時点では不明である。

9　*Nāṣir al-dīn*, pp. 12-13

10　家島彦一「マグリブ人によるメッカ巡礼記 al-Riḥlat の史料性格をめぐって」『アジア・アフリカ言語文化研究』25、1983 年、pp. 194-216.　家島は 19 世紀以前にマグリブで執筆されたリフラ 64 点を網羅して検討している。その中にはハジャリーの著作も含まれているが、詳細な検討は加えられていない。

11　Ibn Khaldūn, *al-Ta'rīf bi-Ibn Khaldūn wa-riḥlat-hu gharban wa-sharqan*, ed. Muḥammad Ibn Tāwīt, Cairo, 1951. 未完ではあるが日本語訳は以下を見よ。柳谷あゆみ・阿久津正幸・中町信孝・橋爪烈・原山隆広・吉村武典・高野太輔・佐藤健太郎・五十嵐大介・湯川武・茂木明石・中村妙子訳註「イブン・ハルドゥーン自伝 1-5」『イスラーム地域研究ジャーナル』1-5、2009-2013 年、pp. 45-58, 35-56, 47-72, 65-98, 77-102.

12　*Nāṣir al-dīn*, p. 9. ハジャリーは、「アンダルス」という地名を「スペイン Ishbāniya」とほぼ同義で用いている。なお、この引用にある「移住し（muhājiran）」とは、「ヒジュラを行う」ということであり、預言者ムハンマドが生まれ故郷メッカの多神教徒から迫害を受けてメディナへと移住したことを想起させる表現である。イスラーム史上、移住という行為を預言者ムハンマドの例に倣って信仰と関連づけて表現する例は数多く見られる。例えばマグリブ史では、ムワッヒド運動の創始者イブン・トゥーマルトのティンマル移住の例が挙げられる。

13 この文書の真の作者は、現時点では、アラブ的伝統とカトリックとの調和を試みるモリスコだったと考えられている。詳しくは、宮﨑和夫「イスラーム・スペインの終わらない終末――モリスコの予言とスペイン・キリスト教社会」蓮實重彦・山内昌之編『地中海　終末論の誘惑』東京大学出版会、1996年、pp. 133–151を見よ。また、この「偽文書」とハジャリーの関連については、佐藤「キリスト教徒征服後のグラナダと「隠れムスリム」の翻訳者」を見よ。

14 *Nāṣir al-dīn*, pp. 16–32. サクロモンテの丘から発見された鉛板文書の翻訳については、ハジャリーは直接は関与していない。しかし、晩年、チュニスにおいてこの鉛板文書の写しを目にし、その内容を『信仰のたすけ』本文やその付録の中で紹介している（*Nāṣir al-dīn*, pp. 26–32, 192–206）。ハジャリーは、生涯、この一連の「偽文書」に大きな関心を寄せていたといっていいであろう。

15 *Nāṣir al-dīn*, p. 35.

16 al-Ḥajarī, *Kitāb al-'izz wal-manāfi' lil-mujāhidīn fī sabīl Allāh bil-madāfi'*, in L. P. Harvey, "The Morisco who was Muley Zaidan's Spanish Interpreter," pp. 82–83.

17 *Nāṣir al-dīn*, pp. 36–42; al-'Abbās b. Ibrāhīm, *al-I'lām*, vol. 2, pp. 273–274.

18 *Nāṣir al-dīn*, pp. 42–44.

19 *Nāṣir al-dīn*, p. 43.

20 *Nāṣir al-dīn*, p. 42.

21 al-'Abbās b. Ibrāhīm, *al-I'lām*, vol. 10, p. 275.

22 *Nāṣir al-dīn*, p. 42.

23 *Nāṣir al-dīn*, p. 42.

24 *Nāṣir al-dīn*, pp. 9–10, 45.

25 ハジャリーらの旅行との関連は詳らかではないが、ほぼ同じ時期にフェス出身のセファルディーム（イベリア半島出自のユダヤ教徒）サムエル・パリャーチェが、オランダとモロッコの間を度々往復して、両国の外交交渉を担っている。cf. Mercedes García-Arenal & Gerard Wiegers, *Entre el Islam y Occidente: Vida de Samuel Pallache, judío de Fez*, Madrid: Siglo XXI de España, 1999, pp. 104–109.

26 *Nāṣir al-dīn*, p. 134.

27 *Nāṣir al-dīn*, p. 139.

28 P. S. van Koningsveld et al., "General Introduction," p. 40.

29 P. S. van Koningsveld et al., "General Introduction," p. 40.

30 イブン・アビー・マハッリーについては、Mercedes García-Arenal, *Messianism and Puritanical Reform. Mahdīs of the Muslim West*, Leiden: Brill, 2006, pp. 325–351を見よ。

31 当時、オランダ国内ではザイダーンを見捨ててイブン・アビー・マハッリーに与すべきという意見が力を持ち始めており、それに対抗して前述のユダヤ教徒サムエルの兄弟モイセス・パリャーチェがザイダーンとの友好関係を継続するよう、外交的な働きかけをしていた。García-Arenal & Wiegers, *Entre el Islam y Occidente*, pp. 109–111.

32 *Nāṣir al-dīn*, p. 46. クルアーンの日本語訳は井筒俊彦訳『コーラン』岩波書店、1964年、下巻、p. 311に従った。

33 クルアーン第112章には神を「子もなく親もなく」と表現する一節がある。この節は、神とイエスとを親子関係で捉えるキリスト教に反駁する際にしばしば用いられる。

34 *Nāṣir al-dīn*, pp. 102–103, 106.

35 *Nāṣir al-dīn*, p. 46.

36 *Nāṣir al-dīn*, p. 49. オスマン朝でしばしば見られた王位継承争いに伴う親族殺害のことを指していると思われる。マグリブ在住のモリスコであるハジャリーにとっては、直接的には関係のないことであるが、同じムスリムだということで質問を受けたのであろう。

37 *Nāṣir al-dīn*, p. 51.

38 *Nāṣir al-dīn*, p. 52.

39 *Nāṣir al-dīn*, pp. 67–68. 女教皇ヨハンナとは、9世紀に教皇の座についたという伝説的な女性。在位中に不義の子を身ごもり、教会へ向かう途上に子供を産み落として、そのまま死んでしまったという。ハジャリーは密通の相手を「奴隷もしくは召使（mamlūk aw khadīm）」として、ことさらにスキャンダラスに描写している。

40 *Nāṣir al-dīn*, pp. 69–76.

41 『信仰のたすけ』にはライデンで親しく付き合った東洋学者の名前は記されていないが、エルペニウスが残した書簡などからこの東洋学者はエルペニウスだと考えられている（P. S. van Koningsveld et al., "General Introduction," pp. 34–35, 40）。ハジャリーとエルペニウスの関係については、ヨーハン・フュック、井村行子訳『アラブ・イスラム研究誌――20世紀初頭までのヨーロッパにおける』法政大学出版局、2002年、p. 55も見よ。

42 *Nāṣir al-dīn*, pp. 140–141.

43 *Nāṣir al-dīn*, pp. 139–140.

44 スペインから独立した北部7州とスペイン支配下にとどまった南部10州を合わせたネーデルラント17州全体のことであろう。

45 *Nāṣir al-dīn*, p. 140.

46 *Nāṣir al-dīn*, p. 145.

47 *Nāṣir al-dīn*, p. 145. なお、コイはハジャリーの依頼により、ハジャリーの知人で、海上で捕虜となった後キリスト教徒に改宗してフランスで暮らしていたトルコ人女性2人をイスタンブルに送り届ける手助けもしている。両者の関係は相当に親しいものだったと言えるだろう（*Nāṣir al-dīn*, pp. 137–138, 148–149）。

48　*Nāṣir al-dīn*, pp. 145–148

49　*Nāṣir al-dīn*, pp. 143–144. 東南アジアのムスリムやムスリム君主については、ヨーロッパ旅行の前か後かは不明だが、マラケシュに到来したオランダの使節からも情報を得て、イスラームの広がりを確認したことが『信仰のたすけ』に記されている（*Nāṣir al-dīn*, pp. 124–125）。東インドのアラビア語書物に関しては、佐藤健太郎「アラビア語とスペイン語のはざまで」、pp. 233–234 も見よ。

50　*Nāṣir al-dīn*, p. 120.

51　アフリカについてはマグリブとサヘル地域のムスリムについて述べたうえで、黒人たちは通常思われているよりも人口が少ないとして、イスラーム化していないアフリカの住民の存在感を小さく見積もっている。また、ヨーロッパに関してはキリスト教徒が支配的であることを認めつつも、イスタンブルとその周辺のオスマン朝領域の存在を強調している。

52　*Nāṣir al-dīn*, pp. 120–124.

53　以下の記述は、手稿本として残されているハジャリーの書簡や著作の奥付などを活用した P. S. van Koningsveld et al., "General Introduction," pp. 43–49 に拠った。

54　『信仰のたすけ』におけるメッカの記述は、インドのムスリム君主に仕えたことのあるモリスコにメッカで出会ったという一節のみである（*Nāṣir al-dīn*, p. 123）。

55　*Nāṣir al-dīn*, p. 180.

56　この日付にチュニスで『信仰のたすけ』の改訂が完了したという（*Nāṣir al-dīn*, p. 186）。

57　*Nāṣir al-dīn*, pp. 184–185.

58　*Nāṣir al-dīn*, p. 177.

59　*Nāṣir al-dīn*, p. 172.

60　*Nāṣir al-dīn*, p. 9.

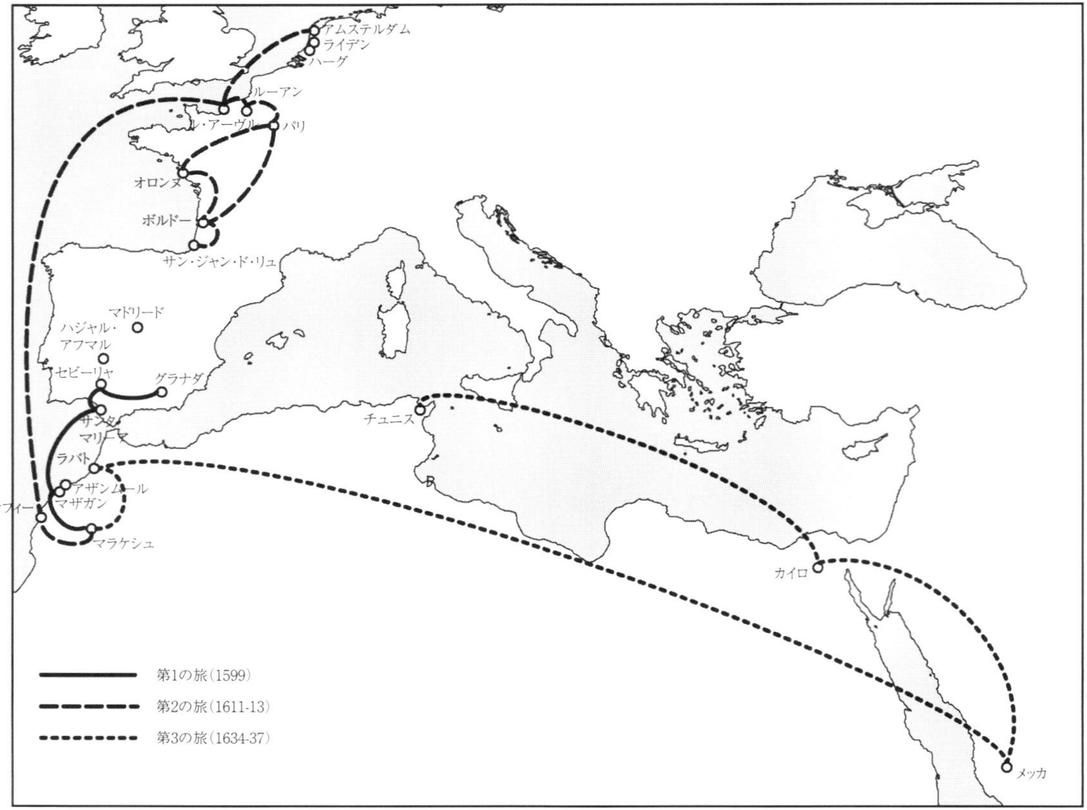
アムステルダム
ライデン
ハーグ
ルーアン
ル・アーヴル
パリ
オロンヌ
ボルドー
サン・ジャン・ド・リュ
マドリード
ハジャル・
アフマル
セビーリャ
グラナダ
サンタ・
マリーア
ラバト
アザンムール
マザガン
アーサフィー
マラケシュ
チュニス
カイロ
メッカ
第1の旅（1599）
第2の旅（1611-13）
第3の旅（1634-37）

地図　ハジャリーの旅

イタリア司教の目に映った15世紀のチェコ
——エネアのボヘミア・レポートとその背景

藤井真生

はじめに

それは一見する価値がありました。彼らは市民であるように見せようとしていたけれど、農民や雑多な身分の者たちだったのです。寒くて雨が降っていました。この地は夏でも時折寒くなるのです。彼らのなかには亜麻のシャツ以外に何も着ていない者もいました。ある者は毛皮のチュニックだけをまとっていました。……

私はサルマティアや氷の海のかなたの、野蛮人や人食い人種、恐ろしいインド人かリビア人のなかにいるような心地でした。……エチオピア人やスキタイ人、スリランカ人などはみな身体的な醜さのゆえに恐ろしいのですが、彼らは堕落した考えをもち、魂にたくさんの汚点をもつ怪物のような邪悪さのゆえに恐ろしいのです。……

彼らのもとを立ち去ったとき、地獄の深淵から戻ったように感じられました[1]。

この文章は、1451年7月に皇帝フリードリヒ3世（1440–93）の使節としてプラハへ向かう途中のシエナ司教が、野宿を避けてやむなく訪問したボヘミア王国[2]中部の町での経験を、スペインの枢機卿に報告した書簡の一部である。

一見すると、単に高貴な身分の者が粗野な農民たちを少々おおげさに描写した文章として読むことができる。しかし、報告者は最初の段落では階層的差異に加えて地理的異郷性を感じているのに対して、後段ではそこに宗教的な異質性を見出しているのである。

シエナ司教の名はエネア・シルヴィオ・ピッコローミニ[3]。当時、有数の人文主義者として名をはせていただけではなく、この7年後には教皇に即位し、ピウス2世（1458-64）を名乗ることになる人物である。あとで詳しく紹介するが、エネアは学識をいかして書記としてのキャリアを積み上げたのちに、聖職に転じた。イタリアで生まれて、イタリアで学んだ、いわば地中海人のエネアにとって、7月の寒さとそれにもかかわらず粗野な衣をまとっただけの農民たちの姿は、同じく地中海の人間である枢機卿に報告せざるをえないほどの強い印象を与えたようである[4]。エネアがチェコを訪れたのはこれが初めてのこと（しかも最後）であった。しかし、彼はそれ以前にヴィーンの宮廷に勤務したばかりでなく、バーゼル公会議にも参加し、アルプス以北の地にも足を踏み入れた経験をもつ。そのようなエネアに異質性を強調させた理由はほかにあった。

件の町の名はターボル。旧約聖書の「士師記」において士師バラクがカナン人を破った山として言及され、のちにキリストの「山上の変容」の地ともされたタボル山にちなんで名づけられた町だが、そうした由来よりもむしろ、15世紀の中欧を震撼させた急進的なフス派、いわゆるターボル派の拠点として知られている。この当時のチェコは、諸外国からは「異端の国」と認識されていた。

ヴィーンでの宮廷奉仕経験をもつエネアにとって、オーストリアに隣接するチェコは想像を絶する前人未踏の地ではなかったはずだが、彼には野蛮人の住む、（キリスト教的）文明世界の外側に属する地域と感じられた。司教である彼は、ローマ教会的な規範意識をもってターボルの人びとを眺めていたからである――もちろん書簡のあて先は枢機卿であり、そうした規範から外れた見解を報告できるはずもないが。チェコに比べればはるかに遠く、実際には書物で読み知った知識しかないはずのアフリカやアジアの人びととの比較、そして彼らを下回る評価は、地理的距離よりも精神的な隔たりによるものといえよう[5]。

その後、エネアは1458年に『ボヘミア史 *Historia Bohemica*』[6]を執筆した。先の書簡の存在もあいまって、エネアの著作はこれまでにもフス派研究者およびチェコ史研究者により、フス派の実態を知るための史料として頻繁に引用されてきた。本稿はそうした先行研究をふまえてエネアの目に映ったフス派時代のチェコの状況を確認するとともに、単なる異端史や政治史への貢献をこえて、書簡のなかに見え隠れするエネアの偏見および執筆の意図を読みとってゆきたい。

1. エネア・シルヴィオ・ピッコローミニからピウス2世へ

1998年に公刊された『ボヘミア史』のラテン=チェコ語対訳版には、フランチシェク・シュマヘルによる解説が付されている。まずはこの解説に依拠しつつ、エネアの生涯でチェコに関わる事績に焦点をあてながら紹介してゆこう[7]。

エネアは1405年にシエナ近郊のコルシニャーノ村[8]で生まれた。家は没落領主家系に属していたようである。幼いころから学問にすぐれていた彼を、家族はシエナ大学で学ばせることにした。シエナで法学を修めたエネアは、ついでフィレンツェで人文学を学んでいる。その後、枢機卿ドメニコ・カプラニカとの出会いがきっかけとなり、ヨーロッパの国際政治へと身を投じることになる(1432年)。エネアはドメニコに連れられてバーゼル公会議[9]に参加し、この地で政治経験を積み上げていった。その間、公会議書記となり、会議で演説し、そして公会議派がエウゲニウス4世(1431–47)に代わって選出した対立教皇フェリクス5世(1439–49)の秘書となった。この職務に在任中、フランクフルトで開かれた帝国議会に派遣されたことが、彼にキャリアの次なる階梯を昇らせた。皇帝フリードリヒ3世に見出され、彼の尚書局へ引き抜かれたのである(1443年)。

年表① エネアの生涯

1405	シエナ近郊で誕生する
1432	枢機卿ドメニコ・カプラニカと出会い、バーゼル公会議へ参加する
1439	対立教皇フェリクス５世の秘書に抜擢される
1443	神聖ローマ皇帝フリードリヒ３世の尚書局へ移動する
1445	聖職叙任を受ける
1450	シエナ司教に任命される
1456	枢機卿に昇進する
1458	10月に教皇ピウス２世として即位する
1459	マントヴァ公会議を開く
1463	アンコーナで死去する

エネアがヴィーン宮廷に籍をおいたことは、アルプス以北の人文主義の発展に大きく寄与した。彼自身にとってもまた、作品の執筆と交友関係の拡大の両方の意味において実りの多い歳月だった。教育的なパンフレット『諸学問と文芸について』により名声を博したのち、続けざまに三作品を発表した。一方、尚書局において築いたチェコ人脈はその後の大きな財産となった[10]。親しく交わった人物としては、尚書局長カシュパル・シュリク[11]、国王顧問官プロコプ・ズ・ラブシュテイナ[12]といった大物以外に、尚書局書記フランチシェク・ズ・ブラーニツ、同じくヴァーツラフ・ズ・ボホヴァ、プラハ旧市街書記局長ヤン・トゥシェクなどが知られている。彼らとの交流はチェコの宗教問題のみならず、チェコ諸邦の歴史についての知識をエネアにもたらした。また、大学人もエネアを囲むサークルに属していた。なかでも、プラハ大学の学長をつとめたヤン・パホウシェクは、シュマヘルによれば、『ボヘミア史』の第3章、第4章の情報を提供したらしい[13]。

その後、エネアは内的な変化により40歳にして聖職コースへとキャリアを変更する（1445年）。このことは同時に、公会議派から教皇派へと陣営を乗り換えたことも意味した。聖職叙任を受けた2年後にはトリエステ司教となり、さらに1450年には一族の発祥の地シエナの司教に任命されている。ニコラウス5世（1447–55）の周囲にはこの時代の神学論争をリードしたニコラウス・クザーヌス[14]や、エネアがターボル訪問を報告した相手であるホアン・カルヴァハルなどが集っていた。この時期のエネアは、帝国と教会の問題に精通した人物として頭角を現す一方で、反オスマン・キャンペーンの担い手として奮闘している。そして1453年には枢機卿に任命された。反教皇陣営に属していたもともとの経歴を考えるなら、順調な出世といえよう。

ところが、1458年8月に、今度は外側からエネアの人生を激変させる出来事がおこった。ニコラウス5世の次の教皇カリストゥス3世（1455–58）が死去した8日後に、後継教皇の最有力候補であり、エネアの現在の地位の導き手となったドメニコ・カプラニカが急死したのである。その結果、周囲の予想を覆してエネアが教皇に選ばれた。教皇に即位したエネア、今やピウス2世は、以前より取り組んでいた対オスマン十字軍をいっそう推進した。1459年にピウス2世がマントヴァで開催した公会議[15]にヨーロッパの有力君主は誰ひとり現れなかったが、彼はその失敗にもめげず、1463年にはアンコーナに十字軍を招集する。教皇は自ら運動の陣頭指揮をとるつもりでアンコーナへ赴いた。しかし、頼みとしていた年来の友人ニコラウス・クザーヌスが同地で亡くなると、その後を追うように教皇も3カ月後にアンコーナで病没した。結局、彼が人生最後の情熱を傾けてきたこの企てが実現することはなかった。そしてピウスには、人文主義者としての盛名とネポティズム（縁故主義）にまつわる汚名が残された[16]。

2. 15世紀のボヘミア王国

よく知られているように、中世後期のチェコでは、1415年のコンスタンツ公会議で宗教改革者のヤン・フスが処刑されたことから、およそ20年間にわたって続くことになるフス派戦争が勃発した[17]。本節ではエネアがターボルを訪問するまでのボヘミアの社会的、宗教的状況を概観する。

フス派運動の種は、14世紀半ばのカレル1世（1348–78）[18]の治世にまかれた。カレルによる高位聖職者の保護政策と説教師の招聘、そして彼の尚書局における人文主義の積極的受容がもたらしたフス派前夜の社会的・宗教的・学問的状況についてはすでに別稿に記したため、ここでは割愛する[19]。これらに加

年表②　ボヘミアの政情

1415	コンスタンツ公会議が開かれ、ヤン・フスが処刑される
1419	フス派戦争が勃発する
1420	フス派急進派によってターボルが築かれる
1433	バーゼル公会議にフス派代表が参加する
1434	リパニの戦いでターボル派が敗北する
1436	イフラヴァ（バーゼル）協約が結ばれ、ジギスムントの国王即位が承認される
1439	アルブレヒトが死去し、国王が不在となる
1440	アルブレヒトの遺児ラディスラフが誕生する
1452	イジーが摂政として国際的に承認される
1453	ラディスラフが国王として戴冠される
1458	イジーが国王に即位する
1462	イフラヴァ（バーゼル）協約が教皇ピウス２世により破棄される

えてカレルの娘アンナがイングランド王と結婚した[20]ことが、思わぬ副産物を生みだした。王室間の人的交流にともない、ウィクリフの教説がチェコに伝えられたのである[21]。既存の教会制度を否定するウィクリフの聖書中心主義は、当時の高位聖職者の優遇を批判的にみていたチェコの若き大学人や低位聖職者の心情にぴたりと寄り添うものであった。これにプラハ大学における国民団の対立問題が加わり、ウィクリフの教説を支持する神学者・聖職者たちのなかからヤン・フスが頭角を現し、1415年のコンスタンツ公会議への召喚および断罪・処刑にいたる。

ここで確認しておくべきは、フスの死後に形成されたいわゆる「フス派」の教義の核心は何かということである。それは大きくいえば聖書に基づいた既存の教会権威の否定であり、具体的にはチェコ語による宗教活動の実践と「二種聖餐」として表された。聖職者の特権的立場を否定し、キリスト教徒の平等を主張するフス派は、パンもワインも（＝二種）与えられる聖餐を支持した。やがてフス派は二種聖餐を意味するウトラキストないし聖杯派と呼ばれるようになってゆく。

さて、1419年7月にプラハで起きたカトリック派とフス派の衝突をきっかけとして、後者はボヘミア王位の正当な請求者である皇帝ジギスムント（1410–37）[22]との対決姿勢を強めていった。ただし、運動の広まりとともにフス派の

王朝家系図1

ハプスブルク家（オーストリア大公家）

- レオポルト3世
  - エルンスト
    - フリードリヒ3世（独1440-93）
      フリードリヒ5世（墺1457-93）
- ルードルフ4世（墺1358-65）
- アルブレヒト3世（墺1365-95）
  - アルブレヒト4世（墺1395-1404）
    - アルブレヒト（ボ1438-39）
      アルブレヒト2世（独1438-39）
      アルブレヒト5世（墺1404-39）
      アルベルト（ハ1438-39）

ルクセンブルク家（ボヘミア王家）

- カレル1世（ボ1348-78）
  カール4世（独1346-78）
  - ヴァーツラフ4世（ボ1378-1419）
    ヴェンツェル（独1376-1410）
  - ジクムント（ボ1436-37）
    ジギスムント（独1410-37）
    ジグモンド（ハ1387-1437）
    - アルジュビェタ
  - カテジナ
    夫：墺ルードルフ4世
  - アンナ
    夫：英リチャード2世

アルブレヒト（ボ1438-39）＝アルジュビェタ

- ラディスラフ（ボ1453-57）
  ラディスラウス（墺1440-57）
  ラースロー5世（ハ1444-57）

凡例　ボ＝ボヘミア国王、独＝神聖ローマ皇帝（ドイツ国王）、墺＝オーストリア公、ハ＝ハンガリー国王、英＝イングランド国王

内部は分裂し、ジギスムントとも何とか折り合いをつけようと模索する穏健派と、徹底した聖書中心主義に基づいて彼の即位を否定する急進派に分かれていった。プラハでしだいに穏健派が力を伸ばしてゆくと、急進派はプラハから南ボヘミアへ向かい、新たな拠点を築いた。その拠点がターボルである。しかし、ジギスムントがプラハ穏健派の期待を裏切って十字軍派遣を宣言すると、穏健派と対立していたターボル派もプラハに援軍を送り、十字軍を撃退した[23]。その後、1420年代から30年代前半にかけては、ターボル派が軍事的には優位を築きながらも、政治的には混とんとした状況が続き、ボヘミア王国の住民は長引く戦いに倦むようになった。

一方、カトリック側も相次ぐ十字軍の敗戦により、争いの終結を望む声が出てきた。1431年のバーゼル公会議ではフス派への対応が議題となり、フス派の側も協議の結果、バーゼルに使節を派遣した[24]。ここで問題となったのは、フス派の求める二種聖餐の義務化であった。穏健派は事実上の承認を得られたことにより矛を収めたが、急進派はあくまで妥協せず、1434年5月に軍事衝突にいたってしまう。この戦いで、それまで無敵を誇っていた急進派は、はじめての大敗北を喫して壊滅状態に陥った。その結果、穏健派とカトリックの和解が急速に進展した。1436年にフス派のプラハ大司教ヤン・ロキツァナを承認したジギスムントを、ボヘミア王国議会はついに国王として受け入れることにした。8月、イフラヴァ市に集まった皇帝、その娘婿のハプスブルク家アルブレヒト、カトリック（公会議派）代表、フス派代表のあいだで和解（イフラヴァ協約）が確認されたのち、ようやくジギスムントはボヘミア国王として即位できたのである。

ところが、その1年後にジギスムントは亡くなり、後を継いだアルブレヒト2世（1438–39）もさらに2年後にこの世を去った。残されたのはアルブレヒトの死後に妻が出産したラディスラフ（1453–57）だけであった[25]。当然、赤ん坊が王国の政治をみられるわけもなく、しだいに有力貴族たちは彼の成人まで摂政を置くことを希望しはじめた。ボヘミア貴族にはフス派もカトリック支持者も入り混じっていたが、一方では貴族身分としての利害関係を共有してもいた[26]。そうした複雑な状況のなかで次第に興望を担うようになったのが、ボヘミア東部に基盤をもつイジー・ス・ポジェブラトである[27]。

彼はアルブレヒトの後継者である皇帝フリードリヒ3世（1440–93）や教皇に粘り強く働きかけ、ジギスムントによってプラハから追放されていたフス派の大司教ロキツァナの復帰や、自身の摂政就任を認めさせていった。もちろんその道のりは平たんなものではなかった。たとえば、エネアが書簡を送った枢機卿ホアン・カルヴァハルは、実は教皇庁では中欧問題の専門家として知られ、彼自身も1448年に教皇特使としてプラハを訪問している。このときイジーは、カルヴァハルからいかなる譲歩も引き出すことができなかった。

エネアのボヘミア訪問はその3年後のことである。その頃の王国は、国王はカトリックであるものの、それを補佐する摂政はフス派に属し、両者の均衡がギリギリで保たれている状況であった。そうしたなかエネアは、以下で確認するように、イジーから強い印象を受けて彼を積極的に支持するようになった。これに力を得たイジーは皇帝フリードリヒにも摂政の地位を認めさせ、さらに1457年にラディスラフが急死すると、ついにはボヘミア国王（1458–71）に即位したのである。

先述のように、対オスマン十字軍の実現に情熱を燃やしたエネアは、この問題においてイジーにも協力を要請した。イジーもこれに応えてキリスト教世界の大同団結を模索した[28]が、最終的には国際的な賛同を得ることができなかった。両者はこの後、イジーのカトリック改宗問題をめぐって決裂する。そしてエネアはイフラヴァ（バーゼル）協約を一方的に破棄したまま翌1463年に亡くなった。

3. エネアのターボル報告

以上のような背景をふまえて、本節ではエネアが当時のターボル[29]をどのように叙述したのかを確認してゆきたい。

1451年の7月、エネアは皇帝フリードリヒ3世の使節として、プラハで開催されるボヘミア王国の領邦議会へ参加することになった。当時、ボヘミア王ラディスラフは幼少であったため、フリードリヒが後見人としてヴィーン宮廷で養育していた。しかし、ハンガリー王でもあるラディスラフに対して、ハンガリー貴族から王宮への「帰還」要求が出された。そのため、ボヘミア貴族もあわてて国王の「帰還」を皇帝に強く訴えており、エネアは議会でラディスラフが成人するまでの猶予期間を認めさせせなければならなかった。

彼は南ボヘミアのインジフーフ・フラデツからプラハへ向かって北上しようとしていた。同行者のなかには、すでに名を挙げたプロコプ・ズ・ラブシュテイナがいた。その途上、「ウサギよりも忠実なオオカミに身をまかせる」[30]よりは、とやむをえず異端者の町ターボルに宿泊することになった。その最初の印象が冒頭で紹介したものである。

翌日、彼らは再び北上をはじめたが、実はプラハではこのとき疫病が流行っており、そのため領邦議会はプラハの南方にあるベネショフへ場所を移していた。エネアはこの町に4日間滞在し、その間にプロコプを通訳として、「偉大かつ強力で、王国のかなりの部分を従えて」[31]いるイジー・ス・ポジェブラトと対談した。件の書簡には、エネアとイジーの会話が、「簡潔かつ明快に」[32]して収録されている。とはいえ、この会話は書簡中、かなりの分量（4分の1強）を占めている。

その後、散会となったところで、インジフ・ズ・ロジュンベルカが彼に近づいてきた。このインジフの属するボヘミア南部の大家門ヴィートコフ家は、フス派戦争中もカトリック支持の姿勢を維持していたことで知られる。その彼が父オルジフの命によりエネアを自身の領地へ誘ったため、エネアはプロコプらとともにボヘミア南部を旅することになった。このときターボルの横を通過しようとして住民に呼び止められ、再びターボルへ足を踏み入れることになる。そしてターボル派の司祭がエネアに話しかけてきたために、彼らの間に論争がはじまった。書簡の後半部分（全体の半分以上にあたる）は、もっぱらターボル派の司祭ミクラーシュおよびガレト[33]との論争の再現にあてられている。エネアがカルヴァハルに書簡を送った理由のひとつに、自らの議論の巧みさを誇

地図①エネアの訪問先 F. Hoffmann, *České město ve středověku,* Praha, 1992, p. 50 よりトレースして作成

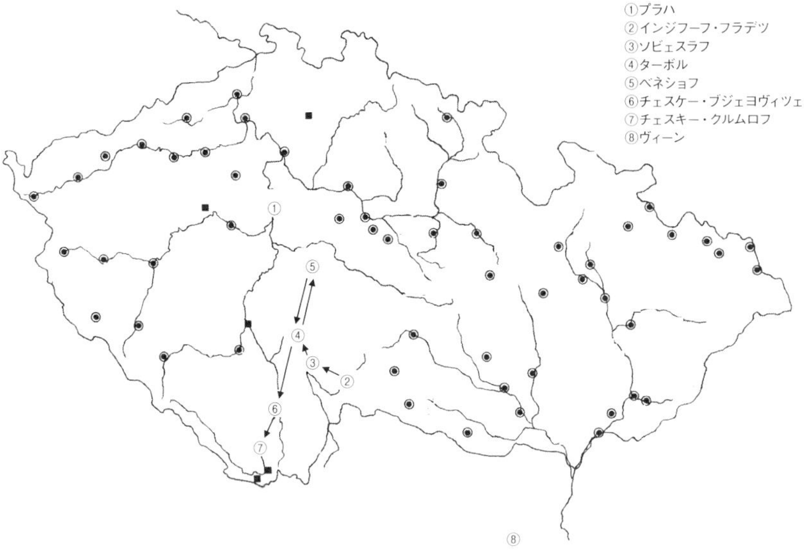

る気持ち（主の御加護により言葉が自然と口から出てきた[34]、と謙譲してみせてはいるが)、そしてカルヴァハルを通じてそれが世間に流布することへの期待があったことは確かだろう。その後、エネアはソビェスラフ、チェスケー・ブジェヨヴィツェを経由して、ロジュンベルク家の本拠地チェスキー・クルムロフへといたった。これらの経験を、ヴィーンの新市街から8月21日付でホアン・カルヴァハルへ書き送ったのである。

このように、書簡はおもに第一回目のターボル訪問、ベネショフ議会（イジーとの対話）および第二回目の訪問（ターボル派司祭との対話）から成り立っている。

3.1 第一回目のターボル訪問

エネアいわく、ターボルは「キリスト教世界に現れた怪物のような不信心者、冒涜者がすべてここへ避難し、保護を受けている」[35] 場所だった。二つの川に

挟まれた丘の上に建てられた町は非常に攻めづらく、さらに堀と市壁によって防御を固められていた。接近可能な場所には市門が設置されており、もちろんそれは単なる出入り口ではなく砦であった。門には二つの楯が掲げられており、ひとつには聖杯をもつ天使の絵が描かれていた。これはワインによる聖餐も人びとに授けるようにとの意味で、フス派のもっとも重要な教義である二種聖餐を示していた。もうひとつには、盲目の老人が描かれていた。彼はターボル派を率いて無敗を誇った軍事指導者ヤン・ジシュカ[36]である。彼は子どものころに片目の視力をなくし、さらに戦闘中に残りを失った。エネアの報告によれば、ターボル派は彼を神のごとく敬い、キリストや聖人を描いた絵画作品をすべて呪っているにもかかわらず、ヤン・ジシュカの絵だけは礼拝の対象としていたらしい[37]。

市壁の内側には木か粘土でできた家が所せましと並んでいた。計画的に築かれた都市ではなく、もともと軍営から発展したためである。粗末なつくりの聖堂も存在し、祭壇も備えられていたが、そこへ何かがささげられることはなかった。ターボル派の司祭の生活必需品は、住民全員に供出が割り当てられていたという。この町には兵士だけで4000人もが居住していた。しかし、この頃はすでに戦闘能力を低下させており、周辺地域との交易を熱望するようになっていた。ジギスムントは1437年にターボルを国王都市としたが、エネアはこれを帝国全体の恥として非難している。

エネアが立ち寄る前からターボルに偏見を抱いていたことは明らかであるが、実際に滞在してみると、彼はこの地にニコライ派、アリウス派、マニ教徒、ネストリウス派、ベレンガリウス派、そしてリヨンの貧者（ワルド派）を見出し、異端者の巣窟としての印象を決定的なものとした。以下、エネアの目に映ったターボル派の異端性を列挙してゆこう[38]。

この町の人びとはローマ教会の指導と司祭をもつことを望まず、煉獄を否定し、聖人を軽んじ、教会暦も拒んでいる。また、秘跡のうちでは堅信と終油はほとんどおこなわず、修道会は悪魔の発明だと主張している。洗礼のための水は浄化せず、墓をもたず、死者の礼拝も無駄と考えている。ただし、彼らは説教を聴くことには非常に熱心である。もし説教の時間にうっかり家に残っていたり、用事や遊びに出かけていたりした場合には鞭で打たれた。司祭は剃髪せず、髭もそらなかった。さきほど紹介したように、彼らの生活必需品は住民が費用を割り当てられており、その代わりに十分の一税は支払っていなかった。

エネアの言を信じれば、彼はターボルを訪問するまでは、カトリックとターボル派の信仰上の違いはただ聖体授与の方法のみであると考えていたが、一晩の経験から彼らを不信心者であると確信するようになった[39]。そして「神の敵 inimica dei」である彼らと交流したこと自体を自身の罪をみなしている。最初の訪問時には、異端であるターボルの人びとがローマ王の使節と友好的に会談したなどと触れまわらないよう、彼らに釘を刺しておかなければならないと考えたが、このときは周囲の人びとに止められた。

3.2 ベネショフ議会への参加

その後、エネアは本来の目的であるボヘミア王国議会へ参加すべくプラハを目指した。しかし、毎日 200 人以上が犠牲になったと報告されているペストのために、首都を目にしたいという彼の希望はかなわなかった。代わって領邦議会が開催されたベネショフには、有力な貴族や諸都市が参集し、エネアとの交渉に備えていた。有力貴族にはカトリックが多く、都市はフス派が大勢を占めていた。集会は 4 日間続き、双方が要求を提示し合って解散となった[40]。だが、散会前に届いたブランデンブルク辺境伯の書簡を検討した結果、時と場所を改めて枢機卿と会合を持つこと、辺境伯がその仲裁人となることに合意した。

この箇所でエネアがおもに報告しているのは、議会の経緯よりも、その後の出来事である。すなわち、彼はプロコプに仲介と通訳を頼み、この時期、有力貴族の筆頭にあげられるイジー・ス・ポジェブラトと話し合ったのである。エネアは事前に、イジーはフス派に与しているものの、調和と協調を願い、また他の者にも影響力を及ぼせる人物であるとの情報を得ていたからである。エネアがイジーと議論したのは、①「ボヘミア王国のローマ教会への復帰」、②「教会所領の返還」、③「大司教の任命」であった[41]。イジーは、先のイフラヴァ（バーゼル）協約がローマ教会によって遵守されないかぎりは、①は達成されないと反論した。また③については、大司教（司教）の選出は古くからの王国の特権として教皇に認められていたと主張した。しかしエネアは、特権自体は認めたうえで、空位期が長かったためにその特権はもはや効力を失ったと述べた。あくまでフス派の人物を大司教として主張するのであれば、それは協約の内容に違反[42]しており、イジーたちこそが協約を破棄しているのだと批判した。しかし、両者はこれ以上の対立を回避し、妥協の道を模索している。②に関してイジーは、不法に占拠した者を弁護するつもりはないし、王国もその者を擁護することはないと明言しており、両者の間に対立点はなかった。

あくまで一方的な報告だが、このときイジーはエネアが「偽ったり、隠し事をしたりせずに、心にあることを言葉にしたことは非常に気に入り」、彼を「大いに信じ」[43]るようになった。エネアもまたイジーを信頼するに足る人物とみなし、噂通り、「諸都市を統一できる者がいるとすれば、それは彼しかいない」[44]との思いを強くした。このとき直接対面し、言葉を交わしたことが、その後の両者の協力関係につながったといえる。

3.3　第二回目のターボル訪問

二度目の訪問時に、エネアは信仰の敵とは席を同じくしたくないと主張した。しかし、前回とは逆に、同行者に薦められて市内に入り、論争を開始することになった[45]。

論点は「教会からの分離」、「教皇の誤謬性」、「聖体拝領」であった。聖書に記載のないことを理由として既存の教会の過ちを主張するターボル派の司祭たち（ミクラーシュ、ガレト）に対して、エネアは教会の正しきあり方は時代の状況に応じて変化するものであり、それを判断するのが教皇を頂点とする聖職者の務めなのだと述べ、両者の議論は平行線をたどったまま続いてゆく[46]。最後は、しびれを切らしたターボル派の人物が対話に割り込もうとしたことをきっかけに、エネアは議論を打ち切って町を去った。このときも彼は、シエナ司教はターボル派を恐れて口をつぐんでいたなどと後でいわないように、と付け加えることを忘れていない[47]。

エネアによる「異端」との接触の報告から読みとれるのは、カトリック司教としての体面への彼の徹底したこだわりである。ターボル派の人びとに対する説教は、為すべきことを為したという報告の必要性ないし名誉心から実行に移されたものであろう。書簡からは、エネアが彼らを本気で改心させられると思っていたようには到底読みとれない。

以上のように、エネアはターボルの異質性を際立たせることに描写の重点をおいていた。ボヘミア旅行の前から異端に対する非難のまなざしをもっていたことは疑いないが、二度のターボル滞在により、それは具体性をもった確信にかわることになったといえる[48]。

4. エネアのボヘミア・レポートの背景

前節の所々で確認したように、エネアの書簡にはチェコの異端性を強調する意図と自身の能力に対する自負の念が見え隠れする。一方、エネアの枢機卿宛書簡は半ば公的な性格をもつものであり、ほかの人の目にも触れることが前提されている。したがって、この書簡がエネアが見聞したことをそのまま記録したものでないことは想像に難くない。本節では、エネアの報告に存在する作為性を別の史料からも確認するとともに、彼のボヘミア・レポートが自身のキャリアにおいてもった意味についても考えてみたい。取り上げるのは、ターボルを「異端の巣窟」として描いた場面、そしてイジーとの交流場面である。

4.1 「異端の巣窟」ターボル

この当時、ドイツやイタリアで弾圧された異端者、とりわけワルド派がボヘミアへ流れ込んできていたことは、現代の歴史家も認めるところである[49]。また、自由心霊派の影響関係を認める研究者もいる[50]。しかし、このときのターボルにどれほど「派」と呼べるほどの実態をもった異端各宗派が存在したか定

年表③　エネアとボヘミアの関係

1432	バーゼル公会議に参加し、フス派問題との接点ができる
1442	皇帝の尚書局でチェコ人脈を形成する
1445	教皇秘書ジョヴァンニ・カンピッシオに東欧の状況を報告する
1448	教皇ニコラウス５世に東欧問題について助言する
1450	枢機卿ホアン・カルヴァハルにプラハの異端について報告する
1451	７月にターボル、ベネショフを訪問する
	８月に枢機卿ホアン・カルヴァハルにボヘミア訪問について報告する
1458	２月にイジーがボヘミア王として即位する
	８月に『ボヘミア史』を執筆する
1463	『ボヘミア史』がチェコに伝わる
1475	『ボヘミア史』がローマで出版される
1489	『ボヘミア史』がバーゼルで出版される
1510	『ボヘミア史』のチェコ語訳が出版される

かではない。「マニ教徒」にいたっては完全にフィクションであろう。したがって、エネアの記述には、ボヘミアを実際以上に「異端の国」として描く意図が感じられる。この点を彼の『ボヘミア史』から確認してみよう。

エネアは1458年8月に教皇として選出される直前の2カ月を、ローマの北方にあるヴィテルボ温泉での療養にあてていた。『ボヘミア史』はこのときに書かれた。この作品は執筆直後に著者の立場が激変したことにより、すぐに数多くの写本が製作されたらしい[51]。ただし、現存する写本で日付の確認できるものは、ヴァチカンの文書館に所蔵されている2冊のみである。15世紀中にはおおよそ30冊の写本の存在が知られている。一方、印刷物としては、1475年にはローマ、1489年にバーゼル、1490年にストラスブールで出版されている。16世紀中に12版を重ねたことから、エネアの死後も引き続きチェコに関する歴史書として相当な需要があり、カトリック世界におけるチェコ理解のスタンダードを形づくったものと考えられる。

書簡による報告から年代記の執筆までには8年間のブランクがあるが、この間のエネアは、かつて公会議派から教皇のもとへ身を転じたとき、あるいは皇帝の尚書局に異動したときのような、人生の大きな転機は迎えていない。シエナ司教から枢機卿へと昇進しており、教会高位聖職者としての階梯を昇り続けている途上であった。

さて、中世チェコの年代記作者たちが熱心に強調してきた点のひとつに、キリスト教世界の一員としての立場がある[52]。しかし、エネアはチェコの古代神話として有名なアマゾネス戦争を語るさいに、主人公のひとり少女シャールカ[53]を次のように描写する。「とても高貴な顔立ちをしていたが、魂は汚れており、あらゆる悪事をなすつもりであった」。そして彼女が「薬草と呪文」を駆使してつくったハチミツ酒のおかげで泥酔した男性軍がアマゾネスたちに殺害されたとき、「誰かが笑っているような、けたたましい音が森中に響いたという。そこは人気のない場所なので、デーモンたちが少女たちの悪辣で狡猾な行為を笑ったのだと信じられている」[54]。このような記述は、14世紀後半に成立した年代記においてようやくみられる。エネアはこれとは異なる描き方も知っていたはずだが、先行年代記のヴァリアントのなかから、魔女が暗躍し、デーモンの跋扈するチェコの古代世界をあえて選択したのである。

そしてチェコ最大の聖人である聖ヴァーツラフをめぐる記事にも特徴がみられる。ヴァーツラフはキリスト教に改宗した最初のボヘミア大公ボジヴォイの孫であり、敬虔な祖母ルドミラによって養育された。一方、彼の母ドラホミーラは異教徒であり、ルドミラと対立して彼女を殺害してしまう。この（物語上の）キリスト教と異教の争いは、さらに兄弟ボレスラフによるヴァーツラフの殺害へと展開してゆく。先行する年代記は、模範的なキリスト教徒であるヴァーツラフ／ルドミラと邪悪な異教徒ドラホミーラ／ボレスラフを対比しつつ、ヴァーツラフの聖人にふさわしい敬虔さを強調するエピソードを紹介している。それこそが、チェコがキリスト教世界の一員となったことを示す最大の証とみなされていたからである。エネアもチェコがキリスト教化してゆくこと自体は否定できず、ヴァーツラフの生涯に関する情報を聖人伝によって補いながらそのプロセスを描いている。しかし、ヴァーツラフが危険を察知しながらもそれを回避せず、実際に殺害されたことを、「自殺したようなものであり、確実な死に身を投げ出した者は天での報いに値しない」と批判している[55]。チェコ社会に身をおく年代記作者からは絶対に生まれてこない非難である。

エネアによるチェコの聖人批判の矛先は、中欧全体でも崇敬を集める聖ヴォイチェフ（アダルベルト）にも向かう。チェコの年代記はヴォイチェフを非常に敬虔で徳のある人物として描いている。しかし、「盗みや姦淫に慣れて法と掟を軽視する人びとを監督する能力がなかった」[56]と、エネアの彼に対する評価は低い。こうした低評価はほかの年代記では決して確認できない。

チェコの年代記における聖ヴァーツラフや聖ヴォイチェフの記述には、称賛されるべき聖人を生み出した国であることをアピールする狙いがあるのだが、逆にそれを否定するエネアの意図は「異端の国チェコ」イメージの補強ということになろう。これをふまえて考えるならば、前節で紹介したエネアの言葉、すなわち、カトリックとターボル派の違いは自身がイメージしていたような単なる聖体授与の方法だけではなかった、という告白は、実は彼の素直な感想ではなく、両者の教義がいかにかけ離れたものであるのかを強調するためのレトリックとして捉えることができる。書簡の読者に対して、「この地へきて、実際に見聞してみるまでの私（エネア）のように、フス派問題を軽く捉えている人もまだいるかもしれませんが、対応を急がなければならない重大事なのですよ」と訴えていたのではなかったろうか。

4.2　イジーとの信頼関係

エネアはカルヴァハル宛の書簡において、フス派穏健派の指導者イジーを高く評価している。数年後に執筆された『ボヘミア史』でも、エネアは彼を勇敢で思慮深い人物として描いている[57]——ただし、イジーとの対談については記していない。カミンスキーはこの報告の行間に、「そのようなイジーと信頼関係を築いており、交渉する能力のある人物がいるとすれば、それはエネア以外にありえない」との主張を読み取っている[58]。すでに述べたように、エネアの文章からは自身の能力を誇る傾向が十分に看取できる。また、彼のキャリアをみれば、筆力による売り込みには成功したといえる。

バーゼル公会議に参加するようになってまもなく、エネアは会議の議長である枢機卿ジュリアーノ・チェザリーニへの称賛の念を示している[59]。彼はのちにヴァルナの戦い[60]で戦死したことからもわかるように、対オスマン十字軍を積極的に推進していた。そればかりでなく、フス派問題にも強い関心を有しており、公会議にフス派代表を招いたのも彼である。その意味でエネアにこの世界における道筋を示した先行者といえる。また、既述のように、エネアは教会政治の場で活動するようになって以来、ホアン・カルヴァハル、ニコラウス・クザーヌスなどと交流をもつようになっていたが、彼らもまた帝国やフス派問題に精通する人びとであった。残されたエネアの書簡からは、彼が教皇や教皇秘書、そしてまた枢機卿などの人物にボヘミアの状況を報告し、そればかりでなく積極的に提言をおこなうことで、中欧・東欧問題のスペシャリストとしての評価を積み上げていった様子が読みとれる[61]。この結果、ターボル訪問のころにはすでに、帝国での交渉を主導的に設計する立場にあった[62]。ボヘミア・レポートはその立場をさらに確固たるものにしたことであろう。

聖職世界に縁故をもつような格別の名門出身ではない人物が、教会ヒエラルヒーを昇って自身の信念を実現させてゆくためには、何らかの武器が必要であった。神学・法学の分野で名をあげていたわけでもないエネアにとって、帝国やボヘミアで示した政治交渉能力こそがその武器であった。しかし、そのためにはこれらの地域の抱える問題の深刻さを教皇や枢機卿たちに理解してもらわなければならなかった。したがって、エネアがチェコを「異端の国」として描こうとしたのは必然であり、彼はそれを十二分に納得させられるだけの文章力を持ち合わせていたのである。

むすび

エネアの書簡を最後まで読み通してみると、冒頭で紹介した体験にともなう感情の吐露は、これもすべて予定通りのレトリックではなかったかという印象が強まる。エネアの異端のイメージは、ターボル滞在以前に得ていた情報からすでにつくりあげられており、彼はターボルでそのイメージに合致したものだけを目撃して、あるいは目撃したものとして報告したのではないだろうか。カミンスキーは、ワルド派とターボル派の教条の類似性に関しては、エネアがターボルへ向かう前に宿泊したインジフーフ・フラデツにおいて背教した聖杯派司祭から情報を得ており、先入観に基づいて記述した可能性が高いことを指摘している[63]が、十分にうなずける議論である。つまるところ、エネアのボヘミア訪問はターボル派の異端性を確認する旅であった。「確認」であって、「発見」ではない。エネアはターボルで見るべき「異端」を見て、そして教皇庁の権威者に報告した。新たな体験ではなく先入観や予備知識に依拠した描写は、きっとほかにも確認できるだろう。

こうした操作の跡は、彼の執筆した『ボヘミア史』においても認められる。時期的に近接しているフス派運動に対する記述がこの訪問の影響を受けていることは以前から認められてきたが、それればかりでなく、それ以前の時期をあつかった歴史叙述においてもその影響を指摘できる。エネアは参照した先行年代記をこえてチェコの異端的伝統を強調しているのである。その目的はフス派問題の難しさと緊急性を主張すること、そして彼がチェコに関する知識に精通していることのアピールにあった。この点において、ターボル訪問を報告した書簡と『ボヘミア史』は連続性をもっている。

もちろん、エネアの帝国・東欧問題への関与が自己の立身出世の単なる道具でしかなかったわけではない。十字軍督励のために赴いたアンコーナでの死は、彼がキリスト教世界の統一を熱望していたことをこれ以上なく示している。しかし、フス派との外交担当者としての自負をにじませた書簡と『ボヘミア史』が、彼の人文主義者としての文学的才能とそれに基づく名声を背景として、キリスト教世界で彼の政治的能力に広範な承認を得ることを後押ししたのは事実である。エネアの書簡および『ボヘミア史』は、明確な意図のもとにチェコのイメージを生産ないし再生産し、カトリック世界へ普及させたものとして読めるのである。

註

1 “res spectaculo digna fuit; rusticanum et incompositum vulgus, quamvis urbani videri

velint. frigus erat et pluviale tempus, nam Bohemia sepe miscet estati hiemem. ex illis alii nudi erant, solis tecti camisiis, alii pelliceas tunicas induerant, ... videbatur mihi ultra Sauromathas et glacialem occeanum fuisse inter barbaros, inter antropofagos aut inter monstruosas Indie Lybieque gentes; ... Ethiopas enim quosdam et Scithas et Taprobanos corporis vitio monstruosos ajunt, Thaboritas vero depravate mentis vitia et innumerabiles animi macule monstruosos efficiunt; ... quibus cum exvissem ex inferiori videbar inferno reversus", R. Wolkan, *Der Briefwechsel des Eneas Silvius Piccolomini* III-1, Wien, 1918, pp. 22–57, no. 12. ここでの引用箇所は p. 23, 56. 以下のチェコ語訳を参照した。A. Kadlec, List Eneáše Silvia o cestě na sněm do Benešova a o dvojí zástavce v Táboře, in *Jihočeský sborník historický* 22 (1953), pp. 107–112, 133–148.

2　歴史的なチェコは、西部のチェコ王国と東部のモラヴィア辺境伯領、そして北東部のシレジア諸侯領から構成される。本稿では、それらをあわせたチェコ諸邦全体をチェコ、王国をボヘミアと使い分けることにする。

3　エネアの生涯に関しては以下の文献がある。A. Weiss, *Aeneas Sylvius Piccolomini als Papst Pius II: Sein Leben und Einfluss auf die Literarische Cultur*, Graz, 1897, C. M. Ady, *Pius II the Humanist Pope*, London, 1913. エネアの活動を知る手掛かりとなる書簡は、註 1 の史料とは別に一部が英訳されている（ただし、当該書簡は含まれていない）。また、その序文においてエネアの生涯が詳述されている。Th. M. Izbicki, G. Christianson, Ph. Krey, *Reject Aeneas, Accept Pius*, Washington, D. C., 2006, esp. pp. 3–57.

4　エネアのターボル滞在経験についてはすでにカミンスキーの示唆に富んだ論考がある。彼は二つの地域の文化的異質性を「遅れたゴシック的中欧と新たな息吹を受けたルネサンス的イタリア」と表現している。H. Kaminsky, Pius Aeneas among the Taborities, in *Church History* 28 (1959), pp. 281–309, esp. p. 281.

5　彼はのちに地理書『アシア *De Asia*』を著すなど、人文主義者として知識の上では当時の最高水準にあった。エネアの作品評価については、たとえば以下の文献がある。Z. von Martels, A. Vanderjagt, *Pius II, 'el più expeditivo pontifice': selected studies on Aeneas Silvius Piccolomini (1405-1464)*, Brill, 2003.

6　D. Martínková, A. Hadravová, J. Matl, *Aeneae Silvii Historia Bohemica* (Fontes rerum regni Bohemiae I), Praha, 1998.

7　F. Šmahel, Enea Silvio Piccolomini a jeho Historie česká, in *Aeneae Silvii Historia Bohemica*, pp. xiii–lii. 日本語でエネアに言及したものとしては、甚野尚志「『甦るローマ』――中世の教皇権と即位儀礼」『歴史学研究』794 号（2004），155–163 頁（とりわけⅣ「ピウス 2 世の即位の儀典書」）、同「公会議と写本」浅野啓子／佐久間弘展編著『教育の社会史』知泉書館（2006 年）、63–79 頁（とりわけ 4 節「エネア・シルヴィオ・ピッコローミニと人文主義の拡大」）、高久充「ピウス 2 世　覚え書（第 8 巻）」池上俊一監修『原典　イタリア・ルネサンス人文主義』名古屋大学出版会（2010年）の解題（450–452頁）などがある。しかし管見のかぎりでは、エネアに関するまとまった邦語研究はほとんど公にされていなかった。ちなみに、近年邦訳の出たバラクロウの著作においては、ピウス2世は宗教者としての資質をまったく評価されていない。G・バラクロウ（藤崎衛訳）『中世教皇史』八坂書房（2012年）、328頁。

8　現在、イタリアにこの名を冠する村は存在しない。周知のように、教皇即位後にエネアは村をルネサンス的な理想都市として改造した。世界遺産にも登録されているピエンツァがそれである。

9　1431年からバーゼルで開催されたが、公会議派と対立した教皇はフェラーラへと議場を移した。教皇派はフェラーラからさらにフィレンツェへと移転し、最終的には教皇首位権を承認させて1445年に閉会する。バーゼルでは公会議派がいまだ会議を続行していたが、すでに勢いを失っていた。バーゼル公会議への参加経験から、エネアは『バーゼル公会議の歴史についての注釈』などを著している。

10　14世紀の半ば以来、三代にわたって皇帝位はルクセンブルク家に伝わった。同家は14世紀初頭よりボヘミア王位を手にしており、そのため皇帝の尚書局にはチェコ出身者が多く在籍していたのである。その構成は皇帝位がルクセンブルク家からハプスブルク家に移ったのちにも継続していた。

11　シュリクは、ジギスムント時代に出仕してキャリアを積み、後継皇帝の時代にも帝国尚書局で重きをなしていた。シュリクについては、F. Šmahel, *Husitské Čechy*, Praha, 2001, pp. 383–384.

12　彼自身は人文主義的素養が身に付かなかったようだが、代わりに弟のヤンをイタリアへ留学させ、そしてエネア作品の収集を支援している。F. Šmahel, Enea Silvio Piccolomini a jeho Historie česká, p. xxix. なお、チェコの人文主義者に関する文献は、拙稿「人文主義と宗教改革――チェコにおける人文主義の展開とフス派運動の影響」南川高志編『知と学びのヨーロッパ史』ミネルヴァ書房（2007年）、117–140頁の註を参照。

13　F. Šmahel, Enea Silvio Piccolomini a jeho Historie česká, p. xxxiii.

14　ニコラウス・クザーヌスとエネアの交友関係については、上智大学中世思想研究所『中世思想原典集成17　中世末期の神秘思想』平凡社（1992年）、494–496頁を参照。なお、同書に収められている「信仰の平和 De pace fidei」の第18章では、聖体の秘跡をめぐってパウロとボヘミア人の対話が繰り広げられる。パンとワインの両形式における聖餐こそが、フス派とローマ教会がもっとも激しく対立する点であった。この論点は、エネアのターボル訪問のさいにも、現地のターボル派との会話のなかで取り上げられている（後述）。

15　マントヴァ公会議については、渡辺友市「ローマ教皇ピウス2世とマントヴァ会議について」『國學院大學紀要』21号（1983）、103–155頁。

16　甥のフランチェスコ・トデスキーニ・ピッコローミニをシエナ司教および枢機

卿にひきあげた。彼はのちにピウス3世として即位する（1503年）。ピウス3世については、マシュー・バンソン（長崎恵子／長崎麻子訳）『ローマ教皇事典』三交社（2000年）、145頁。なお、同書におけるピウス2世に関する叙述は139–140頁。

17　フス派運動については、薩摩秀登『プラハの異端者たち』現代書館（1998年）が長期的スパンから見取り図を示してくれる。本節の記述も同書に多く依拠している。邦語ではほかに、浅野啓子「15世紀フス派革命におけるプラハ4カ条」『社會科學討究』35（1990）、59–82頁、同「プラハのイェロニーム」『史観』132（1995）、17–30頁、拙稿「フス派運動における民衆と民族」小澤実編『物語るロマネスク霊性』クリオの会（2008年）、129–138頁。チェコ語では、F. Šmahel, *Husitská revoluce* I-IV, Praha, 1993; *Husitské Čechy*. 英語では、近年トーマス・ファッジが活発にフス派関連のモノグラフを刊行している。Th. A. Fudge, *The Magnificent Ride*, Ashgate, 1998; *The Crusade against Heretics in Bohemia, 1418-1437*, Ashgate, 2002; *Jan Hus*, I. B. Tauris, 2010. また、異端史のなかにフス派を位置づけた研究としては、M. Lambert, *Medieval Herecy*, Blackwell, 3. ed. 2002（1 ed. 1977), pp. 306–414. 中世ヨーロッパの異端に関する邦語文献としては、さしあたりH・グルントマン（今野國雄訳）『中世異端史』創文社（1974年）、甚野尚志『中世の異端者たち』山川出版社（1996年）など。

18　神聖ローマ皇帝としてはカール4世（1346–78）。金印勅書の発布により知られる。

19　註12の拙稿。

20　カレル亡きあとアンナの婚姻をすすめたのは兄のヴァーツラフ4世（1378–1419）である。背景には教会大分裂がある。アヴィニョン教皇を支持するフランスに対抗するため、ローマ支持派のイングランドとボヘミアの関係強化が模索された。

21　最近の研究としては、M. van Dussen, *From England to Bohemia*, Cambridge, 2012. イングランド王室におけるアンナに関しては、邦語でも以下の概観がある。鈴本達哉『ルクセンブルク家の皇帝たち』近代文芸社（1997年）、第6章「王女アンナの結婚」。また、デレク・ブルーア（海老久人／朝倉文市訳）『チョーサーの世界』八坂書房（2010年）にも彼女の活動に関する言及がある。ウィクリフおよびロラード派に関しては、M. Lambert, *Medieval Herecy*, pp. 247–305. 邦語では、甚野前掲書、70–76頁。

22　ヴァーツラフ4世が子を残さずに1419年に亡くなったため、弟のジギスムントが相続権を主張した。本文の記述のように、ボヘミア貴族やフス派住民は彼の即位を認めず、ようやく国王になれたのは亡くなる1年前の1436年のことだった。なお、ボヘミア国王としてはジクムント（1436–37）。

23　フス派の独自の戦術は、西洋軍事史において広く知られている。邦語で読める論考として、軍事史の専門家ではないが、ミロスラフ・ポリーフカ「フス革命

（1419 ～ 34 年）における人民軍の変貌」西澤龍生編著『近世軍事史の震央』流彩社（1992 年）、53–91 頁。

24　このとき交渉に参加していたクザーヌスの調停案が、その後の協約の基礎となった。彼もまた、帝国・ボヘミア問題の専門家の一人であった。E・モイテン（酒井修訳）『ニコラウス・クザーヌス』法律文化社（1974 年）、43 頁。

25　アルブレヒトの妻アルジュビェタはジギスムントの娘。なお、ジギスムント、アルブレヒト、ラディスラフはハンガリー王でもある。

26　15 世紀前半のチェコ貴族の身分的一体感については、M・ポリーフカ（拙訳）「帝国都市ニュルンベルクとのフェーデに見るチェコ貴族の自意識」服部良久編訳『紛争のなかのヨーロッパ中世』京都大学学術出版会（2006 年）、151–180 頁。

27　イジーの活動については、薩摩前掲書および P. Čornej & M. Bartlová, *Velké dějiny zemí koruny české* VI, Praha - Litomyšl, 2007, pp. 90–272. モノグラフとしては、R. Urbánek, *Husitský král*, Praha, 1927, J. Macek, *Jiří z Poděbrad*, Praha, 1967 など。

28　薩摩前掲書、180–184 頁。

29　ターボル派に関しては、前出のフス派関連文献のほかに以下の研究がある。F. M. Bartoš, Táborské bratrstvo z let 1425–1426 na soudě svého biskupa Mikuláše z Pelhřimova, in *Časopis Společnosti přátel starožitností českých* 29（1922）, pp. 102–122, H. Kaminsky, K dějinám chiliastického Tábora, in *Československý časopis historický* 8（1960）, pp. 895–904, J. Mezník, Tábor a Staré město pražské, in *Československý časopis historický* 19（1971）, pp. 45–52, F. Šmahel, Základy města: Tábor 1432–1452, in *Husitský Tábor* 5（1982）, pp. 7–134; Táborští vladáři, in *Folia historica Bohemica* 4（1982）, pp. 83–125; Táborská obec a městská samospráva v letech 1420–1452, *Husitský Tábor* 6-7（1983–1984）, pp. 145–180. ターボル派は千年王国運動や民衆運動研究においても言及されている。ノーマン・コーン（江河徹訳）『千年王国の追求』紀伊国屋書店（1978 年）、第 11 章および M・モラ／Ph・ヴォルフ（瀬原義生訳）『ヨーロッパ中世末期の民衆運動』ミネルヴァ書房（1996 年）、273–295 頁。

30　“luporum magis quam leporum sequi fidem”, R. Wolkan, *Der Briefwechsel*, p. 23.

31　“magnum illum et potentem virum, quem regni pars maxima sequitur”, R. Wolkan, *Der Briefwechsel*, p. 29.

32　“brevior et dilucidior”, R. Wolkan, *Der Briefwechsel*, p. 29.

33　エネアによれば、火刑を恐れてポーランドから逃亡してきた人物であるらしい。

34　R. Wolkan, *Der Briefwechsel*, p. 57.

35　“quecunque deteguntur inter Christianos impietatis ac blasphemiarum monstra, huc confugiunt tutamentumque habent”, R. Wolkan, *Der Briefwechsel*, p. 23.

36　ジシュカについては、薩摩前掲書、142–147 頁。チェコ語では以下の文献。F. M. Bartoš, Žižka a Korybut, in *Jihočeský sborník historický* 20（1951）, pp. 33–57, F.

Šmahel, *Jan Žižka z Trocnova*, Praha, 1969, J. Kejř, Jan Žižka jako politik a státník, in *Jihočeský sborník historický* 43 (1974), pp. 19–26, P. Čornej, Jan Žižka a východočeské husitství, in *Časopis matice moravské* 118 (1999), pp. 331–357.

37 R. Wolkan, *Der Briefwechsel*, p. 24.

38 なお、これらの情報は先述のコーンも紹介している。コーン前掲書、217 頁。

39 R. Wolkan, *Der Briefwechsel*, p. 27.

40 エネアはこのときの自身のスピーチを『ボヘミア史』のなかに織り込んでいる。*Aeneae Silvii Historia Bohemica*, 58–9, 10.

41 R. Wolkan, *Der Briefwechsel*, p. 29–36. 論点区分は筆者による便宜上のもの。

42 協約では、聖体拝領をのぞいてラテン式典礼をすべて受け入れることになっていた。そして典礼上、選出された大司教は教皇による承認を得なければならないことになっていたことを指す。

43 "places mihi, quia neque fictus neque tectus es, sed, que corde geris, ore profers. ego tibi propemodum habeo fidem", R. Wolkan, *Der Briefwechsel*, p. 35.

44 "si quis est, qui civitates ad unionem trahere possit, Georgius est", R. Wolkan, *Der Briefwechsel*, p. 36.

45 R. Wolkan, *Der Briefwechsel*, p. 36. 論点区分は筆者による便宜上のもの。

46 たとえば、聖体拝領の方法について、「ルカによる福音書」(22–19) の言葉「このように行いなさい」の解釈をめぐる議論が展開される。ターボル派の人びとは、それを「私のように行いなさい、他の者に与えなさい」という意味に解釈するのに対して、エネアは「私のように」とは述べられておらず、その命令は司祭にのみ関係するものだと主張し、双方とも一歩も譲らなかった。

47 R. Wolkan, *Der Briefwechsel*, p. 56.

48 唯一、ターボル派の人びとを肯定しているのは、彼らが教育を愛し、ラテン語の学びに熱心であった点である。R. Wolkan, *Der Briefwechsel*, p. 36, 37. 彼はのちに別のところでもこのことを報告している。薩摩前掲書、160 頁。フス派と識字の問題については、F. Šmahel, Literacy and heresy in Hussite Bohemia, in P. Biller, A. Hudson (ed.), *Heresy and Literacy, 1000-1530*, Cambridge University Press, 1994, pp. 237–254.

49 A. Molnár, Kacíři ve středověku, in (ed.) P. Spunar , *Kultura středověku*, Praha, 2 ed. 1995 (1 ed. 1972), pp. 65–76. ただし、カミンスキーはワルド派の教義がそのままターボル派に継受されたとはみなさず、エネアの叙述に 15 世紀ヨーロッパの誤解の責任を帰している。H. Kaminsky, Pius Aeneas among the Taborities, p. 303, 304.

50 自由心霊派の存在については、コーンおよびカミンスキーが直接的影響関係を認めているのに対して、ランバートは反対の立場をとる。コーン前掲書、H. Kaminsky, The Free Spirit in the Hussite Revolution, in S. L. Thrupp (ed.), *Millennial Dreams in Action*, New York, 1970, pp. 166–186, M. Lambert, *Medieval Herecy*. 自由心

霊派とターボル派の関係に関する研究史は、以下の文献に詳しい。鈴木中正「千年王国運動の世界史的展開」鈴木中正編『千年王国的民衆運動の研究』東京大学出版会（1982 年）、1-106 頁。とくに 17-22 頁。また、各異端については、グルントマン前掲書および甚野前掲書を参照。

51　ここでの情報も、先述のシュマヘルの記述に多く依拠している。なお、本稿が参照したラテン語＝チェコ語対訳版は、以下で述べるヴァチカン文書館収蔵の 2 つの写本、トゥシェボニュなどの 15 世紀の 3 つの写本、そしてローマおよびケルン（1532）の印刷本を用いているが、校訂版ではない。

52　中世チェコの年代記については、拙稿「中世チェコにおける王国共同体概念――『ダリミル年代記』の検討を中心に」『史林』85 巻 1 号（2002）、88-106 頁および同「カレル 4 世時代の年代記にみる『チェコ人』意識――チェコの『ドイツ人』との対比から」『西洋史学』第 227 号（2008）、22-43 頁を参照。

53　彼女はチェコの芸術家に深いインスピレーションを与えた。なかでも、国民学派の作曲家ベッジフ・スメタナの交響詩『我が祖国』の第三曲が名高い。

54　"admondum honesta facie, sed animo impuro et ad omne scelus parato", "herbis ac carminibus", "auditum tota silva ingentem veluti ridentium strepitum; ubi dum esset hominum solitudo, creditum daemones de puellarum facinore ac fallacia cachinnatos", *Aeneae Silvii Historia Bohemica*, 8-1, 2.

55　"aliquis homicidam sui ipsius Venceslaum fuisse negetque caelo dignum, qui certae se morti obtulerit", *Aeneae Silvii Historia Bohemica*, 14, 15. 聖ヴァーツラフ伝に関しては、拙稿「聖ヴァーツラフ崇敬の形成と利用」『秀明大学紀要』9 号（2012）、95-119 頁。

56　"sibi non esse facultatem eius regendae plebis, quae rapinis et adulteriis assueta ius fasque omne contemneret", *Aeneae Silvii Historia Bohemica*, 16-2.

57　しかし、晩年に執筆した『覚え書』におけるイフラヴァ（バーゼル）協約の破棄をめぐる叙述では、協約と二種聖餐にこだわるイジーを頑迷で悪辣な人物として描き出しており、態度を一変している。F. A. Gragg (trans.), The Commentaries of Pius II, Books X-XIII, in *Smith College Studies in History* 43, 1957, esp. pp. 621-628.

58　H. Kaminsky, Pius Aeneas among the Taborities, p. 289.

59　Th. M. Izbicki, G. Christianson, Ph. Krey, *Reject Aeneas, Accept Pius*, no. 2 (pp. 63-67). ニコラウス・クザーヌスは彼に師事していた。野町啓「クザーヌスとネオプラトニズム」日本クザーヌス学会編『クザーヌス研究序説』国文社（1986）、199-232 頁。

60　1444 年に、ハンガリー王ウラースロー 1 世（1440-44）率いるキリスト教連合軍がオスマン軍に敗れた戦い。

61　Th. M. Izbicki, G. Christianson, Ph. Krey, *Reject Aeneas, Accept Pius*, no. 56 (pp. 211-217), no. 70 (pp. 286-293), no. 73 (pp. 300-304).

62 Th. M. Izbicki, G. Christianson, Ph. Krey, *Reject Aeneas, Accept Pius*, p. 43.

63 H. Kaminsky, Pius Aeneas among the Taborities, p. 291.

学知の旅、写本の旅
——中世地中海世界における科学知の継受と伝播

岩波敦子

はじめに

知をめぐる営為は、人と人との接触・交流から常に生まれてきた。学知の基盤として現代まで継承されている古代ギリシアの科学知もまた、さまざまなルートを通って各地へと伝播してきた。しかしその道筋や進度は一様ではなく、偶然ともいえるテクストの継受に左右されたといえるだろう。

本稿では、ギリシア—イスラーム—ラテン世界間の科学知の継承と伝達を、情報源である写本の伝来状況から考察する。どのテクストがどの時期に誰によってアラビア語あるいはギリシア語からラテン語に翻訳されたのか、一般によく知られている中世の科学知の伝播を、可能な限り史料に即して確認・整理することが本稿の目的である。

1. 古代からの継承

古代ギリシアの学知は、マルティアヌス・カペッラ（410–439年頃活躍）の『フィロロギアとメルクリウスの結婚』、ボエティウス（ca. 480–524年）の『哲学の慰め』、カルキディウスなどの著作を通じ、パラフレーズされた形で中世ラテン世界へ伝えられた。文法・修辞学・論理学の自由三科が、『フィロロギアとメルクリウスの結婚』を通じ教育基盤として中世ラテン世界に紹介される一方で、算術・幾何学・天文学・音楽の自由四科は、中世初期ごく限られた翻案テクストによって継承されていたにすぎない。

算術を例にとれば、ボエティウスによるニコマコスの『算術入門 *De institutione arithmetica*』の翻案が、カシオドルスを経てセベリャのイシドルスの『語源学』に受け継がれた。一方幾何学に関しては、ボエティウスによってエウクレイデスの『原論』が翻訳されたと考えられるが、その死後オリジナル訳が失われ、さまざまなテクストを加筆した拡大版のみラテン中世に伝えられた[1]。そのため偽ボエティウス作 *Geometrie I, II* と呼ばれた当該の著作は、オーリャックのゲルベルトゥスの *Geometria*、ノトカー・バルブスやウィトルウィウス等の論考を収めた *Corpus Agrimensorum* と並んで[2]、古代から中世へとエウクレイデスの『原論』を伝える重要な知の泉となったのである[3]。

2. 学知伝播のルート

ギリシアの学知をより原典に近いテクストで伝えたのは、中世におけるアラビア語からの翻訳活動である。中世ヨーロッパの自然科学知が、イスラーム世界からの学知の継受を基盤として飛躍的な展開を遂げたことは周知の事実だが、当時膨大なテクストを知の遺産として所有していたイスラーム世界から、中世初期以来さまざまな形で学知の摂取が行われていた。

中世初期イスラーム世界からの知の継承は、いくつかの拠点を経由していたが、その一つはアッバース朝の首都となったバクダードである。カリフの積極的な政策のもとこの地ではギリシア語の著作の翻訳活動が推し進められていた[4]。もう一つはイベリア半島アンダルスのコルドバである。10世紀に北ドイツの女子修道院ガンダースハイムの修道女ロスヴィータがその輝かしさを讃えたコルドバは、バクダードとの交流を通じて、古代ギリシアの学知をヨーロッパ世界に伝える窓となったのである[5]。

これら知の結節点を経由して、10世紀ごろから天文学を中心とする自然科学知が、アラビア語からの翻訳を通じて漸次的にラテン世界に紹介された[6]。オーリャックのゲルベルトゥスらの学識者によって、当時最新の天体観測儀アストロラーベがその使用法を記した天文学論稿とともにラテン世界にもたらされている[7]。中世ヨーロッパ世界にとって、イスラーム世界は常に大切な異文化を識る扉だったのである。

11世紀末になると学知の伝播ルートに変化が訪れる。

十字軍遠征が始まる25年ほど前の1072年ノルマン・シチリア（両シチリア）王国が建国され、地中海イタリア半島の最南端に位置するシチリア島は、東西の文化が出会う重要な交流地となった。ギリシア・アラビア・ラテンの異文化が融合し合うこの地は、ビザンツ帝国から直接ギリシアの学知を摂取すると共に、イスラーム世界を経由したギリシア学知をラテン世界へ伝える重要な結節点となったのである[8]。

ノルマン・シチリア王国の始まりとほぼ同じころ、イベリア半島でもイスラーム世界との文化的接触に新たな展開が起こった。イベリア半島の中央部に位置し、再征服運動（レコンキスタ）によってカスティーリャ国王アルフォンソ6世が1085年統治権を奪還後再びキリスト教徒の手に戻ったトレドには、イスラーム統治下のキリスト教徒モサラベやユダヤ教徒など異文化の橋渡しとなる人々が多く居住し、コルドバに代わって異文化交流の拠点となったのである。

トレドに花開いた異文化融合の知の泉は、12世紀になるとアラビア語からの翻訳という形で北西ヨーロッパ各地へその支流を広げていく。それとともに忘れてならないのはイベリア半島北東部の翻訳活動である。バルセローナをはじめこの地を訪れる学識者たちを通じて、北西ヨーロッパ各地に新しい学知が広まっていった。

このように12世紀にはトレド、イベリア半島北東部、シチリアそしてピサ、ヴェネツィアを中心とするイタリア北部の諸都市の間に、知のネットワークが形成されていく。

その継受の中心となったのは、エウクレイデスの『原論』とアル＝フワリズミーの『算術論』『代数論』、プトレマイオスの『アルマゲスト』、そして視覚・光学に関する論稿である。

3. エウクレイデスの『原論』の継受

エウクレイデスの『原論』は、ギリシアの科学知論稿の中で最も多く翻訳されたテクストと言えるだろう。幾何学の基礎を築いた『原論』は、いくつかのルート・段階を経て中世ラテン世界に紹介されている。

先述したようにボエティウスによるエウクレイデスの『原論』のギリシア語からのオリジナル訳はその死後失われ、さまざまなテクストを加筆した拡大版が伝来した。この偽ボエティウス作 *Geometrie I, II* と呼ばれる著作のうち *Geometrie II* は、11世紀前半ロレーヌ地方の学識者によって纏められた compilation であり、現存する23の写本のうち15にほぼ完全なテクストが収められている[9]。この *Geometrie II* にはインド・アラビア数字の原型である Ghubar 記号が登場しており、計算法の基礎となる数字の継受を探るうえで重要なテクスト群である[10]。

12世紀以降エウクレイデスの『原論』はアラビア語あるいはギリシア語から新たに翻訳が行われ、いくつかのヴァージョンが伝来している。

アラビア語からの翻訳の端緒を開いたのは、バースのアデラルドゥス（ca.1075/1080–ca.1152）である[11]。翻訳及び校訂の時期によって『アデラルドゥス I, II, III』と呼ばれるテクストのうち、最も重要なのは『アデラルドゥス II』であり、現在伝来するのはチェスターのロベルトゥスによって校訂されたテクストである[12]。

アデラルドゥスと並んで、トレドの翻訳活動に従事したクレモナのゲラルドゥス（Gherardo Cremonese）（ca.1114–1187）も、エウクレイデスの『原論』を翻訳している[13]。またイベリア半島北東部では、カリンティアのヘルマヌスにによる翻訳がある[14]。13 世紀には Novara の Campanus によって中世ラテン世界で標準的となるテクストが編まれたが[15]、これはアラビア語からの翻訳というよりパラフレーズされた註釈といえるだろう。

一方ギリシア語からの直接の翻訳が 12 世紀半ばシチリアでなされている。パリとフィレンツェで二つの写本を発見した Murdoch による詳細な研究から、この論稿はプトレマイオスの『アルマゲスト』をギリシア語から翻訳したサレルノの医学生 Hermannus の手によるものと考えられている[16]。

古代ギリシアのテクストは、パピルスに書かれた版が失われている場合が多く、古代末期以降の獣皮紙に書き写されたテクストから再構成していくことになる。転写の過程でテクストは当然選別・淘汰されていくし、転写されていく際に生じる改変にも十分に注意を払わなければならない。異系統テクストの比較とともに、文献学の難しさはこの不均等な史料の伝来状況の中から、なにがオリジナルで、何が後世の加筆あるいは減筆であるのかを見極める作業だが、それはまた学知の継承プロセスに伴走する文献学の醍醐味でもあるだろう。翻訳テクストの継受を追っていくうえで気を付けなければならないのは、年代の古い写本テクストより、後世の写本に収められたテクストの方がより原典に近い場合がある点だ。

この例に該当するのがエウクレイデスの『原論』である。斎藤憲『ユークリッド『原論』の成立』を参照されたいが[17]、簡単に紹介しよう。

『原論』の校訂には 6 つのギリシア語写本が使用されているが、そのうち 5 つは紀元後 4 世紀アレクサンドリアのテオン編集のテクストの系統をひく。残り一つは 1808 年に Peyrard がヴァチカンで発見した 10 世紀の写本（Gr. 190）である。この写本に収められたテクストは他のテオン版より優れており、この写本を底本として Heiberg は 1883 年から 1888 年にかけて新しい校訂版を出版した。

Knorr は、アラビア語経由で中世ラテン語に翻訳されたテクストの方が、少なくとも12巻に関しては優れている点を指摘し、ヴァチカン版よりオリジナルに近いのではと論じた[18]。原典に近いはずのギリシア語より、アラビア語を経由して中世ラテン語に翻訳されたテクストの方が、たとえ部分的であるにせよオリジナルに近い可能性があるというのである。

ここでKnorrが提起した問題を纏めてみよう。

Knorrは、ギリシア語版の校訂者であるHeibergとドイツAltonaのギムナジウムの教師だったKlamrothの間に一世紀ほど前に繰り広げられた論争を出発点としている。

Klamrothは、アラビア語、シリア語、ギリシア語テクストを比較し、ギリシア語テクストに欠落部分があることを示した[19]。Klamrothが比較検討したアラビア語のテクストは、1）al-Hajjaj（8世紀後半から9世紀初頭）による最初の6巻を収めたLeiden写本（1144/45年）、2）9世紀後半のThabit ibn Qurraによって校訂されたIshaq ibn Hunain（9世紀半ば）による1–13巻の翻訳とQusta ibn Luqaによる14、15巻を含むOxford 279（1238年）、それに加えてKnorrは3）Nasir al-Din al-Tusi（1248年）を合わせて3系統とし、12世紀にアラビア語から翻訳されたラテン語訳、すなわち1）あるいは2）からの翻訳である12世紀前半のバースのアデラルドゥスの『アデラルドゥスI』及び12世紀半ばのクレモナのゲラルドゥスの翻訳と比較検討した。Knorrが、Klamrothのテキスト分析に基づきギリシア語版よりオリジナルに近いと論じたラテン語テクストは、アラビア語テクストを経て12世紀に翻訳されたテクストだったのである[20]。

4. アル＝フワリズミーの著作

幾何知がエウクレイデスをはじめとするギリシアからの学知を基盤としていた一方で、算術、代数の基盤となったのはインドを起源とするイスラームの科学知である[21]。その中心はいうまでもなくアル＝フワリズミー（ca. 780-ca. 850）の著作である。

773年バグダードにあるカリフal-Mansurの宮廷を来訪したインドの学識者によってインドから天文知が伝えられたといわれている。インド由来の数字記号の記載がみられるもっとも古いアラビア語写本は、パピルスに書かれた873/74年の写本とされている[22]。9つの数字と0が登場する東部地域でもっとも古い写本は、970年頃イランで書かれたものである[23]。インド・アラビア数字自体は、アル＝フワリズミーの著作がラテン語訳される以前10世紀末イベリア半島出自の写本にも登場する[24]。

ヨーロッパの数学知の基礎を築いたといえるアル＝フワリズミーの著作のうち、算術に関するアラビア語写本は現存しない。インド式計算法*Kitāb al-hisāb al-Hindī*に関する現存する最も古いアラビア語論稿は、952/953年al-Uqlīdisīによって書かれたものである。一方算術論より先に書かれたと考えられる代数論*De algebra et almuchabala*には、多くのアラビア語の写本が存在している。アラビア語のテクストは1831年Oxford写本を基にRosenが英訳を出しているが[25]、1939年には新しい校訂本がカイロで出版されている[26]。代数論には二つの中世ラテン語訳があり、一つは1145年チェスターのロベルトゥスがSegoviaで訳したもの[27]、もう一つはクレモナのゲラルドゥスがトレドで訳した論稿である[28]。

アル＝フワリズミーの算術論（10進法計算法）

アル＝フワリズミーの算術に関する著作のうち、中世ラテン世界に翻訳された論稿にはいくつかの系譜がある。アル＝フワリズミーの算術論には、冒頭部の*Dixit Algorizmi*（Alchoarismi）からDAと呼ばれるテクストのほかに、*Liber Ysagogarum Alchorismi*（LY), *Liber Alchorismi*（LA), *Liber pulveris*（LP）と呼ばれる4つの系統がある[29]。Menso FolkertsとAllardの研究に基づきながら、以下写本状況を検討してみよう。

アル＝フワリズミーの算術論のラテン語訳のうちDAは、12巻の途中で切れている Cambridge 写本が、12 世紀に作成された唯一の写本とかつては考えられていた[30]。その後完全なテクストが収められた写本がもう一つ見つかった。New York にあるこのラテン語写本は、Menso Folkerts によって校訂されているが[31]、両写本ともアラビア語からラテン語への一次翻訳ではなくその改訂版と考えられている。

一方 5 巻からなる *Liber Ysagogarum Alchorismi*（LY）[32] は自由四科に関する論稿であり、最初の三巻が算術、第四巻が幾何、第五巻が天文学を扱っている。最初の 3 巻を校訂した Allard に拠れば、*Liber Ysagogarum Alchorismi*（LY）には 3 ヴァージョン I, II, III あり[33]、うち 1143 年以前に成立した I には、クレモナのゲラルドゥスによる al-Kindi の著作の翻訳 *Liber de quinque essentiis* 中の *Sermo de motu* と一致する部分があり[34]、また幾何と天文学に関する部分にはヘブル語の影響がみられるという[35]。

II を収めた写本は二つある。そのうちの一つ Paris 写本 NB lat.16208 には "a Master A compositus" という記載があるため、多くの研究者がバースのアデラルドゥスを II の作者とみているが、Allard は慎重にバースのアデラルドゥスとペトルス・アルフォンシの影響があると言及するにとどまっている[36]。1 写本が現存する III はフランスで成立した別の系統に属するという[37]。

他方イベリア半島で成立したと考えられる *Liber Alchorismi*（LA）には一つの版しかない。作者として magister Iohannes の名が挙げられており、1133 年から 1142 年にかけてトレドでアラビア語の著作を精力的に翻訳したセベリャのヨハンネス Johannes Hispalensis を指す可能性は否定できないが断定もできない[38]。もう一人作者の可能性があるのが、Ocreatus の Johannes である[39]。

12 世紀に書かれた別の論稿 *Helceph Sarracenicum* では[40]、アラビア数字ではなくローマ数字が用いられ、ボエティウスやゲルベルトゥスをはじめとするアバクス論稿で使用された用語を用いて説明はなされてはいるが、インド・アラビア式計算法を論じており、*Liber Alchorismi* とほぼ一致する記述が見いだせる[41]。

ここでDAが収められている、12世紀の二つの写本をMenso Folkertsの研究に従って紹介したい[42]。

a）N: New York, Hispanic Society of America, HC 397/726, f. 17r–24v

1. f.1r-6v: Martianus Capella, *De nuptiis philologiae et Mercurii*, 8巻

2. f. 6v-7r: 匿名の天文学論稿 *Prophetia seu prognostica futurorum*（15世紀に追記）

3. f. 7v-9v: Hermannus Contractus, *De mensura astrolabii*

4. f. 9v, 14r-15v, 12r-13v, 10r: *De utilitatibus astrolabi*

5. f. 10v-11r: Hermannus Contractus, *Mensura horologii*

6. f. 11r-v, 16r: Hermannus Contractus, 抜粋

7. f. 16r: *Geometrica incerti auctoris*, 8章6

8. f. 16r-v: *Horologia Gerbertina*

9. f. 16v: Beda, *De natura rerum*, 13, 15, 16章

10. f. 17r-24v: al-Hwarizmi, 算術論（= DA）

11. f. 25r-30r: Johannes Hispalensisによる Masa'allahの翻訳 *De cogitationibus ab intentione*

12. f.30v-43v: Johannes Hispalensisによる al-Farganiの翻訳 *Liber differentiarum*

13. f.44r-47r: Abd al-Aziz ibn Utman al-Qabisi, *Liber introductorius ad totam artem astronomie*（部分？）

14. f.47v–48r: Johannes Heremita, *Profecia quam vidit in caucaso monte*（14世紀の追記）

15. f. 48r–v: Johannes Heremita, *Profecia de partibus ultramarinis*（14世紀の追記）

16. f.49r–50v: 1064年から1558年までの暦

17. f.51r–60v: Hunain ibn Ishaq, *Introductio ad artem parvam Galieni*（=Johannitius, *Isagoge in tegni galieni*）

18. f. 60v-71v: Hippocrates, *Aphorosmi*（Constantinus Africanusの翻訳）

19. f.71v-78r: Hippocrates, *Prognostica*（Constantinus Africanusの翻訳）

20. f.78v-87v: Theophilos Protospatharios, *Liber de urinis*（ギリシア語からの翻訳）
21. f.87v-90r: Theophilos Protospatharios, *Liber pulsuum*（ギリシア語からの翻訳）
22. f.90r-112v: 偽 Galenus, *Microtegni*（Constantinus Africanus の翻訳）
23. f.113r-120v: Hippocrates, *De regimento acutarum egritudinum*

b）C: Cambridge, University Library Ms Ii.vi.5, f. 104r-111v
1. f. 3r-86r: Constantinus Africanus, *Viaticum*
2. f. 86v-89r: Roger Bacon（?）, *De sompno et vigilia*
3. f. 90r-96v: 医学処方集
4. f. 97v: 天文表
5. f. 98r-101v: Roger Bacon, *Rogerina minor*
6. f. 102 欠落、f. 103 には後に追記された短いテクスト、f. 104 から新しい写本が始まる
7. f. 104r-111v: al-Hwarizmi, 算術論の不完全なテクスト
8. f. 112r-121r: *De utilitatibus astrolabii*, 2, 4–6, 8–10, 19 章
9. f. 121r-122r: Ascelinus, *Compositio*, 5 から 6 章。
10. f. 122r-124v: Beda（?）, *De cursu solis*, 1 章から 4 章。
11. f. 124v-125r: アストロラーベの裏面のシャドウスクウェアに関する論稿
12. f. 125r-126v: Ascelinus, *Compositio* の補遺

以上各写本に収められているテクスト群を検討すると、中世に継承されていた科学知の布置が見えてくるだろう。いずれも 120 葉程度の写本だが、N 写本には時間計測やアストロラーベの使用法など天文知に関する論稿、アル゠フワリズミー等のアラビアの科学知、ヒポクラテス、テオフィロス等のギリシアの医学論稿が収められている。それに対し、C 写本のメインは Constantinus Africanus の *Viaticum* といっていいだろう。

アル゠フワリズミーの『天文表 *Ezich Elkauresmi*』は、10 世紀 Maslama al-

Majriti による改訂版を経て、Petrus Alfonsi とバースのアデラルドゥスによってラテン語版がつくられた[43]。アル＝フワリズミーの著作で天文知に関するものでは、他に『天文学入門 *Liber ysagogarum Alchorismi in artem astronomicam*』があり、同じくバースのアデラルドゥスによって翻訳されている。

5. プトレマイオスの『アルマゲスト』

中世の天文知の基盤となったのはいうまでもなくプトレマイオスの著作、とりわけ『アルマゲスト』である。『アルマゲスト』もまた、いくつかのルートを経て 12 世紀ラテン語に翻訳されている。

一つ目のルートが、アラビア語からの翻訳である。『アルマゲスト』は、イスラームの学識者とりわけアブー・マアシャル（Abu Ma'shar: 787–886）の著作を通じて中世ラテン世界に伝えられた[44]。

アブー・マアシャルの著作のうち、『小天文学入門 *Ysagoga minor*』[45] をアラビア語からラテン語に翻訳したのはバースのアデラルドゥスである。

『アルマゲスト』を求めて 1175 年頃トレドに向かったクレモナのゲラルドゥスは、アラビア語からラテン語への翻訳の際、セベリャのヨハンネス Johannes Hispalensis/Johannes Hispaniensis（c. 1090–c. 1150）が 1133 年頃翻訳した、アブー・マアシャルの『大天文学序説 *Introductorium Maius in Astronomiam*』を参照したと考えられている[46]。カリンティアのヘルマヌスも同じく、アブー・マアシャルの『大天文学序説』を 1140 年頃抄訳している。アブー・マアシャルの著作は、プトレマイオスの『アルマゲスト』を中世ラテン世界に仲介した重要なテクストといっていいだろう。

一方アラビア語を介さないギリシア語から直接ラテン語への翻訳も 12 世紀に行われている。これについては、伊東俊太郎『12 世紀ルネサンス』に研究史が詳しく紹介されているので参照していただきたい[47]。

まず該当する写本は、1）MS. Vatican. Lat. 2056 と 2）MS. Firenze, Bibl. Naz.

Cent., Fondo Conventi Soppressi, A 5. 2654 そして 3）MS. Vatican, Pal. Lat. 1371, ff. 41–97v である。1909 年ヴァチカンで Lockwood が発見した 1）についてはハスキンズが 1910 年と 1912 年に[48]、2）に関しては、1908 年秋 Björnbo がフィレンツェで発見した写本に基づいて Heiberg が 1910 年、1911 年にそれぞれ論文にまとめている[49]。

ハスキンズが検討したヴァチカン写本は、14 世紀初頭あるいは 13 世紀末のものであるが、そこに収められたテクストは、アラビア語を経由せず直接ギリシア語からラテン語へ翻訳された最も早いテクストであると考えられている[50]。94 葉プラス数枚の書き手の異なる図版からなるこの論稿の冒頭部分には作者が数学の教師に宛てた献呈文があり、その中で、自分はサレルノで医学を学んでいたが、*syntaxis*（= プトレマイオスの大著作『アルマゲスト』）が、皇帝の贈り物として使節 Henricus Aristippus の手によってコンスタンティノープルからパレルモに持ってこられたと聞き及び、この使節を探し Pergusa で見つけた。しかし翻訳する能力が不十分だったので、まずエウクレイデスの『与件 *Dedomena=Data*』,『光学論 *De Optica*』, *Catoptrica* そしてプロクロスの『運動について *De Motu*』を勉強して再挑戦した。この時ギリシア語、アラビア語、ラテン語に堪能な提督エウゲニウスという大きな手助けが——翻訳を試みることに不満を抱いていた vir discolus が——あらわれたと述べている[51]。

12 世紀の Louvain 写本 MS 217 に収められたアストロラーベ論稿の冒頭に、13 世紀の筆跡で “Hermannus iste astrologus fuit natus de Karinthia, non Contractus de Suevia, et transtulit Almag” とあり、このためギリシア語から『アルマゲスト』を翻訳したのは、カリンティアのヘルマヌスであると混同されてきた[52]。しかし、カリンティアのヘルマヌスが 12 世紀半ばパレルモの医学生だったとは考えられず、上記の序文に従うならば、別の Hermannus の存在を前提としなければならない。また 13 世紀の写本である上記 3）のタイトル頁の向かいの欄外に、14/15 世紀のイタリアの筆跡で “Translatus in urbe Panormi tempore regis Roggerii per Hermannum de greco in latinum（国王ロジェールの時代にパレルモで Hermannus によってギリシア語からラテン語へ翻訳された）” という記載も確認されている[53]。

『アルマゲスト』をシチリアに持ち帰ってきたAristippusは、プラトンの『パイドン *Phaidon*』と *Menon*、アリストテレスの『気象学 *Meteorologica*』の第4巻を訳した人物である[54]。『パイドン』の序文で彼は、シチリアに逗留していた英国人の友人にエウクレイデスの『光学論 *Optica*』も与えたとも述べている[55]。シチリアと英国とのネットワークを探るうえでこの人物が誰なのかは非常に興味深いが、残念ながら特定できていない。

1156年Cataniaの助祭となったAristippusは、ウィリアム1世の治世で重要な役割を演じた。1160年11月には国王の側近として王国の統治を動かす人物になっているが、1162年Apuliaへの途上王命によって突然捕えられ、パレルモの牢獄に送られ、程なく亡くなったという[56]。一方エウゲニウスは1130年頃に生まれ1203年頃亡くなったと考えられる[57]。

ハイベルクが分析したフィレンツェ写本には、*Almagesti geometria* という題名が付けられ、*Claudii Ptolomei mathematicorum sintaxeos liber* という表記のもと13巻まで収められている[58]。

6. 視覚／光学論

イスラーム世界との接触によって引き起こされた知的好奇心は、一つは人間の本性、すなわち身体のメカニズムと心の働きの探求へと向かった。その一つが「視ること」への関心である。イスラーム世界を経由した科学知で忘れてならないのが、視覚／光学に関する論稿だろう。

光学に関してはエウクレイデス、プトレマイオスがそれぞれ『光学論 *De Optica*』を著しているが、プトレマイオスのギリシア語原典は失われ、アラビア語からの翻訳の形で中世ラテン世界に伝えられた。

その重要な仲介者の一人が、8世紀末父が統治していたal-Kufaで生まれたアル＝キンディー al-Kindiである。バグダードで教育を受けたアル＝キンディーは、813年から847年にかけてal-Ma'mun, al Mu'tasimそしてal-Wathiqの三人のカリフのもとでバグダードの翻訳活動の中心的役割を果たした[59]。アル゠キンディーが著した『視覚論 *De aspectibus*』は、「流出論」の重要な根拠として中世ラテン世界に大きな影響を与えたが、アラビア語原典は発見されておらずラテン語訳が伝わっている[60]。

6.1 「流出論」

ここで「流出論」に触れておこう。

古代より人間の視力に関して、エウクレイデスやガレノスをはじめとする学識者たちが考察してきた。視線を能動的力として捉える「流出 extramission」説についてシュミットが簡潔に説明しているので、そのことばを借りながら説明しよう[61]。

流出理論では、「人間の体内で生み出され、視神経を通じて大脳から眼へと順次送られる「自然精気プネウマ」および「霊魂精気」」が、「外界の光を通過して物体に到達する。」ガレノスによれば、精気が送り出す力の伝播は太陽が空気へ及ぼす影響と同じである[62]。この精気は「目から発せられた光線のようなものであり、そうした光線は物体の形姿や色を受け取って、それらを目に、そして魂へと伝えていく」。この流出理論では、目から放たれた「精気」が媒質を介して能動的に作用する力を有すると考える。シュミットが指摘しているように、物体と目から放たれた光線が相互作用を及ぼしうるというこの考えから、魔女が持つ「邪悪な眼」が信じられたのである[63]。

この流出論は、エウクレイデスやガレノスからアル゠キンディーを経て、12 世紀バースのアデラルドゥス、コンシュのギョームをはじめとする多くの学識者たちに継承された。

6.2 「流入論」とアルハセン

この「流出論」に異論を唱えたのがアヴィセンナ（イブン・シーナー：980-1037）である。アヴィセンナはエウクレイデスとガレノスの視覚理論を退け、アリストテレスの流入説を受け入れた[64]。26 のアリストテレスの著作に註釈を付け、その註釈を通じて中世ラテン世界がアリストテレスを知ることになったアヴェロエス（イブン・ルッシュド:1126-1198）もまた、アリストテレスの流入説をより積極的に支持している。

だが「流入論」の普及に最も大きな影響を与えたのはアルハセンだろう。

アルハセン（イブン・アル＝ハイサム）は965年頃バスラで生まれ、1039年頃カイロで亡くなったが、その生涯は詳しくは分からない。彼に帰せられた200以上の著作のうち90は彼自身自分の筆によると語っている[65]。それらの中にはエウクレイデスの『原論』、プトレマイオスの『アルマゲスト』、アリストテレスの『自然学』『霊魂論』『気象学』が含まれている。

アルハセンは、1028年から1038年の間に「視覚」に関する論稿を纏めたと考えられている。その中でアルハセンは、空気や透明の媒質は何ら媒介物を要さず物体の形状を伝えることができると説明し、「流出論」が主張する眼と物体間を移動する視線の存在理由を否定した[66]。アルハセンの『視覚論 *De aspectibus*』は、エウクレイデスの理論的考察にガレノスの解剖学を用いた視神経の仕組みと光の屈折原理を組み合わせて「視覚」のメカニズムを論じており、その意味で新たな地平を拓いたといえるだろう。

6.3　ラテン語への翻訳

これらイスラームの視覚に関する論稿は、「流出論」「流入論」とも12、13世紀にラテン語に翻訳された。

アルハセン、アヴィセンナ、アヴェロエス等の論稿がラテン語に翻訳され北西ヨーロッパ世界に紹介されると、物体が、物体と目との間に存在する媒質に形象speciesを放出し、これを視像として受動的に知覚するという「流入intromission」論が展開されることになった[67]。

アルハセンの『視覚論』のラテン語訳は、現在完稿、断片の形で13世紀以降合わせて22の写本に収められている[68]。うち7つが主幹となる写本であり[69]、そのほかに14世紀のヴァチカン写本に収められた翻訳[70]と、1572年に

Friedrich Risner が校訂本として印刷したテクストがある[71]。

6.4　ロバート・グロステストの限界

視覚メカニズムに関する二つの説「流出論」と「流入論」を対比したのが、ロバート・グロステスト（ca. 1168–1253）である。ロバート・グロステストは、コンシュのギヨーム（ca. 1080–1150/54）やバースのアデラルドゥスに比べればより多くの翻訳を通じてギリシア、イスラームの学知を享受できたものの[72]、その著作には、「光学」に関して最も重要なテクストであるプトレマイオスの『光学論』やアルハセンの『視覚論』からの引用が見られず、翻訳を通じた知識は限定されていた[73]。テクストの欠如によるロバート・グロステストの限界を示しているのが、視覚に関する見解である。

ロバート・グロステストは、受動的な視覚による流入論を主張する自然哲学者と、能動的な流出論を主張する数学者と物理学者を対比し、アリストテレスは流出論だったことを理由に挙げ後者を支持している。しかしアリストテレスは『動物論』では流出論を支持してはいるが、その中心的著作である『トピカ』では流入論をとっており[74]、ロバート・グロステストの理解はマイケル・スコットの誤訳に依拠したためと考えられる[75]。

6.5　ロジャー・ベイコンの登場

ロバート・グロステストが拓いた窓から新たな一歩を踏み出したのが、流出論と流入論とを融合し、新たな視覚論を展開したロジャー・ベイコン（1213/4–1291/2）である。ロジャー・ベイコンについては高橋憲一の邦語研究および近年の欧米の研究を踏まえながら紹介しよう[76]。

オクスフォードとパリで学び、後にオクスフォードでフランシスコ会士となったロジャー・ベイコンは、『大著作』の第5部であり、また単独の論稿としても流布した『視覚論 *Perspectiva*』を著した[77]。この著作の他にも、*De multiplicatione specierum*, *De speculis comburentibus* などで視覚について論じている[78]。

1229年から1235年までフランシスコ会士に講義していたロバート・グロステストと、自らフランシスコ会士となったロジャー・ベイコンの間には直接の師弟関係は認められないものの、ロジャー・ベイコンはその『大著作』第4部の中で、アリストテレス、アヴィセンナ、プトレマイオス、アブー・マアシャルらを知的権威として挙げる一方で[79]、同時代の学識者の中でとくにロバート・グロステストを高く評価している[80]。エウクレイデスやプトレマイオスの『光学論』に加えて、アルハセンの『視覚論』の翻訳を参照することができたロジャー・ベイコンは、ロバート・グロステストの影響を受けつつも[81]、独自の視覚論を展開している[82]。

ロジャー・ベイコンは、アルハセンが挙げた視覚に不可欠な要素、すなわち目と対象物との分離、光、視覚対象物の大きさ、中間の透明性、そして可視的対象物の密度、時間、目の健康状態などを論じたが[83]、その理論の特徴は数理的理解、とりわけ幾何学の援用だろう[84]。彼は、ガレノスの解剖学の知識を用いて眼球の仕組みを図式化するばかりでなく、複視、残像、ピンホール現象[85]、水中の屈折、日の出、日没時の太陽や月が大きく見えるといったようなさまざまな視覚現象を、幾何学の知識を援用して説明した[86]。彼の『虹論』もこの延長上にあるといっていいだろう。

ギリシアの視覚／光学論のもう一つ別のルートはシチリア経由である。パレルモの提督エウゲニウス（c. 1130–1202）の協力のもと、サレルノの医学生Hermannusがプトレマイオスの『光学論』第2巻から第5巻までをアラビア語から翻訳（ca. 1154年）している[87]。この翻訳は、文字通り一語一語のde verbo ad verbo逐語訳であり、翻訳に取り組んだこの医学生は二つの写本を利用している。より新しいヴァージョンの方が信用度が高かったが、残念ながらいずれの写本にも第一巻は欠けていた[88]。

イスラームの科学知を熟知し視覚に関する体系的理論を構築したロジャー・ベイコンは、経験主義の先駆者と評されることが多い。彼の主唱する経験学

scientia experimentalis とは、観察と数理的論証に基づく学問であり、とりわけ視学（光学）と気象学に顕著である。だが、彼はあくまで「キリスト教的スコラ学者」（傍点は伊東俊太郎による）であり、神の照明があってこそ哲学者たちは哲学の真理を知りえると述べているように[89]、彼の先駆性はキリスト教神学と自然哲学を融合した点にあって、その思想はキリスト教的枠組みの中で位置づけられなければならないだろう。

13世紀オクスフォードは科学知の先進地であり、アリストテレスを禁止したパリ大学とは異なり、イスラーム世界からの科学知に寛容で、ギリシア語、ヘブル語、アラビア語などが教授されていた。オクスフォードの自由な学風は、異文化を受容する知的土壌を育み[90]、その推進者もしくは重要な仲介者としてフランシスコ会士が重要な役割を演じていたのである。

7. 結びに代えて

以上中世地中海世界を中心に科学知の受容と伝播を概観してきたが、ラテン世界の学識者たちは最新の科学知を取り入れようと、限られた情報を追い求め、信仰の相違を越えて、積極的にイスラーム世界から学知を吸収していた様子が浮かび上がってくるだろう。彼らはたとえ不完全な形でも翻訳に着手し、知の基盤とともに、知の連鎖を創成しようと試みていたのである。

チャールズ・ハスキンズが「12世紀ルネサンス」を1927年に提唱以来、12世紀を中心に多くの科学知に関するテクストが校訂されてきたが、その一方でチェスターのロベルトゥスとケットンのロベルトゥスが同人物であるかどうかなど、未だ研究者の間で一致を見ない点も少なくない。また本稿では詳細に扱うことのできなかった視覚／光学論は、アラビアからの知の漸次的受容を探るうえで重要な考察対象であり、神学との重なり合いについては今後の検討課題である。

環地中海世界における知のネットワークを真の意味で理解するためには、中世ラテン世界の中で閉じた知の継受を追うだけでは不十分なのは言うまでもない。環地中海という複合的文化圏を、ハスキンズのような一人の優れた学識者が鋭く捉えることも不可欠だが、学問を分断しがちな言語の壁を越えて、それぞれ専門的知見に基づきながらラテン―イスラーム世界を包括的に捉える学際的な共同作業が今後ますます重要になってくるだろう。知のグローバル化が唱えられて久しいが、学知の世界におけるバベルの塔以前の状態への回帰はまだ道半ばなのである。

註

1 Cf. Menso Folkerts, The Importance of the Pseudo-Boethian Geometria during the Middle Ages, in: *Boethius and the Liberal Arts: A Collection of Essays,* ed. M. Masi, Berne 1981, pp. 187–209. ここでは 187 頁参照。

2 Cf. C. Thulin, *Zur Überlieferungsgeschichte des Corpus Agrimensorum*, Göteborg 1911, S. 9 ff.

3 岩波敦子「アバクスからアルゴリズムへ――ヨーロッパ中世の計算法の系譜」『慶應義塾大学言語文化研究所紀要』第 44 号(2013)、43–68 頁。ここでは 56–62 頁。

4 ディミトリ・グタス 山本啓二訳『ギリシア思想とアラビア文化 初期アッバース朝の翻訳運動』勁草書房 2002 年。

5 Linda A. McMillin, 'Weighed down with a thousand evils': Images of Muslims in Hrotsvit's Pelagius, in: (ed.) Phyllis R. Brown, Linda A. McMillin and Katharina M. Wilson, *Hrotsvit of Gandersheim: Contexts, Identities, Affinities, and Performances*, Toronto 2004, pp. 40–55, ここでは 45 頁。Cf. Katharina Wilson, *Hrotsvit of Gandersheim. A Florilegium of her works*, Cambridge 1998, p. 29.

6 Cf. D'Alverny, Marie-Thérèse, Translations and Translators, in: (ed.) Robert L. Benson, Giles Constable, Carol D. Lanham, *Renaissance and Renewal in the Twelfth Century*, Oxford 1982, pp. 421–462.

7 岩波敦子「ライヒェナウのヘルマヌスと中世ヨーロッパにおける天文学写本の伝播」『慶應義塾大学言語文化研究所紀要』第 43 号(2012)、43–67 頁。

8 シチリア島におけるギリシア語とアラビア語の比較に関しては、Cf. D'Alverny, Translations and Translators, ここでは 435 頁。

9 Menso Folkerts, *"Boethius" Geometrie II: ein mathematisches Lehrbuch des Mittelalters*, Wiesbaden, 1970, S. 3 以下参照。

10 詳細は、岩波敦子「アバクスからアルゴリズムへ――ヨーロッパ中世の計算法の系譜」56–62 頁。

11 *The first Latin translation of Euclid's Elements commonly ascribed to Adelard of Bath:*

books I-VIII and books X. 36-XV. 2, ed. Hubert L. Busard, Toronto 1983; Marshall Clagett, The Medieval Latin Translations from the Arabic of the Elements of Euclid, in: *Isis* 44 (1953), pp. 16–42.

12　*Robert of Chester's (?) Redaction of Euclid's Elements, the So-Called Adelard II Version*, 2 vols., ed. Hubert L. Busard and Menso Folkerts, Basel 1992.

13　*The Latin translation of the Arabic version of Euclid's Elements commonly ascribed to Gerard of Cremona, introduction, edition and critical apparatus* by Hubert L. Busard, Leiden 1984.

14　*The Translation of the Elements of Euclid From the Arabic Into Latin By Hermann of Carinthia (?)*, Hubert L. Busard, Leiden 1968 及び *The Translation of the Elements of Euclid From the Arabic Into Latin By Hermann of Carinthia (?) Books VII-XII*, ed. Hubert L. Busard, 1977. 現存する写本 Paris, BN Latin 16646 には最初の 12 巻のみ収められている

15　Hubert L. Busard, *Campanus of Novara and Euclid's Elements*, 2 vol., Wiesbaden 2005.

16　J. E. Murdoch, Euclides Graeco-Latinus: A Hitherto Unknown Medieval Latin Translation of the Elements Made Directly from the Greek, in: *Harvard Studies in Classical Philology* 71 (1966), pp. 249–302; Hubert L. Busard, *The Mediaeval Latin Translation of Euclid's Elements made directly from the Greek*, Wiesbaden 1987.

17　斎藤憲『ユークリッド『原論』の成立』東京大学出版会　1997 年、10 頁以下参照。

18　Wilbur R. Knorr, The Wrong Text of Euclid: On Heiberg's Text and its Alternatives, in: *Centaurus* 38 (1996), pp. 208–276.

19　M.Klamroth, Ueber den arabischen Euklid, in: *Zeitschrift für Mathematik und Physik* (hist.-litt. Abth.) 35 (1881), S. 270–326.

20　*The Latin translation of the Arabic version of Euclid's Elements commonly ascribed to Gerard of Cremona*, introduction, edition and critical apparatus by Hubert L. Busard, Leiden 1984.『アデラルドゥス II』の校訂本は前出、*The first Latin translation of Euclid's Elements commonly ascribed to Adelard of Bath : books I-VIII and books X. 36-XV. 2*, ed. Hubert L. Busard, Toronto 1983.

21　アル＝フワリズミーの論稿が翻訳される 12 世紀までの計算法とインド・アラビア数字の中世ラテン世界への導入については、岩波「アバクスからアルゴリズムへ――ヨーロッパ中世の計算法の系譜」参照。

22　Cf. Adolf Grohmann, Texte zur Wirtschaftsgeschichte Ägyptens in arabischer Zeit, in: *Archiv orientální* 7 (1935), S. 437–472. ここでは 453 頁以下及び Tafel LVI, 12.

23　Paris BN, ar. 2457, f. 81r–86r. Cf. *Die älteste lateinische Schrift über das indische Rechnen nach al-Hwarizmi*, ed. Menso Folkerts, München 1997, S. 3.

24　Codex Vigilanus (Esconial d-I-2) と Codex Emilianus (Esconial, d-I-1) に 1 から 9

までの数字が登場するが、これはセベリャのイシドルスの『語源学』3章1節（ローマ数字について）への補足記載であり、計算法に関してではない。Cf. *Die älteste lateinische Schrift über das indische Rechnen nach al-Hwarizmi*, ed. Menso Folkerts, München 1997. S. 6, Anm. 1.

25 Frederic Rosen (ed. and trans.), *The Algebra of Mohammed ben Musa*, London 1831, ND Hildesheim 1986.

26 Cf. *Die älteste lateinische Schrift über das indische Rechnen nach al-Hwarizmi*, ed. Menso Folkerts, München 1997, S. 15.

27 *Robert of Chester's Latin translation of al-Khwārizmī's al-Jabr : a new critical edition*, ed. Barnabas B. Hughes, Stuttgart 1989.

28 Barnabas B. Hughes, Gerard of Cremona's Translation of al- Kharizmi's al-Jabr: A Critical Edition, in: *Mediaeval Studies* 48 (1986), pp. 211–263.

29 Cf. *Die älteste lateinische Schrift über das indische Rechnen nach al-Hwarizmi*, ed. Menso Folkerts, München 1997. S. 8 以下参照。

30 Cambridge, University Library Ms Ii.vi.5, f. 104r-111v. Edition は *Mohammed Ibn Musa Alchwarizmi's Algorismus : das früheste Lehrbuch zum rechnen mit indischen Ziffern nach der einzigen (lateinischen) Handschrift (Cambridge Un.Lib.Ms.Ii.6.5.) in Faksimile mit Transkription und Kommentar*, herausgegeben von Kurt Vogel, Aalen 1963. このテクストは英仏露に翻訳されている。Kopelevich, IUdif′ Khaimovna と IUshkevich, Adol′f Pavlovichによる露語訳（1983年）の他に、英語訳は、Thus Spake al-Khwarizmi: A Translation on the Text of Cambridge University Library Ms Ii.vi.5, John N. Crossley and Alan S. Henry, in: *Historia Mathematica* 17 (1990), pp. 103–131. 仏語訳は、*Muhammad ibn Mūsā al-Khwārizmī ; histoire des textes, édition critique, traduction et commentaire des plus anciennes versions latines remaniées du XIIe siècle*, André Allard, Paris/Namur 1992.

31 New York, Hispanic Society of America, HC 397/726, f. 17r-24v. *Die älteste lateinische Schrift über das indische Rechnen nach al-Hwarizmi*, ed. Menso Folkerts, München 1997.

32 LY の Edition は、Maximilian Curtze, Ueber eine Algorismus-Schrift des XII. Jahrhunderts, in: *Abhandlungen zur Geschichte der Mathematik* 8 (1898), S. 1–26 および *Muhammad ibn Mūsā al-Khwārizmī; histoire des textes, édition critique, traduction et commentaire des plus anciennes versions latines remaniées du XIIe siècle*, André Allard, Paris/Namur 1992.

33 André Allard, The Arabic Origins and Development of Latin Algorisms in the Twelfth Century, in: *Arabic Sciences and Philosophy* 1 (1991), pp. 233–283.

34 Ibid., ここでは 249 頁以下。

35 Ibid., ここでは 252 頁以下。

36　Ibid., ここでは 246 頁以下。

37　Ibid., ここでは 256 頁以下。

38　Ibid., 249 頁以下。

39　Cf. *Die älteste lateinische Schrift über das indische Rechnen nach al-Hwarizmi*, ed. Menso Folkerts, München 1997. S. 9, n. 11 参照。

40　校訂と英語訳は、Charles Burnett, Algorismi velhelcep decentior est diligentia: the Arithmetic of Adelard of Bath and his Circle, in:（hg.）Menso Folkerts, *Mathematische Probleme im Mittelalter - der lateinische und arabische Sprachbereich*, Wiesbaden 1996, S. 221–332.

41　Allard, The Arabic Origins and Development, 268 頁以下参照。

42　*Die älteste lateinische Schrift über das indische Rechnen nach al-Hwarizmi*, ed. Menso Folkerts, München 1997, S. 20 ff.

43　*Die astronomischen Tafeln des Muḥammed ibn Mūsā al-Khwārizmī in der Bearbeitung des Maslama ibn Ahmed al-Madjrītī und der lateinischen Uebersetzung des Athelhard von Bath*, hg. von Heinrich Suter, Frankfurt a. M. 1997（ND von Kopenhagen 1914）及び *The astronomical Tables of al-Khwārizmī: Translation with Commentaries of the Latin Version edited by H. Suter supplemented by Corpus Christi College MS 283, ed.* O. Neugebauer, Kopenhagen 1962.

44　Richard Lemay, *Abu Ma'shar and Latin Aristotelianism in the Twelfth Century*, Beirut 1962.

45　*The Abbreviation of the Introduction to Astrology: Together with the Medieval Latin Translation of Adelard of Bath*, ed. Ch. Burnett, K. Yamamoto, M. Yano, Leiden-New York, 1994（Arabic & Latin text）.

46　*The great introduction to the science of astrologyal-Mudkhal al-kabīr ilā ʿilm aḥkām* al-nujūm, Abū Maʿshar Jaʿfar ibn Muḥammad ibn ʿUmar al-Balkhī（d. 886 A. D.）, ed. Fuat Sezgin, Frankfurt a. M. 1985.

47　伊東俊太郎『12 世紀ルネサンス』岩波書店　1993 年、194 頁以下参照。

48　Charles H. Haskins and Dean Putnam Lockwood, The Sicilian Translators of the Twelfth Century and the First Latin Version of Ptolemy's Almagest, in: *Harvard Studies in Classical Philology* 21（1910）, pp. 75–102; Charles H. Haskins, Further Notes on Sicilian Translation of the Twelfth Century, in: *Harvard Studies in Classical Philology* 23（1912）, pp. 155–166.

49　J. L. Heiberg, Eine mittelalterliche Übersetzung der Syntaxis des Ptolemaios, in: *Hermes* 45, H. 1（1910）, S. 57–66; idem, Noch Einmal die mittelalterliche Ptolemaios – Übersetzung, in: *Hermes* 46, H. 2（1911）, S. 207–216.

50　『アルマゲスト』の翻訳に取り掛かる前他の著作に時間を費やしたとしても、1175 年のクレモナのゲラルドゥス以前に、この医学生による翻訳が完成していただろうとハスキンスは推定している。

51　以下 Haskins and Lockwood, The Sicilian Translators, p. 79. Edition は p. 99 ff., Haskins, *Studies in the History of Mediaeval Science*, p. 159 ff. エウゲニウスについては Evelyn Jamison, *Admiral Eugenius of Sicily, his Life and Work and the Authorship of the Epistola ad Petrum and the Historia Hugonis Falcandi Siculi*, London 1957. ここでは p. 3 ff. エウゲニウスの詩作については Leo Sternbach, Eugenios von Palermo, in: *Byzantinische Zeitschrift* XI（1902）, S. 406–451.

52　Ibid., p. 53 f.

53　Charles Homer Haskins, *Studies in the History of Mediaeval Science*, 1924, 1960 New York, p. 159.

54　Cf. ibid., p. 143.

55　Heiberg, Noch Einmal die mittelalterliche Ptolemaios – Übersetzung, S. 209.

56　Haskins and Lockwood, The Sicilian Translators, p. 80 f.

57　Jamison, *Admiral Eugenius of Sicily*, p. 5.

58　写本の最後の頁には、多くのギリシア語写本にも認められる *Syntaxis* への序文の断片が含まれている。Heiberg, Eine mittelalterliche Übersetzung der Syntaxis des Ptolemaios, S. 59: Astronomiam in eis qui ad Syrum geneth（l）ialogicis quatuor libris Ptolomeus ita diffiniuit. Astronomia est scientia conceptiua astrorum quaque uice factarum figuracionum et solis et lune et reliquarum stellarum et ad se inuicem et ad terram. Quod ergo dicitur scientia, diuidit ipsam a mechanicis artibus ; quod autem dicitur conceptiua uel contemplatiua, distinguit eam a practicis artibu, reliqua...

59　Cf. David C. Lindberg, *Theories of Vision from al-Kindi to Kepler*, Chicago 1976, p. 18 ff.

60　Axel A. Björnbo und Sebastian Vogl, Alkindi, Tideus und Pseudo-Euklid. Drei optische Werke, in: *Abhandlungen zur Geschichte der mathematischen Wissenschaften mit Einschluß ihrer Anwendungen* 26（1912）, pt. 3, S. 1–176. 中世・ルネサンス期の「視覚／光学」写本のカタログを作成した Lindberg は、Cremona の Gerardus による翻訳と考えている。David C. Lindberg, *A Catalogue of Medieval and Renaissance Optical Manuscripts*, Toronto 1975, ここでは p. 21以下および idem., *Theories of Vision from al-Kindi to Kepler*, p. 222, n. 6.

61　ジャン＝クロード・シュミット『中世の幽霊』みすず書房　2010 年、32 頁以下参照。

62　Lindberg, *Theories of Vision from al-Kindi to Kepler*, p. 10 f.

63　シュミット『中世の幽霊』32 頁。

64　Lindberg, *Theories of Vision from al-Kindi to Kepler*, pp. 45–52.

65　Lindberg, *Theories of Vision from al-Kindi to Kepler*, p. 60 f.

66　Lindberg, *Theories of Vision from al-Kindi to Kepler*, p. 65.

67 Lindberg, *Theories of Vision from al-Kindi to Kepler*, p. 58 f. Idem, *Roger Bacon's Philosophy of Nature*, South Bend 1998; idem., *Roger Bacon and the Origins of "Perspectiva" in the Middle Ages: a Critical Edition and English Translation*, with introduction and notes, Oxford 1996; idem, A *Catalogue of Medieval and Renaissance Optical Manuscripts*, Toronto 1975.

68 *Alhacen's Theory of Visual Perception: A Critical Edition, with English Translation and Commentary, of the First Three Books of Alhacen's De Aspectibus, the Medieval Latin Version of Ibn al-Haytham's Kitab al Manazir,* 2 vols., ed. A. Mark Smith, Philadelphia 2001, xxii および clv ff.

69 ① Edinburgh, Royal Observatory, Crawford Library: MS Cr3.3, ff 2r-186r（13 世紀）② Cambridge, Trinity College: MS 0.5.30, ff. 1r-165r（13世紀）③ Erfurt, Wissenschaftliche Bibliothek: MS Ampl F. 392, ff 1r-143v（13 世紀後半）④ London, Royal College of Physicians: MS 383, ff 1r-132r（13世紀） ⑤ Paris, Bibliothèque Nationale : MS Lat 7247, ff. 1r-107v（14 世紀）⑥ Paris, Bibliothèque Nationale : MS Lat 7319, ff 1r-340v（13 世紀後半 /14 世紀）⑦ Saint-Omer, Bibliothèque Municipale : MS 605, ff 1r-153v（14 世紀）.

70 Vatican, Biblioteca Apostolica: MS Lat. 4595, 1r-177v.

71 *Opticae thesaurus*, Basel 1572.

72 Richard William Hunt, The Library of Robert Grosseteste, in:（ed.）D. A. Callus, *Robert Grosseteste. Scholar and Bishop*, Oxford 1955, pp. 121–145.

73 Cf. Lindberg, *Theories of Vision from al-Kindi to Kepler*, p. 94 および p. 248, note 48.

74 高橋憲一「ロジャー・ベイコンの生涯と思想」、『科学の名著 3 ロジャー・ベイコン』朝日出版社 1980 年、66 頁。

75 Lindberg, *Theories of Vision from al-Kindi to Kepler*, p. 250, note 79.

76 Jeremiah Hackett, Roger Bacon: His Life, Career and Works, in:（ed.）Jeremiah Hackett, *Roger Bacon and the Sciences. Commemorative Essays*, Leiden/New York 1997, pp. 9–23.

77 Roger Bacon, *Opus majus*,（trans.）Robert Belle Burke, Philadelphia 1928.

78 Cf. Lindberg, *Theories of Vision from al-Kindi to Kepler*, p. 108.

79 （Ed.）John Henry Bridges, *The 'Opus majus' of Roger Bacon*, Frankfurt a. M, 1964, I. 242.

80 Richard Lemay, Roger Bacon's Attitude Toward the Latin Translations and Translators of the Twelfth and Thirteenth Centuries, in:（ed.）Jeremiah Hackett, *Roger Bacon and the Sciences. Commemorative Essays*, Leiden/New York 1997, pp. 25–47.

81 Ludwig Baur, Der Einfluss des Robert Grosseteste auf die wissenschaftliche Richtung des Roger Bacon, in:（ed.）A. G. Little, *Roger Bacon Essays,* Oxford 1914, pp. 33–54.

82 （Ed.）Mark A. Smith, *Alhacen's theory of visual perception: a critical edition, with*

English translation and commentary, of the first three books of Alhacen's De aspectibus, the medieval Latin version of Ibn al-Haytham's Kitāb al-Manāẓir, Philadelphia 2001; David C. Lindberg, Alhazen's Theory of Vision and its Reception in the West, in: *Isis* 58（1967）, pp. 221–241.

83　Cf. Lindberg, *Theories of Vision from al-Kindi to Kepler*, p. 112.

84　David C. Lindberg, On the Applicability of Mathematics to Nature: Roger Bacon and his Predecessors, in: David C. Lindberg, *Studies in the History of Medieval Optics*, London 1983, XI として所収。

85　David C. Lindberg, The Theory of Pinhole Images from Antiquity to the Thirteenth Century, in: David C. Lindberg, *Studies in the History of Medieval Optics*, London 1983, XII として所収。

86　David C. Lindberg, Roger Bacon on Light, Vision, and the Universal Emanation on Force, in:（ed.）Hackett, *Roger Bacon and the Sciences*, pp. 243–275. ここでは 266 頁参照。

87　Cf. Evelyn Jamison, *Admiral Eugenius of Sicily, his Life and Work and the Authorship of the Epistola ad Petrum and the Historia Hugonis Falcandi Siculi*, London 1957.

88　Jamison, *Admiral Eugenius of Sicily*, p. 4.

89　高橋憲一「ロジャー・ベイコンの生涯と思想」45 頁：「哲学の真理は哲学者たちのものであるともいえよう。だがこれを持つためには、まず神の光が彼らの魂に流れ込み、それを上より照明したのである」（『大著作』第三巻四五頁）。

90　D. E. Sharp, *Franciscan Philosophy at Oxford. In the Thirteenth Century*, Oxford 1930. ロジャー・ベイコン自身、『大著作』の第三部で、ギリシア語、ヘブル語、アラビア語の学習の重要性を論じている。*Fr. Rogeri Bacon, Opera quaedam hactenus inedita*. vol I, I: Opus tertium, ed. J. S. Brewer, London 1859, 1965. pp. 33, 59, 88. 高橋憲一「ロジャー・ベイコンの生涯と思想」24 頁、47 頁。および伊東俊太郎「ロジャー・ベイコンそのものに向かって ― 序説」『科学の名著 3 ロジャー・ベイコン』朝日出版社　1980 年、10 頁参照。

＊本稿は、文部科学省科学研究費基盤研究（C）平成 25 年度における研究成果の一部である。

『ローマの都の驚異』考
――「ガイドブック」あるいは政治的文書

神崎忠昭

外国の街をうろついていると、思わぬところで、日本人に出会うことがある。自分自身もそうなのだが、それを忘れて、どうしてこんなところを知っているのだろうかと訝しんでしまう。よく見ると手にはガイドブック。そこには現地の人でさえも知らぬことが書かれている。ガイドブックには、旅する人が属する世界の関心や価値観、あるいは驚きが端的に表れるのだろう。感興が深いほどほどに、既製品はちょっと物足りない、できうる限り自分が調べたことを添え、自分の思いを書き加えたいと思う人もいよう。

1. 安田相郎の『大和巡日記』

時代は変わっても人は変わらず。天保9（1838）年3月28日土佐藩の安田相郎という武士が表向きは炮術修行ということで大坂に向かう。だが実際には上方見物だったようだ[1]。安田は「ハタコ二百文也」と宿代も書きこみ、「今日の道奈良より直道四里也。廻道彼是六里計歟」[2]と歩んだ距離を記録し、毎日の天気も忘れずに書きおく几帳面な性格の持ち主だった。好奇心にも富み「扨當夜のめしのさゐ大の鹽松茸入風品甚宜。鹽茸の味にあらす。是は當所の名物と見えたり」[3]と食べ物を記したり、大峯山を登っては「大天上の峯は先に見し時雲掛かりたる峯也。此大天上より見れは、又先の峯前の如く幾峯と云事なく右の如し。象か鼻と云岩有」[4]とうなり、難所を「大石の上木の根をおさへ、後向ひに成登り下」ったり[5]、「堀江中の藝子出るよし承り、見物に參。（中略）髪には銀の二重扇にホタンの作花をさし、緋縮緬のはた着にゑり廻り金糸の縫にて、上着の□□（片肌）を抜、右のはたきを出す」[6]と色街を見物したりもしている。

だが旅の主な関心は名所旧跡にあり、その146年前の元禄5年（1692年）に出版された貝原益軒（1630–1714）の『和州巡覧記』[7]を持参していた。益軒は読む人に正確に情報を伝え、知識を与えることを徹底したとされるが[8]、安田は益軒流である。たとえば彼は吉野に行き「御手馴れし硯箱有と貝原記（傍点は筆者）に見えたれは、壹番に御厨子をさしうかゝひしに、御像は不入して内に一つの僧像有。巨勢の筆、なる程古し」などと確認しつつ見物している。『和州巡覧記』をもって旅する人は「關東人」にはいたようだが、「西國にて貴君計くはしく御尋ねの方は、初て」[9]と手引、すなわちガイドに言われるほどの熱心さで、ある手引には「私當年六十才に相成先年より手引仕候へとも、あなた程六ヶ敷御尋の方には出合不申、十九才の時壹人御座候處、其時分は私義も年若の事故、中程にて逃て歸り候。其後今壹人御座候。其外に無御座今度にて只三度也」[10]とこぼされてしまうほどであった。彼は国学をはじめかなりの学問も積んでいたようで、尊皇の気風を有し、吉野の手引が「此（後醍醐）帝の事はさのみ不言して、只義経の事を申こそ、心に違ひてこゝろ笑す」と不満で、「扨義経矢竹・同陣太鼓の輪・同駒繫松、同馬の爪跡岩に握り拳計のくぼみ三四有。可笑」[11]と地元の手引の説明に批判的である。「又少行て西行苔清水有。（中略）岩の虎口に苔清水の文字彫付たり。西行筆のよし申せとも、勿論空論ならんか。後世彫たるものなるべし」とも言っている[12]。理に反することは嫌いだ。最後は大坂の「心齋橋通り來色く調品相求。大丸店に來り調品いたし」[13]、土産物も調え、閏4月14日に帰宅した。計46日間の旅、一日も漏らさず書き続けられた。「多借をゆるさす」[14]と冒頭にあるが、「此帳（土佐藩家老）深尾相模殿無據熱望にて御用立、佐川へ寫し被相成」[15]とあるように、評判を呼んだようである。

2. グレゴリウス師の『ローマの都の驚異についての旅行記』[16]

さらに場所は異なり、時は遡って、中世のローマにも同じような事例が見つけられる。グレゴリウス師という人物が『ローマの都の驚異についての旅行記 *Narracio de mirabilibus Urbis Romae*』(以下『旅行記』)を著しているが、彼が『旅行記』に付した序言によれば「私の同僚たち、特にマルティヌス師と主(あるじ)トマス(domni Thome)と他の多くの私の愛する人々の強い要望によって、私は、ローマにおいて特に讃嘆に値すると思ったことを書き表そうと試みることになりました。しかし私がひじょうに恐れるのは、あなたたちの聖なる研究と聖書を読むことの楽しさを、ほとんど益のない報告で妨げることです。また、もっとも学識ある人々の話に慣れた方々の耳を、粗野な談話で不快にさせはしないかと赤面しています。美味に慣れた人々を、敢えて味気ない田舎料理で招こうとする者がいるでしょうか。それゆえ私は約束した仕事に強いられて、躊躇いつつ着手します。なぜなら私のたどたどしい文章の文飾のないさまに気づくと、私は筆を執ろうとするたびに、しばしばその企てに尻込みしてしまうからです。しかし、ようやく私のうちで朋友たちの願いが私の恥じらいに打ち勝ちました。約束したように、本当の有様を伝え損なわないように、拙く洗練されてはいませんが、筆を執り、約束した仕事を、私のできうる限り、以下のように成し遂げました」[17]。当時の常であるように、わが身の菲才ゆえに不本意としながらも、主や同僚知人に懇望されて、自らが見聞したローマの驚異を書き綴っているのだ。この『旅行記』のそこかしこにグレゴリウス師の興奮が読み取れる。

ローマ市へと入る際に、彼は「理解を超えたその美しさをずっと称賛しながら、私は心の中で神に感謝した。神はあらゆる地において偉大にして、推し量ることもできない美しさをもって人間のわざを驚くべきものとなされたのだ。ローマのすべては朽ちてはいるが、何ものも、たとえそれに欠けたところがなかろうとも、比較することはできない。それゆえ、ある人がこう言っている。『あなたに並ぶものは、ローマよ、何もない。たとえあなたがまったく廃墟に等しきといえども。砕けようとも、あなたは教えることができる、もし欠けたるところがなければ、どれほど偉大であったであろうかと』」[18] と嘆じている。また彼がディオクレティアヌス帝の「宮殿」と呼んでいる大浴場についても「ディオクレティアヌスの宮殿についても私は言及しないではいられない。まさにそこには都の（巨大な）建造物が存在する。その広大極まる規模と精緻を尽くした感嘆すべき配置について、私は十分に書き尽くすことができない。この宮殿はあまりにも広大なので、一日の過半をかけてもすべてを見尽くすことができなかった。そこに私は聳える列柱を見出だしたが、その高さは、誰もその柱頭まで小石を投げることができないほどであった。それらの列柱のどれであろうと、枢機卿たちから私が聞いたところでは、100 人が 1 年かかっても、切り出し磨いて完成させることはできないという。だが、これ以上このことについて語るのは断ろうと思う。もし本当のことを言ったとしても、真実に反したことを述べていると見えるだろうからだ」[19]。グレゴリウス師も、実際に、少年のように夢中になって、柱頭に届くようにと力いっぱい小石を投げて、悔しがったのかもしれない。

さまざまな古代ローマの遺物を彼は訪ねる。たとえば彫像[20]。ブロンズでできた牡牛像、騎馬像、巨人像、少年像などについて、その特徴や由来について詳述し[21]、牡牛像を「見る者たちに、今にも啼き動くかのように、そっくりに見えた」[22] と評している。また現在ではマルクス・アウレリウス・アントニヌス騎馬像と考えられ、ミケランジェロによってカンピオドリオ広場に置かれた騎馬像については[23]、「この驚くべき作品はさまざまな作者の名に帰せられ、製作についてもさまざまな理由が考えられている。しかし、このことについての巡礼たちやローマ市民たちによる浅薄な作り話を私はまったく以下で退け、この作品について私が長老たち、枢機卿たちや学識ある人たちから学んだ起源を明らかにしよう」[24] と熱弁をふるい、騎上の人物について 2 人の可能性、マルクスという兵士とコンスタンティヌス 1 世を示唆している[25]。古典研究の蓄積が足りない 13 世紀ゆえに、マルクス・アウレリウスという推測には達していないものの、安田相郎と同じように、彼なりに批判を加え、さまざまに調査し、記録しようとしているのだ。

巡礼者たちの「軽信」を退けようとする態度は繰り返し見られ、「ロムルスの標柱 Meta Romuli」[26] と呼ばれたピラミッドについても「巡礼たちは、これが使徒パウロの穀物の山であり、ネロが押収しようとすると、かつてのままの大きさの石の山に変わってしまったと偽りを言っている。これはまったくの与太話であり、巡礼たちのあいだで多い類のものである。どのようなピラミッドであれ、その中には、すべての面を（レリーフで）覆われた大理石製の棺が納められ、棺には死者の遺骸が埋葬されている」[27] と断言している。理に反することは嫌いだ。

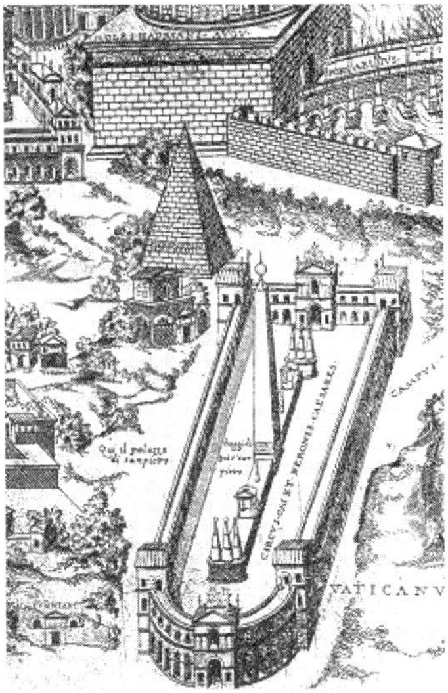

「ロムルスの標柱」（Pirro Ligorio, 1561）1499 年教皇アレクサンデル 6 世の命令によって破壊が始まった。上に見えるのがカステル・サン・タンジェロ。

貴顕の人々から聞いたことに自信を抱けなかったこともあるようだ。彼が「ファブリキウスの凱旋門」とする「マルクス・アウレリウス・アントニヌス凱旋門」について、「しかし誰の誉れのためにこれが建てられたのか、私は知ることができなかった。それゆえ神の御恵みを得て、私がこの巡礼から〔欠落〕[28] に帰れたならば、もう一度、今は曖昧なところ、まったく分かっていないことを、もっと時間をかけて熱心に調べて検討し、検討した結果を喜んで友たちに分け与えよう。だが今のところは、知っていることに戻り、この凱旋門を有名なファブリキウスに帰すことにしよう」[29] と、いわば宿題を自分に課していることさえもしている。

またグレゴリウス師は、独身を旨とする聖職者ではあるが、いくつかの大理石像のうちで、特にある女性像に惚れ込んでいる。「それらのうちの 1 つについて、その際立って美しい姿ゆえに、まず述べよう。この像は、ローマ人たちによってウェヌスに捧げられた。伝説によれば、ユーノとパラス（アテナ）とともに、無分別な試験において、ウェヌスが自らの裸身をパリスに晒したと言われているような姿においてである。彼女を軽率な審判者（であるパリス）は見つめ、（オウィディウスによれば）『私の判断では、ウェヌス様は他のお二方にお勝ちになられた』とパリスは宣言したという。この像はパロス島の大理石から驚くべき説明できぬほどの技でつくりだされたので、像というより、活きた被造物のように見える。自分が裸であることに赤くなる（ウェヌス）に生き写しで、赤みが差した顔をしている。また近づいて見る者たちには、像の雪のような容貌には血が脈打っているようにさえ見える」[30]と記している。グレゴリウス師はあまりに魅せられたため、「この像を、その驚くべき美しさのため、またよく分からぬが魔法に唆されてか、三度見に行くことを余儀なくされた。私の宿からは2スタディオン（約370m）も離れているというのに」[31]と告白するほどである。彼が見惚れたとされる像は今も見ることができる（次頁）[32]。

さて作者であるグレゴリウス師についてはよく分かっていない。だが残された写本や内容等から13世紀イングランドの人と考えられている。一説には、『旅行記』の作者は1236年死去したノーウィッチ司教「トマス」から年金を受け、教皇使節トネンゴのオットーに書記官として仕えた『グレゴリウス師』であり、『旅行記』は彼が1226年から36年の間に著したとされる[33]。彼が誰であれ、少くとも強い人脈を誇っており、前述の箇所以外にも「枢機卿たち」と2箇所で仄めかしている[34]。またローマ喜劇詩人ルカヌスから5回、ウェルギリウスから3回、オウィディウスから1回引用しているように[35]、グレゴリウス師は高い古典の教養を有していた。帰郷後、ファブリキウスの凱旋門か調べ直すと述べるなど、優れた蔵書にアクセスできる立場にもあったのだろう。

グレゴリウス師がローマで興奮して訪れるのは、何よりも古代ローマの遺物である。グレゴリウス師は『旅行記』においてローマに溢れるキリスト教遺跡や施設に積極的には言及しない。ごく少ない例外の一つは「教皇宮殿 palatium domini pape」すなわちラテラノ宮殿だが、それは「その前 ante」にマルクス・アウレリウス・アントニヌス騎馬像があることを示すためであり[36]、巨人像の頭部と手の所在地[37]やロムルスとレムスを育てた母狼の像の所在地[38]を明示するためである。サン・ピエトロ大聖堂についても触れられているが、それは近くに存した前述の「ロムルスの標柱」の場所を記すため「サン・ピエトロ教会の近く prope ecclesiam sancti Petri」と表れているに過ぎない[39]。目印でないものとしては「サンタ・マリア・ロトンダ教会」があるが、これは言うまでもなく「パンテオン」である[40]。

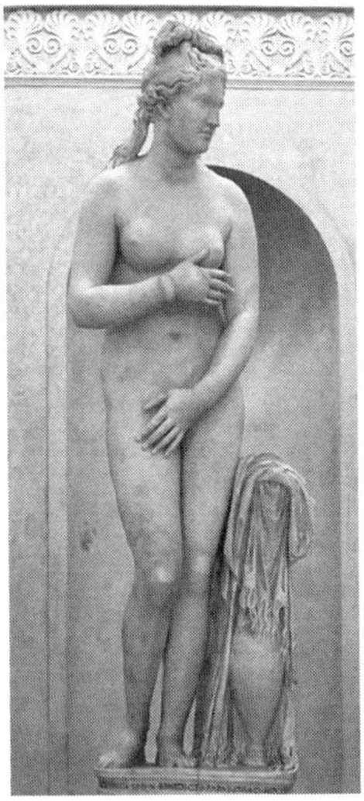

グレゴリウス師が見たと推測されるウェヌス像。
（カンピオドリオ美術館蔵）

キリスト教に関連する言及は、彫像についてもなされているが「この偶像は、いにしえのローマ人たちによって大いに崇められていた。この像の前にキリストを崇める者たちが連行され、誰であろうとも、膝を屈してパラス（・アテナ）を称えなかった者は、さまざまな刑罰によってその命を終えた。この偶像、あるいは似た像の前に（ローマ司教）ヒュッポリトゥスはその一族とともに引き出されたが、無視したため、何頭もの馬に引き裂かれ、殉教した」[41] とあるだけである。

グレゴリウス師は教皇グレゴリウス 1 世にも 3 箇所で言及しているが、それは彫像の破壊者としてである。たとえば青銅製の巨人像について「この像を、ローマが栄えていた頃は、ローマに来る者は誰でも、膝を屈して崇めていた。すなわちローマに敬意を表し、ローマに嘆願する者はこの像を称えたのである。しかし、ローマにあったすべての像を引き倒し破壊したのち、（教皇）聖グレゴリウスはこの像を以下のようなしかたで破壊した。像がひじょうに大きく、力を尽くして努力しても引き倒すことができなかったので、彼は偶像の下で大きな火を焚くよう命じた。その結果、この巨大な像は（溶けて）かつての混沌に戻り、金属となった」[42] と述べており、大理石像についても「これらはほとんどすべて聖グレゴリウスによって削られ、あるいは汚されている」[43] としている。淡々と、しかしヴァンダル人の蛮行の如く記している。

もちろんグレゴリウス師が異教を信じているわけではない。ローマの驚異は

「魔術によって arte magica」[44] によるものであり、神のわざには劣り、永遠ではない。「同じ建物に消えざる火があったと言われている。この驚くべき作品について、（戦士の彫像を造ったのと同じ）匠は、どれほどもつであろうかと尋ねられると、これは『乙女が出産するまでもつであろう』と答えたという。彼ら（事情通）が言うには、巨大な崩壊によって、前述の戦士はその建物とともに、キリストが乙女から生まれた同じ夜に、崩れ去った。この人為的で魔術による灯りが消えたのも、ちょうど真の永遠な光（であるキリスト）が（地上に）現れた時であった。悪意ある敵が人々をだます力を失ったのは、神が人となられた時であると信じられる」[45] とあるように、ときにその源泉は「悪意ある敵 malignum hostem」とさえ評されている。

しかし、それでもやはり異教的ローマを肯定し、高く敬っているように見える。アクティウム海戦に勝利したアウグストゥス帝の凱旋門を描く際には「彼の戦いと武勲はローマに住むすべての民の言葉によって絶えず表明され、それらを民は凱旋において読み歌うことを止めなかった。それゆえまた彼の勝利は絵にも描かれたので、彼への賛辞を聴くことができなかった者でさえも、それらを見ることができた。祝歌と筆舌に尽くしがたい喜びとともに、民はアウグストゥスをカンピドリオのタルペイオスの岩まで先導し、そこに帝は戦いで用いた武器と敵の手から奪った武器を捧げ、大勝利のしるしとして吊り下げた。そこではまた皇帝は元老院と地区長たちとローマの民から最後の属州（であるエジプト）を献じられ、彼の凱旋の評判と偉大な勝利への賛辞は世界中にあまねく広まった。この事蹟については、今私が説明して示したように、前述の凱旋門がレリーフによって示している」[46] と、アウグストゥスに対して否定的ではない。むしろ、その偉大さを称えているように見える。

では、なぜ、このように古代ローマの遺物に偏った報告書をグレゴリウス師は著したのだろうか。その理由の一つは彼が使用した「ガイドブック」にある。彼は『世界の７不思議 *De septem Miraculis Mundi*』や『ローマの都の驚異 *Mirabilia urbis Romae*』などを手にローマを巡っているのだ。

3. ローマ巡礼の盛行

ローマは使徒ペトロとパウロの殉教地として、6世紀の東ゴート戦争期のように街道の安全や便宜が得られぬような時期には衰えたこともあるが、2世紀後半以来多くの巡礼を集め続け[47]、特に640年にエルサレムが陥落すると、初期中世の西欧において卓越した「聖都」となった。巡礼たちの目的はさまざまであったが、その第1は「殉教者」の墓に詣でることであった。「殉教者」とは必ずしも真の殉教者ではなく、ローマの城壁外に数多く存在するキリスト教墓地に眠る人々も、一括して「殉教者」と見なされていた。殉教者は信仰のため死をも恐れなかった者ゆえに特別な力を有すると崇められた。巡礼者は「殉教者」を捜し求めた。たとえば聖ペトロが眠る地である。この周辺にはバシリカが建てられ、のちにサン・ピエトロ大聖堂となるが、それに付属して礼拝所や巡礼者の宿泊所も設けられた。巡礼たちは、確実な救いの道として殉教者のそばに葬られることも望んだ[48]。また聖パウロの座すサン・パウロ・フォーリ・デ・ムーラ教会、聖ラウレンティウスが眠るサン・ロレンツォ教会などにも偉大な聖人が眠る地として巡礼たちが蝟集した。

これらの墓地、またそれに関連して建てられた教会は、古代ローマの法慣習によって、城壁外にあったが、6世紀頃から次第に城壁内にも多くの教会が設けられるようになっていった。さらに公共建築あるいは異教神殿が教会に変えられた。その代表例が、グレゴリウス師も訪れたパンテオンであり、609年教皇ボニファティウス4世の要請を受けた皇帝フォカスによって、マリアとすべての殉教者に捧げられた教会となった[49]。旧市街の中核もキリスト教化されたのである。洗礼が行われるのも司教座教会だけではなくなり、多くの教会に洗礼盤が置かれ、教皇自身がそれらの教会に荘重な行例を組んで向かい、そこでミサを挙げるスタティオ礼拝が始まった。そこにも巡礼たちは押し寄せていった[50]。聖都ローマの声望は西欧世界を超え、新たにキリスト教に改宗した北欧にまで及んでいる。北欧とイングランドを支配する王クヌートは皇帝コンラート2世の戴冠式に列するため1027年ローマを訪れた際、自らと版図全体への聖ペテロの加護を求めた[51]。また時代によっては、巡礼はエジプト、ギリシャ、ロシアなどからも訪れていたという[52]。

巡礼たちはまた聖遺物に飢え欲していた。聖遺物は、ときに合法的に得られることもあれば、違法に入手されることもあった。墓地を違法に掘り出して「聖遺物として」売却する者も後を絶たず[53]、「神聖なる盗み furta sacra」と呼ばれる窃盗も多かった[54]。聖遺物贋作者なども多かったが、人々は贋作であろうとも喜んで受け入れていた。1000年頃にラウール・グラベルは「そこ（アルプス地方）では、彼（贋作者）はステファヌスと自称していたが、他の土地ではペトルス、別のところではヨハネスと呼ばれていた。その地で彼はいつものようにきわめて不潔なところから誰のものともわからぬ人骨を集め、それを箱に納め、さらに棺に入れ、天使によって啓示されたと言って、それがユストゥスという名の聖なる殉教者であるとでっちあげた。まもなく、このような場合に常に起こるように、農村の無知な者らがこの噂を聞いて大挙して押し寄せ、さらには癒されるよう懇願すべき病気が自分にないことを悔やみさえもした。人々は病人を連れ、わずかな贈物をし、夜を徹して寝ずの番をし、突然の奇跡が起こることを期待した。これは、私が言ったように、時に試練としてなすことが悪しき霊に許されているものであり、人間の原罪によるものである。このことは疑いもなくこの場合にきわめて明白である。四肢のさまざまな治癒がそこで生じ、さまざまなかたちの奉納額が掛けられるのが見られた。モーリエンヌ、ユゼス、グルノーブル各都市の司教たちは、自分たちの司教区でこれらの瀆聖が起こったにもかかわらず、この問題を追及する熱心さを示さず、それどころかむしろ集会を開いて、不適切にも金以外の何ものも人々から得ず、この詐欺への好意さえも求めた」[55]と記している。どのような聖人がその祭壇に眠っているかに教会の声望は左右され、参詣者の寄付による収入も大きく異なったため、聖職者たちは手段を厭わなかったのである。

それ以外にも、ローマに行くことによって、さまざまな有形無形の「みやげ」を得られた。たとえば司教の職位を象徴する「パリウム」授与の慣習は6

世紀頃から見られ、9世紀頃から司教職の象徴として重要になったが、11世紀以降は強く義務化される。司教はローマから授けられるパリウムが必須となったのである。これを受け取りに行くことも一つの動機であった。またカロリング期には、ローマから教会法典、典礼、修道戒律などのさまざまな文化が持ち帰られた。カール大帝はつねにローマに基準を求め、版図内の教会法を統一するため彼は774年教皇ハドリアヌス1世に準拠すべき法典を要請した。教皇が贈った『ハドリアヌス教会法令集 *Hadriana Collectio*』は802年のアーヘン教会会議で公式に受け入れられ、フランク教会の規範となった。典礼も、790年ハドリアヌス1世が贈った『グレゴリウス典礼書』を基礎とした。さらにカール大帝は帝国内の全修道院に、それがアイルランド系でコロンバヌス戒律を採用していようとも、ベネディクトゥス戒律を強制したが、本来の規定がどのようなものであるか議論が起こったため、813年モンテカッシーノ修道院の原本を複写してくれるようローマに求めている。またイコンなどもローマから持ち帰られたと考えられている[56]。

また裁判のためや特権を得るためにローマに向かうことも増えていった。ローマ控訴院 Sacra Romana Rota には、聖俗を問わず、多くの訴訟が持ち込まれ、そこでは実務に通じた裁判官が審理し、発給した文書の控えを蓄えていった。また内赦院 poenitentiaria では信仰に関わる罪の赦しが得られた[57]。賄賂である白銀と純金を意味する『殉教者アルビヌスとルフィヌス』という12世紀の風刺詩が示すように[58]、教皇庁の拝金主義は蔓延っていた。グラベルは1000年頃「(アンジュー伯フルクが自らの魂の救いのために建立しようとしたロルシュ修道院の) 教会の建設は速やかに終わった。すぐに (フルクは) トゥール司教ユーグの許に (彼の司教区にこの修道院が位置していたからであるが) 使者を遣わし、(フルクが) 定めたように、この教会を奉献するために来てくれるよう求めた。しかしユーグは来ることに同意せず、彼に委ねられた司教区の母なる教会から少なからぬ土地と農奴を奪い取った者 (であるフルク) の捧げものを、奉献によって、主に捧げることは絶対にできないと言った。むしろ彼 (ユーグ) にふさわしく思われたのは、もし何かを不正に誰かから掠奪したならば、まずそれを返還し、そののちに正義の裁き手である神には、誓約したものを自分の財産から捧げるべきなのである。このことが使者によってフルクに伝えられると、いつもの粗暴さが再び目を覚まし、司教の返答に大いに憤って、さらに彼をひじょうに脅迫した。(だが司教が認めなかったのでフルクは) 彼 (ユーグ) が有したよりも高い権威に解決を求めた。すぐにたくさんの銀貨と金貨を携えて彼はローマに行き、教皇ヨハネス (18 世 [在位 1003-1009]) に彼の訪問の理由を述べ、望むことを彼 (教皇) に嘆願し、多くの贈り物をした。教皇はすぐにそのフルクとともに、使徒の長である聖ペトロの教会において枢機卿と呼ばれる者の一人であるペトルスという名の者を、前述の教会を奉献するため遣わした。そしてローマ教皇の権威を佩びた代行者として、なされるべきだとフルクに思われたすべてのことを恐れずに実行するように、彼 (ペトルス) に命令した」[59] と伝えている。

また古典への関心が蘇るのと平行して、古代ローマの遺跡を見物に来る者も多かった。グレゴリウス師はおそらく用務のついでに遺跡に夢中となったのであろうが、やはり 11 世紀の謹厳なウインチェスター司教ヘンリクスも、自らの問題を有利に解決すべくローマ滞在中に、古代の彫像数点を購入し故郷に持ち帰り、教皇庁の人々にからかわれたと伝えられている[60]。高層ビルに慣れた現代人でさえもが、たとえばコロッセオの規模に驚くとするならば、この高さ 48.5m、長径 188m、短径 156m の巨大建造物[61] は、中世人にとってどれほどの驚異であったろうか。グレゴリウス師のようなゲーテの先人たちは掃いて捨てるほどいただろう。

このようにさまざまな目的と動機を抱えた人々がローマを訪れていたのだ。

4. さまざまな「ガイドブック」

目的と動機が多様であるならば、それを満たすべく「ガイドブック」も多様となる。もちろん活版印刷以前の時代において、これらの「ガイドブック」は先人たちが書き残した手引や案内であることが多かった。

まずは信仰ゆえにローマを訪れる巡礼たちのためのものがあった。ローマに関するこの種のガイドブックは7世紀頃に現れるが、それらの多くは墓地のリストに過ぎなかったとされる。最初期につくられたものの1つで包括的とされるのが『ローマの都の諸教会についての情報 *Notitia Ecclesiarum Urbis Romae*』である[62]。この著作そのものは7世紀前半に書かれたとされるが、現在はザルツブルクに伝わった8世紀後半の写本によって知られている。一説に、この写本は798年にパリウムを受けるべくローマを訪れた司教アルンのものであるという[63]。『ローマの都の諸教会についての情報』では、いくつも巡礼ルートが示されているが、教会と墓地のみが記されており、実際に歩いて訪れる人を対象にしているようだ。たとえば冒頭は「まずローマの都には聖なる殉教者ヨハネとパウロの遺骸が、巨大でひじょうに有名な教会に憩っている。そこであなたは北に向かって都に入ると（intrabis）、フラミニア門に達する（pervenies）。そこには聖なる殉教者ヴァレンティヌスがフラミニア街道沿いの大きな教会に憩うているが、この教会を（教皇）ホノリウスが修復した。他の殉教者たちが北に向かって地の下に（憩っている）。そこから、あなたが東に向かうと（vadis）、サリナリア街道沿いの殉教者ヨハネの教会に達する（venias）」[64]とあるように動詞は2人称単数で書かれ、記述は簡明で、余計な説明はほとんどない。実際に教会を尋ね歩いた者が記したのだろう。

また『アインジーデルンの旅程 *Itinerarium Einsidlensis*』として知られる「ガイドブック」もあるが、これは8世紀後半から9世紀初めにかけて作成され、カロリング朝の学芸の中心の1つであったスイスのライヘナウ修道院を経て、アインジーデルン修道院に伝わったものである。このガイドブックでもいくつものルートが示されているが、その特徴はその左右に位置する名所を、キリスト教に関わるものであれ、古代ローマに関わるものであれ、位置に若干の矛盾はあるものの、道順に沿って示していることである[65]。たとえばアエリウス門（カステッロ・サン・タンジェロの前）から市街に入り、サン・ロレンツォ教会、ポンペイウス劇場、ティベリーナ島の脇を過ぎて、オスティア門を経て、サン・パオロ・フォーリ・デ・ムーラ教会を回り、アッピア門から再び市街に入り、チルコ・マッシモやパラティノの丘をめぐって、サン・タナスタシア教会を終点としている[66]。カール大帝がローマに深く関与するようになって以降、フランク聖職者はさまざまな理由でローマを訪れるようになったが、何らかのかたちで彼らのためにつくられたものであろう。古代ローマ帝国であれ、ローマ教会であれ、彼らがローマの栄光と偉大さをくまなく見聞しようとしたことの反映であろう。

一方で、これらと並んで存在するのが、古代ローマ帝国の遺跡に重点を置くものである。その一つはグレゴリウス師が用いたと思われる『世界の7不思議』である。この「不思議」とは、この場合、人間の手でつくられた巨大建造物を指し、「世界の7不思議」については紀元前2世紀頃に最初の記述が見られるとされるが,「不思議」としてとりあげられるのは一定ではない。後述のように中世にはキリスト教関連施設も加えられた[67]。また大プリニウスなどは「世界の7不思議」をローマ世界に限定して、ローマを世界の「ミクロコスモス」とみなす傾向もあったようだ[68]。中世にも「世界の7不思議」の伝統は受け継がれ、さまざまな版が存在する[69]。ある版は、ローマのカンピドリオ、アレクサンドリアの大灯台、ロードス島の巨人像、スミュルナのベレロポーン像、ヘラクレアの大劇場、テュアナのアポロン像、エフェソスのアルテミス神殿を、別の版はノアの方舟、バビロン、ソロモンの神殿、ペルシャ王の墓廟、ロードス島の巨人像、ヘラクレアの大劇場、アレクサンドリアの大灯台を挙げ、他にも数多くのヴァリエーションがあるようだ。

いかなる版であったかは不明だが、グレゴリウス師がなんらかの『世界の7不思議』を携えていたのは確実である。彼は『旅行記』において、第6章の巨人像[70]はロードス島の巨人像に見立て、また第8章の「市民の救難」像[71]、第9章のベレロポーン像[72]、第10章のテュアナのアポロン浴場[73]、第11章のヘラクレアの大劇場[74]、第30章のアレクサンドリアの大灯台[75]と、6つまでも不思議を挙げている。大プリニウスと同じように、ローマを世界の「ミクロコスモス」と見立てているのであろう。そしてもう一つグレゴリウス師が使用したのが『ローマの都の驚異』である。

5.『ローマの都の驚異』

12世紀に書かれた『ローマの都の驚異』は、数多い中世ローマの「ガイドブック」の中でもっとも有名なものであり、たくさんの版が存在する。グレゴリウス師がこれを用いていたことはいくつからのことから明らかである。まず、いうまでもなく著作名である。『ローマの都の驚異』と『ローマの都の驚異の旅行記』。偶然であるはずがない。また明白なものとしては、『旅行記』が導入部分のすぐあとで、第2章においてローマの14門を列挙していることである[76]。これは『ローマの都の驚異』の第2章に挙げられた15門[77]を、数は異なるが、念頭に置いたものだろう。

『ローマの都の驚異』は多くの読者を惹きつけ、さまざまな国で出版、翻訳された。ドイツ語圏オランダ語圏についてはMiedemaの詳細な研究があり、『ローマの都の驚異』がかなり自由に翻訳され、必ずしも同じ順番や内容をが含んでいないことが明らかになっている[78]。他の国々についてもその流布や翻訳の様子が研究されている。フランスにおいても『ローマの都の驚異』は早くも13世紀に翻訳がなされ、原文にある程度忠実なものもあれば、ずいぶんと簡略化された版もあり、翻訳者もラテン語をあまり理解できずローマに行ったことがないと思われる者もいれば、かなりの語学力を有していると思われる者もいることが指摘されている[79]。またイタリアについても、13世紀に活躍したボンコンパーニョ・ダ・シーニャの作品への『ローマの都の驚異』の影響が論じられている[80]。

『ローマの都の驚異』には、本稿でとりあげた先行するあるいは同時代のガイドブックとは異なるいくつかの特徴がある。1つは説明が詳細であることだ。たとえば第21章では「かつてハドリアヌスの神殿であった城がある。聖ペトロの祝日の説教に読むことができるように、『皇帝ハドリアヌスを記念して、驚くべき規模の神殿が建設された』と言われている。これは全面が石で覆われ、さまざまな物語で飾られている。内部は金の孔雀と牡牛で飾られた青銅の格子で囲まれているが、それらのうち2つは現在は（噴水）『楽園の大杯』を飾っている。神殿の四方には鍍金された4頭の青銅の馬がいる。またそれぞれの面には青銅の門があった。中央には斑岩でできたハドリアヌスの棺があったが、現在はラテラノ宮の洗濯場の前にある。棺を蓋う布は聖ペトロの楽園にあって（1077年に死去した）プラエフェクトゥス（チンツィオ）の棺にかけられている。下層にも青銅の門があったが、それらは現在もある。私たちが述べた記念物は、すべてが神殿として捧げられ、ローマの乙女たちが貢物を携えて集まっていた。オウィディウスが詩で詠っているようにである」[81]。故事来歴を調べ、同時代の11世紀のものまでさまざまな知識を動員している。

一方で、『ローマの都の驚異』は部分毎に叙述の仕方が大きく異なっている。第1章から第10章にかけては、遺跡が列挙してあるに過ぎない。門について「以下がローマの門である。カペナ門、これはサン・パオロ門とも呼ばれ、レムスの墓廟の脇にある。アッピア門、ラティナ門、ミトロヴィ門、ラテラノのアシナリカ門。ラヴィカナ門、これは大門とも呼ばれる。タウリナ門、これはサン・ロレンツォ門ともティブルティナ門とも呼ばれる。ヌメンタナ門、サラリカ門、ピンキアナ門、フラミネア門、ハドリアヌス城に近いコッリナ門。トラステベレには3門ある。セプティミニア門、ヤヌスに結びつけられた7人のニンフにちなんでこう呼ばれる。アウレリア門あるいはアウレア門。ポルトゥエンシス門」[82]と、セプティミニア門についてはオウィディウスの詩が仄めかされてはいるものの、きわめて簡潔である。

他方で第11章、第12章、第15章、第16章、第17章、第18章、第19章はいわば古代ローマの人物あるいは遺跡にまつわる「伝説集」であり、第19章から第31章では地域ごとに記述され、たとえば遺跡間の相互位置が「そのそばに circa se」などと示されている。「地域」タイプのものでも、場合によっては、叙述は詳細であるが、「伝説集」のタイプには特に多くの情報が盛られている。

また前述の『ローマの都の諸教会についての情報』に見られたような「あなたは入る（intrabis）」「あなたは達する（pervenies）」などの2人称単数の動詞

が見られない。案内を目的とするような実際的使用を考えていなかったのだろう。

またキリスト教関係の記述と古代ローマ帝国関係の記述が微妙に衝突し、作者がどのような立場をとっているかも判然としない。たとえば最終章である第32章は「皇帝やコンスルや元老院議員やプラエフェクトゥスたちの、これらの、そして他の神殿と宮殿は、このローマ市のうちに、異教徒の時代に存在した。私たちが古い年代記に読み、私たち自身の目で見て、古人が語るのを聞いたようにである。（著述する際に）私は、できうる限り、これらの建物が金や銀や真鍮や象牙や貴石に飾られて、どれほどすばらしく美しかったかを、人々の記憶によみがえらせようと試みた」と締めくくっている[83]。ここにキリスト教への傾きは感じられない。しかし一方で、たとえば第12章では現在クイリナーレ宮殿の前にあるカストルとポルックス像について「大理石の（2頭の）馬が何のために裸なのか、（2人の）男がなぜ裸なのか。彼らは何を数えているのか、馬の前で蛇に囲まれて座っている女性が前に小箱を持っているのはなぜか。（それは以下のような理由によっている）。ティベリウス帝の御世、ローマに二人の若き哲学者プラクシテルスとフィディアがやってきた。皇帝はこれらの者たちが大いなる英知の持ち主であることを見抜き、自らの宮殿に客人として招いた。彼らが皇帝に『われらが主人である皇帝陛下、私どもがおそばにおらぬとも、昼であろうと夜であろうと、陛下が寝室で決意されるであろうことを何であれ、最後の一句までお話ししましょう』というと、皇帝は彼らに対し、『もし今申したことをなしたならば、なんであろうとも、汝らが望むものを与えよう』と約束した。すると彼らは答えて『何らの金銭も望んではいません。ただ私たちが記憶されることをお願いいたします』と言った。翌日、彼らは皇帝が前夜決意したことをすべて整然と皇帝に報告した。それゆえ、皇帝は彼らに約束したように彼らの記憶を残させた。地を踏みしめる（2頭の）裸馬は、現世の人々を支配する現在の強き王たちである。だが、もっとも強き王がいつか現れ、馬に跨り、すなわち現世の王たちの力に勝るであろう。この場所で、馬の傍らに立ち、腕を高く上げ、指を折る2人の男は、将来起こるであろうことを数えている。彼らが裸であるように、現世のすべての知は露わであり、現世の人々の心に開かれているのである。また馬の前で蛇に囲まれて座り、前に小箱を持っている女性は教会と、教会を説くであろう説教者らを意味する。誰であろうとも、教会に近づかんとする者は、その小箱で手を洗ってからでなければならない」[84]と述べているが、これはキリストの出現を予表する伝説と言えよう。ローマへの称賛とキリスト教への傾き。作者はいかなる立場をとっているのであろうか。これゆえに、この作品の作者と成立年代についての議論が生じる。

6.『ローマの都の驚異』の作者と成立年代

『ローマの都の驚異』についての学問的研究は初期キリスト教史の泰斗 Louis Duchesne から始まる。彼は『教皇の書 *Liber pontificalis*』核訂を始めとする大きな業績を残したが、関連して『上納金の書 *Liber censuum*』[85]を研究した際、ともに教皇官房（Camera apostolica）の写本に合本されていた『ローマの都の驚異』に出会った。Duchesne は『ローマの都の驚異』が当時のローマで沸騰していた「ローマ帝国の再生 renovatio imperii Romani」と無関係ではないとしつつも、『上納金の書』の著者であり、言葉遣いの共通性などの理由から、同じく合本されていた『ローマ儀礼書 *Ordo romanum*』の著者であるサン・ピエトロ教会の参事会士ベネディクトゥスが著したとした。また成立年代は、前述のハドリアヌス帝の棺が 1143 年に逝去した教皇インノケンティウス 2 世のために用いられたことなどから、1140 年から 43 年の間であるとした[86]。この写本がベネディクトゥスに帰属していることについてはほぼ合意が見られるが、『ローマの都の驚異』の作者をめぐる論争はその後も続いている。ローマのコムーネの影響を強く見る者、オットー朝の帝国政策を重視する者、さまざまである[87]。現在ではベネディクトゥスは『ローマの都の驚異』の作者ではなく、先行するさまざまな素材を編纂したに過ぎないとする見解が優勢である[88]。

では、なぜベネディクトゥスは編纂したのだろう。教皇官房という重要な役職にありながら、古典への止みがたい情熱を抱いた人物なのであろうか。その点で興味深いのはCynthia Whiteの研究である[89]。彼女はたとえば『ローマの都の驚異』に描かれたアウグストゥスに注目した。『ローマの都の驚異』第11章は「皇帝オクタウィアヌスの御世、元老院議員たちは、彼が大いなる御稜威に満ち誰も彼を見つめることができぬほどであり、また彼が大いなる繁栄と平和をもたらしたゆえに全世界が彼に貢納するのを見て、彼に言った。『私たちはあなたを崇めることを望みます。なぜなら神性があなたの内にあるからです。もし聞き入れられないならば、あなたの御世においてすべてが栄えることはないでしょう』。彼は肯はず、暫しの猶予を求めた。皇帝はティブルティナの巫女シビラを呼び、彼女に元老院議員たちが言ったことを伝えた。巫女は3日間の日時を求め、その間（お告げを得るため）厳しい精進がなされた。三日後、巫女は皇帝に応えて『以下のことは確実に起こるでしょう。わが主である皇帝陛下、《審判のしるし、大地は汗で湿るであろう。天より王が到来し、世々にあるだろう。すなわち肉身の内にありて、世界を裁くであろう》』と言い、そして続いて他のことも伝えた。そのとき天caelumが開き、大いなる輝きが彼に押し寄せてきた。そして彼はある絶世の乙女が祭壇の上に立ち、幼児を腕に抱いているのを見た。彼は大いに驚愕し、このように言う声を聴いた。『これは神の御子の祭壇araである』。彼はすぐに地に伏し礼拝した。彼はこの幻視を元老院議員たちに報告したが、彼らもまた大いに驚愕した。この幻視は皇帝オクタウィアヌスの寝室で起こったが、ここは現在ではカンピドリオのサンタ・マリア教会である。それゆえに、この教会はまたサンタ・マリア・アラ・チェリ教会Santa Maria Ara Caeliと呼ばれるのである」[90]。イエスがアウグストゥスの前に顕現し、アウグストゥスは跪拝する。皇帝権、あるいは元老院議員たちがキリストに、すなわち教会に屈するように描かれているわけである。前述の第32章に描かれたアウグストウスのイメージとは大いに異っている。このテーマは大プリニウスによるローマ称賛に発し、さらに東方のマリア論を経てラテン世界に持ち込まれ、それにローマ教会の優位が上書きされたものであるという。前述の第12章にも同じ傾きが感じられよう。「現在の強き王たちに勝る、いつか現れであろうもっとも強き王」。そして、この上書きは「コンスタンティヌスの寄進状」、すなわちコンスタンティヌス帝がローマ教会に西方の支配権を譲ったとする主張にも通ずるという。

先行する断片を編んで生まれさまざまな主張と利害が錯綜する『ローマの都の驚異』の原型がいかなるものであったかは今となっては明らかではないが、それらの中には当時イタリアでいくつも生まれていた都市のアイデンティティを称揚する「都市の叙述 description」のローマ市版も含まれていたかもしれない[91]。『ローマの都の驚異』は本来「ガイドブック」ではなかったかもしれない。その時代背景を考慮に入れる必要がある。

7. 当時のローマ情勢

『ローマの都の驚異』が書かれた頃のローマでは、いくつもの勢力が角逐していた。1つは、いうまでもなく皇帝である。皇帝は古代ローマ皇帝の直接の後継者として、ローマ市の支配権を求め、古代ローマの栄光を自らに帰した。特に皇帝オットー3世（在位983-1002）はビザンツ皇女である母テオファヌの強い影響を受けて、古代ローマ帝国の栄光の復活を夢み、「魔術師」と渾名されたゲルベルトゥスにコンスタンティヌス大帝時代の教皇の名を授けてシルヴェステル2世としたことは有名である。その刺激は長く忘れられることはなかった。

これに対峙するのはローマ教皇座である。現世をキリスト教化すべく制度を築きあげつつあった。皇帝ハインリヒ4世と教皇グレゴリウス7世の対立は「カノッサの屈辱」で有名だが、衝突がこれで終わったわけではない。ヴォルムス政教条約（1122年）に至る前に検討されたストリ政教条約（1111年）をめぐる交渉で結局皇帝ハインリヒ5世（皇帝在位1111-25年）が教皇パスカリス2世（在位1099-1118年）を拉致して終わっているように、つねに激突の可能性を秘めていた。

また見過ごしていけないのはローマ在地勢力である。西欧の他の地域と同じように、10世紀のイタリアでも教会がさまざまな在地権力を収めるようになっていた。特にローマ周辺では「聖ペトロの世襲財産」と呼ばれる広大な地域においてローマ司教である教皇の権力が高まっていた。それを手にすべく多くの家門が競っていたのである。教皇ヨハネス8世（在位872–82年）の暗殺後22年間に対立教皇を含めれば12名の教皇が在位し、その多くが廃位あるいは不自然な死を遂げた。教皇フォルモスス（在位891–96年）は死後二度墓を暴かれて裁判にかけられ遺骸はテベレ川に棄てられたほどである。凄惨な権力闘争を経ていくつかの家門が覇権を握った。テオフィラクトゥス（924年没）は4人の教皇を支配し、娘マロツィアはそのうちの一人セルギウス3世（在位904–11）と結婚して息子を儲け、その息子はヨハネス11世（在位931–05）になった。「教皇座の娼婦支配 pornocracy」と呼ばれる時代である。またスポレト公アルベリコ2世（954年没）は6名の教皇を擁立したが、18歳で登位しオットー1世を戴冠して、のちに背いてオットーに廃位されたヨハネス12世（在位955–64）は彼の息子である。

その後に支配を確立したクレシェンツィ家もオットー3世と激突した。「オットー3世の治世の始まりにおいて、ローマの都の使徒座がその教皇を失った。彼は直ちに、皇帝の命令権を用いて、彼の血族で、ある公の息子である人物をその地に遣わし、慣習に則って、使徒座に登位するよう命じた。このことはまったく何らの遅滞もなく実行されたが、ひじょうに大きな災厄の原因となった。クレシェンティウスというローマ人たちのあいだで優越する市民がいたが、彼は、彼らローマ人の常のように、（彼の有する）金銭が重くなればなるほど、より貪欲を満たすため使っていた。この者は、その後の状況が証明したように、オットーの党派にまったく好意を持っていなかった。私がすでに述べたように、叙階するようオットーが命じたこの教皇（グレゴリウス五世［在位996–999］）から、クレシェンティウスはあらゆる誉れを剥ぎ取って使徒座から追放し、他の人物を彼の代わりに厚顔無恥にもヨハネス16世（対立教皇在位997–998）として選んだ。オットーはこのことを知ると、怒りに燃えて、直ちに大軍とともにローマに急行した。クレシェンティウスは、オットー3世が都に近づいているのを知ると、市域の外の、テベレ川の対岸にあった塔（カステロ・サン・タンジェロ）に手勢とともに登った。この塔はその高さのために「天間の塔 Inter Celos」と呼ばれていたが、彼はその防備を固めて、生命を守ろうとした。皇帝が都に到着すると、最初に、あの悪しく擁立された教皇、すなわちクレシェンティウスの傲慢によって任命された人物（であるヨハネス16世）を逮捕するよう命じた。逮捕された彼は、瀆聖を犯したとして、その両手を切断され、さらに両耳を切り取り、両目を抉るよう皇帝は命じた。そののちクレシェンティウスが塔に立てこもっているのを知ると、その塔はまもなく（クレシェンティウスの）悲惨な死の責め具になるのだが、皇帝は自らの軍勢の厚い攻囲によって塔を封鎖し、クレシェンティウスに逃亡の機会が与えられないよう命じた。まもなく皇帝の命令によって、その周囲に長大な樅材でひじょうに見事に組み立てられた攻城機が造られた。クレシェンティウスは、いかなる逃亡の道も見出せないのを知り、あまりに遅まきではあったが、悔い改めるという戦術を考え出した。しかし彼に対して、誰も憐れみの機会を与えることはなかった。ある日、皇帝の軍にいた内通者の手引きによって、クレシェンティウスは密かに塔を脱して、フード付のマントをまとって顔を被い、突然やって来て、皇帝の足許に身を投げ出し、皇帝の慈悲によって自らの命を救ってくれるよう懇願した。この者を皇帝は見つめ、臣下の方へ向き直り、辛辣に、『なぜローマ人の元首にして、皇帝たちに命令を与えられ、法を下賜され、教皇たちを叙階される方が、ザクセン人の幕舎に入ってこられるのを諸卿らは許したのか。今はこのお方をその崇高なる玉座へと再びお連れ申し上げよ。そのあいだに、われわれはこの方の誉れにふさわしい歓待を準備しようではないか』と言った。彼らはこの者を捕まえて、命じられたように、何らの害も与えずに、塔の入口に連行した。クレシェンティウスは塔に戻ると、彼とともに立て籠もっている者たちに対して、彼らが生きられるのは、この塔が敵の襲撃から（彼らを）守れるあいだだけであり、それ以外いかなる救いもまったく望むべきではないと告げた。皇帝軍は外から迫り、攻城機を押し立てた。（攻城機は）まもなく到着し、塔に向けられた。このようにして戦闘が始まり、（攻めよせる）ある者たちは上から塔の中に入ろうとし、他の者たちは塔の入口に押し寄せ、扉を倒して、取り除いた。そして上へと競って進み、塔の上部に達した。クレシェンティウスはこれを見て、はるか遠くで戦い防ぐことができると考えていた者たちによって自分が捕らわれんとしていることを悟った。彼は捕らえられ、深手を負った。彼とともにいた者たちは殺戮された。軍は皇帝に使いを送り、この者についての処置を問うた。皇帝は答えた。『塔の上部から、よく見えるようにその者を投げ落とし、《諸卿らがその元首を誘拐した》とローマ人たちが言わぬようにせよ』。彼らは、命じられたように、この者を塔から放り投げ、そののち牡牛に結わえて道々の泥の中を引きずって大いに転がし、最後に市民たちの見守る中、高い晒し台に吊り下げて去った」[92]。さらに11世紀にはフランジパーニ家やピエルレオーニ家などのローマ豪族も力を得ていた。彼らは自らを「元老院議員」と称したという。

また教皇座とローマ在地勢力も対立していた。『ローマの都の驚異』が作成された頃、ローマにコムーネ（都市共同体）が結成されたが、改革教皇座の背後にはローマの覇権をめぐる派閥抗争も影響していたという[93]。

8. 結び

皇帝も、元老院議員と称する在地勢力も、ローマ帝国の継承者たらんと欲した。また教皇も然り。儀礼などさまざまな面で教皇も「皇帝」たらんとした。教皇はビザンツ皇帝の儀礼を導入し、古代ローマ帝国の遺跡を縫うようにして行列を行ったという[94]。ローマ教会がおそらく操作を加えた『ローマの都の驚異』は、古代ローマの遺産をめぐる三つ巴の継承戦争のうちに、変転していく。1154年以降に編纂されたとされる『黄金の都の地誌 *Graphia aureae urbis*』には、『ローマの都の驚異』が組み込まれているが、今度は「ローマ帝国の再生 renovatio imperii Romani」志向が顕著であるという[95]。『ローマの都の驚異』は読み直され、政治的に上書きされて、それぞれの目的にそって使用されたのだ。

だが一方で『ローマの都の驚異』は多くの故事来歴に満ち、人々の好奇心と憧れを刺激した。『ローマの都の驚異』は、本来は「ガイドブック」には適さぬ形式ではあったものの、それらの魅力によって、さまざまに読み直され、訳し直され、書き直されて「ガイドブック」として流布したのかもしれない。いつしか政治的背景は忘れ去られ、「ガイドブック」としてのみ読まれるようになったのであろう。

註

1 板坂耀子編『近世紀行集成』(国書刊行会、1991年)431頁以降を参照。なお以下の引用は安田相郎(広江　清解題)「大和巡日記」(宮本常一、谷川健一、原口虎雄編『日本庶民生活史史料集成　第2巻　探検・紀行・地誌　西国編』三一書房、1969年)441-475頁による。近世日本の紀行文については板坂耀子氏の一連の研究、たとえば『江戸の紀行文　泰平の世の旅人たち』(中公新書、2011年)などを参照されたい。

2 「大和巡日記」448頁。

3 同書455頁。

4 同書456頁。

5 同書456頁。

6 同書469頁。

7 益軒會編纂『益軒全集』第7巻(国書刊行会、1973年)45-81頁。また井上忠『貝原益軒』(吉川弘文館、1973年)106-48頁参照。

8 板坂耀子『江戸の紀行文』97頁。

9 「大和巡日記」447頁。

10 同書455頁。

11 同書453頁。

12 同書454頁、および同「解説」442頁参照。

13 同書468頁。

14 同書433頁。

15 同書470頁。

16 グレゴリウス師を含むイングランド人のローマ巡礼およびガイドブックについては、松田隆美「イタリアをめぐるガイドブックの旅――15～19世紀のイギリス人向けイタリア旅行案内」(『イタリア圖書』49、2013年)、2-19頁参照。

17 Magister Gregorius, *Narracio de mirabilibus Urbis Rome*, éditée par R. B. C. Huygens, E. J. Brill, Leiden, 1970, p.11; Cf., Master Gregorius, *The Marvels of Rome*,

translated with an Introduction and Commentary by John Osborne, Pontifical Institute of Medieval Studies, Toronto, 1987, p. 17.

18 *Narracio,* p. 12; Cf., Osborne, *The Marvels of Rome*, p. 18. この引用はラヴァルダンのヒルデベルトゥスの詩に基づいているとされる。なお、この詩についてはR. クラウトハイマー『ローマ――ある都市の肖像 312 ~ 1308 年』(中央公論美術出版、 2013 年) 282-84 頁参照。

19 *Narracio,* p. 21; Cf., Osborne, *The Marvels of Rome*, p. 27.

20 彫像をめぐっての著者の態度については、Cf., Dale Kinney, "Mirabilia Urbis Romae", in *The Classics in the Middle Ages, Papers of the Twentieth Conference of the Center for Medieval and Early Renaissance Studies*, Aldo S. Bernardo and Saul Levin (eds.), Center for Medieval & Early Renaissance Studies, 1990, pp. 207-21.

21 Cf., *Narracio,* pp. 12-19.

22 *Narracio,* p. 13; Cf., Osborne, *The Marvels of Rome*, p. 19.

23 Cf., Osborne, *The Marvels of Rome*, pp. 43-48.

24 *Narracio* pp. 15-16. Cf., Osborne, *The Marvels of Rome*, pp. 19-25.

25 *Narracio* pp. 13-16. Cf., Osborne, *The Marvels of Rome*, pp. 19-22.

26 「ロムルスの標柱」については、Cf., L. Richardson, jr, *A New Topographical Dictionary of Ancient Rome*, The Johns Hopkins University Press, 1992, pp. 252-53.

27 *Narracio* p. 28. Cf., Osborne, *The Marvels of Rome*, p. 33.

28 おそらく故郷が示されていたのだろうが、この欠落は作者を同定する障害となっている。

29 *Narracio* p. 26. Cf., Osborne, *The Marvels of Rome*, p. 32.

30 *Narracio* p. 20. Cf., Osborne, *The Marvels of Rome*, p. 26.

31 *Narracio* p. 20. Cf., Osborne, *The Marvels of Rome*, p. 26.

32 Cf., *The Marvels of Rome*, p. 59.

33 Cf., *The Marvels of Rome*, pp. 2-15, esp., pp. 14-15.

34 *Narracio* p. 13, p. 21.

35 Cf., Osborne, *The Marvels of Rome,* p. 12.

36 Cf., *Narracio* p. 13.

37 Cf., *Narracio* p. 17.

38 Cf., *Narracio* p. 31.

39 Cf., *Narracio* p. 28.

40 Cf., *Narracio* pp. 23-24.

41 Cf., *Narracio* p. 22. Cf., Osborne, *The Marvels of Rome*, p. 28.

42 *Narracio* p. 17. Cf., Osborne, *The Marvels of Rome*, p. 23.

43 *Narracio* p. 20. Cf., Osborne, *The Marvels of Rome*, p. 26.

44 たとえば彫像に関して。*Narracio* p. 18. Cf., Osborne, *The Marvels of Rome*, p. 24.

45　*Narracio* p. 19. Cf., Osborne, *The Marvels of Rome*, p. 24.

46　*Narracio* p. 15. Cf., Osborne, *The Marvels of Rome*, pp. 30–31.

47　ローマ巡礼についての邦語文献としては、河原　温「中世ローマ巡礼」、歴史学研究会編『巡礼と民衆信仰』（青木書店、1999年）94–125頁参照。

48　リチャード・クラウトハイマー『ローマ——ある都市の肖像312～1308年』（中央公論美術出版、2013年）83頁参照。

49　同書、107–14頁参照。

50　同書、87–88頁参照。

51　R. W. サザーン『中世の形成』（みすず書房、1978年）107頁参照。

52　クラウトハイマー『ローマ——ある都市の肖像312～1308年』122頁参照。

53　同書、121頁参照。

54　Cf., Patrick J. Geary, *Furta Sacra. The Thefts of Relics in the Central Middle Ages*, Princeton University Press, 1978.

55　John France, Neithard Bulst and Paul Reynolds（eds.）, *Rodolfus Glaber Opera*, Oxford, 1989, pp. 180–82.

56　クラウトハイマー『ローマ——ある都市の肖像312～1308年』124–25頁。

57　これらについては、藤崎　衛氏の精緻な研究『中世教皇庁の成立と展開』（八坂書房、2013年）を参照されたい。

58　サザーン『中世の形成』120–22頁参照。

59　John France et alii., *Rodolfus Glaber Opera*, pp. 60–62. 拙稿「ロドルフス・グラベルの『歴史五巻』における教皇と皇帝」、『慶應義塾大学言語文化研究所紀要』33（2001）、67–68頁参照。

60　Cf., Herbert Bloch, "New Fascination with Ancient Rome", Robert L. Benson and Giles Constable（ds.）, *Renaissance and Renewal in the Twelfth Century,* Harvard University Press, 1982, p. 631.

61　Cf., Richardson, *A New Topograhical Dictionary of Ancient Rome*, pp. 7–10.

62　Cf., "Guidebook", Larissa J. Taylor（ed.）, *Encyclopedia of Medieval Pilgrimage*, Leiden; Boston, 2010, pp. 242–43.

63　Cf., D.Bullough, *Alcuin: Achievement and Reputation*, Leiden; Boston, 2003, p. 44.

64　*Notitia Ecclesiarum Urbis Romae*, Migne, PL. 101, coll. 1359C–1365D.

65　Cf., Dale Kinney, "Facts and Fiction in the Mirabilia Urbis Romae", in *Roma Felix: Formation and Reflections of Medieval Rome*, ed. É.Ó Carragáin and C. Neuman de Vegvar, Aldershot, 2007, pp. 235–252.

66　Ibid., pp. 239–41.

67　Cf., "Seven Wonders of the ancient world", in *The Oxford Companion to Classical Civilization,* Simon Hornblower and Anthony Spawforth（eds,）, Oxford University Press, 1998, p.663.

68 Cf., Socra Carey, *Pliny's Catalogue of culture, Art and Empire in the* Natural History, Oxford University Press, 2003, pp. 86–91.

69 Cf., Henri Omont, "Les sept merveilles du monde au Moyen Âge", *Bibliothêque de l'école des chartes*, 1982, pp.40–59.

70 *Narracio* pp. 16–18. Cf., Osborne, *The Marvels of Rome*, pp. 22–23.

71 *Narracio* pp. 18–19. Cf., Osborne, *The Marvels of Rome*, p. 24.

72 *Narracio* p. 19. Cf., Osborne, *The Marvels of Rome*, p. 25.

73 *Narracio* p. 19. Cf., Osborne, *The Marvels of Rome*, p. 25.

74 *Narracio* p. 19. Cf., Osborne, *The Marvels of Rome*, p. 25.

75 *Narracio* pp. 29–30. Cf., Osborne, *The Marvels of Rome*, p. 35.

76 *Narracio* pp. 12–13. Cf., Osborne, *The Marvels of Rome*, p. 19.

77 Cf., Maria Accame e Emy Dell'oro, *I Mirabilia urbis Romae*, Roma, 2004, pp. 110–11. 以下、上掲書を底本としてを用いる。

78 Cf., N. R. Miedema, *Die'Mirabilia Romae'. Untersuchungen zu ihrer Überlieferung mit Edition der deutschen und niederländischen Texte*, Tübingen, 1996.

79 Cf., David J. Ross, "Les Merveilles de Rome. Two Medieval French Versions of the Mirabilia Urbis Romae", *Classica et mediaevalia: Revue danoise de philologie et d'histoire*, 30 (1974), pp. 617–665.

80 Cf., Paolo Garbini, "I《Mirabilia urbis Romae》Boncompagno da Signa",Studi romani, 47 (1999), pp. 13–24.

81 *I Mirabilia urbis Romae*, pp. 152–53.

82 *I Mirabilia urbis Romae*, pp. 110–11.

83 *I Mirabilia urbis Romae*, pp. 178–79.

84 *I Mirabilia urbis Romae*, pp. 128–31.

85 Paul Fable et Louis Duschesne (eds.), *Le Liber censuum de l'Eglise romain*, Paris, 1889. また『上納金の書』については藤崎前掲書、特に30頁などを参照。

86 Louis Duchesne, "L'auteur des Mirabilia", *Mêlanges d'archêologie et d'histoire*, 24 (1904)、pp. 479–489.

87 コムーネを重視するものには、Krautheimer、Schramm、Gramaccini などが、オットー朝を重視するものには D'Onofrio などがいる。

88 たとえば Schimmelpfennig、Miedema など。

89 Cynthia White, "The Vision of Augustus: Pilgrim's Guide or Papal Pulpit?", *Classica et mediaevalia : Revue danoise de philologie et d'histoire*, 55 (2004), pp. 247–78.

90 *I Mirabilia urbis Romae*, pp. 126-29.

91 Cf., J. K. Hyde, "Medieval Descriptions of Cities", *Bulletin of the John Rylands Library*, 48 (1966), pp. 308–340.

92 John France et alii., *Rodolfus Glaber Opera*, pp. 25–27. また前掲拙稿「ロドルフ

ス・グラベルの『歴史五巻』における教皇と皇帝」64–66 頁参照。

93 渡邉 浩「アナクレトゥスのシスマにおける党派形成と書簡史料」、『歴史学研究』658 (1994 年)、1–16、29 頁参照。

94 甚野尚志「ローマ教皇の即位儀礼」、歴史学研究会編『幻影のローマ〈伝統〉の継承とイメージの変容』(青木書店、2006 年) 221–61 頁参照。

95 *I Mirabilia urbis Romae*, pp. 25–26.

近世オスマン帝国の旅と旅人
——エヴリヤ・チェレビーを中心に

藤木健二

はじめに

エヴリヤ・チェレビー Evliyâ Çelebi（1685年頃歿、以下エヴリヤと略記）はオスマン帝国のほぼ全域とその周辺諸国を周遊する大旅行を成し遂げ、全10巻に及ぶ『旅行記 *Seyâhat-nâme*』を著した。17世紀における各地の自然・社会・文化に関する多様かつ膨大な情報を伝えるこの『旅行記』は、これまでに地方史や社会史、文化史などの諸研究において重要史料のひとつとして活用されてきた[1]。また、特に1980年代末以降、R. ダンコフらによって各地の旅程に関する研究[2]のほか、研究案内[3]、校訂[4]、用語集[5]といった基本文献が相次いで公刊されるに伴い、エヴリヤ及び『旅行記』は研究対象としても関心を集めるようになってきた。近年はエヴリヤの経歴や旅程の解明に加え、彼の心性・世界観をめぐる検討[6]や『旅行記』の文学史的考察[7]なども進められており、そうした取り組みによって『旅行記』の史料的価値も見直されつつある[8]。

本稿ではエヴリヤがこの壮大な旅を如何にして成し得たかという従来看過される傾向にあった問題視角から彼の旅について若干の検討を試みる。例えば先行研究では、彼の多彩な能力や、軍人、ウラマー、神秘主義者、音楽家、知識人といった多様な側面が指摘されてきたが[9]、そのことが旅の達成に果たした役割については充分に注意が払われてこなかったように思われるのである。ここではエヴリヤの旅を特徴づける庇護者との関係や、礼拝の呼掛けを行うアザーン朗誦者（müʼezzin）としての活動に的を絞り、それらの具体的な検討をとおして上記の問題について可能な限り考察したい。また、日本における研究の現状[10]を踏まえ、まず旅立ちまでの経歴や旅程の概要といったエヴリヤの基本的情報を『旅行記』[11]に依拠して整理しておきたい[12]。

1. 旅立ちまでの経歴

1611年3月25日、首都イスタンブルのウンカパヌ Unkapanı 地区においてトルコ系ムスリムのエリート家系に生まれたエヴリヤ[13]は、1636年までイスタンブルの教育機関において数人のウラマーに師事し、イスラーム諸学の習得に努めた。その学習歴の詳細を『旅行記』の断片的情報から再構成することは難しいが、例えばカラマン Karamân 地区のクルアーン学校（dârüʼl-kurrâ）では11年間、またウンカパヌ地区にあるハミト・エフェンディ学院 Hâmid Efendi medresesi では7年間、それぞれサディーザーデ・エフェンディ Saʻdî-zâde Efendi とアフフェシュ・エフェンディ Ahfeş Efendi という名のウラマーから教えを受けた[14]。そして1623年には父親によって「スルタンの導師（hünkâr imâmı）であり、クルアーン読誦の達人（şeyhüʼl-kurrâ）」であるエヴリヤ・メフメト・エフェンディ Evliyâ Mehmed Efendi のもとに預けられ、そこで彼の「心の息子（mâʻnâ oğulları）の一人」としてクルアーン暗誦学（ʻilm-i hıfz）を学び、その暗誦者（hâfız）となるに至った[15]。

このようにエヴリヤがスルタン専属の導師という高名なウラマーから教育を受けることができた背景には、父親のもつ宮廷との結びつきがあったと考えられる。父親のデルヴィシュ・メフメト・ズィッリー Dervîş Mehmed Zillî（1648年歿）はスレイマン1世（在位1520–66年）のシゲトバル遠征に従軍した経験を持ち、セリム2世（在位1566–74年）の治世には征服直後のキプロス島でアザーンを朗誦した功績が認められ、エディルネにあるセリミイェ・モスク Selimiye câmiʻi のアザーン朗誦者に任命された。そしてメフメト3世（在位

1595–1603年）の治世には宝石・貴金属細工師長（kuyumcubaşı）として宮廷に仕え、アフメト1世（在位1603–17年）期には巡礼監督官（surre emâneti）をも務めた[16]。このように宮廷や政府に関わるあらゆる職務に従事した父親は、支配層における幅広い人脈を有していたと考えられるのである。他方、母親はアブハジア Abaza に起源をもつ家系の出身であった。その名は明らかにされていないが、1650–51年に大宰相を務めたメレキ・アフメト・パシャ Melek Ahmed Paşa（1662年歿）の「父方のおばの娘（halası kızı）」にあたり、彼が14歳または15歳の時にともに宮廷に入った[17]。

ヒジュラ暦1045年の「力の夜（leyle-i kadr）」にあたる1636年3月5日の晩にアヤソフィア・モスク Ayasofya câmi'i でクルアーンの読誦を行ったエヴリヤは、このモスクを訪れていたムラト4世（在位1623–40年）の目に留まり、宮廷に入ることを許された[18]。この宮廷入りの契機となったクルアーン読誦は父親の強い勧めによるものであり、ここでも父親の影響をみてとることが可能であろう。宮廷では、当時スルタンの「剣持ち（silâhdâr）」を務めていた前述のメレキ・アフメト・パシャの支援を受けつつ、教育係（lala）である酢漬け調理人長（turşucubaşı）アフメト・アー Ahmed Ağa の監督下に置かれた。そして引き続きエヴリヤ・メフメト・エフェンディからクルアーン読誦学（'ilm-i tecvîd）を学んだほか、書道（hatt）、音楽（mûsikî）、統語論（'ilm-i nahv）に関して各専門家の授業を受けた[19]。その後ムラト4世に謁見した際、「当意即妙な応答（hâzır cevâb）」や打楽器（dâ'ire）の演奏を披露したエヴリヤは社交性や機知、音楽の才能を認められ、ムサーヒブ（musâhib）と呼ばれるスルタンの側近となった[20]。こうして彼はムラト4世や周囲からの信頼を獲得し、スルタンの「腹心の友（mahrem-i râz-ı nihân）」や「苦悩を取り払う者（def'-i gamm）」と呼ばれるようになったのである[21]。17世紀前半のオスマン宮廷では、従来のデヴシルメ（devşirme）によって徴集されたキリスト教徒の子弟に加えて、宮廷と繋がりのあるムスリムの子弟も内廷（enderûn）の小姓（iç oğlan）として登用されるようになっていた[22]。エヴリヤが小姓として採用されたか否かは明らかでないが、少なくとも父親の職位や人脈を背景に宮廷入りを果たしたムスリムの一人といえよう。また、彼らの多くは宮廷での教育を経て常備軍騎士（sipâh）となったが、エヴリヤもバグダード戦役直前の1638年に日給40アクチェ（akçe）の常備軍騎士に任命されたのであった[23]。

なお、エヴリヤは自身が前述のムラト4世やエヴリヤ・メフメト・エフェンディから高い評価を受けていたことを以下の挿話によって強調している。前述のようにエヴリヤが宮廷に召し抱えられると、エヴリヤ・メフメト・エフェンディはムラト4世に対して「[エヴリヤが] このなかに引き籠ったり、戦役に従軍していては、彼の意欲や活力（hevâ [ve] heves）が失われてしまいます。この僕（bende）が養育と教育（neşv [ve] nemâ）を行い、諸学の教授（tahsîl-i ʻulûm）をした後、改めて我がスルタン陛下のもとにお仕えさせるのが宜しいかと存じます」と申し立てた。しかし、ムラト4世はこの嘆願を「蚊の羽音（sadâ-yi peşşe）」と同様の些細な雑音として一蹴し、エヴリヤを一時も手放そうとはしなかったのである[24]。

2. 旅程の概要と特徴

幼い頃から父親たちの戦役や旅に纏わる体験談を聞いて育ったエヴリヤ[25]は、「昼夜、聖地（arz-ı mukaddes）[エルサレム] や楽園（behişt-âbâd）のバグダード Bağdâd、メッカ Mekke、メディナ Medîne、エジプト Mısır、シリア Şâm といった各地を訪れたい欲求や衝動（ʻışk ve şevk）に駆られ」ていた[26]。しかし両親や仲間への遠慮から、1640年4月27日、30歳の誕生日の直前に友人オクチュザーデ・アフメト・チェレビー Okçu-zâde Ahmed Çelebi の誘いを受けてブルサ旅行に出発するまで、彼はイスタンブルでの散策に満足しなければならなかった。51日間のブルサ旅行から帰郷した後、父親に旅の継続と旅行記の執筆を勧められ、本格的な旅を開始したエヴリヤは、後述するように様々な庇護者の赴任や行軍に同行しつつ、オスマン帝国領のアナトリア、バルカン、シリア、カフカースの各地を周遊したほか、イラン、オーストリア、ポーランド、クリミア、ロシアなどの周辺諸国をも訪れた。そして1671年から72年にかけてイスタンブルから西南アナトリアやシリアを経由してメッカ巡礼を行った。その後はエジプトのカイロに入り、そこからナイルデルタやヌビア地方などを訪れ、1673年4月18日に再びカイロに到着して33年に及ぶ旅を終えたのであった[27]。

旅程の詳細をめぐる具体的な検証は今後の課題としなければならないが、旅程の特徴として現時点で以下の点を指摘することは可能である。エヴリヤは1640年にイスタンブルを出発してから1673年にカイロに到着するまで間断なく旅を続けたのではなく、イスタンブルやカイロを拠点としつつ、計16回に亘る短期間の旅を断続的に繰り返した。これらの旅の期間、訪れた地域、旅程の概要は次頁の表のとおりである[28]。メッカ巡礼を行った旅⑭まで、旅の拠点は自宅のあるイスタンブルであったが、その後はエジプト州総督ケトヒュダー・イブラヒム・パシャ Kethüdâ İbrâhîm Paşa から付与された住居（hâne）のあるカイロに移った[29]。出発日と終着日の一方ないし双方が不明である旅④・⑩・⑮・⑯を除く各旅の期間をみると、ブルサを訪れた旅①（51日）とイズミトやプリンセス諸島を訪れた旅②（32日）は1年未満であり、黒海の南・東岸を経由してアゾフ戦役に参加した旅③（2年2か月7日）、バルカンを経て東西ヨーロッパやロシアを巡った旅⑫（4年2か月1日）、及びギリシアを経由してクレタ島戦役に従軍した旅⑬（3年1日）は2年以上であったが、その他の旅は全て1年以上2年未満であった。

前述のように見知らぬ土地への興味や関心を旅の主な動機としていたエヴリヤは、可能な限り直線的な移動を避け、多くの場所に立ち寄り、広範囲を周遊しようと努めた。このことはとりわけメッカ巡礼を行った旅⑭に顕著である。イスタンブルからの巡礼者の多くは、イスタンブルにおいてヒジュラ暦の第7月中旬から下旬に編成される巡礼団に加わり、ブルサ、コンヤ、アダナ、アレッポなどを結ぶ幹線道路を通ってヒジュラ暦の第9月にダマスカスに到着し、そこで新たに編成される巡礼団に加わってメッカを目指した[30]。しかし、エヴリヤは1671年5月21日（ヒジュラ暦1082年第1月12日）に友人サーイリー・チェレビー Sâ'ilî Çelebi とともにイスタンブルを出発し、前述の幹線道路

表　エヴリヤ・チェレビーの旅程

	期間	地域	旅程	典拠（*SN*）
①	1640年4月27日～6月16日	アナトリア北西部	イスタンブル → ブルサ → イスタンブル	vol. 2, pp. 8-37
②	1640年6月21日～1640年7月22日	アナトリア北西部、プリンセス諸島	イスタンブル → イズミト → プリンセス諸島 → イスタンブル	vol. 2, pp. 38-42
③	1640年8月19日～1642年10月25日	黒海南岸、グルジア	イスタンブル → トラブゾン → アゾフ → バフチサライ → イスタンブル	vol. 2, pp. 42-76
④	1645 年	クレタ島、エーゲ海諸島	イスタンブル → ハニア → イスタンブル	vol. 2, pp. 76-88
⑤	1646年8月13日～1648年7月21日	アナトリア中部・東部、ザカフカース	イスタンブル → エルズルム → タブリーズ → カルス → アンカラ → イスタンブル	vol. 2, pp. 88-246
⑥	1648年9月18日～1650年7月14日	シリア、アナトリア中部	イスタンブル → ダマスカス → ガザ → スィヴァス → イスタンブル	vol. 2, p. 251-vol. 3, p. 154
⑦	1651年8月21日～1653年7月頃	バルカン中部・東部	イスタンブル → ババダグ → ソフィア → イスタンブル	vol. 3, pp. 167-284
⑧	1655年3月9日～1656年6月23日	アナトリア東部、イラン、イラク	イスタンブル → ディヤルバクル → ヴァン → タブリーズ → バグダード → モスル → ビトリス → イスタンブル	vol. 4, p. 9-vol. 5, p. 44
⑨	1656年8月8日～1658年1月7日	バルカン東部、東欧、クリミア	イスタンブル → シリストラ → リヴォフ → モスクワ → オチャコフ → イスタンブル	vol. 5, pp. 45-119
⑩	1659年3月15日～1660年	アナトリア西部、トランシルヴァニア、ダルマチア	イスタンブル → ボズジャアダ → エディルネ → オラデア → リヴノ → ザグレブ → イスタンブル	vol. 5, pp. 136-286
⑪	1660年11月15日～1662年4月1日	バルカン中部、アルバニア	イスタンブル → ソフィア → ティミショアラ → クルージュナポカ → シュコドラ → イスタンブル	vol. 5, p. 288-vol. 6, p. 73
⑫	1663年3月11日～1667年5月11日	バルカン、東欧、西欧、クリミア、北カフカース、ロシア	イスタンブル → ノヴェー・ザームキ → ニトラ →「西欧遠征」→ ベオグラード → サラエヴォ →「ドイツ遠征」→ ジェール → ウィーン →「西欧旅行」→ オラデア → クラクフ → バフチサライ → カザン → イスタンブル	vol. 6, p. 84-vol. 8, p. 29
⑬	1667年12月26日～1670年12月28 日	ギリシア、アルバニア	イスタンブル → アテネ → カンディア（イラクリオン）→ ヴロラ → イスタンブル	vol. 8, pp. 29-351
⑭	1671年5月21日～1672年6月3日	アナトリア南部、シリア、アラビア半島紅海沿岸部、エジプト	イスタンブル → イズミル → アレッポ → エルサレム → ダマスカス → メッカ → カイロ	vol. 9, pp. 8-429
⑮	1672年8月頃～不明	ナイルデルタ	カイロ → アレクサンドリア → ダミエッタ → カイロ	vol. 10, pp. 312-402
⑯	不明～1673年4月18日	エジプト、ヌビア地方、紅海西岸部	カイロ → イブリーム → センナール → サワーキン → マッサワ → カイロ	vol. 10, pp. 403-519

を通ってアフヨンに到達した後、そこから道を外れて西南アナトリアに向かった。そしてウシャク、マニサ、イズミル、キオス Sakız 島、アイドゥン、コス İstanköy 島、ロードス Rodos 島、アンタルヤといった諸都市と島々を訪れ、カラマンにおいて前述の幹線道路に合流したが、その後も経路を迂回しながらシリフケ、マラシュ、アンテプなどを訪れたのである。こうした周遊の結果、シリアのジャブラ Celebiye に到着したのはイスタンブルを出発してから約7か月後の1672年1月初旬（ヒジュラ暦1082年第9月初旬）であった[31]。また、彼はダマスカス・メッカ・カイロ間を巡礼団とともに移動したが、とりわけダマスカスからメッカまでの移動について、比較的安全だったにも拘らず巡礼団に加わり、そのため各地を充分に周遊できなかったとする後悔の念を『旅行記』に記しているのである[32]。

エヴリヤは徒歩や乗馬などによる陸路での移動を好み、その際、途上に点在する都市（şehir）や街（kend, kasaba）、村（karye）、城塞（kal'a）、神秘主義教団の修道場（tekye, zâviye）、隊商宿（hân）、農場（çiftlik）といった集落や施設を宿泊や休息のために利用した。これらの中継地点における具体的な滞在期間は『旅行記』に殆ど記されていないが、例えば旅⑤ではイスタンブルからエルズルムに到達するまでの約4か月間に少なくともボル、トスヤ、アマスヤの3都市のほか、計47か所の村や城塞などを経由したのである[33]。他方、旅①のイスタンブルからムダンヤへの移動や旅②のイスタンブルからイズミトへの移動において小船（kayık）や船（gemi）が用いられたように、当初は海路での移動も頻繁にみられた[34]。とりわけ旅③ではイスタンブルからスィノプ、トラブゾン、アナパなどを経由しつつ、クリミアのアゾフ Azak まで黒海沿岸部を船で周遊するほどであったが[35]、旅⑤以降、船の利用は必要最低限に抑えられ、クレタ Girit、コス、ロードスといった島々への移動時に限られるようになった[36]。こうした彼の船旅への消極性は、旅③の帰路において遭遇した黒海での難破事件に起因すると考えられる。エヴリヤと350人の乗客を乗せ、セバストポリ Balıklava を出港したウジャル・セフェル・レイス Ucalı Sefer Re'îs という人物の船（şayka）は、1641年5月15日から三日間、黒海の沖合で「イェディシェルレメ（yedişerleme)」と呼ばれる大嵐に見舞われて沈没した。同乗者の異教徒（kefîr）から略奪した小船（sandal）を用いて脱出に成功したエヴリヤは、その3日後に黒海西岸のカリアクラ Keligra Sultân に漂着し、そこにあるベクタシー教団の修道場（tekyegâh）に8か月間滞在した後、イスタンブルに帰郷した。そして、この災難によって同行していた19人の奴隷（köle）を失ったエヴリヤは、「二度と黒海に船（gemi）で出るという過ちを犯さないことを誓った（tevbe-i nasûh)」のである[37]。また、『旅行記』第7巻では「ついに最後まで海の旅を楽しむことができず、アルジェリア Cezâyir やチュニス Tûnus、トリポリ Trâblûs、インド Hindistân の地をみることがなかった。どうか［それらの地を］みる機会をアッラーがお与えになりますように」と記されており[38]、これらの記述から黒海での遭難がエヴリヤに船旅への強い恐怖心を抱かせ、黒海以外の海の移動をも躊躇させたと考えられるのである[39]。

3. 庇護者に随行する旅

エヴリヤは旅③から旅⑪において地方諸州における軍事・行政の最高責任者である州総督（beylerbeyi, vâlî）に仕え、その庇護を受けつつ各地を周遊した。州総督は就任後直ちに家族や従者（kapı halkı）とともに州都に移動する義務を負ったが、その在職期間は多くの場合1年程度であり、また資格をもつ一部の高官が各州の総督職を交代で務めたため、彼らは短期間に赴任を繰り返さなければならなかった[40]。エヴリヤはこうした複数の州総督に常備軍騎士や導師、アザーン朗誦者、ムサーヒブとして仕え、彼らの赴任や行軍に同行したのである[41]。

1640年にケテンジ・オメル・パシャ Ketenci ʻÖmer Paşa がトラブゾン州総督に任命されると、彼の総督代理（kapı kethüdâsı)[42] を務めていた父親の働きかけによってエヴリヤは彼に同行する許可を得た（旅③)[43]。その後1646年から48年まで、母方の親類であるエルズルム州総督のデフテルダルザーデ・メフメト・パシャ Defterdâr-zâde Mehmed Paşa に仕え（旅⑤)[44]、1648年から50

年にはシリア Şâm 州とルーム Rûm 州の各総督を歴任したスィラフダル・カラ・ムルタザー・パシャ Silâhdâr Kara Murtazâ Paşa に（旅⑥）[45]、さらに 1651 年から 62 年にはやはり母方の親類であり、オズ Özü 州、ルメリ Rumeli 州、ヴァン州の各総督を歴任した前述のメレキ・アフメト・パシャに従った（旅⑦-⑪）[46]。このように庇護者のなかに父親の上官や母方の親類が含まれていることから、エリート家系に生まれたエヴリヤの出自が庇護者の獲得に一定の役割を果たしたとみることができよう。

また、州総督に比して短期間ではあったが大宰相や属国の君主にも仕えた。大宰相キュプリュリュ・メフメト・パシャ Köprülü Mehmed Paşa（在職 1656-61 年）や同じくキョプリュリュザーデ・ファズル・アフメト・パシャ Köprülü-zâde Fâzıl Ahmed Paşa（在職 1661-76 年）のもとで軍事や外交などの任務に就いたほか（旅⑩・⑫）[47]、クリミア・ハン国の君主バハードゥル・ギレイ Bahâdır Girây（在位 1637-41 年）やメフメト・ギレイ Mehmed Girây（在位 1641-44, 54-66 年）の庇護を受け、ロシアやダゲスタンへの移動に随行したのである（旅③・⑫）[48]。

このようにエヴリヤが旅の大半において庇護者に随行した理由は『旅行記』に明示されていないが、そのひとつに単独の旅に比して安全であり、滞在先において宿泊などの便宜を受け易かったことが考えられる。旅⑤を例にとると、デフテルダルザーデ・メフメト・パシャとともにエルズルムに向かったエヴリヤは途中でエルズルムの名士（a'yân）らの出迎えを受けた[49]。さらに、その後エルズルムから向かったアンカラでは法官（müvellâ）を務めるサイイド（sâdât-ı kirâm）のケデルザーデ Keder-zâde の邸宅に客人として招かれており、単独の旅では得難い厚遇を受けたことがわかるのである[50]。また、エヴリヤは『旅行記』の執筆に必要な各地の情報の収集方法について、「警吏（zâbitler）や経験豊かな年長者（müsinn [ve] umûr-dîde ihtiyârlar）と談笑し、都市の状態について尋ねる。多くの台帳（sicillât）やワクフ文書（evkāf-nâme）を参照し、全てのワクフ寄進を日付とともに記録する。そして、このように記述しているのである」と記している[51]。庇護者の存在はこうした情報収集を円滑に行うためにも一定の役割を果たしたと考えられる。

庇護者に随行する旅は上記のような利点をエヴリヤにもたらしたが、彼の意に反した移動や滞在を強いることも少なくなかった。旅⑥ではメッカ巡礼を達成するため、シリア州総督に任命されたスィラフダル・カラ・ムルタザー・パシャとともにイスタンブルから巡礼の重要拠点である州都ダマスカスに移動したが、直後にムルタザー・パシャがルーム州総督に任命されたため、エヴリヤは巡礼を断念し、その州都である中央アナトリアのスィヴァスに向かわなければならなかった[52]。また、1650年7月には当時の庇護者であるメレキ・アフメト・パシャが大宰相に任命されたため、エヴリヤは彼が解職される翌年8月までイスタンブルに滞在し続けることを余儀なくされたのである[53]。

エヴリヤはこれらの庇護者から様々な任務を受けて各地に派遣された。例えばメレキ・アフメト・パシャに仕えた旅⑦－⑪をみると、スルタンや大宰相、オズ州総督のもとに伝令（ulak）として派遣されたほか（旅⑧・⑨）[54]、ディヤルバクル州総督フィラーリー・ムスタファ・パシャ Firârî Mustafâ Paşa やビトリスのハン（hân）、アルバニアの県総督たち（sancak beyleri）から貸付金（karz-ı hasen）を回収する任務に就いた（旅⑧・⑪）[55]。また、バニャルカ及びソフィアに滞在した際には「食糧費（zahîre bahâ）」を徴収するため周辺の街や農村に派遣されたのである（旅⑩・⑪）[56]。ここで興味深いのは、時折、これらの任務を口実として庇護者のもとを離れ、自由に各地を周遊したことであろう。例えば、1655年、エヴリヤはイランを周遊するため、「グルジア人（Gürcü）」によって誘拐されたバグダード州総督ムルタザー・パシャ Murtazâ Paşa の兄弟を救出するという危険な任務を率先して引き受けたのであった（旅⑧）[57]。

他方、エヴリヤは自身の行動を過度に制限する職務や任務に消極的な態度をとり、高額な報酬や出世を約束するものであっても関心を示さなかった。1659年にメレキ・アフメト・パシャがエヴリヤを自身の総督代理に任命しようとした際、エヴリヤは「貴方様の導師やムサーヒブではありますが、立ち入った仕事に関わる使用人（hidmetkâr）となり、同僚の悪口（ta'n-ı agyâr）やその他の苦悩（derd）に耐えることはできません」と言って辞退した[58]。また、ノヴェー・ザームキ Uyvar において教会をモスクに改装した大宰相キョプリュリュザーデ・ファズル・アフメト・パシャは、エヴリヤに金貨（altın）73枚を与え、さらに当該モスクにおける導師の職を日給100アクチェの条件で授けようとしたが、これに対してエヴリヤは明確な返答を避けたのであった（旅⑫）[59]。これらのことから、庇護者に仕える間、エヴリヤには自由に旅をする余地がある程度残されていたといえよう。

以上のように一定の安全性や利便性、自由が備わっていた庇護者との旅は、エヴリヤにとって都合の良い旅のあり方であったと考えられる。彼がこうした利点をどの程度理解していたかは明らかでないが、少なくとも有力者から受ける庇護の重要性は強く認識していたように思われる。1662年にメレキ・アフメト・パシャが病死した際の心情として「哀れな孤独の身（garîb-i bî-kes）となり、庇護者（veliyy-i ni'âm）を失ったことに苦しみ、取り乱した」という記述があるほか[60]、1672年のメッカ滞在（旅⑭）に関する記述では、そこで過去に仕えた庇護者たちの「高貴な心（rûh-i şerîf）」を回想（yâd）したことが強調されており[61]、これらからエヴリヤの庇護者に対する忠誠・敬意・感謝といった心情をみてとることができるのである。

4. アザーン朗誦者としての旅

エヴリヤが持つ多彩な能力のひとつにアザーンの朗誦があった。一般にアザーン朗誦者には声質・声量の適性や一定の音楽的知識が求められ、比較的俸給の高い大都市の金曜モスクに所属する者やスルタン・高官などに専属する者には宗教的教養も必要とされた[62]。エヴリヤがアザーン朗誦者となった具体的な経緯は『旅行記』に記されていないが、前述のようにイスタンブルの教育機関や宮廷においてイスラーム諸学やクルアーン読誦術を学び、さらに宮廷ではムラト4世のムサーヒブを務めるトカトル・デルヴィシュ・オメル・ギュルシェニー Tokatlı Dervîş ʿÖmer Gülşenî から音楽の授業を受けていたことを考えると[63]、旅立つ以前にアザーン朗誦者としての能力を充分に備えていたとみることができよう。

エヴリヤはアザーン朗誦者となった経緯を明らかにしていないが、その一方で預言者ムハンマドのアザーン朗誦者として知られるビラール Bilâl Habeşî（638年頃歿）を自身の守護聖者（pîr）として崇敬していたと明言し[64]、それによって自身がアザーン朗誦者であることを強調している。また、彼の父親がキプロス島征服の際、後述する「征服のアザーン」を朗誦した功績によってセリム2世から直接褒美を受け、エディルネにあるセリミイェ・モスクのアザーン朗誦者に任命されたことについても詳細な記述を残している[65]。これらのことから、エヴリヤは多様な能力や側面を有していたが、とりわけアザーン朗誦とその朗誦者である自身のあり方を重視していたと推察される。そうであれば、こうした彼の姿勢にアザーン朗誦によって出世を果たした父親の影響をみてとることも可能であろう。

アザーン朗誦の能力は旅の様々な局面において重要な役割を果たした。例えば、前述の黒海での遭難を受けて漂着したカリアクラではアザーン朗誦者としてベクタシー教団の修道場に8か月間滞在したように（旅③）[66]、この能力は旅先において一時的な滞在場所を確保するための手段となり得た。また、州総督に仕える際の主要な役割や職務のひとつでもあった。エヴリヤはデフテルダルザーデ・メフメト・パシャ（旅⑤）、スィラフダル・カラ・ムルタザー・パシャ（旅⑥）、メレキ・アフメト・パシャ（旅⑦－⑪）の3人の州総督のもとでアザーン朗誦者長（müʼezzinbaşı）を務めたのである[67]。

アザーン朗誦者はしばしば「武装し、主人から与えられた様々な衣装（libâs-ı fâhire）を身に纏い、アラブ馬（esb-i tâzî）に乗る騎士（süvâr）となって」戦役に参加し[68]、征服地における最初のアザーン朗誦を重要な任務とした。エヴリヤが「征服のアザーン（feth ezânı）」と呼ぶこの朗誦は、とりわけ非ムスリム諸国家の領土を征服した際、その地が「イスラームの家」に入ったことを内外に示すための重要な行為と見做されたのである[69]。エヴリヤも旅③のアゾフ戦役では総司令官（serdâr-ı muʻazzam）のデリ・ヒュセイン・パシャ Deli

Hüseyin Paşa が率いる「宮廷直属のアザーン朗誦者集団（mü'ezzin-i enderûn zümresi）」に加わり、旅④のクレタ島戦役では総司令官であるユースフ・パシャ Yûsuf Paşa のもとでアザーン朗誦者長として参戦した[70]。また、旅③のゴニオ Gönye（1647 年）、旅⑩のオラデア Varat（1660 年）、旅⑪のゲルラ Şamos Uyvar（1661 年）、旅⑫のノヴェー・ザームキ（1663 年）、ニトラ Nitre（Litre）（1663 年）、レヴィツェ Leve（1663 年）、ノグラド Novigrad（1663 年）、旅⑬のカンディア（イラクリオン）Kandiye（1669 年）、カンボス Manya（Zarnata）（1670 年）といった各地の征服活動に加わり、その全てにおいて「征服のアザーン」を朗誦した[71]。例えばノヴェー・ザームキにおける「征服のアザーン」は以下のように記されている。

> 全ての不運な異教徒（küffâr-ı menhûs）が城塞（kal'a）の外に出た後、直ちに罪深き僕（hakîr-i pür-taksîr）が宰相の命令（fermân-ı vezîr）に従い、クマラン Kumaran 門の上で預言者ダビデのような太く大きな声（Dâvûdî âvâz-ı bülend）でアザーン（gülbâng-ı Muhammedî ezân）を最初に朗誦した。（中略）その後、宰相のアザーン朗誦者たちが皆、ひとりひとり教会の鐘塔（çan-hâne）や城壁でアザーンを朗誦し始めると、ムスリムの聖戦士たち（guzât-ı müslimîn）は歓喜した[72]。

これと同様にエヴリヤは他の征服地においても城門や城壁の上から「征服のアザーン」を朗誦した。ただし、オラデアでは「預言者ムハンマドの旗（'alem-i Resûlullâh）」のもとで行ったとする記述があるほか[73]、ゲルラでは自身の 7 人の奴隷（gulâm）とともに朗誦し[74]、ニトラやレヴィツェ、カンディア（イラクリオン）、カンボスでは剣（tîg, kılıç）を掲げて朗誦したと記されている[75]。また、1664 年のゼリンヴァル Keckivar（Yenikal'a）包囲戦（旅⑫）に関する記述には「再びこの卑しき者（hakîr）がアザーン（ezân-ı Muhammedî）を朗誦し、剣（kılıç）を手に携え、全ての聖戦士（guzât）を戦いに駆り立てた。アザーンが朗誦され、剣が異教徒（küffâr）に達すると、[聖戦士は] 城塞内に突入し、異教徒を殲滅した」[76]とあることから、軍の士気を高める目的で交戦中にアザーンが朗誦されることもあったと考えられる。

R. ダンコフによれば、エヴリヤは常備軍騎士であったにも拘らず、戦役では死傷者への対応や捕虜の救出、略奪品の記録といった非戦闘的な任務において活躍したことを『旅行記』のなかで強調する傾向にあった[77]。こうした見方は、以上のようにエヴリヤが戦役におけるアザーン朗誦者としての功績を繰り返し誇示していることからも跡付けられよう[78]。また、従軍時の彼の活動について更なる検討が必要であるが、少なくともアザーン朗誦者としての従軍が比較的安全な戦役への参加を可能にしたとみることはできよう。

おわりに

本稿では近世オスマン帝国の代表的な旅人であるエヴリヤ・チェレビーの経歴と旅程を『旅行記』に依拠して整理しつつ、彼の庇護者との関係やアザーン朗誦者としてのあり方をめぐって考察を試みた。これまでの検討から、エヴリヤが如何に旅を成し得たかという問題に関連して以下の点を指摘したい。

17 世紀オスマン帝国の旅をめぐる環境については今後の検討課題としなければならないが、少なくとも当時の旅は好奇心をその主たる動機とし得るような安全かつ容易なものではなかったと推察される。そうした状況にあって、エヴリヤは見知らぬ土地への興味や関心から旅を始め、帝国内外を周遊する壮大な旅を達成した。その要因のひとつとしては、これまでみてきたように彼が自身に固有の出自や能力を活用し、庇護者との関係を巧みに構築したことが挙げられよう。エヴリヤは旅の大半において州総督や大宰相から庇護を受け、彼らの赴任や戦役に同行することで、一定の安全性や利便性、自由を享受しつつ各地を訪れることができたのである。また、彼は生来の社交性や機知に加えて、イスタンブルにおいて多彩な能力や技能を修得したが、とりわけアザーンの朗誦は庇護者に仕える際の主要な職務や任務となっただけでなく、比較的安全に戦役に参加する手段となり得た点で、エヴリヤの旅に必要不可欠な能力であったといえよう。

エヴリヤの生涯や旅における父親の役割にも注意を払っておきたい。エヴリヤは父親の働きかけによってエヴリヤ・メフメト・エフェンディのもとで学習する機会を得、宮廷入りの契機となるアヤソフィア・モスクでのクルアーン読誦を行ったほか、トラブゾン州総督ケテンジ・オメル・パシャから庇護を受けることができたのである。さらにアザーン朗誦を重視するエヴリヤの姿勢や、彼が旅の遂行と『旅行記』の執筆を決心した際にも父親の影響をみてとることができよう。

また、エヴリヤが旅を達成することができた前提として17世紀の政治的環境を看過してはならないであろう。彼が多様な能力を習得し、庇護者に随行する旅を実現した背景には、当時のムスリムの子弟を登用する宮廷制度や頻繁な移動を伴う州総督のあり方があったように思われるのである。今後はこれらの検討を更に深めるとともに、本稿で扱うことのできなかったエヴリヤの経済状況や社交性・機知などの能力に着目しつつ彼の旅を考察していくことが必要であろう。

註

1 各研究については、エヴリヤ及び『旅行記』研究の網羅的な文献目録である Dankoff, Robert & Semih Tezcan, "An Evliya Çelebi Bibliography (3rd Edition: September 2012)", http://edeb.bilkent.edu.tr/evliya.pdf, 2012 を参照。

2 個々の研究は Dankoff & Tezcan, "An Evliya Çelebi Bibliography", esp. pp. 10–11 を参照のこと。

3 Dankoff, Robert & Klaus Kreiser, *Materialien zu Evliya Çelebi 2. A Guide to the Seyāḥat-nāme of Evliya Çelebi: Bibliographie raisonnée*, Wiesbaden, 1992.

4 Evliyâ Çelebi b. Derviş Mehemmed Zillî, R. Dankoff, S. A. Kahraman *et al.* (eds.), *Evliyâ Çelebi Seyahatnâmesi*, 10 vols., İstanbul, 1999–2007.

5 Dankoff, Robert, *An Evliya Çelebi Glossary: Unusual, Dialectal and Foreign Words in the Seyahat-name*, Cambridge/Mass., 1991.

6 Dankoff, Robert, *An Ottoman Mentality: The World of Evliya Çelebi*, Leiden/Boston, 2004.

7 例えば、Tezcan, Nuran, "17. Yüzyıl Osmanlı Türk Edebiyatı ve Seyahatnâme", in id.

(ed.), *Çağının Sıradışı Yazarı Evliyâ Çelebi*, İstanbul, 2009, pp. 383–390; Dankoff, Robert, "The *Seyahatname* of Evliya Çelebi as a Literary Monument", in id., *From Mahmud Kaşgari to Evliya Çelebi: Studies in Middle Turkic and Ottoman Literatures*, Istanbul, 2009, pp. 245–258 がある。

8 例えば Bruinessen, Martin van & Hendrik Boeschoten, *Evliya Çelebi in Diyarbekir: The Relevant Section of the Seyahatname Edited with Translation, Commentary and Introduction*, Leiden/New York, 1988, pp. 62–63; Faroqhi, Suraiya, *Approaching Ottoman History: An Introduction to the Sources*, Cambridge, 1999, pp. 160–161. なお、2011年までのエヴリヤ及び『旅行記』に関する研究動向については、Tezcan, Nuran, "1814'ten 2011'e Seyahatnâme Araştırmalarının Tarihçesi", in id. & S. Tezcan (eds.), *Doğumunun 400. Yılında Evliyâ Çelebi*, Ankara, 2011, pp. 78–115 を参照のこと。

9 Dankoff, *An Ottoman Mentality*, pp. 115–152; Şavk, Ülkü Çelik, *Sorularla Evliya Çelebi: İnsanlık Tarihine Yön Veren 20 Kişiden Biri*, Ankara, 2011, pp. 34–53.

10 管見の限り、日本では三橋冨治男「エウレヤ・チェレビィに関する断章」『オリエント』11巻3-4号（1968年）、91-103頁によって初めてエヴリヤと『旅行記』が紹介され、以後、幾つかの研究において『旅行記』が中心的な史料として用いられてきたが、その本格的な研究は Takamatsu, Yoichi, "Seyahatname'nin Arapça Tarih ve Coğrafya Kaynakları: Onuncu Ciltteki Kaynaklar Listesinin Analizi", in H. Karateke & H. Aynur (eds.), *Evliya Çelebi Seyahatnamesi'nin Yazılı Kaynakları*, Ankara, 2012, pp. 130–159 を除くと殆ど行われてこなかったように思われる。『旅行記』を主な史料とした研究には、永田雄三「オスマン帝国時代アナトリアの旅」『月刊シルクロード』6巻（1978年）、18-22頁；今松泰「ガザーと聖者、その記述と観念 ―エヴリヤ・チェレビーの『旅行記』から」赤堀雅幸・東長靖他編『イスラームの神秘主義と聖者信仰』イスラーム地域研究叢書7、東京大学出版会、2005年、41-61頁などがある。

11 本稿では註4に挙げた校訂版を使用し、典拠として示す際は *SN* と略記する。また、註3及び註5に挙げた文献のほか、Dankoff, *An Ottoman Mentality*; id. & Sooyong Kim, *An Ottoman Traveller: Selections from the Book of Travels of Evliya Çelebi*, London, 2011 に収載された英語訳を適宜参照した。

12 『旅行記』にはフィクションや誇張と見做し得る記述のほか、歴史的事実や日付・人名などに関する誤りが多数存在するため、これまでにも当該記述の信憑性をめぐる議論がなされてきた。例えば Beckingham, Charles F., "The *Riḥla*: Fact or Fiction?", in I. R. Netton (ed.), *Golden Roads: Migration, Pilgrimage and Travel in Mediaeval and Modern Islam*, Richmond, 1993, pp. 86–94; MacKay, Pierre A., "*Seyahatnâme*'deki Gerçek ve Kurmaca Yolculuklar: 8. Kitaptan Bazı Örnekler", in Tezcan, *Çağının Sıradışı Yazarı*, pp. 259–280 を参照。ただし、この問題について現時点で一定の結論に至っていない点も多いことから、本稿ではエヴリヤの経歴や

旅程を再構成する際、前後の記述から明白な日付などの誤りを除き、原則として『旅行記』に依拠して検討する。

13 *SN*, vol. 1, p. 98. エヴリヤの経歴や家族の来歴については、Dankoff, *An Ottoman Mentality*, pp. 21-47 をも参照のこと。なお、主に初期の研究ではエヴリヤの本名をハーフズ・メフメト Hâfız Mehmed やメフメト・ズィッリー Mehmed Zillî とする見方が散見される。しかし、こうしたエヴリヤの名前に関する情報は『旅行記』に記されていないことから、近年の研究において、上記の見方はメフメト・スレイヤーの『オスマン貴紳録』に記された誤った情報（Mehmed Süreyyâ, *Sicill-i 'Osmânî yâhûd Tezkere-i Meşâhîr-i 'Osmânîye*, vol. 1, Farnborough, 1971, p. 444）に依拠し、さらに後述する彼の父親のメフメト・ズィッリーや彼の師であるエヴリヤ・メフメト・エフェンディの名と混同したことで生じた誤認と見做されている。これについては、Dağlı, Yücel, "Evliya Çelebi Hayatı ve Seyahatnâmesi", in G. Eren (ed.), *Osmanlı*, vol. 8, Ankara, 1999, p. 348 を参照。

14 *SN*, vol. 1, pp. 130, 176, 199; vol. 2, p. 247.

15 *SN*, vol. 6, p. 81. クルアーン読誦については、エヴリヤ・メフメト・エフェンディの教えに従い、「子供の時から現在まで、家にいる時も旅に出ているときも」毎週木曜日の晩にクルアーンを完全に読誦したという記述や、1641 年までに計 1,060 回のクルアーン読誦を行ったとする記述もある（*SN*, vol. 2, p. 72; vol. 6, p. 81）。

16 *SN*, vol. 3, pp. 248-249; vol. 9, p. 7.

17 *SN*, vol. 1, p. 132; vol. 5, p. 89.

18 *SN*, vol. 1, pp. 114-115.

19 *SN*, vol. 1, p. 115.

20 ムサーヒブとはスルタンや高官を主人とする話し相手や相談役であり、時には冗談や知的会話、芸能によって主人を楽しませる一種のエンターテイナーでもあった。彼らには品位や礼儀、機知、博識、主人との会話を他言しない口の堅さのほか、武術、楽器演奏、バックギャモンやチェスなどの高い技術も求められた（İnalcık, Halil, "Bir Musahibin Anıları ve Seyahat Notları", in Tezcan & Tezcan, *Doğumunun 400. Yılında Evliyâ Çelebi*, pp. 332-333; İpşirli, Mehmet, "Musâhib", in *Türkiye Diyanet Vakfı İslâm Ansiklopedisi* (*DİA*), vol. 31, İstanbul, 2006, pp. 230-231; Uzunçarşılı, İsmail Hakkı, *Osmanlı Devletinin Saray Teşkilâtı*, Ankara, 1945, p. 75）。なお、これに関連して『旅行記』にはエヴリヤが 1665 年にウィーンを訪れた際、「その王（kral）のムサーヒブであるかのように幾度も会談を重ね、親交を深めた（hüsn-i ülfet）」とする記述もある（*SN*, vol. 7, p. 123）。こうしたエヴリヤの社交性や機知が旅に果たした役割は今後の重要な検討課題のひとつと考えられる。

21 *SN*, vol. 1, pp. 116-118; Dankoff, *An Ottoman Mentality*, pp. 33-45.

22 Kunt, İ. Metin, *The Sultan's Servants: The Transformation of Ottoman Provincial Government, 1550-1650*, New York, 1983, pp. 66-68, 97.

23　*SN*, vol. 1, p. 122.

24　*SN*, vol. 1, p. 118; Dankoff, *An Ottoman Mentality*, pp. 41–42.

25　*SN*, vol. 10, pp. 57–58. 父親は数多くの戦役に参加し、メッカを訪れたほか、ロンドン Londora の滞在をも経験した（*SN*, vol. 10, pp. 58, 288）。

26　*SN*, vol. 2, p. 7.

27　旅程の概要については『旅行記』に加えて以下の研究文献を補足的に使用した。Dankoff, Robert, "Evliya Çelebi and the Seyahatname", in H. C. Güzel, C. C. Oğuz *et al.*（eds.）, *The Turks*, vol. 3, Ankara, 2002, pp. 609–611; Tezcan, Nuran, "Seyahatnâme", in *DİA*, vol. 37, 2009, pp. 16–19; Dağlı, "Evliya Çelebi Hayatı ve Seyahatnâmesi", pp. 348–349; Develi, Hayati, "Evliya Çelebi'nin İzinde", in C. Yılmaz（ed.）, *400. Yıl Evliya Çelebi Atlası*, İstanbul, 2012, pp. 97–99, 101–106, 109–123, 125–127, 129–163, 181–200, 203–212, 233–285, 287–305, 307–338, 341–422, 427–448, 473–517.

28　以下、本文中の「旅①」から「旅⑯」はすべて表の番号に対応する。

29　*SN*, vol. 9, p. 429.

30　Coşkun, Menderes, "Osmanlı Hac Seyahatnâmelerinde Hac Yolculuğu", in Eren, *Osmanlı*, vol. 4, pp. 506–507; Faroqhi, Suraiya, *Pilgrims and Sultans: The Hajj under the Ottomans 1517-1683*, London/New York, 1994, pp. 32–33.

31　*SN*, vol. 9, pp. 8–184. 旅⑭のイスタンブルからジャブラに至るまでに記された日付は、管見の限りイスタンブルを出発した 1671 年 5 月 21 日、コス島に到着した 1671 年 9 月 29 日、ジャブラにて巡礼の無事を祈った 1672 年 1 月 2 日のみである。

32　*SN*, vol. 9, p. 418.

33　*SN*, vol. 2, pp. 88–104.

34　*SN*, vol. 2, pp. 7–8, 38.

35　*SN*, vol. 2, pp. 42–63.

36　*SN*, vol. 8, p. 170; vol. 9, pp. 112, 122.

37　*SN*, vol. 2, pp. 70–76; Dankoff & Kim, *An Ottoman Traveller*, pp. 47–55.

38　*SN*, vol. 7, p. 307.

39　ただしマグリブを訪れなかったことについては、1673 年のヌビア地方の旅行中にみた、巨大なラクダに追走されるという不吉な夢を理由に、そこからフェズ Fes やマラケシュ Merânkûş へ向かう旅を断念し、カイロへ戻る決意をしたとする記述もある（*SN*, vol. 10, p. 478）。また、船旅に関する検討として簡潔ではあるが Dankoff, *An Ottoman Mentality*, pp. 146–147 もある。

40　İpşirli, Mehmet, "Beylerbeyi", in *DİA*, vol. 6, 1992, pp. 69–74. 当時のオスマン帝国諸州の名称と区分については、Murphey, Rhoads, "The Historical Setting", in R. Dankoff, *The Intimate Life of an Ottoman Statesman: Melek Ahmed Pasha（1588-1662）: As Portrayed in Evliya Çelebi's Book of Travels（Seyahat-name）*, Albany, 1991, p. 22 の地図を参照のこと。

41　Dankoff & Kim, *An Ottoman Traveller*, p. xiii; Dankoff, *An Ottoman Mentality*, p. 9.

42　総督代理は州総督によって任命され、そのイスタンブルにおける業務を代行した。Pakalın, Mehmet Zeki, *Osmanlı Tarih Deyimleri ve Terimleri Sözlüğü*, vol. 1, İstanbul, 1971, pp. 576–577; vol. 2, pp. 172–173 を参照。

43　*SN*, vol. 2, p. 42.

44　*SN*, vol. 2, pp. 87, 189.

45　*SN*, vol. 2, p. 251.

46　*SN*, vol. 3, p. 154. また、エヴリヤはカイロにおいて前述のエジプト州総督ケトヒュダー・イブラヒム・パシャの従者集団（ağavâtları zümresi）に加えられたが（*SN*, vol. 9, p. 429）、この総督と移動をともにすることはなかった。

47　*SN*, vol. 5, pp. 136–137; vol. 6, p. 278; vol. 7, p. 53; Gökbilgin, M. Tayyib & Richard C. Repp, "Köprülü", in *Encyclopaedia of Islam*（EI^2）, 2nd ed., vol. 5, Leiden, 1986, pp. 256–261.

48　*SN*, vol. 2, p. 68; vol. 7, pp. 190–191, 265; Spuler, Bertold, "Ḳırım", in EI^2, vol. 5, pp. 139–140, 142.

49　*SN*, vol. 2, p. 101.

50　*SN*, vol. 2, p. 223. これとは対照的に、旅⑦において数人の奴隷とともにブルガリアの山奥を訪れたエヴリヤは、魔術を操る異教徒の老婆の家に宿泊しなければならなかった（*SN*, vol. 3, p. 210）。

51　*SN*, vol. 3, p. 264. 彼が用いた具体的な文書や記録については、Emecen, Feridun M., "Seyyah ve Belge", in Karateke & Aynur, *Yazılı Kaynakları*, pp. 54–65 を参照。

52　*SN*, vol. 2, p. 251; vol. 3, p. 82.

53　*SN*, vol. 3, pp. 154–155. エヴリヤはイスタンブルに滞在する退屈さを「監獄（zindân）のよう」と表現している（*SN*, vol. 9, p. 6）。

54　*SN*, vol. 5, pp. 7, 92, 109.

55　*SN*, vol. 4, p. 22; vol. 5, pp. 12–13; vol. 6, p. 54.

56　*SN*, vol. 5, pp. 269, 306.

57　*SN*, vol. 4, p. 177.

58　*SN*, vol. 5, p. 136; Dankoff, *An Ottoman Mentality*, p. 131.

59　*SN*, vol. 6, p. 210. これらと同様に、1668年には大宰相代理（kāʾim-makām）カラ・ムスタファ・パシャ Kara Mustafâ Paşa がエヴリヤを自身の「従者の集団（ağavâtları zümresi）」に加えようとしたが、エヴリヤは自身が各地の戦役に赴く聖戦士（mücâhid）であると主張し、その任用を辞退した（*SN*, vol. 8, p. 31）。

60　*SN*, vol. 6, p. 84.

61　*SN*, vol. 9, p. 385.

62　Küçükaşcı, Mustafa Sabri, "Müezzin", in *DİA*, vol. 31, 2006, pp. 493–495.

63　*SN*, vol. 1, pp. 115, 341–342; Dankoff, *An Ottoman Mentality*, p. 34.

64 *SN*, vol. 1, p. 258; ʻArafat, W., "Bilāl b. Rabāḥ", in *EI*², vol. 1, 1954, p. 1215.

65 *SN*, vol. 3, pp. 248–249; Dankoff, *An Ottoman Mentality*, pp. 24–25.

66 *SN*, vol. 2, p. 72.

67 *SN*, vol. 2, pp. 87, 251; vol. 3, p. 154. アザーン朗誦者長の役職の実態は明らかでないが、複数のアザーン朗誦者を指揮・監督する存在であったと推察される。この役職は18世紀イスタンブルの主要なモスクにおいても確認される（Uzunçarşılı, *Saray Teşkilâtı*, p. 54, n. 2）。

68 *SN*, vol. 1, p. 260.

69 Uzun, Mustafa, "Ezan（Edebiyat）", in *DİA*, vol. 12, 1996, p. 43. エヴリヤは「征服のアザーン」の目的を「スルタンの偉大なる勝利（zafer-âyât-ı şehr-yârî）を知らせるため」と記している（*SN*, vol. 6, p. 9）。

70 *SN*, vol. 2, pp. 63, 78.

71 *SN*, vol. 2, p. 178; vol. 5, p. 218; vol. 6, pp. 9, 207, 214, 231, 234; vol. 8, pp. 206, 262. なお、エヴリヤの参加した戦役については、Bilici, Faruk, "Savaş Muhabiri Evliya Çelebi", in Yılmaz, *400. Yıl Evliya Çelebi Atlası*, pp. 414–417 を参照。

72 *SN*, vol. 6, p. 207.

73 *SN*, vol. 5, p. 218.

74 *SN*, vol. 6, p. 9.

75 *SN*, vol. 6, pp. 214, 231; vol. 8, pp. 206, 262.

76 *SN*, vol. 6, p. 327.

77 Dankoff, *An Ottoman Mentality*, p. 142.

78 これに関連して、エヴリヤは *SN*, vol. 6, p. 234 において、それまでに「征服のアザーン」を行った12の征服地を列挙し、「さらに何百という城塞の征服においてアザーン朗誦の機会が与えられますように」とも記している。

イブン・バットゥータの旅行記におけるナイル・デルタ情報の虚実

長谷部史彦

はじめに

「旅」や「団体旅行」を意味するアラビア語の「リフラ（riḥla）」は、メッカ／ヒジャーズ巡礼記を指す語としても用いられる。ウラマーの学習履歴書の延長線上にある巡礼記としてのリフラは、西暦12世紀以降、西アラブ地域（マグリブ、アンダルス）を中心に紀行文学として独特の成長を示した[1]。そして、20世紀までに書かれた数多くのリフラの中で近代以降最大級の関心を集めてきたのが、旅する学者イブン・バットゥータの口述情報を基に文人イブン・ジュザイイが編纂した『都市の新奇さと旅の驚異に関する観察者たちへの贈物』（以下、『贈物』と略記）である[2]。アジャーイブ（'ajā'ib, 驚異）の書としての性格も色濃い『贈物』における訪問地・旅程・記述内容についてはその様々な箇所に疑問符が付され、歴史資料としての研究上の信用度は、作品全般についてみれば、長期的に低落の傾向を示してきたと言わざるを得ない。

しかし、イブン・バットゥータが長逗留したインドをはじめ、14世紀のイスラーム世界やその外縁の諸地域に関する独自の情報に満ちた重要史料であることもまた否定し難い。各地域に関する記述内容の不整合や矛盾を問題視する諸論考を含めて既にかなりの研究蓄積が存在するが[3]、エジプトのナイル・デルタ地帯に関する部分に照準を定めるならば、リフラ群の中で当該地域に関して破格に詳しい記述内容を備えているにもかかわらず、未だ相応の注目を集めていないように思われる。本小論は、この周知のアラビア語旅行記におけるナイル・デルタ関連情報の豊かさに促され、その具体的内容やナラティヴの特徴、イブン・バットゥータの問題関心、史料としての信頼性や価値について、ナイル・デルタ地域史[4]やマムルーク朝史の研究視座から若干の検討を加えようとするものである。

1. アレクサンドリアとブハイラ地方

故郷のタンジャから巡礼行を始めたイブン・バットゥータが陸路でアレクサンドリアに到着した日は、726年第5月1日／1326年4月5日と『贈物』に記されている。アレクサンドリア讃美の文章に続く4つの門（abwāb）、ファロス島大灯台（manār）、ディオクレティアヌス記念柱（'amūd al-sawārī）に関する記事は、家島氏も指摘されるとおり、13世紀末の旅人アブダリーのリフラに全面的に依拠している[5]。この部分における『贈物』独自のものとしては、アレクサンドリアの港（marsā）をインド Bilād al-Hind のマラバール海岸のクイロン Kūlam とカリカット Qālīqūṭ、「トルコ人の地方 Bilād al-Atrāk」のスーダーク Sūdāq[6]、中国 Bilād al-Ṣīn の泉州 al-Zaytūn と並ぶ偉大なる港とし、それら諸港に関しては後述するとの記事がある[7]。イスラーム世界を超えて展開される大旅行を予告し、壮大な旅物語へと読者を導引する仕掛けをそこに見て取ることができよう。

次に、当時のアレクサンドリアの軍司令官（amīr）に関する言及の後、ハフス朝（1229–1574）の元スルターンのリフヤーニー Zakariyyā' Abū Yaḥyā b. Aḥmad b. Abī Ḥafṣ al-Liḥyānī が当時この港町で亡命生活を送っていたことが記されている[8]。マムルーク朝のナースィル・ムハンマド1世（在位1293–94, 1299–1309, 1310–1341）に王室保有の邸宅（dār）での生活とディルハム銀貨100枚の日当を与えられたリフヤーニーは、3人の息子・侍従（ḥājib）・宰相（wazīr）と共にアレクサンドリアでその生涯を閉じたという[9]。マムルーク朝政権によるハフス朝の亡命王の受入保護に関して、その実状を報じる貴重な記事と言えよう。それに続き、アレクサンドリアの計8人の学者や聖者（walī, ṣāliḥ）についての説明がある[10]。注意すべきは、イブン・バットゥータとアレクサンドリアの学者との間の師弟関係や学術交流について記されていないという点であろう。つまり、アレクサンドリアに関して言えば、イブン・バットゥータの学問履歴に関する情報は無く[11]、港町の個性的な宗教エリートたちと関連の逸話（ḥikāya）や奇跡譚（karāma）の紹介、スーフィー聖者シャーズィリーの「海の祈祷文（ḥizb al-baḥr）」などの提示が中心である。

登場人物の中で注視すべきは、イブン・バットゥータが3日間の歓待（ḍiyāfa）を受けたという「足に障害のあるブルハーン・アッディーン Burhān al-Dīn al-A‘raj」である。この「禁欲者（zāhid）」の奇跡譚として、ヒンド、スィンド、中国でのイブン・バットゥータと彼の3人の「門弟（akhī）」との遭遇を予言し、それらが結局実現したとする叙述がみられる[12]。それは、旅物語の舞台が遥か東方の諸地域へと延伸することを予告し、読者を物語世界へと強く誘う文学的効果をもつ。イブン・バットゥータがこの予言的言辞に驚き、初めてそうした地域へと赴こうと思ったかの如く記されているが、「禁欲者」とその「門弟」の名前には何れも具体性を欠いた「〜アッ゠ディーン」といった尊称のみが示され、人物も未だ特定されていない。ブルハーン・アッ゠ディーンの存在とその奇跡譚を素直に受容してきたこれまでの読みは如何なものであろうか。ここで敢えて、架空の挿話を用いた先説法的な物語技法と捉える視座の必要性を言明し、問題提起としたい[13]。

続いて、後にメッカ滞在時に得た情報として、ヒジュラ暦727年にアレクサンドリアで起きた紛争（mushājara）の逸話が挿入されている[14]。この騒乱（fitna）に関しては近時、ダマスクスを来訪したアレクサンドリア商人からの聴取に基づくジャザリーの年代記の詳述に注目した新解釈が提示された[15]。同論考は騒乱の要因として、ヌワイリーの年代記で強調されている宗教的理由による外国人嫌い、或いはマクリーズィーの指摘するヨーロッパ人の性行為をめぐる同性愛嫌悪よりも、アレクサンドリア総督の専売制施行に対する絹織物業者を中心とした市民の経済的不満にこそ注目すべきであると主張する。その指摘は説得的だが、『贈物』の記事の独自性については全く注意が払われていない。紙幅の関係上詳論は控えるが、特に以下の諸点は、『贈物』独自の情報として注目に値する。

(1) 紛争がムスリムたちと「キリスト教徒の商人たち（tujjār al-Naṣārā）」の間に起こったこととしている。これは、経済問題がその背景にあったことを示唆しているとも言える。

(2) 騒乱に対してナースィル・ムハンマド1世がアレクサンドリアへと送り込んだアミールたちの一人、トゥーガーン Ṭūghān について、そのイスラーム信仰への疑念を記し、太陽崇拝者であるとの当時の噂に言及している。

(3) 処刑された住民数について「36人の男」という具体的数字を挙げ、それらの遺体を目の当たりにした礼拝帰りの住民の悲しみについても述べている。

(4) 死刑に処された住民の一人、官営織物工場 Dār al-Ṭirāz の長イブン・ルワーハ Ibn Ruwāḥa と派遣されたアミールたちの間で交わされた会話を再現しながら、処刑の経緯を解説している。さらに、イブン・ルワーハの発言が「スルターンに対する忠誠と奉仕を示すこと」を目的としていたと記し、同情の意を示している。

以上の諸点の史実としての正否を評価することは容易でないが、多分に住民側に共感的な『贈物』が、このエジプト民衆運動史上の重要事件に関する同時代史料の一つとして無視し得ないことは明白であろう。また、イブン・バットゥータがイスラーム世界の「情報センター」であった聖地メッカでこの事件の詳報を得たという点にも注意したい。本事件へのマムルーク朝政権の対応に関する疑義は、当時広域で語り合われていたと推察されるのである。

アレクサンドリア滞在中に「信仰正しき人（ṣāliḥ）」、「偉大なる聖者たち（kibār al-awliyā'）の一人」のムルシディー Abū 'Abd Allāh al-Murshidī について聞き知ったイブン・バットゥータは、メッカ巡礼の一大拠点であったマムルーク朝の首都カイロに向け直行することなく、食料施与に熱心なこの生ける聖者が隠棲するデルタ北西部の村、ミンヤト・イブン・ムルシドMinyat Ibn Murshidへの道を選択した[16]。移動手段に関する記載はないが、その間に訪れた集落3つについて記述がある。

最初の集落は、アレクサンドリアから「半日行程」の「大きな村（qarya kabīra）」、タッルージャであった[17]。アレクサンドリアからブハイラ地方のこの村までは、現在の直線距離で約30 kmである。この村との間には、潟湖のマルユート湖Buḥayrat Maryūṭがあり、移動に湖上水運を利用した可能性もある。留意すべきは、ナースィル・ムハンマド1世の第3期治世（1310–41年）の開始直後に、用水・物資輸送路として整備されたアレクサンドリア運河[18]を遡上し、次のダマンフールに直行する選択肢もあったという点である。同運河から南方に離れたタッルージャ村を訪れた理由は不明だが、アレクサンドリア・タッルージャ間の当時の盛んな往来、或いは、宿を提供した村落居住者へと繋がる人脈の存在に起因するのかもしれない。イブン・バットゥータは同村の法官（qāḍī）や説教師（khaṭīb）などと交誼を結び、「民間説教師の子ザイン・アッ＝ディーンZayn al-Dīn b. al-Wāʿiẓ」という「監督官（或いは管理人，nāẓir）」の歓待を受け、同村の莫大な税収額を知り驚愕する。14世紀末の時点で同村がハーッス庁（al-dīwān al-sharīf al-khāṣṣ）管理下のスルターン王領地であったことが確認されることから[19]、「監督官」は村方にいた王領地管理の下級担当官を指すとも考えられるが、詳細は不明である。

次にタッルージャから約25 kmの地点にあるダマンフールMadīnat Damanhūrを訪れたイブン・バットゥータは、この町を「大都市（madīna kabīra）」、「ブハイラ地方の諸都市の母（umm mudun al-Buḥayra）」と表現し、その税収（jibāya）の高さや魅力（maḥāsin）に言及するが[20]、ブハイラのアラブ遊牧民（ʿurbān）に対する防備のため、スルターン・バルクークがその第一期治世（1382–1389）初期に市壁を建設する前のこの都市の景観について伝える記述はみられない[21]。しかし、当時この町の法官であったシャーフィイー学派の法学者のイブン・ミスキーンFakhr al-Dīn b. Miskīnに関しては、後に得た

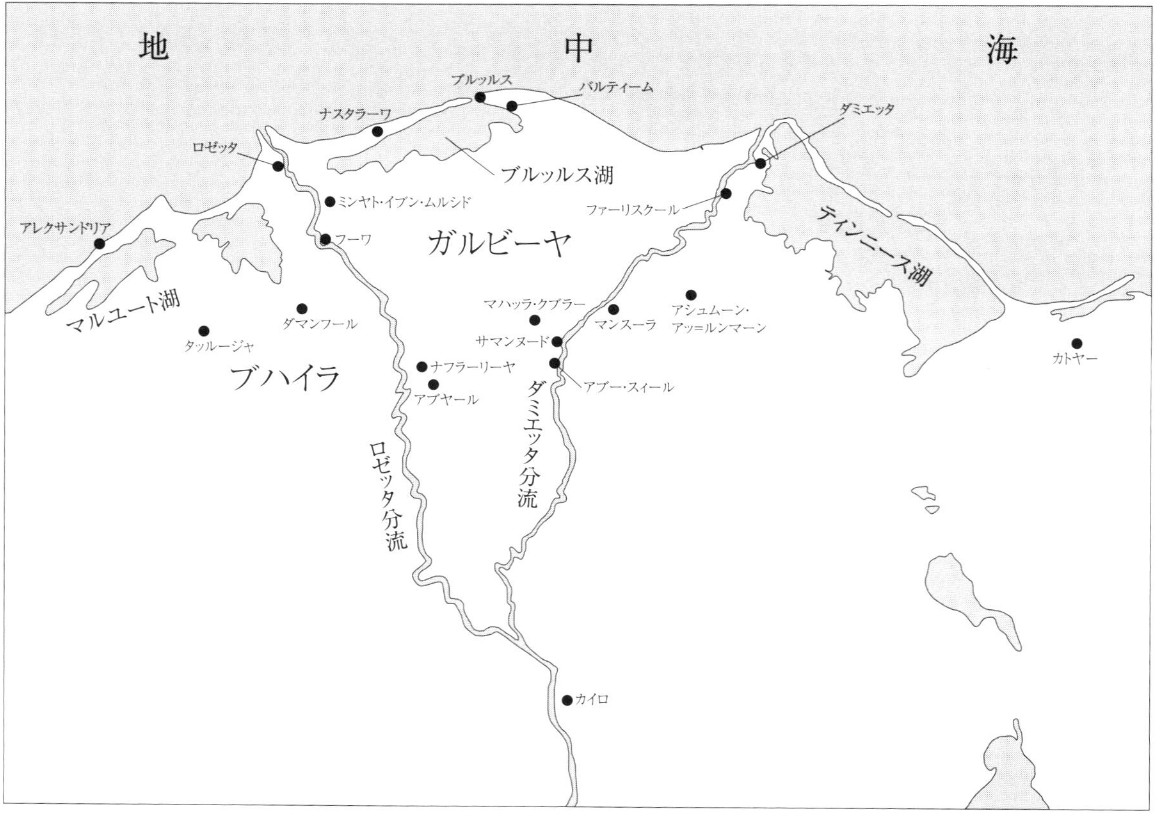

地図　マムルーク朝期のナイル・デルタ

確かな伝聞情報として、前記のアレクサンドリアの騒動の後に2万5000ディルハムの賄賂でアレクサンドリアの法官職を購入したことを述べる[22]。イブン・ハジャルの名士伝記集には、761年第8月／1360年6–7月に90歳超の高齢で死去したこのイブン・ミスキーン Fakhr al-Dīn Muḥammad b. Muḥammad b. Miskīn al-Zuhrī がアレクサンドリアの法官に続き、カイロとフスタートの法官補佐（nā'ib al-ḥukm）となったことが明記されているが、ダマンフールにおける任務に関する記述はなく[23]、この点は『贈物』独自の情報と言えよう。

2. ガルビーヤ地方とその周辺

続く訪問地は、ダマンフールから約11 kmの地点の、ロゼッタ分流北部の屈曲部に位置する交通要衝のフーワであった[24]。『贈物』にはこの河港都市が「ファウワー Fawwā」と記され、その景観の驚異、果樹菜園（basātīn）の多さ、聖者（walī）アブー・アン＝ナジャー Abū al-Najā の墓（qabr）について短く記述されている。「その都市（フーワ）に着くと、私はそこを横切り、午後の礼拝の前に前記の導師（ムルシディー）の修道場（zāwiya）に到着した」とあり、墓参関連情報はないが、ズィヤーラ（参詣）に熱心なイブン・バットゥータが興味を感じた聖墓とすることはできよう[25]。

フーワを素通りしたのは、町の北方10キロ程度の地点にあったと推定される聖者ムルシディーの修道場へと逸る気持ちからのことと理解される。そして、初対面に際しての聖者による饗応について、

> 彼（ムルシディー）は私のところに来ると抱きしめてくれた。そして、食事（ṭa'ām）を持って来ると、私と共に食した（'ākala-nī）。彼は黒い羊毛の長い上衣（jubba）を身に着けていた[26]。

とある。そして、この記事を境に、簡略な情報提示から実際の場面を具体的に

想起させるような描写的記述へと変化する。換言すれば、叙述の密度の高さがミンヤト・イブン・ムルシドの滞在記事の全体を貫く特徴である[27]。

そして、到着日の午後の礼拝でイブン・バットゥータが礼拝指導者を務めたことに関する記述があり、修道場の屋上における彼の夢体験と聖者ムルシディーによる夢解釈に関するよく知られた詳述がこれに続く。聖者は大鳥に乗っての飛翔の夢を読み解き、イブン・バットゥータの両聖地、イエメン、イラク、「トルコ人の地方 Bilād al-Turk」への旅、インドにおける長期滞在と聖者の門弟との出会いなどを予言する。それは、長大な旅行記の初動段階において、後の物語展開への読者の期待を大いに高める導入効果をもち、この文学作品を支える重要箇所としても過言ではなかろう。デルタ旅行の主要動機と目されるこの聖者訪問は事実とみてよかろう。しかし、この奇跡の話については、物語としての『贈物』の全体構造におけるその枢要な位置に注目すべきではなかろうか。それは、敷物・革製マット・斎戒沐浴用容器・水入れといった屋上の品々に関する唐突とも言える列記に、そこでの体験と関連事のリアリティーを高める意図が明らかに見て取れることとも関連する。実体験性の強調に余念のない聖者訪問と奇跡のナラティヴは、デルタ各地への「回り道」のみならず、三大陸周遊の全体についてもその意義を高めるものと言える。唯一神との交流能力を想定されていた高名なムスリム聖者が彼の大旅行を肯定的に予言したこと、さらにはこの聖者から授けられた複数のバラカ（神の恩寵、barakāt）が旅行中に自らに現出したとする当該部分末尾の言説[28]は、両聖地巡礼を超えて大きく繰り広げられた「驚異の旅」が、神意に適う行動であったことを読者に対して明示しているのである。

また、屋上での就寝に関連して、修道場訪問が「真夏（awān al-qayẓ）」のことと記されている点は重要である[29]。西暦1326年の「真夏」の訪問ということになり、それはアレクサンドリア到着以来の、デルタ旅行に関する稀少な日程関連情報の一つである。批判的視点から旅程に関して『贈物』の記述を検証したハルベクは、諸要素を勘案してアレクサンドリア到着を西暦2月15－20日頃、ミンヤト・イブン・ムルシド訪問を4月の出来事とする修正案を提示している[30]。ミンヤト・イブン・ムルシドはデルタ北部の湿地帯との境域に位置しており、実気温とは別に「不快指数」が高く寝苦しい場所だったことは想像に難くないので、あながち無理な見解と言えないのではないだろうか。

この聖者の修道場で出会った訪問者として、スルターンの親衛隊（khāṣṣakiyya）[31]所属のヤルマラク Sayf al-Dīn Yalmalak という名のアミールが登場する。他の諸史料で確認できないこの軍司令官について、軍隊（ʿaskar-hu）を率いて修道場の外で野営していたとの記述があり、修道場内に宿泊するイブン・バットゥータと聖者との近接性を際立たせる効果が看取され注目される。他方、このアミールの動向や交わされた挨拶の言葉が記されているこの箇所は、ネットンが指摘する「4つの探求」に従えば、イブン・バットゥータによる「学者による承認及び／或いは権力の探求」の一例と言える[32]。それはまた、「人気聖者」に対するマムルーク朝スルターン権力の関与形態の具体例としても注目すべき記事である。アレクサンドリアに関する部分でスルターン・ナースィル・ムハンマドがこの聖者を訪問したことが記されているが[33]、マムルーク朝の最盛期を現出したとされるこの王は、配下のアミールの訪問や滞在を通じても聖者との絆を維持し、更新していたのである。

以上のミンヤト・イブン・ムルシドに関する詳述は、総じて当該期における「生ける聖者」を対象とするズィヤーラの事例として重要だが、もう一つ注目されるのが出発時の施与に関する部分である。聖者はイブン・バットゥータの出立にあたり、小さなクッキー（kuʿaykāt）[34]と複数枚のディルハム銀貨（darāhim）を供し（zawwada）、見送った[35]。イブン・バットゥータの宿泊時の食事とともに、この聖者によるサダカとしての膨大な食料施与活動（iṭʿām al-ṭaʿām）の一部をなすものと位置付けられる[36]。『贈物』のアレクサンドリアに関する部分には、この聖者についての伝聞情報に関して、

> 彼はそこ（修道場）に従者もなく、友人もなく独居していたが、軍司令官たち（umarāʾ）や宰相たち（wuzarāʾ）が彼に会いに行き、人々の諸集団の使者たち（wufūd min ṭawāʾif al-nās）が毎日彼のところに来る。すると、彼は彼ら

に食事（ṭaʻām）を供する。彼らの各々が彼の下で食事や果物や菓子を食べたいと望むと、彼は季節外れであってもそれぞれが望む物をもたらすのである[37]。

という記述がある。家島氏の指摘のとおり[38]、聖者の奇跡譚としての一面は確かだが、それに加え、「生ける聖者」の食料施与の社会経済的側面を考慮する必要もあるだろう。修道場のワクフや農業生産への関与についての記録は無く、また、施しを受け取らないとの記述が諸史料にあるが[39]、人気の独居聖者にはスルターンを筆頭に日々来訪者があり、その当然の帰結として金品の供物の集積が推察される。そうでなければ、「相手が望むとおりの施与」は現実的に不可能であったに違いない。受けた施しを旅人や貧者などの訪問者へと施与する「再分配システム」を想定すべきであろう。そして、俯瞰的に言えば、斯かる施与行為は、「スーク経済（市場経済）」と相互浸透しつつ並立する、多様なワクフ（永続的サダカ）を含む「サダカ経済」の一部を成していたのである。

続いて、イブン・バットゥータはロゼッタ分流沿いに南下する。水路・陸路のいずれを利用したのかはここでも不明だが、次なる訪問地はナフラーリーヤ Madīnat al-Naḥrāriyya であった[40]。この町に関する記述では、そこに住むアミール（軍司令官）とインド王（malik al-Hind）に仕えたとされるその子、スルターン・ナースィルの使節としてイルハン朝下のイラクへ赴いた経験をもつマーリク学派の法官、町の説教師（khaṭīb）など町の貴顕に関してある程度具体的な記述がある[41]。ここでも読者は、デルタ地帯とイラク、インドといった東方地域との間を繋ぐ人的ネットワークの広がりを印象付けられ、物語の大展開への想望を膨らませることになる。また、この町のスークの麗しさと建物の新しさも記述されているが、それは、多くのモスクがあって「建物の古い」次なる訪問先のアブヤール Abyār[42] と対照的に描かれている。なお、ナフラーリーヤとアブヤールの間を「ナイル川が分かつ」とあるが、ここでの「ナイル川」は小運河を指すと解釈すべきであろう。

アブヤールについては、良質織物の生産地であり、それらがシリア、イラク、エジプト（カイロ）などで高価に取引されているが、隣町のナフラーリーヤでは評価が低いことが述べられる。隣接する町同士の対抗意識が指摘されている点で貴重な社会史情報と言える。そして、注目されるのは次の記述である。

> 私は彼（シャーフィイー派法官のマリーヒー ʻIzz al-Dīn al-Malīḥī）のもとで一度、騎乗行進の日（yawm al-rakaba）に参加した。彼らはラマダーン月の新月観察の日をそう呼ぶのである。そこでの彼らの慣習は以下のとおりである。シャーバーン月29日、午後の礼拝の後、法官の邸宅に町の法学者たちや貴顕たちが集まり、特徴と美しい外見の持主である学者たちの長（naqīb al-mutaʻammimīn）がその門に立つ。法学者または貴顕の一人が来ると、この長が出迎え、「アッラーの御名において、我らが主人、何某アッ＝ディーン」と言いながら先導して歩く。すると、法官や彼と共にいる人がそれを聞き、彼のために立ち上がり、長は相応しい位置に彼（訪問者）を座らせる。彼らがそこで完了に達すると、法官は騎乗し、彼と一緒にいた全員が騎乗し、町の男たちや女たちや若者たちが皆彼らの後に続く。そして、彼らは町の外の高台で止まる。

さらに、法官らは新月を確認すると、日没の礼拝後、蝋燭・松明・提灯を手に町へと戻り、カーディー宅に帰着し、町の商店主たちは各店舗に蝋燭を灯すという[43]。上記の開催日は、ヒジュラ暦726年の出来事とすれば、1326年7月31日ということになる。しかし、このデルタ旅行に続くカイロ～イスナー～アイザーブ～クース～カイロの旅、その後のカイロ～ダマスクス～ハッジ巡礼の日程を考えれば、この時の出来事とするには無理がある。他の時点の可能性も網羅的に検討したハルベクによる指摘[44]も考慮すれば、この騎乗行進の詳述はアブヤールでの伝聞情報、或いは後述する別機会における見聞の蓋然性が高いだろう。イブン・バットゥータ自身の参与を充分に証拠付ける記述が見当たらない点は伝聞情報説を後押しするが、いずれにせよ、地方行事に関するユニークな記事であることは間違いない。

なお、エジプトでは702年第12月23日／1303年8月8日に大地震があり、同時代の年代記には、カイロのハーキム・モスクやマンスーリーヤ学院のミナレットなどが損壊し、「ブハイラのダマンフール Damanhūr al-Waḥsh の大部分が荒廃し、ミヌーフィーヤのアブヤールの町も同様であった」と記録されている[45]。それから20年以上後に偶然にもこの二つの町を旅したイブン・バットゥータは、自然災害の近過去を知らなかったようにみえる。

アブヤールを発ったイブン・バットゥータは、一年を通じ水量豊富なロゼッタ分流[46]を利用するなどしてカイロに急行することなく、東北東方向のマハッラ・クブラーを目指した。移動手段はここでも不明である[47]。この年のハッジ巡礼の時期まで十分に余裕があったことを考えれば、同地方の中心都市を実見しようと動くのは不自然でない。この都市の規模の大きさ、建造物のすばらしさ、人口の多さ、「大法官（qāḍī al-quḍā）と大総督（wālī al-wulā）」[48]の存在などに関する略述に続き、保有する果樹菜園（bustān）で病気療養中の「大法官のイブン・アル゠アシュマライン 'Izz al-Dīn Ibn al-Ashmarayn」を訪ねた[49]。この訪問には、「大法官」の補佐（nā'ib）であった法学者トゥーニスィー Abū al-Qāsim ibn Bannūn al-Mālikī al-Tūnisī とマハッラト・ミヌーフの法官（qāḍī Maḥallat Minūf）のダミーリー Sharaf al-Dīn al-Damīrī が同行した[50]。アブヤールとマハッラ・クブラーの距離は約20 kmであり、マハッラト・ミヌーフはマハッラ・クブラーへの途上、アブヤールから約8 kmの地点にある村落である。『贈物』に記述はないが、イブン・バットゥータは途中のマハッラト・ミヌーフで法官のダミーリーと知り合い、ダミーリーがこの地域のウラマー社会への先導役を買って出たようにみえる[51]。一日滞在したとする「大法官」の果樹菜園の地名情報はないが、距離はマハッラ・クブラーから2ファルサフと記されている。それは約12 kmであるから、マハッラ・クブラーから少し離れた周辺村落の果樹菜園とみられる。『贈物』の記事によれば、そこで「大法官」から「信仰正しき人々（聖者たち）の地方（bilād al-ṣāliḥīn）」である「ブルッルスとナスタラウの地方 Bilād al-Burullus wa-Nastaraw」やそこにあるマルズーク廟 Qabr al-Shaykh Marzūq の話を聞き、そこからブルッルス湖周辺への旅に向かうという展開になる[52]。ここでも旅の動因としての聖者信仰が確認されるということになるのだが、果たして湿地帯越えのブルッルス湖周辺への旅は本当に実行されたのであろうか。筆者が疑いの眼差しを向ける理由を列挙すれば、以下のとおりである。

(1) 参詣の目標地であったシャイフ・マルズークの墓地と附設のザーウィヤに関して、滞在事実のあまりにも短い言及のみであり、臨場感が全くない。

(2) 湖畔の町バルティーム Balṭīm を「マルティーン Malṭīn」と誤記するのみならず、ブルッルス湖をティンニース湖（マンザラ湖）と混同し、おそらくはイブン・ジュザイイの配慮でティンニースの運河（khalīj）を詠ったイブン・ワキーウ Abū al-Fatḥ ibn Wakīʿ al-Tinnīsī（1003 年没）の詩が引用されている。後にティンニース湖と接するダミエッタやその周辺地域への旅をイブン・バットゥータが経験したことを踏まえれば、二つの湖の混同は奇妙である。

(3) ブルッルスの集落に関しても、「海に面している」との情報のみであり、それ以外は「信仰正しい人（rajl ṣāliḥ）であった」ブルッルスの法官の幻聴の神秘体験に関する伝聞情報の紹介に終始している。また、このカーディーの個人名も記されていない。

(4) 通読すると、この部分に至って突如逸話や詩の引用で占められるようになり、旅程やバルティーム、ブルッルス、「ナスタラウ」の位置関係も不明確である。

この地域の特徴として、ナツメヤシ（nakhl)、果物（thimār)、海鳥（ṭayr baḥrī)、鯔（būrī）が多いことも記述されているが、このように的確にみえる情報も含めて、「大法官」などのマハッラ・クブラーの知己からの伝聞情報に頼れば、実際に足を踏み入れずとも記述し得る程度の内容であるとも言える。ナイル中央北部の湖沼地帯のバラーリー地方 Iqlīm al-Barārī[53] の最果てで隠棲する聖者たちに言及した貴重な箇所として読みたいのだが、実は伝聞・引用記事による創作部分ではないかとの疑念は拭えないのである。

3. ダミエッタ分流北部地域

このブルッルス湖地域の記事に続いて、『贈物』には次のようにある。

> それから、私はダミエッタの町 Madīnat Dimyāṭ まで砂地（arḍ ramla）を旅した。それ（ダミエッタ）は、諸地区の広い、果物の種類の多い、配置の驚異的な、それぞれの良きものから割り前を受け取る都市である[54]。

さらに、「ディムヤート Dimyāṭ」か「ズィムヤート Dhimyāṭ」か、という都市名をめぐる議論に続き、この地中海都市の実状に関する注目すべき記述が次のようにある。

> ダミエッタの町はナイルの河岸にあり、そこに近接する家々（dūr）の人々は、バケツ（dilā'）でそこから水を汲む。そして、その家々の多くにはナイルへと降りる下降用階段（darakāt）がある。そこ（ダミエッタ）にはバナナ（mawz）の木が多く、その果実は船でカイロ Miṣr へと運ばれる。その（ダミエッタの）ガナム（ghanam、羊、山羊、小家畜）は、夜も昼も自由に放し飼いの家畜である。このため、ダミエッタでは、「その市壁は砂糖菓子、その犬はガナム」と言われている。そして、誰かがそこ（ダミエッタ）に入った時、その（ダミエッタの）総督（wālī）の認印（ṭābi‘）が無ければそこから外に出る方法はない。そこで、人々の中の敬意を表された者は、紙片に押印され、その（ダミエッタの）門の警備員たち（ḥurrās）に対してそれを示す。彼ら以外の人はその腕に押印されるので、それを示すのである。そして、この町には海鳥が多く、過度に肥満している。また、そこには、味の甘美さと味わいの良さにおいて同様の物がない水牛のミルク類（albān jāmūsiyya）がある。そして、そこにはシリア al-Shām やルーム地方やカイロへと運ばれる鯔（būrī）という魚がある[55]。

ここには、分流端の居住形態、水陸の特産物とその流通、家畜放し飼いの都市慣行、ダミエッタ総督による出入管理などに関する貴重な現地情報が盛り込まれている。さらには、「バルザフ al-Barzakh と呼ばれる、海とナイルの間にある郊外の中洲（jazīra）」にあるモスク（masjid）と修道場（zāwiya）からなる宗教施設への訪問、そこの導師イブン・クフル Ibn Qufl の下で開催された貧者たち（スーフィーたち、fuqarāʾ）のズィクル（称名）やクルアーン読誦の夜会への参加についても記録されている[56]。ブルッルス湖地域に関する記述との比較で言えば、ダミエッタの記事は実に精彩に富み、格段に高いリアリティーを示している。後述するダミエッタ総督との交流に関する記事などのダミエッタ出発後の記事も考慮すれば、イブン・バットゥータによるこの港町の訪問は確実と言える。

そして、ダミエッタの町にあるスーフィー教団のカランダリーヤ al-Qarandariyya の導師サーウィー Shaykh Jamāl al-Dīn al-Ṣāwī の修道場で当時活動していた導師、シャイフ・タクルーリー Shaykh Fatḥ al-Takrūrī への言及があり、サーウィーに関する逸話（ḥikāya）と奇跡譚（karāma）が紹介されている[57]。さらに、神の恩寵（baraka）が顕在するとしてエジプト人たちが参集する聖域、ダミエッタ東郊のマンザラ湖岸にある集落シャター Shatā の参詣所（mazār）とその祭日（ayyām）に関する略述があるが[58]、そこには実際に訪問していないようにもみえる。このように参詣対象への関心を示し言及しつつも、実は参詣はしていないと見做し得る例が少なくない点も本旅行記の特徴の一つである。逆に言えば、『贈物』の参詣地案内としての情報の多さは、必ずしも実体験重視でないことによるとすることもできよう。他方、ダミエッタ近くの訪問地についての情報は、

> そこ（ダミエッタ）の外にはまた、その果樹菜園の間に、イブン・アン＝ヌーマーン Ibn al-Nuʿmān として知られる卓越した導師のいるミンヤ Minya として知られる場所がある。私は彼のザーウィヤを目指し、そこで夜を過ごし

た[59]。

とあり、実際にそこに滞在したとみられる。ダミエッタの近在で「ミンヤ」から始まる村としては、ミンヤト・ブー・サリーム Minyat Bū Salīm、ミンヤト・ガーリー Minyat Ghālī、ミンヤト・アッ＝シュユーフ Minyat al-Shuyūkh と列挙できるが[60]、ナイルの分流を挟みダミエッタの対岸に位置し、「ダミエッタのミンヤ Minyat Dimyāṭ」の別名を持つミンヤト・スィナーン・アッ＝ダウラ Minyat Sinān al-Dawla[61] が滞在地であったと推察される。

その後、イブン・バットゥータはダミエッタから 10 km ほど南西方向へ移動し、ダミエッタ分流東岸のファーリスクール Fāris Kūr（Fāriskūr）の郊外に滞在した。この時、彼を追い駆けてきたダミエッタ総督（wālī）ムフスィニー al-Muḥsinī の配下の騎士（fāris）から、総督からの餞別（nafaqa）のディルハム銀貨を受け取った。『贈物』によれば、この総督は「慈善（iḥsān）と高徳（faḍl）の持主」であり、ナイル河岸に彼が建設したマドラサがイブン・バットゥータのダミエッタ市内における滞在先だったという[62]。マドラサに一時滞在した巡礼・遊学者を対象とした設立者（ワクフ管財人？）の熱意溢れる支援の一端を伝えるエピソードだが、この軍人総督の在任期間が旅行時期をめぐる問題を惹起する。

ギッブの指摘のとおり[63]、上記のムフスィニーはバラバーン・アル＝ムフスィニー Sayf al-Dīn Balabān al-Muḥsinī であり、この軍人に関して、イブン・ハジャルの伝記記述には、

彼はカイロ総督（wālī al-Qāhira）であったが、それからダミエッタ総督職（niyābat Dimyāṭ）に着任した。そして、彼は善人で賞賛に値したが、［ヒジュラ暦］736 年 9 月（1336 年 4 ／ 5 月）に死去した[64]。

とある。マクリーズィーの年代記によれば、このバラバーンは 710 年／ 1310–1311 年にアミール・クシュタグディー Amīr ‘Alā’ al-Dīn Kushtaghdī al-Bahādurī

に代わりシャードッド・アッ゠ダワーウィーン（shādd al-dawāwīn）の職に就いたが、その数日後に解任された[65]。そのダミエッタ総督就任は、729年第8月／1329年5-6月のことであり[66]、イブン・アビー・アル゠ファダーイルとジャザリーの記事によれば、734年9月／1334年5-6月に同職を解任され、財産没収のうえ投獄され、736年9月15日／1336年4月27日に獄中で死去したという[67]。さらにサファディーによれば、このバラバーン・アル゠ムフスィニーは、ダミエッタ総督着任以前に、エジプトのバリード（駅逓）関係の職務を経て、733年／1332-33年にエジプト・シリア間の重要関所カトヤーの官吏たち（mubāshirūn）の移送業務に携わり、その後、カーヒラ総督を務めたという[68]。このアミールのダミエッタ総督解任が、過酷な収奪で知られる、コプト教会からの改宗官僚ナシュウ al-Nashw のハーッス長官（nāẓir al-khāṣṣ）在任期間に当たることも留意する必要があるが[69]、ここでの問題はバラバーンのダミエッタ総督の就任が1329年5-6月であったという点である。

この餞別の一件に関する記述の現実性は確かなものであり、ダミエッタとその周辺への旅の記事は、ハルベクが1329年6月と1330年3月の間にあったと推定する『大旅行記』に記述のないエジプト旅行の経験に基づくのではないだろうか[70]。

その後、イブン・バットゥータはアシュムーン・アッ゠ルンマーンの町 Madīnat Ashmūn al-Rummān へと移動した[71]。別名ウシュムーン・タンナーフ Ushmūn Ṭannāḥ とも呼ばれるこのダカフリーヤ地方の町[72]に関しても、『贈物』には次のような貴重な記述がある。

> ルンマーン（柘榴）というのは、そこにそれ（柘榴）が多いためである。それ（柘榴）は、そこからカイロ Miṣr へと運ばれる。それ（アシュムーン・アッ゠ルンマーン）はナイルの諸運河の中の一つの運河（khalīj）に面した大きな古い町である。そこには木の橋があり、そこに複数の船が停泊し、アスル（午後の礼拝）になるとこの木がはね上がって、船は上り下りして通過した[73]。

短い文章だが、木製可動橋の光景を中心に、盛んな運河水運に支えられたデルタ東部の集落の姿が鮮やかに描出され印象的であり、観察者のみが伝え得る情報と言えるだろう。

この町の後でカイロへの経由地として唯一言及されているのが、ガルビーヤ地方のサマンヌードの町 Madīnat Samannūd である。このダミエッタ分流の港に関しては、「それはナイルの川岸に面しており、船が多く、諸市場（aswāq）が素晴らしい。それとマハッラ・カビーラとの間［の距離］は 3 ファルサフである。」[74] とある。マハッラ・クブラーとの距離は実際には約 7 km なので不正確だが、サマンヌードはマハッラ・クブラーと緊密に結び付きながら河港として機能していたのであり[75]、両都市の関係性が述べられている点が重要である。ブルッルス湖地方への旅を虚構とすれば、最初のデルタ旅行でマハッラ・クブラーからカイロへと移動する際、サマンヌードを経由した蓋然性は高い。それ故に、ファーリスクール以南のダミエッタ分流沿いにある多くの都市の中で、例えばアシュムーン・アッ＝ルンマーンが面するマンザラ運河とダミエッタ分流の接合部にある河港マンスーラではなく、サマンヌードのみが言及されたのではなかろうか。初回のデルタ旅行におけるマハッラ・クブラーからカイロへと向かう際のダミエッタ分流の利用起点、そして後のダミエッタ訪問時や後述する帰還時の旅に際しても通過した河港として、イブン・バットゥータには帰郷後もサマンヌードの残像が明らかであったと推察されるのである。

4. 故郷への帰還の旅におけるデルタの通過

20 年以上の大遍歴の後、イブン・バットゥータは、バグダードからラフバ al-Raḥba などを経由し、ダマスクスに長期滞在の後にアレッポを訪れ、そこに滞在中の 749 年第 3 月初め／ 1348 年 5–6 月に、ガザで疫病（wabāʾ）が発生して 1 日の死者数が 1000 人以上に達しているとの情報を得た[76]。中世後期におけるペストの最初のパンデミックである[77]。南下してホムス Ḥimṣ に行くと、そこには既にペスト流行の波が及び、到着日のみで約 300 人の死者を出す状態となっていた。ダマスクスに戻ると、ペスト退散を願う住民が 3 日間の断食斎戒の後に市壁外のアクダーム（足跡）・モスク Masjid al-Aqdām で集団礼拝を行なっていたが、当時の 1 日の死者数は 2400 人にも及んだという。さらに、エルサレムやヘブロンを経て、「疫病で死んだ者の多さからその大部分が空になった」ガザを目の当たりにした[78]。その後、ガザからナイル・デルタに入り、ダミエッタへ移動し、そこで「時代の断食斎戒者（ṣā'im al-dahr）」のナクシュワーニー Quṭb al-Dīn al-Naqshuwānī なる修行者と出会い、彼と共にファーリスクール、サマンヌードを訪れた。さらに、そこからダミエッタ分流を 6 km ほど遡った集落のアブー・スィール Abū Ṣīr に滞在した[79]。前述の修行者と「あるエジプト人の修道場（zāwiya）」に宿泊した彼は、ある貧者／スーフィー（aḥad al-fuqarā'）の死を目撃し、その埋葬に協力した。食事を拒み、夜通し礼拝を続けたこの人物の死因は明記されていないが、ペストの犠牲者だったのかもしれない。その後、イブン・バットゥータはマハッラ・クブラー、ナフラーリーヤ、アブヤール、ダマンフールを経てアレクサンドリアを再訪し、1 日に 1080 人の死者を出したペスト禍の収束状況を観察し、続いてカイロに行き、そこでの最盛期の死者数が 1 日 2 万 1000 人に達し、知己の導師たちが全滅したことを知った[80]。なお、前述のアブヤールにおけるラマダーン月直前の新月観察行事への参与は、この 749 年の第 9 月／ 1348 年 11–12 月についても聖地メッカでの滞在が明記されているため[81]、無理である。

以上のように、行く先々でペストの被害を見聞きしたイブン・バットゥータは、偶然かもしれないが、猖獗の地をある程度巧みに避けつつ旅を続けていたようにもみえる。1348 年夏から秋にかけてのことと推察されるこの際のデルタ旅行の記録は簡潔過ぎるのだが、先述のダミエッタやサマンヌードの情報にこの通過時の印象も含まれている可能性はあるだろう。また、ガザからダミエッタへ陸路で移動したのであれば、少なくともこの時点で問題のティンニース湖周辺を通過した蓋然性は高い。そして、『贈物』のこの部分については、ナイル・デルタに関する具体的情報は乏しいとはいえ、ペスト流行史上最も注目されるパンデミックとその死者数に関する史料としての重要性は看過できない。

ところで、デルタを横断してアレクサンドリアにまで達してからカイロに戻るという少し奇妙な動きについては、如何に理解すればよいだろうか。その後アイザーブ経由でヒジュラ暦749年のハッジ巡礼を果たしたことを踏まえれば、故郷を目指し西方へと移動中に変心したとも考えられる。いま一度ハッジ巡礼を敢行し、スンナ派イスラームの「4大聖地（メッカ、メディナ、エルサレム、ヘブロン）」を参詣したその宗教的行動[82]に、ペスト禍の只中を進んだ旅人の実存的危機をみることも的外れでないように思われるのである。

おわりに

以上の部分的検討の試みからも明らかなように、イブン・バットゥータとイブン・ジュザイイの「合作」である『贈物』には、少なからぬ虚構が平然と織り込まれており、旅の実体験を第一に重視する堅実な旅行記録とは言えまい。

前嶋信次氏は『三大陸周遊記』の「訳者まえがき」で、

> アラビヤン（ママ）・ナイトがイスラム世界を夢幻的に表現したものとすれば、この一篇は、それを如実にえがいたものである。如実にえがいたものの方が、時として夢幻の世界よりもさらに不可思議なことがある[83]。

と述べられている。典型的リフラと異質な面が際立つこの長大なリフラの特長は、何よりも物語としての豊饒性、驚異の記録としての魅力度の強さにあると思われる。

『贈物』のナイル・デルタの記事を読むと、本論で指摘した以外にも種々の疑問がわき起こってくる。多くのウラマーと同様に農村環境や農業生産への眼差しが弱く、都市志向の強い旅人イブン・バットゥータに、冬作物の収穫期やナイル増水期のデルタ地帯の農村風景は何ら深い印象を残さなかったのであろうか。水位その他のナイルの動向に関する情報がこの複数回のデルタ旅行の記事に皆無なのは何故なのか。デルタ内の移動手段に関する情報が殆ど無いのは、余りにも交通が盛んで移動が容易なため、敢えて述懐する必要がなかったからなのか。総じて日付情報に乏しく不整合に充ちた『贈物』は、現代の読者に多くの疑念を抱かせるが、イブン・バットゥータがナイル・デルタ巡行の旅を複数回経験したことは確かであり、その初動契機はデルタ辺境で驚異の食料施与を実践する「生ける聖者」へのズィヤーラであった。その記述がナイル・デルタの初回旅行の経路を必ずしも正確に反映していないとはいえ、アレクサンドリア・カイロ間を直行せずにデルタを巡回し、少なくとも2回再訪したとみられることもあり、『贈物』は本稿でも指摘したとおり多くの独自情報を内包している。この驚異と探訪を重視した、取り扱いの難しい大旅行記が、14世紀前半のナイル・デルタ社会の諸側面を照射する特殊な重要史料であることを確認して、一応の結びとしたい。

註

1　日本におけるリフラ研究の先駆的な重要論考である家島彦一「マグリブ人によるメッカ巡礼記 al-Riḥlat の史料性格をめぐって」『アジア・アフリカ言語文化研究』25（1983年）、194–216頁、及び Ian Richard Netton, “Riḥla”, *The Encyclopaedia of Islam*, Second Edition を参照のこと。

2　充実した説明注や解説を備えた同書の逐語和訳本がイブン・バットゥータ（イブン・ジュザイイ編、家島彦一訳注）『大旅行記』全8巻、平凡社（東洋文庫）、1996–2002年（以下、家島訳『大旅行記』と略記）であり、H. A. R. ギッブらによる逐語英訳本が *The Travels of Ibn Baṭṭūṭa, A.D.1325-1354*, 5vols, Cambridge: Published for the Hakluyt Society at the University Press, 1958–2000である。『贈物』の諸写本については家島訳『大旅行記』1巻、388–398頁に詳しい。多くの先行研究と同様、本稿も仏訳付きのアラビア語校訂本 C. Defrémery & B. R. Sanguinetti, *Voyages d'Ibn Batoutah*, 4vols, Paris, 1874–1879（以下、*Voyages d'Ibn Batoutah* と略記）に依拠する。家島訳『大旅行記』において、ナイル・デルタ旅行に関する記述は1巻、58–82頁；7巻、148–150頁にあり、当該部分の詳しい付注も併せて参照のこと。

3　日本では、家島彦一「イブン・バットゥータ『メッカ巡礼記』の諸写本について」『東西海上史研究』3号（1994年）、115–139頁；同「イブン・バットゥータの世界」堀川徹編『世界に広がるイスラーム』栄光教育文化研究所、1995年、193–230頁など同氏による一連の先導的研究、海外では、19世紀初頭（S・ド・サスィ）から20世紀初頭（H・ユール）までの諸論文を再録したFuat Sezgin (ed.), *Studies on Ibn Baṭṭūṭa (d. 1377)*, 4vols, Frankfurt am Main: Institute for the History of Arabic-Islamic Science at the Johann Wolfgang Goethe University, 1994、それ以後の重要論考18点を再録したIan Richard Netton (ed.), *Islamic and Middle Eastern Geographers and Travellers*, vol. 3, London: Routledge, 2009、さらには、Stephan Conermann, *Die Beschreibung Indiens in der 'Riḥla' des Ibn Baṭṭūṭa,* Berlin: Klaus Schwarz Verlag, 1993; Amikam Elad, "The Description of the Travels of Ibn Baṭṭūṭa in Palestine: Is it Original?", *Journal of the Royal Asiatic Society of Great Britain & Ireland (New Series)*, 119/2 (1987), 256–272; Adel Allouche, "A Study of Ibn Baṭṭūṭah's Account of his 726/1326 Journey through Syria and Arabia", *Journal of Semitic Studies*, 35/2 (1990), 283–299など注目すべき先行研究は枚挙に暇がない。

4　ナイル・デルタ地域史研究の現状と課題については、拙編『ナイル・デルタの環境と文明』Ⅰ・Ⅱ、早稲田大学イスラーム地域研究機構、2012–13年を参照されたい。

5　家島訳『大旅行記』1巻、133–135頁. Al-ʻAbdarī, *Riḥlat al-ʻAbdarī*, Rabat: Wizārat al-Dawla al-Mukallafa bi'l-Shu'ūn al-Thaqāfiyya wa'l-Ta'līm al-Aṣlī, 1968, 90–93.

6　クリミア半島南西部の交易港スダク（ソルダイア）を指す。中世後期の同港については、Marius Canard, "Le traité de 1281 entre Michel Paléologue et le Sultan Qalā'ūn" *Byzantion*, 10 (1935), 669–80; S. Soucek, "Sughdāḳ", *The Encyclopaedia of Islam*, Second Edition を参照のこと。

7　以上、*Voyages d'Ibn Batoutah*, 1: 27–32.

8　シチリア王フェデリーコ3世（在位1295–1337）の輸送援助で実現した1318年のリフヤーニーのエジプトへの亡命とそこに至るハフス朝内外の政治的な経緯に関しては、Michael Lower, "Ibn al-Lihyani: Sultan of Tunis and Would-be Christian Convert", *Mediterranean Historical Review*, 24/1 (2009), 17–27; Muḥammad ʻArūsī al-Maṭwī, *al-Salṭana al-Ḥafṣiyya: Ta'rīkh-hā al-siyāsī wa-dawr-hā fī al-Maghrib al-Islāmī*, Beirut: Dār al-Gharb al-Islāmī, 1986, 316–326を参照のこと。

9　*Voyages d'Ibn Batoutah*, 1: 32–33.

10　*Voyages d'Ibn Batoutah*, 1: 33–40.

11　学問修業の記録としての性格の弱さは、中世後期の「典型的リフラ」と比べた際の『贈物』の特徴と言えよう。例えば、同時期のリフラ作者、ナスル朝下アンダルスのカントリヤ出身のバラウィーは、737年第6月13日／1337年1月17日から同年第7月8日／2月10日までアレクサンドリアに滞在し、そこでの学問修業や学者との交流について詳細な記述を残している。Al-Balawī, *Tāj al-mafriq fī taḥliyat 'ulamā' al-mashriq*, 2vols., Fez: Ṣundūq Iḥyā' al-Turāth al-Islāmī al-Mushtarak bayna al-Mamlaka al-Maghribiyya wa'l-Imārāt al-ʻArabiyya al-Muttaḥida, n.d., 1: 196–215を参照のこと。

12　*Voyages d'Ibn Batoutah*, 1: 38.

13　先説法については、ジェラール・ジュネット（花輪光・和泉涼一訳）『物語のディスクール――方法論の試み』水声社、2004 年、70–84 頁を参照のこと。

14　*Voyages d'Ibn Batoutah*, 1: 45–47.

15　Mahmood Ibrahim, "The 727/1327 Silk Weavers' Rebellion in Alexandria: Religious Xenophobia, Homophobia, or Economic Grievances", *Mamlūk Studies Review*, 16 (2012), 123–142.

16　*Voyages d'Ibn Batoutah*, 1:47–48. 例えば、バラウィーは、737 年第 7 月 8 日／1337 年 2 月 10 日にアレクサンドリアを発って同月 13 日／2 月 15 日にはカイロに着いている（Al-Balawī, *Tāj al-mafriq*, 1: 215.）。これに比すれば、イブン・バットゥータの「漫遊」は鮮明であろう。

17　*Voyages d'Ibn Batoutah*, 1:48–49.『贈物』には Qaryat Tarawja とある。マムルーク朝期のタッルージャについては、Heinz Halm, *Ägypten nach den mamlukischen Lehensregistern*, 2vols, 1979–1982, 2: 458–459 を参照のこと。ヤークートは村名を「タルージャ Tarūja」と記し、クミン（kammūn）の産地としている（Yāqūt, *Mu'jam al-buldān*, Leipzig: F. A. Brockhaus, 6vols, 1866–1870, 1: 845.）。同村は現在、ザーウィヤ・アル＝サクル Zāwiyat al-Ṣaqr 村の一部になっている。Muḥammad Ramzī, *al-Qāmūs al-jughrāfī li'l-bilād al-Miṣriyya*, Cairo: Maṭba'at Dār al-Kutub al-Miṣriyya, 6vols, 1953–1968, 1: 190 を参照のこと。

18　Tsugitaka Sato, *State and Rural Society in Medieval Islam: Sultans, Muqṭa's, and Fallāḥūn*, Leiden & New York: E. J. Brill, 1997, 229.

19　Halm, *Ägypten*, 2: 458–459. タッルージャの重要性は、ヒジュラ暦 738 年にハーッス庁長官のナシュウ al-Nashw が 20 万銀貨ディルハム相当の銅貨をアレクサンドリア、フーワ、上エジプト地方と並んでこの村で鍛造し、商人たちに買い取りを強要した事件にも看取される。Al-Maqrīzī, *Kitāb al-Sulūk li-ma'rifat duwal al-mulūk,* 4vols, Cairo: Maṭba'at Dār al-Kutub al-Miṣriyya, 1934–73, 2: 444; Hassanein Rabie, *The Financial System of Egypt: A.H. 564-741/ A.D. 1169-1341*, London: Oxford University Press, 1972, 197 を参照のこと。

20　*Voyages d'Ibn Batoutah*, 1: 49.

21　ダマンフールについては Ramzī, *al-Qāmūs al-jughrāfī*, 2/2: 56, 284–285 を、バルクークによる市壁建設については Ibn al-Furāt, *Ta'rīkh Ibn al-Furāt*, 7/1–2, Beirut: al-Maṭba'a al-Amīrikāriyya, 1936–1938, 7/1: 86; Ibn Duqmāq, *al-Intiṣār li-wāsiṭat 'iqd al-amṣār*, Cairo: al-Maṭba'a al-Kubrā al-Amīriyya, 1893, 5: 101 を参照のこと。

22　*Voyages d'Ibn Batoutah*, 1: 49–50.

23　Ibn Ḥajar, *al-Durar al-kāmina fī a'yān al-mi'a al-thāmina*, 5vols, Cairo: Dār al-Kutub al-Ḥadītha, 1966–1967, 4: 346–347.

24　*Voyages d'Ibn Batoutah*, 1: 50. フーワはムザーハミーヤタイン al-Muzāḥamiyyatayn

地方の最南部に位置していたが、行政的にはガルビーヤの総督の管轄下にあった（Halm, *Ägypten*, 2: 464–468）。中近世における商品集積地や中継都市としてのフーワの重要性については、フサーム・ムハンマド・アブドゥル＝ムウティー（太田（塚田）絵里奈訳）「オスマン朝時代のアレクサンドリア――923 ～ 1213 ／ 1517 ～ 1798 年」長谷部史彦編『ナイル・デルタの環境と文明』Ⅱ、早稲田大学イスラーム地域研究機構、2013 年、121, 133 頁を参照のこと。この町は官僚名家ナスルッラー家の出身地でもあり、モスクが残存する（Bernadette Martel-Thoumian, *Les civils et l'administration dans l'état militaire Mamlūk (IX/ XVe siècle)*, Damascus: Intitut français de Damas, 1991, 213–226.）。

25 *Voyages d'Ibn Batoutah*, 1:50. 533 年第 9 月／ 1139 年 5 月にフーワで死去したマグリブ系聖者のアブー・アン＝ナジャー Abū al-Najā Sālim al-Fūwī al-Maghribī については、マムルーク朝期の聖者伝記集の Ibn al-Mulaqqin, *Ṭabaqāt al-awliyā'*, Cairo: Maktabat al-Khānjī, 1973, 435–437 を参照のこと。

26 *Voyages d'Ibn Batoutah*, 1: 51. イブン・ドゥクマークによれば、この村はナスタラーウィーヤ al-Nastarāwiyya 地方に属する（Ibn Duqmāq, *al-Intiṣār*, 5: 113.）。

27 *Voyages d'Ibn Batoutah*, 1: 50–53.

28 *Voyages d'Ibn Batoutah*, 1: 53.

29 *Voyages d'Ibn Batoutah*, 1: 51.

30 Ivan Hrbek, "The Chronology of Ibn Baṭṭūṭa's Travels", Netton（ed.）, *Islamic and Middle Eastern Geographers and Travellers*, 3: 201–202.

31 ナースィル・ムハンマド 1 世の第 3 期治世における親衛隊への贈与や厚遇については、Amalia Levanoni, *A Turning Point in Mamlūk History: The Third Reign of al-Nāṣir Muḥammad Ibn Qalāwūn (1310-1341)*, Leiden: E.J. Brill, 1995, 56 を参照のこと。

32 ネットンは、イブン・バットゥータの「巡礼パラダイム」が内包する、連続性のある 4 つの探求として、①廟及び／或いはそれを取り巻く宗教地理の探求、②知識の探求、③学者による承認及び／或いは権力の探求、④基本的放浪癖の満足の探求を挙げている（Ian Richard Netton, "Arabia and the Pilgrim Paradigm of Ibn Baṭṭūṭa: A Braudelian Approach", in Netton（ed.）, *Islamic and Middle Eastern Geographers and Travellers*, 3: 147–159.）。

33 *Voyages d'Ibn Batoutah*, 1: 48.

34 ku'ayk はカーク（ka'k）の縮小形であるが、中世エジプトにおけるカークについては、カイロの食文化に関する大著 Paulina B. Lewicka, *Food and Foodways of Medieval Cairenes: Apects of Life in Islamic Metropolis of the Eastern Mediterranean*, Leiden-Boston: Brill, 2011: 164–165 を参照のこと。

35 *Voyages d'Ibn Batoutah*, 1: 53.

36 聖者による食料施与などの貧民救済活動の事例分析として、同じくナイル・デルタの聖者マトブーリー（1472 年歿）に関する拙稿「中世エジプト都市の救貧

――マムルーク朝スルターンのマドラサを中心に」長谷部史彦編『中世環地中海圏都市の救貧』慶應義塾大学出版会、2004 年、68–79 頁を比較参照されたい。

37 *Voyages d'Ibn Batoutah*, 1: 47–48.

38 家島訳『大旅行記』1 巻、142 頁、註 144。

39 Al-Ṣafadī, *al-Wāfī bi'l-wafayāt*, 32vols, Wiesbaden: Franz Steiner, 1962–2013, 3: 372–373; Ibn Ḥajar, *al-Durar al-kāmina*, 4: 82–84. これらの史料によれば、上エジプトのダフルート Dahrūt 出身のこのムスリム聖者（ṣāliḥ）に対する信仰（i'tiqād）は多くの人々にあったという。イブン・ハジャルはその生年を 670 年代／ 1270 年代とし、サファディーは没年を 737 年第 9 月／ 1337 年 4–5 月としている。

40 通常ではこの町は、ナフリーリーヤ al-Naḥrīriyya、或いはナッハーリーヤ al-Naḥḥāriyya と記される（Halm, *Ägypten,* 2: 554）。イブン・ドゥクマークは、「それは複数の市場（aswāq）・カイサーリーヤ（qayāsir）・商館（fanādiq）と一つの集会モスクをもつ大都市（madīna kabīra）であり、そこには富裕な大商人たち（tujjār mayāsīr）がいる。」と記している（Ibn Duqmāq, *al-Intiṣār*, 5: 86.）。

41 以上、*Voyages d'Ibn Batoutah*, 1: 53–54.

42 *Voyages d'Ibn Batoutah*, 1:54–56. イブヤール Ibyār とも呼ばれるこの都市は、ガルビーヤ地方ではなく、イブヤール・ワ・ジャズィーラト・バニー・ナスル地方 'Amal Ibyār wa-Jazīrat Banī Naṣr に属する（Halm, *Ägypten*, 2: 339–355.）。イブン・ドゥクマークは、「これはジャズィーラト・バニー・ナスルの端（ṭaraf）にある大きな都市である。そこには、複数の市場（aswāq）・カイサーリーヤ（qayāsir）・公衆浴場（ḥammāmāt）と一つの集会モスクがある」と記す（Ibn Duqmāq, *al-Intiṣār*, 5: 99）。また、アブヤールはナトロンの採掘地でもあった（Rabie, *The Financial System*, 86）。

43 *Voyages d'Ibn Batoutah*, 1: 54–56. なお、家島氏は「騎馬」と訳されているが（家島訳『大旅行記』、第 1 巻、73–74 頁.）、原文中に「馬」との明記はなく、乗り手がウラマーということもあってラバなどの可能性も排除できないため「騎乗」と訳出した。cf. *The Travels of Ibn Baṭṭūṭa*, 1: 33.

44 Hrbek, "The Chronology of Ibn Baṭṭūṭa's Travels", 202–203.

45 Ibn al-Dawādārī, *Kanz al-durar wa'l-jāmi' al-ghurar*, 9vols, Cairo: Deutsches Archaologisches Institut, 1960–1992, 9: 100–101.

46 アブドゥル゠ムウティー「オスマン朝時代のアレクサンドリア」、121–122 頁。

47 *Voyages d'Ibn Batoutah*, 1: 56. 都市名は「マハッラ・カビーラ al-Maḥalla al-Kabīra」とある。

48 ここでの役職呼称は不正確と思われるが、ガルビーヤの首邑マハッラ・クブラーの重要性を示すものではあるだろう。

49 この法官は、シャーフィイー学派のアブドゥルアズィーズ・アル゠ハッカーリー 'Abd al-'Azīz al-Hakkārī al-Miṣrī、通称イブン・ハティーブ・アル゠アシュムーナイン Ibn Khaṭīb al-Ashumūnayn である。彼はヒジュラ暦727年にカイロの大法官（qāḍī al-quḍāt）に任じられ、マハッラ・クブラーからカイロへ移動したが、間もなく同年第9月8日／1327年7月28日に死去したという（Ibn Ḥajar, *al-Durar al-kāmina*, 2: 478.）。

50 *Voyages d'Ibn Batoutah*, 1: 56.

51 マハッラト・ミヌーフについては、Ibn Duqmāq, *al-Intiṣār*, 5: 97 を参照のこと。

52 *Voyages d'Ibn Batoutah*, 1: 56–59. ナスタラウはナスタラーワ Nastarāwa を指し、汽水湖であるブルッルス湖の西の砂嘴に位置する。

53 バラーリー地方に関しては、'Umar al-Farūq al-Sayyid Rajab, *al-Barārī*, Cairo: al-Hay'a al-Miṣriyya al-'Āmma li'l-Kutub, 1986 を参照のこと。同書については、加藤博氏（一橋大学）に御教示、御貸与頂いた。

54 *Voyages d'Ibn Batoutah*, 1: 59. なお、砂地を旅してダミエッタに至ったとすれば、ブルッルス湖とティンニース湖の混同はやはり奇妙であり、ダミエッタとその周辺で得たティンニース湖地域情報／イメージとマハッラ・クブラーなどで伝聞したブルッルス湖地域情報の混淆がブルッルス湖地域に関する記事として結実したとみるべきではないか。

55 以上、*Voyages d'Ibn Batoutah*, 1: 59–60.

56 *Voyages d'Ibn Batoutah*, 1: 60–61. イブン・ドゥクマークの地誌にはこのバルザフ・モスク Masjid al-Barzakh について、そのミナレットに昇ると揺れることや殉教者集団の墓（qubūr jamā'at al-shuhadā'）があることなどが記されている（Ibn Duqmāq, *al-Intiṣār*, 81）。

57 *Voyages d'Ibn Batoutah*, 1:61–64.カランダリーヤに関しては、Ahmet T. Karamustafa, *God's Unruly Friends: Dervish Groups in the Islamic Later Middle Period, 1200-1550*, Salt Lake City: University of Utah Press, 1994 を参照のこと。

58 *Voyages d'Ibn Batoutah*, 1: 64–65. シャターのモスク Masjid al-Shatā についてイブン・ドゥクマークは、「そこでの1ラクア（礼拝の最小単位）は2ラクアである」との言説を引用している（Ibn Duqmāq, *al-Intiṣār*, 5: 81.）。参詣地、織物生産地としてのシャターについては、Gaston Wiet & Heinz Halm, "Shaṭā", *The Encyclopaedia of Islam*, Second Edition を参照のこと。

59 *Voyages d'Ibn Batoutah*, 1: 65.

60 Ibn Duqmāq, *al-Intiṣār*, 5: 81.

61 Halm, *Ägypten*, 2: 774.

62 *Voyages d'Ibn Batoutah*,1: 65–66.

63 *The Travels of Ibn Baṭṭūṭa*, 1: 39, note 116.

64 Ibn Ḥajar, *al-Durar al-kāmina*, 2: 28.

65 Al-Maqrīzī, *al-Sulūk*, 2: 86.

66 Al-Maqrīzī, *al-Sulūk*, 2: 310.

67 Mufaḍḍal b. Abī al-Faḍā'il, "al-Nahj al-sadīd wa'l-durr al-farīd fī mā ba'd ta'rīkh Ibn al-'Amīd", in Samira Kortantamer, *Ägypten und Syrien zwischen 1317 und 1341 in der Chronik des Mufaḍḍal b. Abī l-Faḍā'il*, Freiburg im Breisgau: Klaus Schwarz, 1973, 57; al-Jazarī, *Ta'rīkh ḥawādith al-zamān wa-anbā'i-hi wa-wafayāt al-akābir wa'l-a'yān min abnā'i-hi*, 3vols, Sidon & Beirut: al-Maktaba al-'Aṣriyya, 1998, 3: 909. ジャザリーは、このアミールがカイロのカラーファ墓地に埋葬されたと記している。

68 Al-Ṣafadī, *A'yān al-'aṣr wa-a'wān al-naṣr*, 4vols, Beirut: Dār al-Fikr, 1998, 1: 485.

69 ナシュウについては、Donald P. Little, "Notes on the Early Naẓar al-Khāṣṣ", in *The Mamluks in Egyptian Politics and Society*, edited by Thomas Philipp and Ulrich Haarmann, Cambrige & New York: Cambridge University Press, 1998, 235–253を参照のこと。

70 Hrbek, "The Chronology of Ibn Baṭṭūṭa's Travels", 202–203, 277–278. なお、名前が紛らわしいのだが、735年／1334–1335年には、アミールのアフマド・アル＝ムフスィニー Shihāb al-Dīn Aḥmad b. al-Muḥsinī がダミエッタ総督であったことが確認され（Al-Yūsufī, *Nuzhat al-nuẓẓār fī sīrat al-Malik al-Nāṣir*, Beirut: 'Ālam al-Kutub, 1986, 259–260; al-Maqrīzī, *al-Sulūk*, 2: 391.）、736年第6月18日／1336年2月2日には、カーヒラ総督（wālī al-Qāhira）であったバラバーン・アル＝フサーミー Balabān al-Ḥusāmī がダミエッタ総督に就任している（Mufaḍḍal b. Abī al-Faḍā'il, "al-Nahj al-sadīd", 61; al-Maqrīzī, *al-Sulūk*, 2: 391.）。そして、アミール・タランターイ Ṭaranṭāy のマムルーク出身のこのバラバーン・アル＝フサーミーはバラバーン・アル＝ムフスィニーと同じヒジュラ暦736年第9月に死去している（Ibn Ḥajar, *al-Durar al-kāmina*, 2: 26; al-Yūsufī, *Nuzhat al-nuẓẓār*, 231.）。

71 *Voyages d'Ibn Batoutah*, 1: 66.

72 Halm, *Ägypten,* 2: 762–763. イブン・ドゥクマークは、この町をダカフリーヤ地方の首邑（qaṣabat kūrat al-Daqahliyya）とし、複数の公衆浴場・市場・モスク・商館を備えた町で、バイバルス1世が開削した「東のナイルの運河（khalīj al-Nīl al-sharqī）」に面していると述べる（Ibn Duqmāq, *al-Intiṣār*, 5: 68）。ラムズィーの地名辞典によれば、エジプト最古の都市の一つであり、ナースィル検地でダカフリーヤとムルターヒーヤが行政的に合併するとその首邑となったという（Ramzī, *al-Qāmūs al-jughrāfī*, 2/1: 229）。

73 *Voyages d'Ibn Batoutah*, 1: 66.

74 *Voyages d'Ibn Batoutah*, 1: 66.

75 両都市の関係については、拙稿「オスマン朝期マハッラ・クブラーの都市構造と社会―シャリーア法廷台帳史料に基づく予備的考察」『史学』78巻3号（2011年）、19頁を参照されたい。

76 以上、*Voyages d'Ibn Batoutah*, 4: 314–320.

77 詳しくは、Michael W. Dols, *The Black Death in the Middle East*, Princeton N. J.:

Princeton University Press, 1977、及び拙稿「14世紀エジプト社会と異常気象・飢饉・疫病・人口激減」『歴史における自然』〈シリーズ世界史への問い1〉岩波書店、1989年、57–82頁を参照されたい。

78 *Voyages d'Ibn Batoutah*, 4: 320–322. マイダーン地区のアクダーム・モスクについては、Louis Pouzet, *Damas au XIIe/ XIIIe siècle: Vie et structures religieuses dans une métropole islamique*, Beirut: Dar el-Mashreq, 1991, 345–346, 352を参照のこと。

79 *Voyages d'Ibn Batoutah*, 4: 322. アブー・スィールはAbū Ṣīr Banāとも呼ばれる(Halm, *Ägypten*, 2: 471.)。

80 以上、*Voyages d'Ibn Batoutah*, 4: 323.

81 *Voyages d'Ibn Batoutah*, 4: 324–325.

82 *Voyages d'Ibn Batoutah*, 4: 324–326.

83 イブン・バットゥータ(前嶋信次訳)『三大陸周遊記』〈世界探検全集2〉河出書房新社、1977年、1頁.

14世紀〜16世紀前半の聖地巡礼記に見る「聖墳墓の騎士」
——儀礼へのフランチェスコ会の関与過程を中心に

櫻井康人

1.「聖墳墓の騎士」と「聖墳墓騎士修道会」

聖墳墓騎士修道会（正式名称「エルサレムの聖なる墓の騎士修道会」Ordo Equestris Sancti Sepulcri Hierosolymitani）は、現在ではヴァチカンを総本部として、2013年4月時点においては、ローマ教皇庁枢機卿エドウィン・フレデリック・オブライエンを総長として「愛と平和」を掲げて活動する修道会組織である。その公式HPに記される同修道会の略史をさらに簡略に記すと次の通りである。

1099年にゴドフロワ・ド・ブイヨンがエルサレムの町を占領し、聖墳墓教会が異教徒の手から開放された時をその起源とし、1103年にエルサレム国王ボードワン1世が同教会の聖堂参事会の統括者の責を負った時が、歴代エルサレム国王を総長とするその組織としての出発点であった。1291年のアッコン陥落によりその組織としての活動の休止を余儀なくされるが、1333年に聖墳墓教会の一部の管理権がマムルーク朝のスルタンによりフランチェスコ会に委ねられると、その下で再び組織は復活した。時は経て1847年にエルサレムに総大司教座が回復されると、教皇ピウス9世は組織を教皇庁の直轄下に置き、さらに1949年には教皇ピウス12世が同組織の総長を枢機卿とする勅書を発布し、同組織は現在に至るのである[1]。

このような情報の背後に、聖墳墓騎士修道会に関する歴史学的な研究の進展があったことは言うまでもない。ただし、19世紀以降、聖墳墓騎士修道会の歴史に関する書物が数多く世に出されるものの、そのほとんどは同修道会員の手になるものであり、学術的価値を伴うものとなるとその数はかなり限られることとなる。その中にあって研究の萌芽として帰すことができるのが、V・クラメルの成果である[2]。その論文のタイトルを見るだけで内容を推し量ることは容易であろうが、彼の考察のポイントは次のようである。

考察の出発点は、R・レーリヒトとH・マイスナーによる、簡略ながらも十分な史料批判を行った上で展開される聖地巡礼に関する研究成果から受けた刺激であった[3]。それに比してそれまでの聖墳墓騎士修道会に関する考察が十分な史料批判に基づかないままになされてきたことを問題点として指摘した上で、クラメルは検討を行っていくのであるが、その結果は次の通りである。彼によると、聖墳墓教会で騎士叙任を受けることは、当初は個人的なものに過ぎず、高貴なる生まれの者たちが好む世俗的な騎士の尊厳の表象であった。14世紀以降、それは定められた条件と儀礼の下で叙任された者たちに霊的な繋がりをもたらし、聖墳墓教会で生まれた人的結合はある種の兄弟団を形成し、やがてそれは各国におけるナショナルな組織を形成する基盤とはなったが、完全な団体でもなく、儀礼を通じて結束された世俗的騎士団の性格も持たなかった。しかし、1496年に発布された教皇アレクサンデル6世の勅書で聖墳墓教会を管理するフランチェスコ会士に騎士叙任を行う権限が付与されたことを契機に、間接的にではあるが教皇庁の管理下に置かれた組織という道を辿ることとなるのである。そして、それは騎士叙任の儀礼が十字軍時代の世俗的な宮廷儀礼から教会のそれへと変容したことも意味する。クラメルはこの出来事を聖墳墓騎士修道会の第一段階と第二段階の分水嶺に位置づけ、加えて第二段階の終焉を上記の1847年になされた教皇ピウス9世の改革に置き、それ以降は現在にまで続く第三段階に設定されるとするのである。

彼の最大の功績は、組織としての側面から見ようとするあまりに看過されてきた、主として聖地巡礼記という史料群に見られる「聖墳墓の騎士」の儀礼を、「聖墳墓騎士修道会」の発展経路の中に積極的に位置づけようとした所にあり、以降の聖墳墓騎士修道会史研究者たちは彼のスタンスを踏襲していくこととなる。

もちろん、彼の見解が無傷であり続けているわけではない。その批判は「聖墳墓騎士修道会」という組織の出発点という所に集中するのであるが、その先鞭を付けたのがK・エルムである[4]。彼は、聖墳墓教会という場所と戦うことを職務とする騎士の実務との結合の中に、その起源を探っていく。その結果として、彼はエルサレム国王ボードワン2世の時代には聖墳墓教会を核とする兄弟団 fratres が存在したことを立証し、そこに聖墳墓騎士修道会の起源を置くと同時に十字軍国家との関連を強調する。このように、彼はクラメルの設定した区分の第一段階の前に、さらに第〇段階を設け、かつ第〇段階と第一段階の連続性を強調したのである。そして、エルムよりもさらに起源を遡らせたのが、J-P・ド・ジェンヌとA・ダミアンである[5]。彼らは、第〇段階の出発点をボードワン1世による聖墳墓教会聖堂参事会の創設に置き、十字軍国家との結びつきをさらに強調する。十字軍国家滅亡後に第一段階へと移行するが、それは「純粋な騎士道」la chevalierie pure の時代であり、「十字軍の最上の理想」l'ideal suprême de la croisade の時代であった。しかし、第二段階に組織は俗人の手から教会の手へと移行していくのである。もちろん、すべての研究者がこのような流れの中にあるのではなく、近年でも例えばP・ダレーナはクラメルと同様の視点に立っている[6]。しかし、上記の公式HPの記載内容が語るように、現段階ではド・ジェンヌらの見解に通説としての地位が与えられているのである。

以上、「聖墳墓騎士修道会」の研究状況を概観してきたが、本小文の目的は従来の研究者たちが主眼を置いてきた、その出発点・源泉を探ることには置かれない。「聖墳墓騎士修道会」という組織としての側面を見るあまりに14世紀～16世紀に流行する「聖墳墓の騎士」という儀礼およびそれを巡る状況が看過されてしまう、あるいは看過されずともその意味・意義が「聖墳墓騎士修道会」という組織の文脈の中で軽視されてしまうことに対する警鐘はすでにクラメルが鳴らしているところである。この点では、筆者のスタンスはクラメルと同様であると言える。ただし、他の研究者と同様の大きな問題をクラメルが抱えていることも指摘されねばならない。それは、「聖墳墓騎士修道会」の出発点から現代に至るまでの過程を発展的かつ直線運動的に捉えている所である。この意味においては、クラメルに至っても「聖墳墓の騎士」そのものを考察するのではなく、あくまでも「聖墳墓騎士修道会」という組織の中に「聖墳墓の騎士」をいかに位置づけていくのかという枠組みからはみ出すことはなく、そこでは多くの有益な「聖墳墓の騎士」に関する情報が盛り込まれるものの、それは情報提供の域を出ることはなく、従ってその変遷過程に目を向けることがないのである。すなわち、クラメルも含めて従来の研究者たちは「聖墳墓の騎士」を主役とした視点を持つことは決してなく、「聖墳墓騎士修道会」の脇役としてのみでそれを扱ってきたのである。

これらのことを踏まえて、14世紀以降に巡礼者たちの間で流行した「聖墳墓の騎士」に叙されるという現象を、「聖墳墓騎士修道会」ありきということに囚われることなく、素直に彼らの声に耳を傾けることでその生の姿を浮き彫りにし、その模様を俯瞰し、その変遷を動態的に捉えることを筆者の主たる目標として設定したい。従って、考察対象となる史料は聖地巡礼記ということになり、考察対象の時期としては、いわゆる「聖地巡礼の黄金期」とされる14世紀～16世紀前半となるのであるが、本小文では、上記の目標を達成する第一歩として、「聖墳墓の騎士」の儀礼において、フランチェスコ会がいかに関わっていったのか、という基本的かつ単純な問いについて考えてみたい。

2.「聖墳墓の騎士」の儀礼の完成
――ヨドクス・ア・メッゲンの記述を例に

さて、具体的な叙述内容の検討に踏み込む前に、聖地巡礼記に見る「聖墳墓の騎士」について、まずはその全体的な傾向を概観しておく必要があろう。

表　聖地巡礼記における「聖墳墓の騎士」

整理番号	名	年	出身地	社会	儀礼	宣誓	その他	備考
1	ヴィルヘルム・フォン・ボルデンゼーレ	1334	ミンデン	ドミニコ会士	○			
2	ウォーリック伯リチャード・ボーシャン	1407	ウォーリック	伯			○	
3	エステ辺境伯ニコロ 3 世	1413	フェッラーラ	辺境伯	○			巡礼記はその尚書官ルチーノ・ダル・カンポが作成。
4	ノンパール・ド・コーモン	1418	コーモン	領主	○	○	○	
5	バイエルン公=プファルツ伯ルードヴィヒ 3 世	1426	ミュンヘン	公	○			巡礼記はその顧問官ヨハン・フォン・フランクフルトが作成。
6	ヤン・コッパール・ヴレーヌ	1431	トゥルネ	市民	○			
7	マリアーノ・ディ・ナンニ（×）	1431	シエナ	司祭				
8	カッツェネルンボーゲン伯フィリップ	1433	カッツェネルンボーゲン	伯				
9	フランケン=ブランデンブルク辺境伯ヨハンとアルブレヒト	1435	ニュルンベルク	辺境伯	○			巡礼記はその同行者の「博士」Doctor ハンス・ロヒナーが記す。
10	ペロ・タフール	1435	コルドバ	下級貴族	○		○	
11	ギョーム・ダヴァンシュ	1437	ヴィラルポ	領主			○	
12	ハンス・ロット	1440	バーゼル	ミニステリアーレン	○			
13	シュテファン・フォン・グムペンベルク（×）	1449	ヴュルツブルク	市民	○			
14	クレーフェ公ヤン 1 世	1450	クレーフェ	公	○			
15	ギョーム・ド・シャロン	1453	トネール	伯	○		○	
16	ペーター・ロット	1453	バーゼル	ミニステリアーレン	○			
17	ヨルク・フォン・エーヒンゲン	1454	エーヒンゲン	貴族			○	
18	ロベルト・ダ・サンセヴェリーノ	1458	カイアッツォ	伯	○			
19	ウィリアム・ウェイ	1458	イートン	大学研究員	○			
20	ハンス・ベルンハルト・フォン・エプティンゲン	1460	バーゼル	領主・市参事会員	○	○	○	
21	ザクセン=テューリンゲン公ヴィルヘルム 2 世	1461	エアフルト	公			○	巡礼記はその宮廷書記官アーペル・シュタインハウゼンが作成。
22	ゼーバルト・リーター・ゼーニオール	1464	ニュルンベルク	騎士	○			
23	エーベルハルト・フォン・ヴュッテンベルク	1468	ウーラッハ	伯			○	

24	アンセルム・フォン・アイプ	1468	アンスバハ	騎士・法学博士	○			23 に随行。
25	ガウデンツ・フォン・キルヒベルク	1470	キルヒベルク	伯	○		○	巡礼記はその従者フリードリヒ・シュタイガーヴァルダーが作成。
26	ウルリヒ・ブルンナー（×）	1470	ヴュルツブルク	聖堂参事会員	○		○	聖地にて 25 と合流し同行。
27	アンセルム・アドルノ	1470	ブルッヘ	騎士			○	
28	ザクセン公アルブレヒト 3 世勇敢公	1476	ドレスデン	公			○	21 の二従兄弟。巡礼記はその家臣ハンス・フォン・メルゲンタールが作成。
29	マルティン・ケッツェル	1476	アウクスブルク	騎士	○		○	聖地にて 28 の大巡礼団と合流。
30	ゼーバルト・リーター・ユーニオール	1479	ニュルンベルク	騎士・小参事会員	○		○	22 の息子。31 と共に巡礼。
31	ハンス・トゥーヒャー	1479	ニュルンベルク	小参事会員	○		○	30 と共に巡礼。
32	サント・ブラスカ（×）	1480	ミラノ	尚書官・外交官	○		○	ミラノ公ロドリコ・スフォルツァの尚書官・外交官。
33	フェリクス・ファブリ（1）（×）	1480	ウルム	ドミニコ会士	○		○	
34	不詳パリ（×）	1480	パリ	聖職者			○	
35	パウル・ヴァルター・フォン・グークリンゲン	1483	ヴュルテンベルク	フランチェスコ会士				36・37・38 と共に巡礼。
36	ベルンハルト・フォン・ブライデンバハ（×）	1483	マインツ	司教座聖堂参事会員	○		○	35・37・38 と共に巡礼。
37	フェリクス・ファブリ（2）（×）	1483	ウルム	ドミニコ会士	○	○	○	35・36・38 と共に巡礼。
38	ゲオルク・フォン・グムペンベルク	1483	ペットメス	騎士			○	35・36・37 と共に巡礼。
39	コンラート・フォン・グリューネムベルク	1486	コンスタンツ	騎士	○		○	40 と共に巡礼。
40	不詳レンヌ（×）	1486	レンヌ	教会人			○	39 と共に巡礼。
41	ニコル・ド・ポントー	1487	ポントー	カルメル会士			○	42 と共に巡礼
42	ニコル・ル・ファン	1487	リヨン	神学博士	○		○	41 と共に巡礼
43	フィリップ・ド・ヴォワザン	1490	モントー	領主	○		○	巡礼記はその家臣にしてビネル領主のジャン・ド・ベレスタが作成。
44	ディートリヒ・フォン・シャハテン	1491	シャハテン	領主	○		○	ヘッセン伯ヴィルヘルムに随行。
45	ペーター・ファスベンダー	1492	コブレンツ	市民	○			

46	ヤナ・ロプコヴィッツ	1493	ハシシュテインケーホ	貴族			○	
47	シュトールベルク伯ボート 3 世	1493	シュトールベルク	伯			○	
48	ハインリヒ・フォン・ツェドリッツ	1493	ルバウカ	騎士	○		○	
49	ピエトロ・カソーラ（×）	1494	ミラノ	大司教座聖堂参事会員	○		○	
50	ルードヴィヒ・フォン・グライフェンシュタイン	1494	グライフェンシュタイン	フライヘル	○		○	
51	プファルツ選帝公アレグザンダー	1495	マインツ	選帝公	○			聖地にて 52 と合流。
52	ヴォルフガンク・フォン・ツェルンハルト（×）	1495	アウクスブルク	司教座聖堂参事会員				聖地にて 51 と合流。
53	アーノルト・フォン・ハルフ	1496	ケルン	貴族	○	○		
54	ペーター・リントフラシュ	1496	ヴロツワフ	商人				兄のヨハンも 1481 年に聖墳墓の騎士に叙任される。
55	ポンメルン伯ボギスラウ 10 世	1497	ポンメルン	伯			○	56 と共に儀礼。
56	ハンス・シュルプフ	1497	ルツェルン	市参事会員	○		○	55 と共に儀礼。
57	ザクセン公ハインリヒ 4 世	1498	ドレスデン	公			○	巡礼記はその従者シュテファン・バウムガートナーが作成。
58	ジャン・ド・ジルビーク	1499	ジルビーク	領主・コミーヌのグラン=バイイ				
59	カスパー・フォン・ミュリーネン	1507	ブルクスドルフ	市長				
60	マルティン・バウムガルテン	1507	クフシュタイン	貴族				
61	レグニツァ=ブジェク公フレデリク 2 世	1507	レグニツァ	公				
62	ピエール・メサンジュ（×）	1507	ルアン	司教座聖堂参事会員	○	○		
63	ニコラス・ヴァンケル（×）	1510	ニュルンベルク	フランチェスコ会士	○	○		
64	ピエール・フォーソン（1）	1515	フリブール	市民				
65	ベルンハルト・フォン・ヒルシュフェルト	1517	オッターヴィッシュ	騎士				ザクセン選帝公フリードリヒ 3 世賢公に仕え、マルティン・ルターとも交流。
66	ファドリケ・エンリケ・デ・リヴェラ	1518	タリーファ	伯	○	○	○	

67	バルテルミー・ド・サリニャック（×）	1518	リヨン	法学博士・教皇庁の書記官	○	○		
68	ピエール・フォーソン（2）	1519	フリブール	市民	○	○	○	
69	ディートリヒ・フォン・ケットラー	1519	オスナブリュック	商人	○	○		70・71と共に巡礼。
70	ハインリヒ・シュトゥルツ	1519	エンゲルベルク	修道院長			○	69・71と共に巡礼。
71	ルートヴィヒ・チューディー・フォン・グラップランク	1519	グラップランク	領主	○	○	○	69・70と共に巡礼。
72	メルヒオール・ツーア・ギルゲン	1519	ルツェルン	小参事会員				帰路は69・70・71と同船。道中で死去。
73	ゲールト・クインレットルフ	1520	カンペン	司祭・司教代理	○	○	○	
74	ハインリヒ・ヴェルフリ	1520	ベルン	人文主義者	○	○		
75	不詳スイスI	1521	スイス	農民	○			プファルツ＝ノイブルク公オットーハインリヒ・バイ・ラインに随行。
76	ペーター・フュースリ	1523	チューリヒ	鐘職人・参事会員				
77	フィリップ・フォン・ハーゲン	1523	ハーゲン	貴族	○		○	
78	アーレント・ウィレムツ	1525	デルフト	理髪師			○	
79	ガブリエル・フォン・ラッテンベルク（×）	1527	フリーダウ	フランチェスコ会士			○	
80	ニコラ・ルーヴァン（×）	1531	サン・ミエル	ベネディクト会士			○	
81	ドニ・ポッソ（×）	1532	サン・ドニ	司祭				
82	ヨドクス・ア・メッゲン	1542	ルツェルン	都市貴族	○	○		
83	アントワーヌ・ルニョ	1549	パリ	市民	○	○	○	
84	フリードリヒ・レーリンガー	1550	アウクスブルク	市民			○	

注：名前の横に×印のある者は、その者自身は「聖墳墓の騎士」に叙されていないことを意味する。

グラフ　14～16世紀前半の聖地巡礼記数

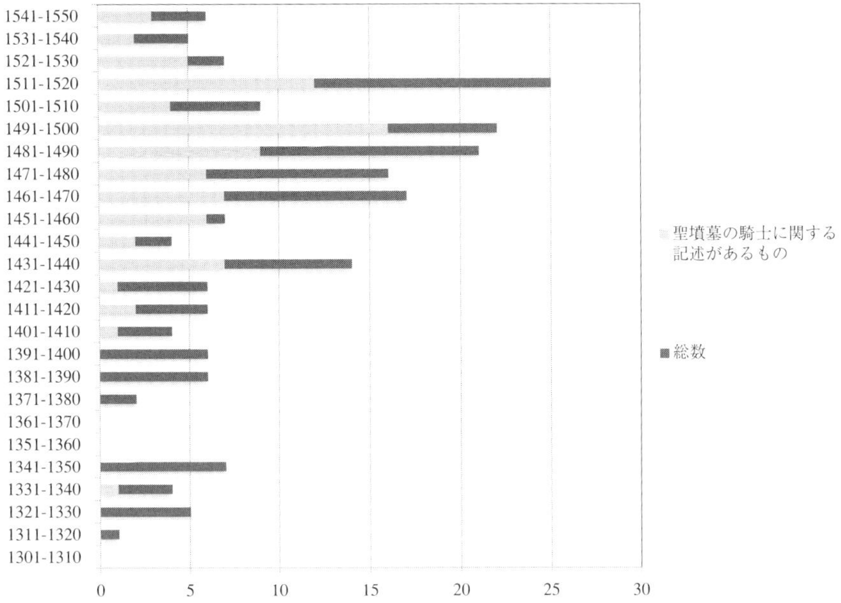

14世紀から16世紀前半にかけて作成された聖地巡礼記で今回筆者が見ることができたのは全200作品である[7]。その内「聖墳墓の騎士」に関する記述を残しているのは84作品を数える。当然のことながらそのパーセンテージは時代によって異なるのであるが、「聖墳墓の騎士」に言及する巡礼記の割合が増加傾向を見せるのは、グラフが示すように、1430年代以降のこととなり、総じて全体の約50%が「聖墳墓の騎士」に関して何らかの記述を残している。

そして、どのような巡礼記作者が「聖墳墓の騎士」に言及し、どのような内容の記述を行っているのかということを示したのが、189～192ページの表である（以下、本稿で使用する番号はこの表の整理番号に対応）。「儀礼」欄に見えるように、比較的多くの者が儀礼の様子を伝えており、この点においては時代的な偏りは見せない。一方で、儀礼の一部をなす「宣誓」の欄が示すように、「聖墳墓の騎士」となるにあたって実際にどのような誓いが立てられたのか、具体的な内容を伝えてくれる者は少なく、時期的に見てもそれは16世紀に偏っており、かつ、1518年以降、彼らの記述内容に大きな差異は確認されなくなる。従って、1518年に「聖墳墓の騎士」の儀礼は定形化、すなわち一つの完成形を見たと言える。時系列的には逆になるが、それがどのような形を持ったのか、最も詳細な模様を記すヨドクス・ア・メッゲン〔82〕の記述を例にとり確認しておく。

すべての前に、騎士に叙任されるべき者たちは、聖なる騎士の職務の栄誉を得んがために誓約への準備、すなわち先んじて告解をなし、ミサを聴き、主の教理を共有し、その後に至聖なる墓の広間へと通される。その際、以下の方法に従って（儀礼は）始められる。第一に、至聖なる墓の内にいる全員で賛美歌 *Veni creator spiritu* 次いで *Emitte spiritum tuum* が詠われ、返歌 *Et renovabis* と *Domine exaudi* が詠われ、祈り *Deus qui corda fidelium sancti spiritus* がなされた後に、父ガーディアン（フランチェスコ会聖地管区長）から「汝は何を求めるのか？」と問われなければならない。（それに対して）跪きながらの答え、「私は、我らの主イエス・キリストの至聖なる墓の騎士たらんことを求む」。問「汝の状態（身分）はいかなるものか？」。答「高貴なる生まれにして、高貴なる両親から生まれた」。問「商業や魔術の技 mechanicus なしに財産をそのままに誠実に維持し、（その財力で）兵力を尊厳を持ってそのままに維持できるか？」。答「神の恩寵により十分な蓄えがある」。問「心からそして口頭で戦士の誓約をなし、以下のことに従う心構えはできているか？　第一に、至聖なる墓の騎士は毎日適時ミサを聴かねばならない。第二に、必要な時にそれに応じた財と命を差し出さねばならない。すなわち、異教徒に対する戦いの時に自らやって来るか適切な人物を派遣せねばならない。第三に、聖なる神の教会とその忠実なる信徒を迫害から守り、開放せねばならない。第四に、不当なる戦い・恥ずべき兵役や利益・馬上槍試合・決闘やかくもの（理由なき武力行使）すべてを避けねばならない。第五に、キリスト教信徒間における平和と協和を守り、（キリスト教）共同体を秩序立て、未亡人と孤児を保護し、呪うべき誓約・偽誓・冒涜・強奪・高利・聖物窃盗・殺人・暴飲・疑わしき場所・極悪人・身体の破壊（人を傷つけること）を忌避し、災いに警戒し、神や人々に自身が非の打ち所のない者であることを示し、教会に足繁く通い、神の教えを（その内に）増しつつ、ゆえに求められるこれらすべてのことを心より、そして言葉で公言し、誓いをなす覚悟ができているか？」。答「私、某は、神イエス・キリストと至福なる処女マリアに、これらのすべてを勇敢さの（証の）ために、守ることを公言し誓約する」。

このことが述べられた後に、以下に記す形式に則って、ガーディアンにより剣が祝福され、もし他に祝福される者がいないのであればその者が、しかしいる場合もしくは先に誰か祝福された者がいる場合には、叙任される者が一人ずつ呼ばれ、至聖なる墓の前に跪き、ガーディアンがその頭の上に手を置き、そして言う。「さて、汝、某は、汝をその意志でその栄誉の中に置くことを望まれる我らの主イエス・キリストの、そしてその至聖なる墓の忠実なる、力強き、良き、壮健なる騎士となる。アーメン」。

これが終わると、ガーディアンは騎士にその足に合った金の拍車を与える。そして、三回十字の印を切りつつ、次のように言いながらキリストの騎士の抜き身の剣を与える。「受け取りなさい、某よ、父と子と聖霊の名の下に聖なる剣を。アーメン。そして、それを汝の身と聖なる神の教会の防衛のために、そしてキリストの十字とキリスト教信仰の敵を混乱させるために使いなさい。そして、平和を望む多くの人々の防衛のために、不正なる敵を討つために、それを使うことができる。その剣は、それ自体が役立つよう権威が与えられており、父と聖霊とともに幾時代にもわたって神が統べられている。アーメン」。次いで、剣が鞘に収められ、次のことが言われつつガーディアンにより件の剣に帯が巻かれる。「巻きつけよ、某よ、我らの主イエス・キリストの名の下に、汝の剣を汝の太股に力強く。剣ではなく信仰を通じて聖なる国を勝ち取れることを心せよ」。

剣を巻きつけると、騎士は立ち上がって膝を伸ばし、聖なる墓の上に頭を垂れて、ガーディアンにより叙される。（ガーディアンは）三回十字の印を切りつつ、三度次のように言いながら、三度件の剣で騎士の肩を叩く。「私は、汝、某を、父と子と聖霊の名の下に、至聖なる我らの主イエス・キリストの墓の騎士となし、それに叙する。アーメン」。次いで、（ガーディアンは）十字架のぶら下がった大きな金の鎖を、慣例に従ってその首に掛けつつ、彼に接吻をする。

すべてのことが言われ、なされた後に、他のもう一人が呼ばれ、同じ儀礼を聖なる墓の騎士全員に執り行う。叙任された者は、その間至聖なる墓の広間に留まり、叙任されるべき全員をこの栄誉へと導く。叙任の後に、*Te Deum laudamus* が修道士たちによって詠われる中、（叙任された者は）修道士の小さな礼拝堂へと赴き、ガーディアンが望み、命じた通りにそこに立つ。次いで、もし一人ならば一回、複数人ならばその人数分の回数、（ガーディアンは）次のように言う。「汝、某よ、人の子のために汝の剣を太股に力強く巻きつけることを誓いなさい」。（次いで）詩句 *Domine exaudi* が詠まれ、返歌 *Et clamor meus ad te veniat*、*Dominus vobis*、および *Et cum spiritu tuo* が詠まれ、次のような祈りが捧げられる。「あなたの教会を憐れむ主よ。彼に聖霊が集まり、彼が決して敵の突進に乱されることなきように。全能の神よ、永遠にこのあなたの僕にして輝く剣を身体に巻きつけたままである某の上に、あなたの祝福という栄誉を注ぎ給え。そして、あなたの美徳を通じて、そして、それに対して、現世ではいかなる破壊者もいかなる戦力も乱すことのできない天の軍の援助により、彼をすべての障壁から適切に守り給え。云々」。最後に、ガーディアンが、望む者に対して剣を巻きつける。そして、剣の祝福がなされる。祝福する者は、その前にある抜き身の剣を手に取り、次のように言う。「神の名の下に、我を守り給え」。そして、次のような祈りが捧げられる。「神よ、我らの祈りを聞き届け給え。そして、あなたの僕が身に帯びているこの剣を、あなたの卓越さを通じて上手く尊厳を与え、教会、未亡人、孤児そして異教徒の過酷さの中で神に仕えるすべての者、そして恐怖の中に生きる、あるいは迫害の中に生きる他の者たちの守護者である限り、我らの主イエス・キリストにより正義の防衛の効能を祝福し給え」。そして、次のような祈りが捧げられる。「聖なる主の父、永遠に全能なる神、あなたの名への呼びかけを通じて、そして、我らの主、あなたの息子のキリストの到来を通じて、そして、聖霊の贈り物を通じて、この剣を祝福し給え。今日、あなたに敬虔さを投じて（剣を）巻きつけられたこのあなたの僕が、我らの主イエス・キリストを通じて、目に見えるあるいは見えない敵を打ち倒し、踏みつけ、そして常に傷つけられることなく勝利を勝ち取るように。アーメン」。「私の手を戦いへと導き、私の指を戦闘へと導き、私の民を私の下に置かれる我らの祝福されし主、神よ、私の憐憫にして私の避難場所、私を疑う者にして私の解放者、私の守護者たることを、父と子と聖霊の栄光にて期待する」。「あなた主の健全なる僕を、そして神よ、その期待をあなたの内に。主よ、彼（叙された騎士）にとって、敵のなすことからの勇敢さの塔であるように。主よ、私の祈りを聞き届け給え。主は、あなたとおわします」。「悪の軍の不正を懲らすために、正義を守るために、人の世における剣の使用をあなたの良きお取り計らいによりお許しになる、そして秩序ある軍、至福なるヨハネを通じて、自身に忠実に仕える軍を人々を守るために打ち立てんと欲しておられる聖なる主、全能の父、永遠の神よ、決して掻き乱すためではなく、適切な軍を創り出すために、あなたの叡智を求め、讃える。あなたの息子ダビデがゴリアテを凌駕することを容易にせしめ、ユダのマカベアが野蛮人に、あなたの名を呼ぶことなく勝利せしめたように」。「新たに軍という場所に軛を置いた、神への敬虔さにより信仰に対して男らしくて勇敢で、正義を守り、信仰を保護し、希望と慈愛を増大させ、あなたに対して畏敬とともに愛・謙遜・忍耐・従順のすべてを道理の中に置き、その剣をもって不正以外は傷つけないように、そして、それとともにすべての正義と道理を守り、その小さき剣により己が自身の新たなる騎士の名誉を導き出されるようにするために、このあなたの僕、某は、古人がその行いで新たな人を導き入れるように、あなたを畏れ、道理を促進し、不敬者の仲間になることを忌避し、最大の慈愛の中に彼（不敬者）を引き摺り込み、彼に道理を与えるよう、まったき正義の中にその職務を果たします。我らの主、キリストを通じて。アーメン」[8]。(括弧内は筆者による。以下同じ。)

完全にガーディアンが取り仕切るこのような形の儀礼に至るまで、どのような変遷を辿ったのであろうか。以下、時期を遡って巡礼記作者たちの記述を見ていきたい。

3. フランチェスコ会による場所と人の提供

1334年に聖地巡礼を行ったヴィルヘルム・フォン・ボルデンゼーレ〔1〕は、次のような記述を残している。

> ミサの後、私は聖なる墓の上にて二人の良き人を、彼らに剣を巻き付け、騎士の身分の(militaris ordinis)慣例である他の手順に従いつつ騎士に叙した[9]。

これが、聖地巡礼記という史料群における「聖墳墓の騎士」の初出である。ド・ジェンヌは、ここに見られるmilitaris ordoを「騎士団」・「騎士修道会」l'Ordre de la Chevalerieと解釈しているが、明らかにここでは「騎士身分」と考えられるべきであり、従ってこの記述は「聖墳墓騎士修道会」の存在を証明するのではなく、むしろその不存在の可能性を示すであろう[10]。「聖墳墓の騎士」となることを望む巡礼者たちにとって重要であったのは儀礼を行う空間そのものであり、儀礼は彼らの慣例で執り行えばよかったのである。

間隔はかなり空くが、次に儀礼の模様について記すのが、エステ辺境伯ニコロ〔3〕であり、その記述は次のとおりである。

> 夜の聖墳墓教会にて、フランチェスコ会士による二度のミサの次に、三度目のミサとして叙任式が執り行われ、辺境伯の手によって、すでに騎士であ

ったが新たな騎士になることを望むその家臣のアルベルト・ダッラ・サーラ以下の5人に刀身礼が施されていき、慣例の儀礼と慣例の誓いをしつつ剣帯が与えられた。それが終わるとカルヴァリへ行き、そこで辺境伯が、彼らが絶えずこの騎士の身分（ordine）を受けた場を覚えておくように言いながら、彼らに拍車を与えた[11]。

確かに、この記述の中には儀礼という空間におけるフランチェスコ会士の存在、および剣帯と金の拍車の授与という最終的に「聖墳墓騎士修道会」への入会儀礼にとって重要な要素を見て取ることはできる。しかし、前者に関しては、フランチェスコ会士は儀礼そのものに関与していないことは明白である。また、後者に関しては、この段階では必ずしもその儀礼が「聖墳墓の騎士」の儀礼の必要条件ではなかったと考えられる。なぜならば、続いて次のように記されるからである。

次いで、すでに騎士となっていた辺境伯は、聖墳墓に至るまで金の拍車を足に付けることはなかったが、そこで左足にアルベルト殿から拍車を付けてもらった。右足にはサンチャゴ・デ・コンポステーラで付けてもらいたいと言いつつ。

従って、記述中に見られる「慣例」という言葉は、「聖墳墓の騎士」の儀礼のそれではなく、あくまでも世俗的な騎士叙任の儀礼のそれとして解釈されるべきであろう。

一方で、それから5年後のノンパール・ド・コーモン〔4〕は次のような記述を残している。

翌1419年7月8日の土曜日、私は我らの主の墓の祭壇にて聖ゲオルギウス様についてのミサを聴くために、聖墳墓教会の礼拝堂へと入場した。ミサが終わり、我らの主（の聖体）を受けると、先述の騎士（道中のロドスで出会ったナヴァールの騎士サンチョ・ド・ショー）が私を騎士に叙した。私は剣帯を体に巻き付け、剣を身につけた。そして彼は私に、我らの主の五つの傷を讃えて五回の、聖ゲオルギウス様を讃えて一回の剣打ちをなした。次いで、ミサを詠んだ修道士が、修道衣を身につけ、その騎士（サンチョ）とともに、私の手に抜き身の剣を置いた。その間私は跪き次のように言った。「私は信仰の敵から聖なる教会を守るため、神と聖ゲオルギウス様の栄誉の下にこの剣を受け取ります」。そして、私は剣を鞘に収め、慣例に従い、この尊厳なる、価値ある場所にて騎士の身分を受ける全ての者にさせるように、彼らは私に聖墳墓の祭壇にて六つのことを誓わせた。

エルサレムの我らの主の聖なる墓にて騎士がなす、そして私、コーモンおよびカステルノーおよびカステルキリエおよびベルビギエールの領主ノンパールが、1419年7月8日に神のお悦びのために口にした誓約をここに（記す）。

第一に聖なる教会を守る、第二に聖地回復のために全力で助力する、第三にその領民を守り、正義をなす、第四に清らかにその結婚（の秘蹟）を守る、第五に背信の地に陥らない、第六に寡婦と孤児を守る[12]。

ここでも剣帯の授与は世俗の騎士よりなされるが、剣の授与は修道士との共同作業であり、従って彼に対して祭壇の前でなされた「慣例」の宣誓とは、聖墳墓教会という空間における叙任式の慣例を意味するのであろう。すなわち、遅くともこの時期までに聖墳墓教会という場所を提供するフランチェスコ会の側で、「聖墳墓の騎士」の儀礼に関わりそれを受け入れる手筈を整えていた、すなわち人も提供していたということになる。

またもう少し時代が下り、我々はハンス・ベルンハルト・フォン・エプティンゲン〔20〕の記述から、儀礼へのフランチェスコ会の関与のあり方について、もう少しのヒントを得ることができる。

そして真夜中に、私は立ち上がり、聖墳墓の礼拝堂へと行った。私と一緒だったのは、私の主人バイエルン公オットーとその仲間たちであった。また、我々が教会へとやって来た初日の夜にあるイングランド人の騎士により叙されたブルグンド人のアルトゥール・ド・ウァデール殿もやって来て、彼が私を騎士へと叙した。その時、あるフランチェスコ会士が私にフランス語で次のように問うた。騎士の身分（Orden）とはどのようなものであったのか、そしてどのようなものであるのか、剣を持つ騎士になることを望む者は何を誓わねばならないのか、良きこととは何か。そして、まず第一により高貴な生まれの者から、次にその者を支える同じ家門の者がという順番で、剣を持った騎士身分の者各自が自分の名を名乗らねばならない。そして次のような忠誠の誓いをなす際に、誓いの場所に留まり続けなければならない。神と世界に対して正義と誠実でなくてはならない。また、正義に反してはならず、正義に反する何人も助けてはならない。また、正義と規律を促進させ、未亡人と孤児を守らねばならず、そしてキリスト教信仰に助力せねばならない。そして、修道士がこの言葉を私に示した時、アルトゥール殿が私に対し、宣誓を遵守するかどうか、私が高貴なる生まれの者であるかどうかを問うた。しかし、彼は我が一族が人のためによくそれを遵守することを知っていた。私は、「はい、私は知力・財力の能う限り、最善をなします」と答えた。アルトゥール殿は、父と子と精霊および聖ゲオルギウスの名の下に、私の剣を引き抜き、私に接吻した。そして跪いた私にアルトゥール殿は、「父と子と精霊と、真の騎士たる聖ゲオルギウスの名の下に、私はあなたを騎士に叙する。そしてあなたは、常なる信念として敬虔で正義たらねばならない」という訓告を発しつつ、私に三度の剣打ちをした。彼は私に剣帯を与え、右の足に拍車を付けた。そして聖ヨハネ騎士修道会士が左足に拍車を付け、私に二度の抱擁と接吻をし、そして私から剣と拍車を外して、ついに私は一人の騎士となった。その上で、私の従兄弟のテューリンク・フォン・ビュティッヒェンが私に騎士叙任を行うことを求め、私は彼に私がなされたことに従って、彼を騎士に叙した。そして、騎士たる私ハンス・ベルンハルト・フォン・エプティンゲンは、アルトゥール・ド・ウァデール殿が私になしたように、純潔たるミサの中で、彼に騎士の尊厳を与え、彼を騎士へと叙したのであるが、彼にはドイツ語で言った（儀礼を行った）。それは、フランス語を理解できない私の君主オットー公の要請によるものであった。そしてその後、テューリンクと私は、それぞれ4ドゥカートをフランチェスコ会士に与えた。なぜならば、それが彼らの習わしだからである。その後、我々は礼拝堂へ入り、全ての聖なる場所へと行き、神を崇め、神のその慈悲を感謝し、*Te Deum laudamus* を唱和し、祈りの中に瞑想し、そして各自それぞれの敬虔さの中に過ごした。そして、我々は皆、聖墳墓へと赴き、そこでフランチェスコ会士たちがミサをあげているのを見つけ、我々はミサを聴き、昼まで教会の中に留まった。なぜならば異教徒たちが鍵をかけていたからである[13]。

より上位者が下位者に対して儀礼を施していくわけであるが、まず誰かが最初に叙任される必要があった。その必要性からフランチェスコ会士がはじめに騎士叙任を施す者として設定されたのであろう。同時に、彼は誓約の証人であり立会人でもあり、あたかもその対価のように儀礼への参加者たちから施しを受け取った。フランチェスコ会が組織的に儀礼に関与したわけではなかったことも解るが、叙任されることを望む巡礼者たちの要望と必要に答える形でフランチェスコ会は「聖墳墓の騎士」の儀礼に一人の修道士を提供するということを慣例化させていったのかもしれない。

しかしながら、それは必ずしも一般化してはいなかったようである。5・6・9・10・12・13・14・15・16・18・19・22・24・25・26は、多かれ少なかれ儀礼に関する記述を残すが[14]、それらからはフランチェスコ会士が儀礼に関与した痕跡はまったく見られない〔5・12・14・15・16・18・24・25〕、もしくはたとえフランチェスコ会士らしき者がその場に居合わせたとしても、儀礼の前後にミサを挙げるなどの、言わば儀礼に花を添える演出をする役割しか確認されないのである〔6・9・10・13・19・22・26〕。前者について、二例ほど見てみよう。まずは、世俗の者による儀礼らしいエピソードとしてギョーム・ド・シャロン〔15〕の記述である。

騎士として受け入れられるために、ギョームは跪き、その腕を十字架に置いた。剣の平打ちの儀式の際、アルベール領主（ヴァランガン＝ボーフルモン領主ジャン・ダルベール）は、騎士叙任式の慣例に忠実に、良き記憶として残るように、三度の良き剣の平打ちを彼（ギョーム）に与えんと欲した。しかし、聖なる岩屋が狭く、ジャンは自分が望むほどの強さで打つことができず、激怒した。

もう一つの例として挙げたいのがロベルト・ダ・サンセヴェリーノ〔18〕の記述であり、そこからはむしろ儀礼とフランチェスコ会士の無関係性が浮き彫りにされる。

6月27日火曜日、ロベルト殿とジョヴァンニマッテオ殿の下、9時課（午後3時）頃にベツレヘムから戻ってきた件のカルロとその他の巡礼者たちとともに、我々は二度目となる聖墳墓教会への入場を行った。教会に集まり、夜4時課頃、ジョヴァンニマッテオとカルロの要望により上述のイングランド人の伯であるジョンとイングランドの銀職人と互いに交わした約束に従い、ロベルト殿は件の教会に人々を集め、敬虔にその名を呼び祈りを捧げられる我らの主イエス・キリスト自身の墓において、その栄光を讃え、件のジョヴァンニマッテオとカルロの足に金の拍車を付け、そして件の伯殿が彼らに金の剣を帯びさせ、彼らを騎士となし、同じことを復唱するように求める儀礼の形で、彼らに宣誓をなすように言った。そして彼らは我らの主イエス・キリストを献身的に讃え、件の尊厳を受け入れ、かくのごとき栄誉、悦び、そして尊く聖なる場所を体験するという尊厳なる行為をなせたことに感謝した。それから、彼らは教会内部でフランチェスコ会士たちが管理する場所に休みに行った。

後者についても、フランケン＝ブランデンブルク辺境伯ヨハンとアルブレヒト〔9〕、シュテファン・フォン・グムペンベルク〔13〕の順に、二例を挙げておく。

真夜中過ぎ、私（ヨハン）はライン（宮中伯）殿と20人の騎士に武器を与えた。それ（儀礼）は三時間半ほど続いた。その間彼らは告解をなし、秘蹟を授かる準備をした。
最後に、日の出二時間前にガーディアンがカルヴァリにてミサをあげた。

次いで、我々（シュテファンと同行者フリードリヒ・ヴォルフシュテルとハンス・フォン・カメラウ）は、後述の聖歌隊に囲まれて聖なる墓を臨む祭壇へと向かった。そして、聖墳墓の前で14人の騎士が叙された。その後、我々は教会を後にし、巡礼宿へと向かい、そこでその日の残りを過ごした。

フランチェスコ会も可能な限り巡礼者たちの要望に応えようとしたのであろうが、常に修道士の内の誰かを儀礼に立ち会わせることはできなかった、すなわち修道会という組織として儀礼とは距離を置いていたようである。そして、そのことが巡礼記作者たちの記述内容にばらつきをもたらしているのであろう。しかし、1476年、聖墳墓の騎士叙任を職務とする一人の人物が登場することとなる。ハンス・フォン・プロイセンである。

4. ハンス・フォン・プロイセンによる騎士叙任

1476年以降、数多くの巡礼記作者が、儀礼を施す者としてのハンスに言及している〔29・30・31・32・37・39・44・45・48・50・51・53・55・56〕が[15]、詳細な内容となるとフェリクス・ファブリ〔37〕とアーノルト・フォン・ハルフ〔53〕の二名のみとなる。まず、前者によると、聖墳墓の騎士になる条件として、「四代遡って高貴なる生まれであることが証明できる者」および「その身が不品行な行いによって汚されていない者」（不適格者の場合、叙任されても騎士とはみなされず、かつその高貴性が嘲りの対象とされてしまう)、ということが求められた。続いて、騎士叙任をとりなすハンスによる説教がなされ、以下のように騎士が遵守すべき項目が述べられた。

> さらに彼(ハンス)は、彼らに異教徒とのいかなる協定も禁じ、異教徒をキリスト教徒の地から可能な限り遠くまで駆逐するよう、そして何よりも、聖地と最も聖なる墓が異教徒の手から引き離されるまで労を惜しまぬよう彼らに要請し、そしてすべての王・侯・公・伯・辺境伯や武装したすべての者に聖地を助けられる状態になったらすぐにやってくるように促すこと、そして墓が捕えられているという哀れむべきことをすべての信心深き者に全身全霊で伝えることをその職務となすこと、そして、聖地の防衛のためにいつも戦えるように心構えをしておくこと(を要請した)。

かたや、後者の記述は以下の通りである。

> ハンス・フォン・プロイセン殿という名の老齢の騎士修道士(ritter broeder)が、騎士叙任を望む巡礼者に金の剣と二つの金の拍車を用意しており、私に騎士になりたいか、と聞く。私は「はい」と答える。彼は私に、良い家柄に生まれたのか、高貴なる父・母から生まれたのか、と聞く。私は、そうであることを望む、と答えた。彼は私に、一方の足を、そしてその次にもう一方の足を聖墳墓の上に置くように言った。そして彼は私の両足に金の拍車を着け、左腰に金の剣を帯でつけ、次のように言った。「剣を抜き、聖墳墓の前に跪きなさい。左手に剣を持ち、右手の二本の指を剣の上に添え、私に続いて次のように言いなさい。「高貴なる騎士である私は、長く遠い道を旅し、聖なる地エルサレムにおける栄誉を探し求めて多くの苦難と災禍に苦しみ、そして今や、私の罪が許されるために、そして高潔な生活を送れるようにするために、我らの主イエス・キリストの受難の地と聖なる墓に到着したので、ここで私は神の騎士となることを望み、私の信仰と栄誉に誓い、

未亡人・孤児・教会・修道院・貧しき者を保護し、そして栄誉ある騎士になるよう精進し、神と聖墳墓が私を助けて下さるようにするために、黒を白にするよう手助けするために、そして不正なることを正しくするよう手助けするために、その財産・金・友情・血縁に基づく形でいかなる人にも不当な取り扱いをしないことを誓う」と。私がこの言葉を繰り返し終えたとき、彼は私の手から剣を取り、「騎士よ、聖墳墓と聖ゲオルギウスの栄誉の下に立ち上がりなさい」と言いながら、それで私の背中を叩いた。天上の神よ、私と騎士である、あるいは騎士とされた私の仲間たちが、その誓いを決して破らぬように、どうかお守り下さい。アーメン。

ここに見られるのは、あくまでも騎士としてのモラルに関してのみであり、前者の記述に見られた聖地の回復についての文言が消えてしまっている。その背景として、ハンスが幾つかの説教パターンを持ち、「お客さん」の顔ぶれを見ていずれを選択するかを決めていた可能性、時代によりその説教内容に変化が生じていった可能性、巡礼記作者たちによる儀礼内容情報の取捨選択の可能性などが想定される。ともかくも、儀礼の基本路線は彼の下で整備され、形式化していったのであろうことは、儀礼を巡る環境の整備と管理化を窺い知りえることから明らかとなる。

やはりフェリクス・ファブリ〔37〕によると、上記の儀礼前の資格審査に合格した者はその名を名簿に記された。また、ピエトロ・カソーラ〔49〕によると、儀礼後にも叙任された者たちには証明書が発行された。証明書を作成する書記も複数名いたようであり、彼が聖墳墓教会を訪問した際、書記の手が足りなかったのでそれを手伝うこととなったのであるが、「管区長に渡された書式に従って」証明書を作成し、それに「管区長がその書に印璽を付した」とも記しており[16]、フランチェスコ会による儀礼の出入り口管理が行われていたことが解る。さらに、その背後に教皇庁による管理強化があったことは、聖墳墓教会にて叙任された者は、帰路にローマに立ち寄りそこで教皇から剣と剣帯を授与される、というディートリヒ・シャハテン〔44〕の記述が物語るところである[17]。

さて、そもそもハンス・フォン・プロイセンとはいかなる者であったのか。幾人かは、彼をガーディアンもしくはフランチェスコ会士と誤解している〔29・30・39・44・45〕。また、アーノルト・フォン・ハルフ〔53〕が彼を「騎士修道士」と表しているのは上の引用文が示すところである。しかし、恐らくは彼と直接に言葉を交わしたフェリクス・ファブリ〔37〕によると、彼はあくまでも俗人騎士であったが、フランチェスコ会第三会に属し、その生活スタイルは修道士と同じであり、かつ彼には修道院の食糧支給係・会計係という職務が委ねられていた。なお、ペロ・タフール〔10〕は「修道院に住むのを常としている10人から12人の我々（キリスト教徒）の騎士」の存在について記しており[18]、ハンスもこのような者の一人であったのかもしれない。さて、フェリクスの記述に戻ると、その卓越した人柄には、修道士たちのみならずムスリムからも一目置かれていた。加えて、彼には騎士叙任の儀礼を執り行うことがフランチェスコ会から委託され、それは教皇および皇帝からも権限付与という形で認可されており[19]、このことはディートリヒ・シャハテン〔44〕の記述からも確認できる。また、サント・ブラスカ〔32〕によると、彼は「（神聖ローマ）皇帝の使節」でもあった。管理の強化により半ば組織化した「聖墳墓の騎士」に、皇帝がどのように関与していたのかを現存する史料から見ることはできないものの、ハンス・フォン・プロイセンという個人を媒介として、「聖墳墓の騎士」がフランチェスコ会と、さらにフランチェスコ会を媒介として間接的に教皇庁と結び付き、その管理下に組み込まれていく体制の基礎を構築した、と言うことは可能であろう。

5.「聖墳墓の騎士」の儀礼の管理化へ

1498年、ハンス・フォン・プロイセンは死去するが、その存命中の1489年、教皇インノケンティウス8世は勅書 *Cum solerti* を発し、それにより聖ヨハネ騎士修道会総長が聖墳墓の騎士たちを束ねることとなった。ここに、あくまでも個人的であった「聖墳墓の騎士」が組織としての枠組みを与えられることとなった。恐らくはハンス・フォン・プロイセンの老齢ゆえであろう、1496年には、教皇アレクサンデル6世はガーディアンに騎士叙任を行う権限を正式に認可した。ただし、それでもなおその権限を巡っては不安定であったらしく、アレクサンデル6世の命は、1516年にレオ10世により、1525年にはクレメンス7世により繰り返し発せられ、勅書という最終形を見たのは1642年のウルバヌス8世の時代であった[20]。このような状況の中で、ハンスの死後から本稿第2章に挙げた儀礼の定式化に至るまでの間、儀礼に微妙な変化が生じていたことを、巡礼記の記述から読み取ることができるのである。

変化の一つとしてまず挙げられるのが、商人の排除である。上記のように、1480年代以降、騎士叙任を受けることを希望する者は、その資格の一つとして血統の高貴性を事前に問われたが、史料上においては1518年以降より、「その財産が商業や高利によって獲得されたものであってはならない」といった項目が付け加わっていくこととなる〔66・68・69・71・73〕[21]。確かに、例えば商人のディートリヒ・フォン・ケットラー〔69〕が叙任されているように、商人の排除が必ずしも厳密に守られたかどうかは疑わしい。しかし、例えば1481～1500年において巡礼者の内で聖墳墓の騎士となった者の割合が約40％であったのに比べて[22]、1518年以降のその割合は10％前後となり、儀礼の厳密化が求められていたことを窺わせる[23]。その背景として考えられるのは、キリスト教徒としての資質、および戦うことという騎士としての本質的な資格がより厳密に求められたことであるが、後者についてはもう一つの変化にも反映されている。

やはり、史料上においては1519年以降、聖墳墓の騎士としての規則の授与の中に「我々は聖地と聖墳墓が異教徒の勢力下にあること、そのことは当然憐れまれなければならないのであるが、それを目の当たりにしている。それゆえに、キリスト教世界の全ての貴族・有力者を、異教徒を聖地から駆逐し根絶するように、そしてキリスト教徒の手に戻すよう、突き動かすように」といった文言が見られることとなる〔66・68・69・71・73・74・79〕[24]。この文言自体は決して新しいものではなく、フェリクス・ファブリ〔37〕も同様の文言を記していることは上に見たとおりである。しかし、この文言が儀礼の中に定着するのは1518年以降のことであり、16世紀に入ってもなおマムルーク朝期における儀礼の模様を記すピエール・メサンジュ〔62〕やニコラス・ヴァンケル〔63〕の記述の中にはそれを確認することはできない[25]。

いずれにせよ、これらの変化がオスマン帝国による聖地支配およびマムルーク朝の滅亡と時期的に重なるのは偶然ではなかろう。それまではマムルーク朝のスルタンとガーディアンとの間に良好な関係が構築されており、それがゆえに聖地にフランチェスコ会が存在することができたことは、1493～1496年および1512～1515年の間にガーディアンを務めたフランチェスコ・スリアーノの記述から明らかであり[26]、オスマン帝国による聖地の支配がその関係を無に帰し、その結果として聖地のフランチェスコ会の存在そのものにとって大きな脅威となったのであろう。その対抗処置の一つとして、レオ10世からの騎士叙任の権限の再認が、オスマン帝国がシリアを併合したその年に求められたとも考えられる。従って、儀礼に見られる変化は、オスマン帝国の脅威に対抗するための実力の確保を願ったガーディアンの心情を具現化したものであると考えられるのである。その後、1561年に『目録』*Registrum* が作成され始めることとなった。そこに至っても我々は Ordo Equestris Sancti Sepulcri Hierosolymitani という名称を見出すことはできないものの[27]、着実に「聖墳墓の騎士」の管理化は進んでいたのである。

6. ムスリムの「管理」――「おわりに」にかえて

ただし、そもそも「聖墳墓の騎士」がより大きなものの管理下に置かれていたことを、我々は思い起こさねばならない。確かに「聖墳墓の騎士」の儀礼が行われる空間の管理はフランチェスコ会に委ねられていたが、その権利は聖地およびその周辺域全体を支配下に置くムスリムから与えられたものであった。表の「その他」の記述の多くは、儀礼がムスリムの管理の中で行われたことを伝えるものである〔4・25・30・31・36・38・39・43・47・48・56・57・77・

80〕[28]。騎士に叙された者たちは、ムスリムの監視の目から隠れる形で密かに行われる儀礼の中に、より多くの神秘性や聖性を、あるいはスリリングな肝試しを乗り越えた勇敢さを感じたのかもしれないし、そのような中で騎士に叙されるという行為を共有するものたちの間での紐帯はより強いものになったのかもしれない。クラメルの言う兄弟団的性格、あるいは多くのドイツ人巡礼者たちの言う「旅仲間」・「旅集団」Reisegesellchaftについての考察については別に機会を設けたい。しかし、多くの巡礼記作者たちが伝えるように、果たしてムスリムの監視は儀礼の神秘性・聖性を高める舞台装置としてのみの機能しか有さなかったのであろう。コンラート・フォン・グリューネムベルク〔39〕による次のような証言を考慮に入れると、それは騎士に叙された者たちの願望であったとも思えるのである。

> 我々は、(儀礼の最中に)異教徒が入ってこないように多額の金銭・チップを彼らに支払った。それにも関わらず、(聖墳墓教会から)出る時も金銭を要求された。我々が支払いを拒否すると彼らは怒りだし、十字架を投げつけてその上に唾を吐いたのであった。

註

1 http://www.vatican.va/roman_curia/institutions_connected/oessh/; http://www.oessg-lgimt.it/; http://www.santosepolcrosicilia.it/

2 Cramer, V., "Der Ritterschlag am Heiligen Grabe: Zur Entstehung und Frühgeschichte des Ritterordens vom Heiligen Grabe", *Das Heilige Land in Vergangenheit und Gegenwart*, 2, 1940, S. 137–199; Id., "Das Rittertum vom Heiligen Grabe im 14. und 15. Jahrhundert", *Das Heilige Land in Vergangenheit und Gegenwart*, 3, 1941, S. 111–200; Id., "Das Rittertum vom Hl. Grabe im 16. Jahrhundert: Der Übergang zu einem Ritterorden unter der Schutzherrschaft der Päpste", *Das Heilige Land in Vergangenheit und Gegenwart*, 4, 1949, S. 81–159; Id., "Das Ritterordern vom Hl. Grabe vom Beginn des 17. Jahrhunderts bis zur Reform durch Pius IX. (1600–1868)", *Das Heilige Land in Vergangenheit und Gegenwart*, 5, 1950, S. 97–185.

3 Röhricht, R. und Meisner, H., *Deutsche Pilgerreisen nach dem Heiligen Lande*, Berlin, 1880(以下、*Deutsche Pilgerreisen* と略記), S. 32 f.

4 Elm, K., "Kanoniker und Ritter vom Heiligen Grab: Ein Beitrag zur Entstehung und Frühgeschichte der palästinenischen Ritterorden", Fleckenstein, J. und Hellmann, M. (Hrsg.), *Die geistlichen Ritterorden Europas*, Sigmaringen, 1980, S. 141-169; Id., *Umbilicus Mundi: Beiträge zur Geschichte Jerusalems, der Kreuzzüge, des Kapitels vom Hig. Grab in Jerusalem und der Ritterorden*, Brugge, 1998.

5 De Gennes, J-P., *Insignes et décorations de l'ordre équestre du Saint-Sépilcre de Jérusalem: Des origines à nos jours*, Versailles, 2002; Id., *Les chevaliers du Saint-Sépilcre de Jérusalem*, 2 tomes, Versailles, 2004（以下、*Les chevaliers* と略記）; Damien, A., *Memento du chevalier de l'ordre équestre du Saint-Sépilcre de Jérusalem*, Versailles, 2003.

6 Dalena, P. (a cura di), *Militia Sancti Sepulcri: la storia-i luoghi-gli itinerari*, Bari, 2006.

7 紙幅の都合上、ここにすべての巡礼記リストは記せないので、史料や作者の諸情報については以下の拙稿を参照されたい。拙稿「後期十字軍再考（1）―14 世紀の聖地巡礼記に見る十字軍観―」『ヨーロッパ文化史研究』7 号、2006 年、13 ～ 28 頁；同「15 世紀前半の聖地巡礼記に見る十字軍・イスラーム・ムスリム観―後期十字軍再考（3）―」『ヨーロッパ文化史研究』10 号、2009 年、56 ～ 65 頁；同「1450 ～ 1480 年の聖地巡礼記に見るイスラーム観・ムスリム観・十字軍観―後期十字軍再考（4）―」『ヨーロッパ文化史研究』12 号、2011 年、182 ～ 195 頁；同「1481 ～ 1500 年の聖地巡礼記に見るイスラーム観・ムスリム観・十字軍観―後期十字軍再考（5）―」『ヨーロッパ文化史研究』13 号、2012 年（以下、「後期十字軍再考（5)」と略記）、203 ～ 214 頁；同「1501 ～ 1530 年の聖地巡礼記に見るイスラーム観・ムスリム観・十字軍観―後期十字軍再考（6）―」『ヨーロッパ文化史研究』14 号、2013 年、102 ～ 112 頁；同「1531 ～ 1550 年の聖地巡礼記に見るイスラーム観・ムスリム観・十字軍観―後期十字軍再考（7）―」『ヨーロッパ文化史研究』15 号、2014 年刊行予定。なお、本稿では、これらの拙稿作成当時に未入手であった以下の 4 人の巡礼者の記述も確認することができた。ウォーリック伯リチャード・ボーシャン〔2〕(British Library, Cottonian Library, Julius E. IV, fol. 201 et seq.); ヤン・コッパール・ヴレーヌ〔6〕(Bibliothèque nationale, dép. manuscrits, nouvelles acquisitions françaises 10058, fo 17-26); ハンス・コップラー（1461 年）("Hans Koppler, *Rais in das heilig land* (1461)", Herz, R., Huschenbett, D. und Sczesny, F. (Hrsg.), *Fünf Palästina-Pilgerberichte aud dem 15. Jahrhundert*, Wiesbaden, 1998, S. 175-224); ニコル・ル・フアン〔42〕(Le Huen, N., *Des saintes pérégrinations de Jerusalem*, Lyon, 1488)。

8 82:A Meggen, J., *Peregrination Hierosolymitana*, Dillingae, 1580, pp. 136-146. 他に同様の記述を残すのは、以下の者たちである。66:De Rivera, E., *Este libro es de el viaje q hize a Jerusalem; de tidas las cosas que en el me pasaron, desde que salille mi*

casa de Bornos, Sevilla, 1606, fol. 79 r-82 l · 67:Saligniaco, B., *Itinerarii Terre Sancte*, Lugdni, 1525, fol. 30 l-31 l · 68:Diesbach, M-F. (éd.), "Les pèlerins fribourgeois à Jérusalem, 1436-1640, étude historique", *Archives de la société d'histoire du canton de Fribourg*, 5, 1893 (以下、"Les pèlerins fribourgeois" と略記), p. 224 f., 267-273 · 69:Hoogeweg, H. (Hrsg.), "Eine westfälische Pilgerfahert nach dem Heiligen Lande von Jahre 1519", *Zeitschrift für vaterländische Geschichte und Alterthumskunde*, 47, 1889, S. 165-208, 48, 1890, S. 66-69 · 71:Tschudi, L., *Reyss und Bilgerfahrt zum Heyligen Grab dess Edlen und Bestrengen Herzen/ Ludwigen Tschudis von Glarus/ Herzn zu Glaplong/ zr. Ritters*, Freyburg, 1610, fol. 307-312 · 73:Kuynretorff, G., *Jerusalemsche Reyse, soe in verganghen Jaren gheschiedt is, dorch Geert Kuynretorff, met sampt Peter van Aenholt, ende Edo Romkes, ende met des voergenoemden Heeren Geerts eugen Hant seer vlytigh beschreven*, Kampen, 1555, fol. M6 l-M8 l · 74:Bloesch, H. (Hrsg.), *Heinrich Wölflis Reise nach Jerusalem 1520/1521*, Bern, 1929, S. 126-131 · 75:Röhricht (Hrsg.), "Bericht wohl von einem Geistlichen (Jerusalem bis Zyoern)", *Zeitschrift für deutsche Phillologie*, 25, 1893, S. 191 · 77:Conrady, L. (Hrsg.), *Vier rheinische Palaestina-Pilgerschriften des XIV. XV. und XVI. Jahrhunderts*, Wiesbaden, 1882 (以下、*Vier rheinische* と略記), S. 271-273 · 79:Gonnet, C. (ed.), "Bedevaart naar Jerusalem in 1525. De Bedevaarten in den ouden tijd. Den Nederlandsche Bedevaarten in het algemeen en die naar Jerusalem in het Bijzonder", *Bijdragen voor de geschiedenis van het Bisdom van Haarlem*, 11, 1884, pp. 137-139 · 84:Regnaut, A., *Discours du voyage d'outremer au Saint Sepulcre de Jérusalem et autres lieux de la Terre saincte, avec plusieurs traictez*, Lyon, 1573, pp. 188-199.

9 1:Basnage, J. (ed.), "Itineraria de Boldensleve et de Frameynsperg observation", *Thesaurus monumentorum ecclesiasticorum et historicorum, sive Henrici Canisii lectiones antiquae*, Antwerpen, 1725, p. 349.

10 *Les chevaliers*, 1, p. 270.

11 3:Ghinassi, G. (a cura di), "Viaggio a Gerusalemme di Nicoló da Este descritto da Luchino dal Campo ed ora per la prima volta messo in luce", *Collezione di opere inedite o rare dei primi tre secoli della lingua, pubblicata per cura dell R. Commissione pe' testi di lingua nelle Provincie dell'Emilia*, 1, Torino/Bologna, 1861, p. 125 f.

12 4:La Grange, Le Marquis (éd.), *Voyaige d'outremer en Jhérusalem par le seigneur de Caumont, l'an MCCCCXVIII*, Paris, 1858. pp. 50-52.

13 20:Christ, D. (Hrsg.), *Das Familienbuch der Herren von Eptingen*, Basel, 1992 (以下、*Eptingen* と略記), S. 266-268.

14 5:Bulst-Thiele, M. (Hrsg.), *Opuscula, itinerarius die Pilgerfahrt des Pfalzgrafen Ludwig III. ins Heilige Land 1426/27*, Heidelberg, 1986, S. 55; 6:Bibliothèque nationale, dép. manuscrits, nouvelles acquisitions françaises 10058, fo 31ro; 9:Geisheim, F.

(Hrsg.), *Die Hohenzollern am Heiligen Grabe*, Berlin, 1858, S. 238 f.; 10:De la Espada, M. (ed.), *Andanças e viajes de un hidalgo español*, Madrid, 1874, rep. 1982（以下、*Andanças* と略記）, p. 40 f., 46; 12・16:Bernoulli, R. (Hrsg.), "Hans und Peter Rot's Pilgerreisen, 1440 und 1453", *Beitrage zur vaterlandischen Geschichte*, *N.F.* 1, 1882, S. 354 f. 〔12〕, 405 f. 〔16〕; 13:Feyerabend, S. (Hrsg.), *Reyßbuch deß heyligen Lands, Das ist Ein grundtliche beschreibung aller vnd jeder Meer vnd Bilgerfahrten zum heyligen Lande, so bißhero, in zeit dasselbig von den Vngläubigen erobert vnd inn gehabt, beyde mit bewehrter Hand vnd Kriegßmacht, zu wider Eroberung deren Landt, vorgenommen*, Franckfort am Mayn, 1584（以下、*Reyßbuch* と略記）, fol. 237 b; 14:Harleß, W. (Hrsg.), "Bericht über die Pilgerfahrt Herzogs Johann Ⅰ. von Cleve nach dem heiligen Lande (1450–1451)", *Zeitschrift des Bergischen Geschichtsvereins*, 35, 1901, S. 131 f.; 15:Travers, É. (éd.), "Pèlerinages en Terre Sainte II", *Revue historque*, *n.s.* 5, 1869, p. 258; 18:Romagnoli, G. (a cura di), *Viaggio in Terra Santa fatto e descritto per Roberto da Sanseverino*, Bologna, 1888, p. 105 f.; 19:Bandel, B. (ed.), *The Itineraries of William Wey, Fellow of Eton College to Jerusalem, A. D. 1458 and A. D. 1462; and to Saint James of Compostella, A. D. 1456*, London, 1856, p. 41; 22:Röricht und Meisner (Hrsg.), *Das Reisebuch der Familie Rieter*, Tübingen, 1884（以下、*Rieter* と略記）, S. 19; 24:Faix, G. und Reichert, F. (Hrsg.), *Eberhard im Bart und die Wallfahrt nach Jerusalem im späten Mittelalter*, Stuttgart, 1998, S. 180; 25:Röricht (Hrsg.), "Jerusalemfahrt des Grafen Gaudenz von Kirchberg, Vogtes von Matsch (1470)", *Forschungen und Mitteilungen zur Geschichte Tirols und Vorarlbergs*, 2, 1905, S. 142 f.; 26:Röhricht (Hrsg.), "Die Jerusalemfahrt des Kanonikus Ulrich Brunner vom Haugstift in Würzburg (1470)", *Zeitschrift des deutschen Palästina-Vereins*, 29, 1906, S. 33.

15　29:Rhenanus, F. (Hrsg.), "Martin Ketzels von Augsburg Reise nach dem gelobten Lande im Jahr 1476, von ihm selbst beschrieben", Bother, F. und Vogler, J. (Hrsg.), *Altes und Neues für Geschichte und Dichtkunst*, Patsdam, 1832, S. 78; 30:*Rieter*, S. 57; 31:Herz, R. (Hrsg.), *Die 'Reise ins Gelobte Land', Hans Tuchers des Älteren (1479-1480)*, Wiesbaden, 2002, S. 440 f.; 32:Lepschy, A. (a cura di), *Viaggio in Terrasanta di Santo Brasca 1480 con l'Itinerario di Gabriele Capodilista 1458*, Milano, 1966, p. 98; 37:Hassler, D. (Hrsg.), *Fratris Felicis Fabri Evagatorium in Terrae Sanctae, Arabiae et Egypti peregrinationem*, 2, Stuttgart, 1843（以下、*Fabri* と略記）, S. 3.; 39:Denke, A. (Hrsg.), *Konrad Grünembergs Pilgerreise ins Heiligen Land 1486*, Köin/Weimar/Wien, 2011, S. 448; 44:*Deutsche Pilgerreisen*, S. 208; 45:*Deutsche Pilgerreisen*, S.267; 48:Röhricht (Hrsg), "Die Jerusalemfahrt des Heinrich von Zedlitz (1493)", *Zeitschrift des deutschen Palästina-Vereins*, 17, 1894, S. 282; 50:Schön, Th. (Hrsg.), "Eine Pilgerfahrt in das heilige Land im Jahre 1494", *Mitteilungen des Instituts für Österreichische Geschichtsforschung*, 13, 1892, S. 447; 51:*Reyßbuch*, fol. 40 b;

53:Groote, E.（Hrsg.）, *Die Pilgerfahrt des Ritters Arnold von Harff*, Cöln, 1860, S. 173 f.; 55:*Reyßbuch*, fol. 48 b; 56:Ostertag, J.（Hrsg.）, "Hans Schürpfen des Rats zu Luzern Pilgerfahrt nach Jerusalem 1497", *Der Geschichtsfreund, Mitteilungen des historischen Vereins der fünf Ort*, 8, 1852, S. 212 f.

16　49:Paoletti, A.（a cura di）, *Viaggio a Gerusalemme di Pietro Casola*, Torino, 2001, p. 208 f.

17　なお、それまでは、「聖墳墓の騎士」となった者は帰路のキプロス王国にて国王立ち会いの下に「キプロスの剣の騎士団（沈黙と剣の騎士団）」に入団するのが習わしであった。11:"Les pèlerins fribourgeois", p. 207; 20:*Eptingen*, S. 282–285; 33:*Fabri*, 1, S. 42.

18　10:, *Andanças*, p. 40.

19　37:*Fabri*, 1, S. 248 f., 2, S. 2 f.

20　「聖墳墓の騎士」を巡る教皇勅令については、Cramer, "Der Ritterschlag am Heiligen Grabe", S. 137–199; *Les chevaliers*, 1, p. 32 f., 100–131, 371 ff. を参照。

21　これらについては本稿註（8）を参照。

22　「後期十字軍再考（5）」233 頁。

23　数値は、68・70・71の記述より算出した。70:Schmid, J.（Hrsg.）, *Luzerner und Innerschweizer Pilgerreisen zum Heiligen Grab in Jerusalem vom 15. bis 17. Jahrhundert*, Luzern, 1957, S. 246 f. 68・71 については本稿註（8）を参照。

24　これらについては本稿註（8）を参照。

25　62:mss de Rouen A. 280 A, fo 65 ro f.・63:Wanckel, N., *Ein kurtze vermerckung der heyligen Stet des heyligen landts, in vund vmb Jerusalem, mit verzeychnung der mercklichsten ding in den selbigen geschehen. Auch wie nahent vnnd verre ein Stet von der andern sey*, Nürnberg, 1517, fol. 18 l–19 ll. なお、そこには商人の排除についても見られない。

26　Golubovich, G.（ed）, *Il trattato di Terra Santa e dell'oriente di frate Francesco Suriano, missionario e viaggiatore del secolo XV（Siria, Palestina, Arabia, Egitto, Abissinia, ecc.）*, Milano, 1900, pp. 113–117. なお、フランチェスコ・スリアーノについては、「後期十字軍再考（5）」204~214 頁を参照。

27　Piccirillo, M.（a cura di）, *Registrum Equitum SSmi Sepulchri D.N.J.C.（1561-1848）*, Jerusalem, 2006.

28　本稿註（12）・（14）・（15）に加えて、36:Mozler I.（Hrsg.）, *Bernhard von Breydenbach, Peregrinatio in Terram Sanctam*, Berlin, 2010, S. 169; 38:*Deutsche Pilgerreisen*, S. 118; 43:De Larroque, P., "Voyage à Jérusalem de Philippe de Voisins, Seigneur de Montaut", *Archives historiques de la Gascogne*, 1883, p. 32; 47:Jacobs, E.（Hrsg）, "Ueber die Meerfahrt Graf Bothos des Glückseligen zu Stolberg ins gelobte Land. 16. April 1493 bis 9. Februar 1494", *Zeitschrift des Harz-Vereins für Geschichte und Alterthumskunde*, 1, 1868, S. 216; 57:Röhricht (Hrsg.), "Die Jerusalemfahrt des Herzogs Heinrich des Frommen von Sachsen (1498)", *Zeitschrift des deutschen Palästina-Vereins*, 24, 1901, S. 21; 77:*Vier rheinische*, S. 272; 80:Lanher, J. et Martin, Ph. (éd.), *Dom Loupvent: le voyage d'un Lorrain en Terre Sainte au XVIe siècle*, Stanislas, 2007, p. 142.

中世のメッカ巡礼と医療
——クスター・イブン・ルーカーの巡礼医学書の記述から

太田啓子

はじめに

歴史的に見て、人間の移動は必然的にモノや情報の交換といった経済的・文化的交流を伴ってきた。その結果、移動を通じて様々な社会集団間の交流が促進され、ゆるやかに世界が結びついていく動きが見られた。こうした人間の移動の1つの形態が「旅」であり、旅は人が本質的に持つ移動性を体現する行為であった。

前近代における旅や移動の事例としては、村落・都市間の旅商人の移動や農村から都市への人口の流入、非耕作地や征服地への入植活動、ひいては十字軍遠征などの広域戦闘行為や、地中海貿易、インド洋貿易などの長距離交易活動などが挙げられる。そういった事例の中でも、宗教的儀礼としての巡礼行為は、19世紀半ばにイギリスにおいて旅行会社トマス・クックが設立されるなど、レジャーとしての空間移動が民衆層に浸透するようになるまで、民衆の「旅」の主要な目的であるとともに、「旅」を正当化し、実現せしめる主要な要因でもあった[1]。

イスラーム教においては五行（全てのイスラーム教徒に課せられた5つの信仰行為）の一つに大巡礼 *ḥajj*（イスラーム暦第12月に、集団で行われる聖地メッカおよび周辺の聖跡への巡礼）があり、それをなしうるイスラーム教徒は一生に一度、大巡礼を行うことが義務付けられている[2]。他の宗教においても巡礼という社会的・宗教的現象は見られるが、巡礼を宗教的義務と定めている点がイスラーム教が他の宗教と異なる点である。聖典クルアーンにおいては「本当に人びとのために最初に建立された家は、バッカ（メッカ）のそれで、それは生けるもの凡てへの祝福であり導きである」(3:96)、「その中には、明白な印があり、イブラーヒームが礼拝に立った場所がある。また誰でもその中に入る者は、平安が与えられる。この家への巡礼は、そこに赴ける人びとに課せられたアッラーへの義務である。」(3:97) と明記されている[3]。このことが、前近代という安全面においても金銭面においても長距離移動が必ずしも容易ではなかった時代において、イスラーム教徒の長距離移動を促進した。またその結果、大巡礼の宗教的儀式を通して「イスラーム世界」におけるメッカの中心性は形成され、大巡礼を行った個々のイスラーム教徒の心の中にイスラーム共同体の成員としての自覚が育まれていった。大巡礼の体験は、メッカ巡礼記文学などの「旅の記録」を通じて、全イスラーム教徒の一種の共有財産となり、その情報が継承されていった。19 世紀半ばから 20 世紀に入り、蒸気船などの交通機関が発達するにつれて、メッカ巡礼はさらに大規模に行われるようになった。

そしてこのメッカ巡礼において、医療、衛生の問題は非常に重要な問題であった。19 世紀以降、オスマン朝、ムハンマド・アリー朝、カージャール朝などのイスラーム諸王朝およびイギリス、オランダなどのヨーロッパ諸国は、メッカ巡礼の時期における疫病発生リスクへの対応策として各地の主要巡礼港に検疫所を設置、巡礼者が蒸気船に乗る前の医療チェックの徹底を実施した。また、巡礼ルート上の中継都市（アレクサンドリア、スエズ、ジッダ、アデンなど）におけるコレラなどの疫病発生については、英国下院議会などにその状況が逐一報告された[4]。現代でもメッカ巡礼における医療・衛生問題は 2 聖都メッカ・メディナの守護者を自認するサウディアラビア王国政府にとって重要な問題として認識されており、2013 年のメッカ巡礼において、中東呼吸器症候

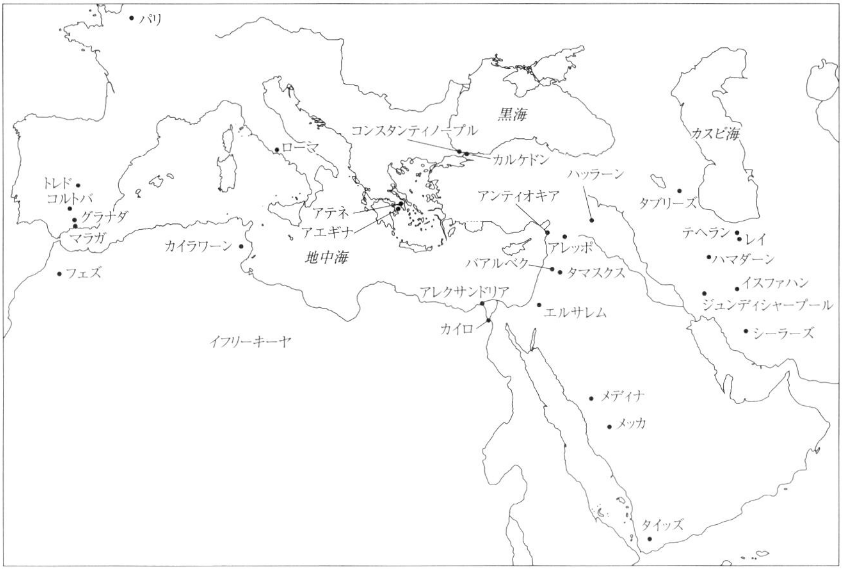

地図　中世の環地中海世界

群（MERS）コロナウィルスの感染拡大を恐れた当局が、感染が疑われる者に巡礼を思いとどまるよう勧告を行うとともに、巡礼ビザの発給数を減らして入国者数を抑えたため、巡礼者が例年の半分ほどの150万人にとどまったのは記憶に新しい[5]。

しかしながら、メッカ巡礼者の医療問題が重要視されたのは前近代においても例外ではなかった。家島彦一氏はメッカ巡礼に関する記録史料を（1）メッカ巡礼記、（2）巡礼地理案内、（3）メッカ史跡案内書、（4）メッカ人名録、（5）巡礼医学書、（6）巡礼功徳の書、の6種に大別しているが、そのうち5番目の巡礼医学書とは、メッカ巡礼の旅の途上における巡礼者の食養生等に関する基礎知識を解説した書であり、巡礼における医療の問題は前近代の知識人の間でも懸案事項として論じられていたことが伺える[6]。この種の史料のうち、現存する唯一のものが、9世紀に著された、クスター・イブン・ルーカー Qusṭā b. Lūqā al-Baʿlabakkī（d. ca. 912–913）の『大巡礼の旅を行うにあたってのハサン・ブン・マフラドへの助言 *Risāla ilā al-Ḥasan b. Makhlad fī tadbīr safar al-ḥajj*』である。本稿ではこの史料を取り上げ、前近代のメッカ巡礼における医療の実情を明らかにするとともに、この知が先人からどのように受け継がれてきたか、また後世にどのように伝えられていったかを検証し、「旅」をめぐる知のあり方について検討したい。

1. クスター・イブン・ルーカーについて

哲学、医学、数学、天文学など多岐にわたる分野において著作を著すとともにギリシャ語文献のアラビア語への翻訳活動に従事し、中世における科学の発展に多大なる貢献を行ったクスター・イブン・ルーカー Qusṭā b. Lūqā al-Baʿlabakkī（d. ca. 912-913）は、9世紀半ば、レバノンのバアルベク Baʿalbakk にてキリスト教徒の家に生まれた[7]。青年期にビザンティンに留学して学問を修めた彼はギリシャ語、シリア語、アラビア語に精通していたと言われている。後にバグダードに招聘された彼は、カリフ＝ムスタイーン al-Mustaʿīn（r. 862-866）治世下においてギリシャ語文献翻訳活動に従事、多くのギリシャ語文献のアラビア語への翻訳・校訂を行うとともに自ら著作も著した。またこの時期、イスラーム教徒の哲学者であるとともに「アラブ人の哲学者」として名高く、カリフ＝マームーン al-Maʾmūn（r. 813-833）、ムータスィム al-Muʿtaṣim（r. 833-842）に仕え多くの著作を献呈したアル・キンディー al-Kindī（8世紀末-9世紀半ば）[8] と知己を得たほか、ネストリウス派キリスト教徒の翻訳家、医者、哲学者であり、カリフ＝ムタワッキル al-Mutawakkil（r. 847-861）の下で宮廷医に就任したフナイン・イブン・イスハーク Ḥunayn Ibn Isḥāq（808-873）[9]、サービア派キリスト教徒の数学者、天文学者、医者であり、カリフ＝ムウタディド al-Muʿtadid（r. 892-902）に仕えたサービト・イブン・クッラ Thābit Ibn Qurra（ca. 826-901）[10] といった同時代の知識人とも交友関係があった。860-870年頃アルメニアへと移住し、そこでいくつかの著作を著し、912-13年頃に亡くなったと伝えられている。

9世紀にアッバース朝治下において最盛期を迎えたギリシャ語文献のアラビア語への翻訳活動における主要な担い手の1人として、クスター・イブン・ルーカーはこの時期の知識人の例にもれず、富裕なパトロンの求めに応じる形で数学、天文学、哲学、医学などの様々な分野における文献を多数アラビア語に翻訳した。その中には数学者ディオファントス Diophantos（ca. 200–299）の『数論』、天文学者アウトリュコス Autolycus（ca. B. C. 360–ca. 290）の『天体の出没について』の他、天文学者アリスタルコス Aristarchos（B. C. 3世紀）、医学者ガレノス Galēnos（ca. 130–201）らの著作の翻訳、校訂も含まれる。その一方で数学書『ユークリッド「原論」への疑問』や、天文学書『天球儀の使い方』、哲学書『霊魂と精気の違いについて』、医学書『しびれについて』など、広範な分野で自身の著作を著し、その著作は60点を超えると伝えられている。著作タイトルの多くは10世紀にバグダードを中心に書店主として活躍したイブン・ナディーム（d. 990 or 995 or 998）[11]の著した『目録』によって伝えられているが、その著作からは彼が当時のイスラーム医学の根幹を形成していた医学者ヒッポクラテス Hippokratēs（ca. B. C. 460–337）、ガレノスの体液論に精通していたことが明らかである。イブン・ナディームは彼について「彼は古典的著作の翻訳を行ない、医学、哲学、工学、数学、音楽など多くの学問的知識を有していた。アラビア語とギリシャ語に精通しているのは誰もが認めるところであった。」「彼はその卓越した医学に関する知識ゆえにフナイン・イブン・イスハークに優る」と伝え、彼の名前をギリシャ科学の導入にあたって最も貢献したフナイン・ブン・イスハークに比するものとして挙げている[12]。クスターに対する高い評価は中世ヨーロッパにも引き継がれた。1254年のパリ大学の人文学科においては心理学・自然哲学分野の講読課題図書としてアリストテレス Aristotelēs（B. C. 384–322）の10タイトル以外で選ばれていたのはクスターの『霊魂と精気の違いについて』のみであった[13]。そしてそのような彼の著作の一つに『大巡礼を行うにあたってのハサン・ブン・マフラドへの助言 *Risāla ilā al-Ḥasan b. Makhlad fī tadbīr safar al-ḥajj*』がある。

2.『大巡礼の旅を行うにあたってのハサン・ブン・マフラドへの助言』

『大巡礼の旅を行うにあたってのハサン・ブン・マフラドへの助言 *Risāla ilā al-Ḥasan b. Makhlad fī tadbīr safar al-ḥajj*』は、そのタイトルが示すように、ハサン・ブン・マフラド Ḥasan b. Makhlad という人物が大巡礼に赴くにあたってクスター・イブン・ルーカーが与えた医療上の助言から成る著作である[14]。ハサン・ブン・マフラド al-Ḥasan b. Makhlad b. al-Jarrāḥ は元々キリスト教徒であったがのちにイスラーム教徒に改宗したアッバース朝の行政官僚であり、カリフ＝ムタワッキル、ムウタミド al-Muʻtamid（r. 870–892）治世下においてワズィール *wazīr*（宰相）を努めた人物であった[15]。テキストは14章からなり、現存する唯一のメッカ巡礼者向けの医療手引き書である。その内容は非常に実用的であるとともに、彼のギリシャ医学への造詣を余すことなく表している。

クスターはテキスト冒頭においてハサン・ブン・マフラドに対し、置いていくことの出来ない子どもたちがいること、主人である Abū al-Ḥasan ʻUbayd Allāh b. Yaḥyā[16] より叱責を受けるであろうことなどを理由として挙げ、彼に同行できない事情を説明する。その上で、ハサンが旅の途上において必要とするであろう事柄を、彼が同行する代わりとなる書物に書き記す、と本書執筆の理由を述べる[17]。クスターは一般的な旅行者が必要とする情報を、(1) 休息、飲食、睡眠、性交渉を持つべき時期について、(2) 疲労の種類とそれらへの対処法、(3) 異なる風によって引き起こされる病気とその治療法、(4) 有害小動物への予防とそれらによって怪我をした時の治療法、であると述べた上で、巡礼に赴くものにはこれらの情報に加えて (5) 水の種類とそれが汚染された時の改良法、(6) 水が欠乏している時の対処法と渇きを断ち切る方法、(7) メジナ虫が発生する要因の予防法と痔疾による弊害、(8) ヘビへの予防とそれによって怪我をした時の治療法、が必要であると告げる[18]。その後、メッカ巡礼に赴くものがあらかじめ知っておくべき具体的な知識について以下の14章が続く[19]。

・第1章：旅の養生法と、飲食、休息、睡眠、性交渉を持つべき時期について
・第2章：疲労とその原因、治療法
・第3章：マッサージ法について
・第4章：異なる風によってもたらされる病について
・第5章：極端に暖かい空気と冷たい空気によって引き起こされる耳の病気とその治療について
・第6章：気候の変化によって引き起こされるリュウマチ、咳とその治療法
・第7章：気候の変化、埃、風によって引き起こされる目の病気とその治療法
・第8章：水の品質の見分け方について
・第9章：汚染された水の改良法について
・第10章：水の欠乏と渇きを断ち切る方法について
・第11章：有害小動物全般に対する予防法
・第12章：有害小動物に噛まれた時の治療法
・第13章：メジナ虫発生の原因とその予防法
・第14章：メジナ虫が発生した場合の治療法

以上が本テキストの構成であるが、その内容は簡潔にして詳細、実際的かつ具体的であり、クスターがメッカ巡礼者が直面するであろう病気や傷害に深い見識を持っていたことが分かる。メッカ巡礼者は気候の変動や疲労、食習慣の変化、飲料水の汚染や有害な昆虫、動物、寄生虫などによって引き起こされる症状など、巡礼において多くの困難に直面し、その途上で生命を落とす者も多かった。こういった事情から、本書はハサン・ブン・マフラドのようなメッカ巡礼者にとって非常に有益な医療手引き書であったと思われる。

本テキストに関してはG. ボスが現存する複数の写本を照合しつつテキストの校訂、英訳を行うとともに内容の詳細な分析を行い、先行するギリシャ語諸

文献との関連性を検証している。氏はクスター・イブン・ルーカーがヒッポクラテス、ガレノスら古代ギリシャの医学者の著作および、ビザンティン期に活躍した医学者であるアエギナのパウロス Paul of Aegina（7世紀）にその理論的知識と具体的な医療技術を大きく依拠していることを明らかにするとともに、こうした旅行者への医療手引き書というジャンルが紀元前4世紀までさかのぼることを指摘している[20]。氏の研究はクスターが先行文献から踏襲した部分、クスターのオリジナルな部分を明らかにし、古代ギリシャからの知の連環を明らかにしたという点において、その功績は大きい。しかしながら本テキストの具体的な検討および本テキストが執筆された政治的・文化的状況への分析についてはまだ研究の余地が残されていると言える。本稿においては本テキスト中、メッカ巡礼において巡礼者が直面することが予想される困難のうち最も巡礼と関連が深いと思われるメジナ虫 *al-ʿirq al-Madanī*（"メディナの根"、学名 *dracunculus medinensis*）についての章を取り上げ、その内容を分析するとともに本テキストが同時代において持っていた意義、後世に与えた影響を明らかにする。

3. メッカ巡礼における医療の実例：メジナ虫の発生原因と予防、その治療法

クスター・イブン・ルーカーは本テキストにおいて第13章、第14章の2章を割いてメジナ虫 *al-ʿirq al-Madanī* の発生原因とその予防法、発生した場合の治療法について詳細に述べている。

メジナ虫とは線虫類に属する寄生虫であり、現在ではギニア湾岸からスーダンにかけての赤道アフリカを中心に分布する。ヒトが主な固有宿主であり、感染幼虫が寄生しているケンミジンコを含んだ飲料水などを経口摂取することによって感染する。ケンミジンコが経口摂取されると、遊離した感染幼虫は腸管を貫通して皮下組織の深部などに至り、そこで雌雄が交尾を行う。交尾後に雄は死ぬがメスは成長を続け、成熟した雌成虫は体長500–1,200mm、体幅0.9–1.7mmと非常に長くなる。その後雌成虫は10–12ヶ月かけて下肢などの皮下

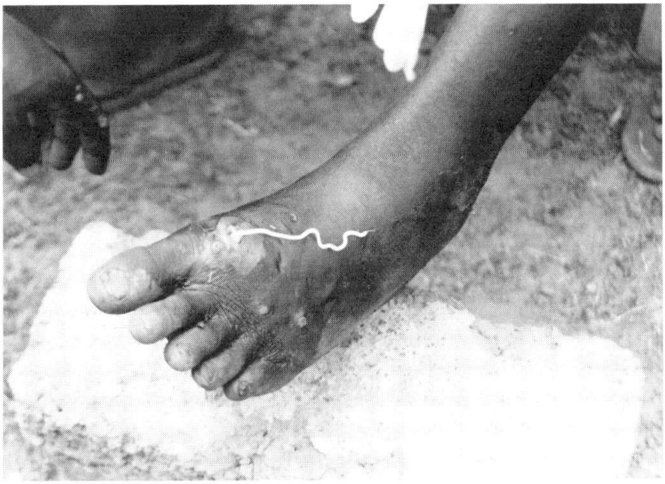

メジナ虫症の症例 ©UNICEF Mali

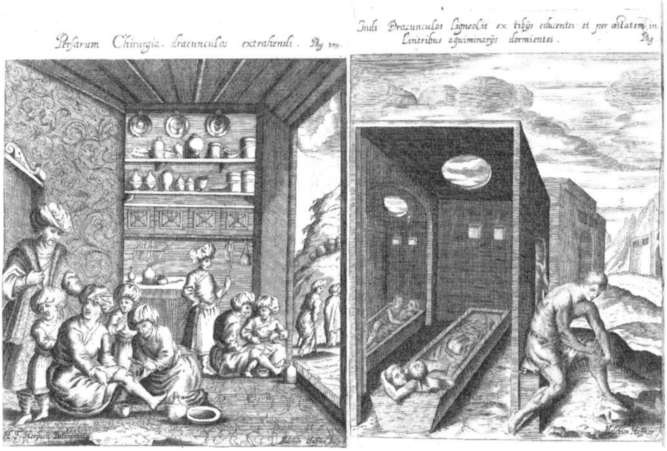

メジナ虫症の外科治療（Augsburg, 1674）

に移動し、その間幼虫を子宮に満たす。皮下の成虫はその頭部付近の皮膚に炎症を起こすため、発疹、水疱、潰瘍などが形成される。掻痒感、疼痛を和らげるために患者が患部を水に浸すと雌成虫の先端部が破れ、子宮がはみ出して数千〜数十万の第一期幼虫が放出される。雌成虫も患部からゆっくり這い出し、その寿命を終えるが、完全排出までには数週間を要する。症状としては雌成虫が皮下移動を行う際の掻痒感、吐き気、喘息症状、雌成虫が体外に排出される際の疼痛、傷口からの二次感染、その結果としての破傷風感染などがある。現代においても根本的な治療法はなく、痛みには鎮痛剤、二次感染に抗菌薬を用いる以外は、出てくる雌成虫を少しずつ巻き取っていくという従来の対症療法が存在するのみである。1986年のWHO総会においてメジナ虫症の撲滅が決議され、世界的に患者数は激減しており、1986年には20カ国の推定感染者数は360万人であったが2005年には9カ国、1万人まで減少している[21]。

クスター・イブン・ルーカーの活躍した9–10世紀においてこの病気は、下肢から白いひも状の寄生虫が出てくるその症状から *al-ʿirq al-Madanī*（アラビア語で"メディナの根"の意）と呼ばれており、二聖都の1つであるメディナで多く発生すると言われていた。メッカ巡礼者はメッカに赴く途上、もしくはメッカ巡礼を終えたその帰路においてメディナへと立ち寄り、預言者のモスク、教友 *ṣaḥāba*（ムハンマドと直接に接したことのある、第一世代のイスラーム教徒）の墓などの聖所に参詣するのが常であったことから、この寄生虫に感染する例が多かったと考えられる。クスターはこの病気の名称の由来について「"メディナの根"*al-ʿirq al-Madanī* はその地域、すなわちメディナにおいて多く発生するので、"メディナの"*al-Madanī* として知られるようになった。そこで私は、それによってメジナ虫から身を守ることが出来るような対処法について記述するべきだと考えたのである」と述べている[22]。

クスターはまず第13章において、メジナ虫の発生要因、そしてその発生を防ぐための方法について考察する。彼はアリストテレス以来の自然発生説をメジナ虫発生の原因であるとし、メジナ虫は腐敗した肉から自然発生するが、全ての腐敗は一定量の熱と湿度の組み合わせによって引き起こされる、と説明する。そしてこの熱と湿度の量の違いによって、どのような生物が発生するかに違いが生じる、と述べ、以下のように論を展開する。

「腹部から線虫 *ḥayyāt* が発生する熱と湿度の量については、しらみ *al-qaml* やノミ *al-barāghīth*、南京虫 *al-baqq* や羽虫 *al-jirjis* が発生する熱と湿度の量とは異なっている。同様に、トカゲ *al-ḍabb* やトビネズミ *al-yarbūʿ*、ドブネズミ *al-jirdhūn* が大地から生まれる熱と湿度の量と、蛇 *al-ḥayyāt* やサソリ *al-ʿaqārīb*、ゴキブリ *banāt wardān* が生まれる熱と湿度の量も異なっている」。[23]

また、熱と湿度のみならず、土壌の違いも発生する生物の違いに影響を及ぼすとクスターは述べ、なぜならば土壌によって腐敗の仕組みが異なるからであると論を展開する。その上で「この理由から、ある国で生まれた動物の種類は他の国で生まれる動物の種類とは異なっているのであり、ある国々ではサソリは発生せず、同様にある国々ではノミ、そしてある国々では南京虫は発生しない。このようにして、メジナ虫はメディナで発生するのであり、他の地域よりも発生件数が多くなるのである」[24]と、メジナ虫がメディナでのみ発生する理由を説明し、これはその地方特有の気候と食べ物（メディナの場合はデーツなど）こそが虫を肉の中で発生させるからであると結論づける。

続けてクスターはその予防法に言及する。避けるべき食品（デーツ、品質の劣化が早いチーズなどの乳製品）を例示し、温かい風呂に入る頻度を多くするか、風呂がない土地においては身体に温かいお湯をかけることを推奨する。その上で、オキシメル *al-sakanjabīn*（去痰剤、酢と蜂蜜を混ぜあわせたもの）、各種ミロバラン *al-halīlaj/al-ihlīlaj*（訶子、シクンシ科モモタマナ属の熱帯樹カリロク［訶梨勒］の乾燥した実、タンニン剤）、“*shabyār*” として知られる丸薬や、黄金の丸薬など、胃腸をきれいにする作用のある薬、フェンネル *al-rāziyānaj*、砂糖などの粉薬、煎じたケーパー *al-kabar* など、予め摂取しておくべき薬種類を提示する。また、ディル *al-shibithth*、フェンネル、タンポポ *al-ṭarkhashqūn*、ミント類 *al-fūdhanj*、*al-naʿnaʿ* などの薬草類を摂ることも薦め、なぜならばこれらは身体の毛穴を開き、体液を温め体内バランスを整え、滞りを防いだり、身体のどこかの部分の腐敗を防いだりするからであると述べる。そしてこのような養生法により、メジナ虫は予防することが出来ると結論づける[25]。

これらの記述から、彼がアリストテレス、そしてヒッポクラテスの四体液説に大きな影響を受けて古代医学の基礎を築いたガレノスに深い造詣を持っていたことは明らかであるが、特筆すべきは彼が、彼自身は行ったことのないアラビア半島の食糧事情（デーツ、乳製品の摂取など）についても詳細な知識を持ち、そこから養生法を導き出していたことである。これは当時のバグダードにおいて、メッカ巡礼者が巡礼の途上において口にしがちな食品についての知識が広く知られていたことを指し示すとともに、知識人がその情報を入手し、それを実践医学に応用することが可能であったことを示す。

クスターは引き続き第 14 章において、腹部にメジナ虫が発生した際の治療法についても述べている。クスターは「有益な知識は、たとえ緊急の必要性がなくとも持っていることは良いことであり、賞賛されることである。それゆえに私はメジナ虫の治療について記述しようと考える」と述べ、その上でこれについてヒッポクラテスやガレノスが言及していないこと、それでもこの手当について言及することの必要性を説いている[26]。

続いてクスターは、ここで手本とすべき医者としてソラナス Soranus（ca. 100）、レオニダス Leonidas（2 世紀 –3 世紀）の二人の古代ギリシャの医学者の名を挙げ、その発生原因について引用し、その手当について次のように述べる[27]。

> これらの医者は全て、その治療法について次のように意見が一致している。すなわち、虫が現れた四肢の部分について、継続的に温水による温湿布を行い、その端が体外に出てくるのを待つ。そして端が出てきたらそっと引っ張る。しかしながらもしそれが出てこないようであれば、その端に糸で鉛を結びつける。そうして鉛がその重さで虫を少しずつ引張下ろすがままにさせておく。またそれと同時に、患者を温かいお湯の中に座らせ、患部を大麦粉、小麦粉、コロハ *al-ḥuba*（マメ科レイリョウコウ属の植物）、いちじく *tīn*、カモミール *bābūnaj* 等から作られた溶剤を塗った包帯で巻く。また、月桂樹 *al-ghār*、タマリスク *al-ṭarfā'* 等から作られた塗布剤を傷口に塗布する。そしてもしメジナ虫が現れ、患部が開いたら、傷口を開き、傷口を他の傷口と同様に治療する[28]

クスターの具体的で詳細な記述は、古代ギリシャの医学者がメジナ虫症といった地域特有の疾患に関して、具体的な治療法についてまでも深い見識を持っていたことを指し示すとともに、その知がバグダードのクスター・イブン・ルーカーにまで受け継がれていたこと、それがこういった著作を通じてイスラーム教徒の巡礼者に実際に活用されていたことを示していて興味深い。

4. 10世紀バグダードにおける知のあり方

以上がクスターのテキストにおいて示される、巡礼における具体的な医療実践の1例であるが、このテキストからは次の2点が明らかとなる。

まず第1に、本書が「キリスト教徒」によって書かれた、「イスラーム教徒」のための、「メッカ巡礼」の遂行に向けた医療手引き書であるという点である。ここから我々は、10世紀における知のあり方を垣間見ることができる。キリスト教徒の知識人が、イスラーム教徒の宰相のメッカ巡礼に同行できないことについて理由を挙げて謝罪し、その代わりとして彼に携行させるべく医療手引き書を書くような、宗教、言語の垣根を越えたコスモポリタンな状況が当時のバグダードには現出されていた。クスター自身は生涯キリスト教であったが、宰相のハサン・ブン・マフラド自身も元々はキリスト教徒であった改宗イスラーム教徒であり、知的交流という点において、宗教の垣根はこの時代においては大きな意味を持たなかった。クスターは本テキスト中において「ただ偉大なる創造主のみがこれを知り給う」といった類の文言を繰り返し述べるとともに、本テキスト最後を「私は多くのことを述べたが、偉大さと栄光が宿る御方である神が、その恩寵と慈愛、あふれる慈悲で貴方に健康を授け給い、あなたがこれらの知識を必要とすることがないということを知っている。……事実神は全知全能なり」と締めくくる。たとえ「啓典の民」として同じ神を信仰しているという前提があろうとも、この「神」が彼にとってキリスト教の神であろうことは明らかである[29]。実際、クスターが知己を得たアル・キンディー、フナイン・イブン・イスハーク、サービト・イブン・クッラらは前述したようにそれぞれイスラーム教徒、ネストリウス派キリスト教徒、サービア派キリスト教徒であり、アラビア語、シリア語、ギリシャ語など言語面でも様々な言語に精通していた。アル・キンディーはその著書において「それがどこから来ようとも、それが我々から遠く離れた人種や我々とは異なる民族から来ようとも、真実を理解し、獲得することを恥じるべきではない。真実を探求する者にとって真実に優先するものなど何もないのである」と述べているが[30]、科学思想の普遍性というものは特定の宗教に起因するものではない。言うなれば、イスラーム教徒であろうとキリスト教徒であろうとその地に赴けばメジナ虫症に感染する危険性は等しく、また感染した場合でも治療法は同じである。実践医学はその有用性において地域、そして時には時代の枠を超えるのであり、それゆえに古代ギリシャ医学の文献に依拠しつつキリスト教徒のクスターが執筆した本テキストが、イスラーム教徒のハサン・ブン・マフラドがメッカ巡礼に赴く際の有益な医療手引き書となり得たのである。この点において、『大巡礼の旅を行うにあたってのハサン・ブン・マフラドへの助言』は当時の宗教、言語の垣根を越えた知的交流の様態を示す格好の史料であると言える[31]。

第2に、こうした知的活動を可能とした当時のアッバース朝の状況を本テキストから知ることができる。本テキストタイトルにある“リサーラ”*risāla*とはアラビア語で「書簡」の意味であり、宰相ハサン・ブン・マフラドに対する語りかけの形式で執筆されているが、この時期の書籍の多くは、自著、翻訳を含めて基本的にアッバース朝の裕福なパトロンが知識人にその執筆を注文するという形で執筆されていた。パトロンにはアッバース朝カリフとその一族、宮廷人、軍人、知識人などが存在したが、彼らの資金面を含めた実質的な援助によってこれらの執筆活動は可能となっていたのである[32]。クスター自身について言えば彼は同じくハサン・ブン・マフラドの依頼により、『性交渉とそれを行うにあたって必要とされる身体の養生法について』[33]を執筆しているが、その他にもカーディーであるアブー・ムハンマド・ハサン・ブン・ムハンマドAbū Muḥammad Ḥasan b. Muḥammadの依頼で医学書『しびれについて』[34]、イーサー・ブン・ファッルーサ ʿĪsā b. Farrūsā の依頼で哲学書『霊魂と精気の違いについて』[35]を執筆した。こうしたパトロンの存在により、普遍的な知を求める学術活動は活発化、継続され、本テキストのような書物が執筆される土壌が育成されたのである。

おわりに

以上、本稿においてはクスター・イブン・ルーカーの『大巡礼の旅を行うにあたってのハサン・ブン・マフラドへの助言』の内容について具体的な検討を行うとともに、本テキストが持つ意義、それが執筆された文化的背景についての考察を行った。10世紀に最盛期を迎えた、ギリシャ語文献からアラビア語文献への翻訳運動は、翻訳にとどまることなく、その学術意識の高まりを受けて多くの著作が執筆された。執筆された著作は哲学、医学、数学、天文学など多岐の分野にわたったが、今回取り上げたクスター・イブン・ルーカーの著書のように、巡礼者への医療手引き書といった、実践医学の分野にも及んでいたことが明らかとなった。また、その知的交流はイスラーム教徒、キリスト教徒など様々な宗教を信仰する人々、そしてアラビア語、シリア語、ギリシャ語など様々な言語を使用する人々によって担われ、その活動はメッカ巡礼という、最も「イスラーム」的な宗教的儀式の遂行にまで及んだ。また本テキストにおいてその記述は古典ギリシャ医学を踏襲した内容に加えてアラビア半島に特徴的な食習慣、民間療法にまでおよび、「知」の交流と伝達が地域的な枠組みのみならず、古代ギリシャから同時代の中東へと、時間的な制約をも越えて行われていたことが明らかとなった。

このようにして継承された旅についての実践医学は医者、哲学者であり、ヨーロッパではラーゼスとして知られたラーズィー al-Rāzī（864–925 or 932）[36]の著作中にも見られ、のちに『医学典範』『治癒の書』の著者であり、ヨーロッパではアヴィセンナとして名高いイブン・スィーナー Ibn Sīnā（980–1037）[37]へと継承されていくこととなった。またカイラワーン Qayrawān 生まれの医者であるイブン・ジャッザール Ibn al-Jazzār（d. 1004-5）[38] や、イブン・マンダワイフ Ibn Mandawayh[39]、イブン・ハティーブ Ibn Khaṭīb[40] らはクスターと同様にこのテーマについて論文を執筆した[41]。メッカ巡礼においては「旅」に出立する前からメッカ巡礼記、巡礼地理案内などを通じて、前もって情報の交換・共有が行われていた。それに加えて本テキストのような医療手引き書により、巡礼途上における実践医学面での情報も、地域、時代の枠を超えて伝達されていた。「旅」に関する記述は、「旅人」が旅に出る前から共有され、活用され、そして継承されていたのである。

註

1　Brendon, Piers, *Thomas Cook: 150 years of Popular Tourism*, London, 1991（ピアーズ・ブレンドン著、石井昭夫訳『トマス・クック物語――近代ツーリズムの創始者』中央公論社、1995 年）参照。

2　大巡礼とは、任意の時期に個人で行いうるカァバ参詣であるウムラ *'umra*（小巡礼）とは異なり、イスラーム暦第 12 月（ズー・アル・ヒッジャ月、巡礼月）の 8-10 日を中心に、集団で行われるメッカ及びその周辺地域での一連の宗教的儀式を指す。これは全てのムスリムに課せられる他の行とは異なり、それを実行する体力、財力などがあるものに限り実行が求められる。大巡礼を遂行したものはハーッジュ *ḥājj* の尊称で呼ばれ、人々の尊崇の対象となった（"ḤADJDJ", *The Encyclopaedia of Islam*, CD-ROM edition, Leiden）。なお本稿ではメッカ巡礼として大巡礼のみを取り上げ、小巡礼については言及しない。

3　日本ムスリム協会『日亜対訳・注解　聖クルアーン』（改訂版第 2 版）、1973 年、p. 75.

4　一例として、House of Commons Parliamentary Papers, 1875 [c. 1370], Public health. Reports of the medical officer of the Privy Council and Local Government Board, New series, no. V. Papers, concerning the European relation of Asiatic cholera, submitted to the Local Government Board in supplement to the annual report of the present year 参照。近代におけるイスラーム諸王朝およびヨーロッパ諸国によるメッカ巡礼政策については拙稿「19 世紀におけるメッカの「中心」性――メッカ巡礼とヨーロッパ」（『人間文化創成科学論叢』第 13 巻、お茶の水女子大学大学院人間文化創成科学研究科、2011 年、pp. 39-47）参照。

5　AFP 通信ウェブサイト等参照（http://www.afpbb.com/articles/-/3001374）。

6　イブン・バットゥータ著、イブン・ジュザイイ編『大旅行記』第 2 巻、家島彦一訳注、平凡社、1997 年、p. 433.

7 "ḲUSṬĀ B. LŪḲĀ", *The Encyclopaedia of Islam*, CD-ROM edition, Leiden. その他クスター・イブン・ルーカーの経歴、著作については下記の文献を参照。Harvey, E. Ruth, "Qusṭā Ibn Lūqā", *Encyclopaedia of the History of Science, Technology, and Medicine in Non-Western Cutures*, Springer: Kulwer Academic Publishers, 1997, p. 841–842; Wilcox, Judith Carol, "Our Continuing Discovery of the Greek Science of the Arabs: The Example of Qusṭā Ibn Lūqā", *Annals of Scholarship*, 4/3, 1987, pp. 57–74. また、アッバース朝治下において展開された翻訳活動についてはGutas, Dimitri, *Greek Thought, Arabic Culture; The Greco-Arabic Translation Movement in Baghdad and Early ʿAbbāsid Society (2nd-4th/8th-10th centuries)*, London and New York, 1998（ディミトリ・グダス著、山本啓二訳『ギリシア思想とアラビア文化―初期アッバース朝の翻訳運動』、勁草書房、2002年）、シリア系キリスト教徒の学術活動についてはTakahashi, Hidemi, "Between Greek and Arabic: The Sciences in Syriac from Severus Sebokht to Barhebraeus," *Transmission of Science: Greek, Syriac, Arabic and Latin*, ed. by Haruo Kobayashi and Mizue Kato, Tokyo: Organization for Islamic Area Studies, Waseda University, 2010, pp. 16–39に詳しい。また、後述される知識人たちの活動については三村太郎『天文学の誕生――イスラーム文化の役割（岩波科学ライブラリー173）』、岩波書店、2010年）参照。

8 アル・キンディー Abū Yūsuf Yaʿqūb b. Isḥāq al-Kindī（8世紀末–9世紀半ば）。名家の出身であり、非アラブ系学者が大多数を占めた当時に生粋のアラブ人学者であったことから「アラブ人の哲学者」と呼ばれた。その関心は哲学にとどまらず医学、天文学などの自然科学全般に及び、250点ものタイトルが彼の著作として伝えられている。外来の学問に批判的な保守層に対抗して真理の普遍性を説き、クルアーンの教えとギリシャ哲学との融和をはかった。("AL-KINDĪ", *The Encyclopaedia of Islam*, CD-ROM edition, Leiden;「キンディー」『岩波イスラーム辞典』、岩波書店、2002年、p. 323)。

9 フナイン・イブン・イスハーク Ḥunayn Ibn Isḥāq al-ʿIbādī（808–873）。ヒーラ al-Ḥīraにて薬剤師の家に生まれた。幼少期よりアラビア語、シリア語に優れ、のちにバグダード、バスラ、アレクサンドリア、ビザンティンなどにおいて学問を修め、ギリシャ語にも精通していた。ムーサー三兄弟 Banū Mūsāの財政的援助を受けてギリシャ語文献の収集に努めるとともに、サービト・イブン・クッラらと共に翻訳活動に従事し、多くの論考を著した。彼が翻訳したヒッポクラテス、ガレノスらの文献はのちにアラブ人科学者へと継承され、彼らが古代ギリシャ科学の継承者となるのに大きな役割を果たした（"ḤUNAYN B. ISḤĀḲ AL-ʿIBĀDĪ", *The Encyclopaedia of Islam*, CD-ROM edition, Leiden;「フナイン・イブン・イスハーク」『岩波イスラーム辞典』、p. 851）。

10 サービト・イブン・クッラ Abu'l-Ḥasan b. Zahrūn al-Harrānī Thābit b. Qurra（ca. 826–901）。メソポタミアのハッラーン Ḥarrān出身で両替商を営んでいたがムーサー三兄弟に見出され、バグダードに移住した。シリア語を母語としたがギリシャ語にも精通し、著作はアラビア語で著した。主に数学諸学のアラビア語訳を行い、ユークリッド『原論』、アルキメデス『球と円柱について』、アポロニオス『円錐曲線論』、プトレマイオス『アルマゲスト』など、ギリシャ語での論証科学の主要著作全般を翻訳した（"THĀBIT B. ḲURRA", *The Encyclopaedia of Islam*, CD-ROM edition, Leiden;「サービト・イブン・クッラ」『岩波イスラーム辞典』、p. 409）。

11　イブン・ナディーム Abu'l-Faraj Muḥammad b. Abī Ya'qūb Isḥāq al-Warrāq al-Baghdādī（d. 990 or 995 or 998）。父親が営んでいた書籍業を自らも継いだ。12イマーム派に属していたと考えられ、ムウタズィラ派神学や哲学にも造詣が深かった。987年に編纂された『目録』は、当時のアラビア語文献を網羅しており、同時代の著作情報を後世に伝えるのに大変有益である（"IBN AL-NADĪM", *The Encyclopaedia of Islam*, CD-ROM edition, Leiden;「イブン・ナディーム」『岩波イスラーム辞典』、p. 161）。

12　Ibn al-Nadīm, *Kitāb al-Fihrist, mit Anmerkungen harausgegeben von* Gustav Flügel, Johannes Röediger und August Müller, Bd. 1–2, Lipzig, 1871–72, Vol. 1, p. 295.

13　"The Faculty of Art", *The Catholic Encyclopedia: An International Work of Reference on the Construction, Doctrine, Discipline, and History of the Catholic Church*, Vol. 1, p. 758. 中世ヨーロッパの大学においては大学入学後、6–7年かけて規定の文献講読と討論演習からなる過程を終えるのが一般的であった。

14　*Qusṭā Ibn Lūqā's Medical Regime for the Pilgrims to Mecca: The Risāla fī tadbīr safar al-ḥajj*, edited with translation and commentary by Gerrit Bos, Leiden: E. J. Brill, 1992. なお、本稿においてはテキストとして本書を用いた。

15　ハサン・ブン・マフラド Al-Ḥasan b. Makhlad b. al-Jarrāḥ（d. 882）。ムウタミド治下においては877年、878–879年の二度宰相に就任した。のちに解任され、エジプト、アンティオキアへと赴き、882年に死去した（"IBN MAKHLAD", *The Encyclopaedia of Islam*, CD-ROM edition, Leiden）。

16　'Ubayd Allāh b. Yaḥyā b. Khāqān（d. 877）。カリフ＝ムタワッキル、ムウタミド治下においてそれぞれ851年、870年に宰相に就任した（"IBN KHĀḲĀN", *The Encyclopaedia of Islam*, CD-ROM edition, Leiden）。

17　*The Risāla fī tadbīr safar al-ḥajj*, p. 16.

18　*The Risāla fī tadbīr safar al-ḥajj*, p. 18.

19　*The Risāla fī tadbīr safar al-ḥajj*, p. 20, 22.

20　*The Risāla fī tadbīr safar al-ḥajj*, "Introduction", p. 5. なお、旅行者への医療手引き書については Horden, Peregrine, "Travel Sickness: Medicine and Mobility in the Mediterranean from Antiquity to the Renaissance," *Rethinking the Mediterranean,* ed. by Harris, W. V., Oxford, 2005 にも詳しい。

21　上村清ほか『寄生虫学テキスト』（第3版）、文光堂、2013年、p. 151.　公益財団法人日本ユニセフ協会は、アフリカ諸国においてメジナ虫症などの水に起因する病気の削減・根絶を目指し、清潔な水の供給や衛生教育、コミュニティにおける井戸の管理者育成などの活動を行っている。特にメジナ虫症が発生しているマリ・モプティ地方、ガオ地方などにその活動の重点をおいている。日本ユニセフ協会の活動については以下のURL参照。http://www.unicef.or.jp/special/0706/problem.html

22 *The Risāla fī tadbīr safar al-ḥajj*, p. 72.

23 *The Risāla fī tadbīr safar al-ḥajj*, p. 72, 74.

24 *The Risāla fī tadbīr safar al-ḥajj*, p. 76.

25 *The Risāla fī tadbīr safar al-ḥajj*, p. 76, 78. ここに記載される中東の生薬についてはRobert W. Lebling & Donna Pepperdine, *Natural Remedies of Arabia*, London: Stacy International, 2006を、薬類、治療法についてはPeter E. Pormann &Emilie Savage-Smith, *Medieval Islamic Medicine*, Cairo: The America University in Cairo Press, 2007参照。

26 *The Risāla fī tadbīr safar al-ḥajj*, p. 78.

27 *The Risāla fī tadbīr safar al-ḥajj*, p. 78, 80. クスター・イブン・ルーカーによると、ソラナスは、この虫は動物ではなく、従って移動することは不可能であり、たとえ一見移動したように見えても実際には移動していないと考えていた。それに対してレオニダスや彼以降の他の医学者は、それは筋肉において発生する動物であり、多くは前腕部と上腕部、脚部と大腿部（男性について言えば、背中と胸部の皮膚の下にも）に発生すると考えていた。

28 *The Risāla fī tadbīr safar al-ḥajj*, p. 80.

29 *The Risāla fī tadbīr safar al-ḥajj*, p. 74, 80.

30 al-Kindī, *Fī al-falsafa al-ūlā*, in *Rasāʾil al-Kindī al-falsafīy*a, ed M. ʿA. Abū Ridā, Cairo, 1950, Vol. 1, p. 103; Ivry, A. L., *Al-Kindī's Metaphysics*, Albany, 1974, p. 58.

31 三村太郎は、イスラーム世界の宮廷の持つ独自の知的空間が、世界をより体系的・論理的に把握することを促した、と述べるが、ここではむしろ、そこが「イスラーム独自の空間」ではなく、様々な知が混在、共存する空間であったことを指摘したい（三村太郎『天文学の誕生――イスラーム文化の役割』p. 112）。

32 Gutas, Dimitri, *Greek Thought, Arabic Culture; The Greco-Arabic Translation Movement in Baghdad and Early ʿAbbāsid Society（2nd-4th/8th-10th centuries）*, pp. 121–136.

33 Haidar, Gauss, *Kitāb fī al-bāh wa mā yuḥtāju ilayhi min tadbīr al-badan fī istiʿmālihi（Das Buch über die Kohabitation und die für ihre Ausübung notwendigen körperlichen Voraussetzungen）*, Inaugural-Dissertation, Erlangen/Nürnberg, 1973; Barhoum, Najdat Ali, *Das Buch über die Geschlechtlichkeit（Kitāb fī al-bāh）von Qusṭā Ibn Lūqā* ,Edition und Übertragung, Inaugural-Dissertation, Erlangen/Nürnberg, 1974.

34　Ambjörn, Lena, ed. and tr., *Qusṭā Ibn Lūqā on Numbness: A Book on Numbness, Its Kinds, Causes and Treatment According to the Opinion of Galen and Hippocrates*, Studia Orientalia Lundensia Nova Series, Vil. 1, Stockholm: Almquiest & Wiksell, 2000. クスターはこの著書において、ガレノスとヒッポクラテスの医学理論に基づきしびれの原因を述べ、それを防ぐ食事療法を提案している。

35　Wilcox, Judith Carol, "Qusṭā Ibn Lūqā's Psycho-Physiological Treaties *On the Difference Between the Soul and the Spirit (Fi'l-farq bayna'l-nafs wal-rūh)*", *Annals of Scholarship*, Vol. 4, p. 57, 1987.

36　ラーズィー Abū Bakr Muḥammad b. Zakarīyā al-Rāzī（854–925 or 932）。イランのレイ生まれ。レイ、バグダードの病院で医業にたずさわった。ヒッポクラテスやガレノスの著作について著書を著し、没後、『医学集成』として出版された（"al-RĀZĪ", *The Encyclopaedia of Islam*, CD-ROM edition, Leiden;「ラーズィー」『岩波イスラーム辞典』、p. 1038）。

37　イブン・スィーナー Abū ʻAlī al-Ḥusayn b. ʻAbd Allāh b. Sīnā（980–1037）、哲学者、医学者。ブハラ生まれ。イラン各地の宮廷に医師、あるいは宰相として仕えた。その著作は130点を超え、哲学や医学などの分野で大きな影響を与えた（"IBN SĪNĀ", *The Encyclopaedia of Islam*, CD-ROM edition, Leiden;「イブン・スィーナー」『岩波イスラーム辞典』、p. 159）。これらのアラブ知識人は旅人の医療養生という分野を医学事典の一部として取り上げた（*The Risāla fī tadbīr safar al-ḥajj*, "Introduction", p. 5）。

38　イブン・ジャッザール Abū Jaʻfar Aḥmad b. Ibrāhīm b. Abū Khālid b. al-Jazzār（d. 1004–5）。医家に生まれ、生涯をイフリーキーヤ ifrīqīya にて過ごした。20以上の著作が知られているが数点を除いて全てが散逸した。現存する数少ない著書のうち、薬学の基本書である *Zād al-musāfir wa qūt al-ḥāḍir* はスペイン、イタリアなどで翻訳され"*Viaticum peregrinantis*"の名で読まれた（"IBN al-DJAZZĀR", *The Encyclopaedia of Islam*, CD-ROM edition, Leiden; "Zād al-musāfir wa qūt al-ḥādir", Sezgin, F., *Geschichte des arabischen Schrifttums, Bd. III: Medizin-Pharmazie-Zoologie-Tierheilkunde, Bis ca. 430 H.*, Leiden, 1970, p. 305）。

39　イブン・マンダワイフ Abū ʻAlī Aḥmad b. ʻAbd al-Raḥmān b. Mandawaih al-Isfahānī、イスファハーン生まれの医者。イスファハーンの名家の出身であり、父ʻAbd al-Raḥmān b. Mandawaih は著名な学者であった。"Risāla fī tadbīr al-musāfir", Sezgin, *Geschichte des arabischen Schrifttums, Bd. III: Medizin-Pharmazie-Zoologie-Tierheilkunde, Bis ca. 430 H.*, Leiden, 1970, p. 329.

40　"Kitāb al-wuṣūl li-hifẓ al-ṣiḥḥa fī al-fuṣūl", Ullmann, M., *Die Medizin im Islam, (Handbuch der Orientalistik, Erste Abteilung, Erg. Bd. VI, 1, Abschnitt)*, Leiden/Köln, 1970, p. 192.

41　*The Risāla fī tadbīr safar al-ḥajj*, "Introduction", p. 5–6.

ナーセル・ホスロウとその『旅行記』
――屋上に牛はいたのか

森本一夫

はじめに

11 世紀半ば、イラン高原の北東部を拠点に着々と勢力を伸ばす新たなスンナ派王朝、セルジューク朝（1038–1194）に仕える一人の官吏がいた。その名をナーセル・ホスロウという。1046 年、彼は官を辞し、西方に旅立つ。そして、3 年弱にわたるカイロ滞在を含め、7 年弱もの期間を異境で過ごすことになる。この章で取り上げる『旅行記』は、ナーセル・ホスロウのこの旅の見聞をまとめたペルシア語のテクストである。

『旅行記』は、11 世紀半ばの中東各地の状況を伝える貴重な情報源として重視されてきた。十字軍の侵攻に先立つ時期のエルサレムの聖域についての詳細な記述や、繁栄を極めるファーティマ朝（909–1171）の都カイロの記述は、特に多くの注目を集めてきた。それと同時に、このテクストには、もう一つ見逃すことのできない側面がある。実は、旅から帰ったナーセルは、セルジューク朝の領域でその敵ファーティマ朝のために宣伝を行う地下教宣組織の重要な構成員となっていたのである。『旅行記』は、カイロの繁栄を言祝ぎ、それをファーティマ朝の善政に帰すが、例えばこのことを一種のプロパガンダと見ないわけにはいかない。プロパガンダ文献にして同時に情報源として信頼を集める同時代史料。この章では、このような両義性を秘めたテクストとして『旅行記』に光をあてることにしたい[1]。

以下、第1節では、『旅行記』が伝える旅程とその記述の特徴を見た上で、このテクストが数多くの事実を伝える史料として歴史家たちの信頼を受けてきたことを確認する。次いで第2節では、著者ナーセル・ホスロウに目を転じ、ファーティマ朝教宣組織の一員としての彼の姿を見るとともに、『旅行記』に記述される旅が、ナーセルの教宣員としてのキャリアにおいて大きな意義をもつものであったことを明らかにする。その上で、第3節では、『旅行記』のプロパガンダ文献としての側面に目を向ける。カイロを描いた部分に焦点を絞り、『旅行記』がどのような意味でプロパガンダ文献と言えるのかを明らかにした上で、『旅行記』がもつそのような性格が、それを利用する現代の歴史家にどのような困難をもたらすのかを考えてみたい。

なお、この章における『旅行記』からの引用は、かつて筆者が若い仲間たちとともに発表した日本語訳に若干の修正を加えながら行う[2]。『旅行記』は400字詰め原稿用紙で300枚弱の比較的短いテクストである。この章から『旅行記』に関心をもった読者には、ぜひこの日本語訳を通読してみていただきたい。

1. 旅の記録としての『旅行記』

まずは、地図1を説明する形で『旅行記』に記されるナーセル・ホスロウの旅程を確認しよう。

『旅行記』のテクストは、大きく四つの部分、すなわち、プロローグ、往路、カイロ滞在、そして復路に分けることができる。プロローグの始まりが1045年秋、旅への出発が1046年3月5日（マルヴより）、カイロ着が翌年8月3日、カイロ発が1051年5月9日、旅からの帰着が翌年10月23日（バルフ近郊へ）というのがその時系列上の大枠である。

プロローグ部分では、出身地であるホラーサーン地方（イラン北東部からトルクメニスタン、アフガニスタン北部にわたる地域）でセルジューク朝に出仕していたナーセルが、出張旅行の間に起こったいくつかのできごと（後述）か

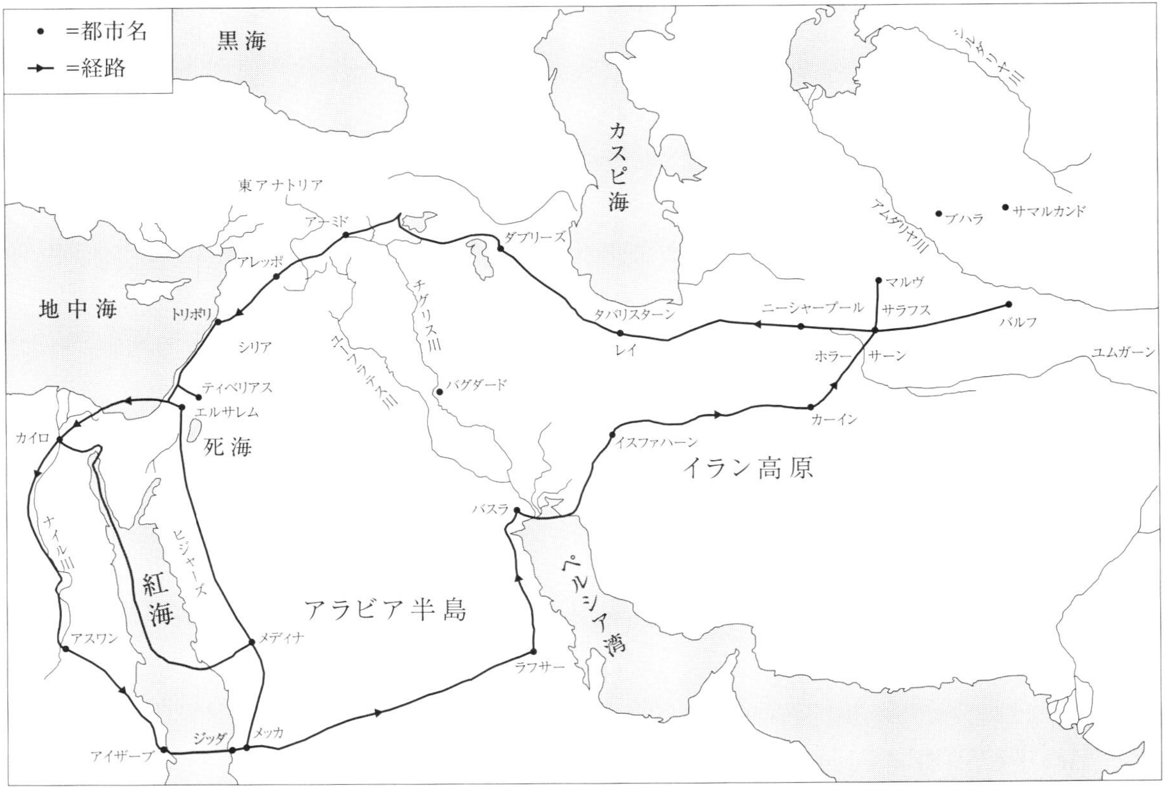

地図１　ナーセル・ホスロウの旅程
（A. C. Hunsberger, *Nasir Khusraw, The Ruby of Badakhshan*, London & New York: I.B. Tauris, 2000, xxii–xxiii にもとづき作成）

ら旅立ちを決意する様子が描かれる。メッカ巡礼を理由に職を辞し、財産を処分し、兄弟と従僕の二人を伴って西方に旅立ったことが伝えられる。

往路の記述が示すのは、イラン高原の北辺から東アナトリアに抜け、シリアに下ってエジプトに出るルートである。ニーシャープール、タブリーズ、アーミド、アレッポ、ティベリアスなどの様子が記されるが、なんと言っても往路の目玉となるのはエルサレムの記述である。また『旅行記』は、一行がエルサレムから往復する形で最初のメッカ巡礼を果たしたことも伝えている。なお、メッカ巡礼については、続くカイロ滞在の記述のなかでも、ファーティマ朝による使節団の一員となったナーセルが、カイロから2度にわたりメッカ巡礼を行った様子が描かれていることも記しておこう[3]。

復路については、南回りとでも呼ぶべき別ルートが記録されている。まずナイル川をアスワンまで遡った上で紅海に出たナーセルは、4度目のメッカ巡礼を果たす。これまでの3度の訪問ではメッカの地誌や巡礼での儀礼の詳細に踏み込むことがなかった『旅行記』は、ここでそれらを詳述している。そして、その後の苦難に満ちたアラビア半島横断や、バスラからイスファハーンを経た後に行ったイラン高原中央部の沙漠横断の様子が語られた後、ホラーサーンへの帰還によって『旅行記』の記述は終わりを迎えている。

『旅行記』が、いつ、どこで書かれたかについて明確な情報はない。しかし、テクスト中の「以上のことを、私はエルサレムの集会モスクで見て、写生し、そこで、携帯していた日記帳に書きとめた」(II:41) という言からは、ナーセルが記録をつけながら旅をしていたことが窺われる。『旅行記』は、こうした現地での記録をもとにして、旅を終えた後のナーセルが、人に読ませる、あるいは聞かせることを意識しながらまとめたものであると考えられるのである。

『旅行記』の構成上の特徴として指摘しなければならないのは、それが、ナーセルの旅をまんべんなく記録したものとは言えないことである。エルサレム、カイロ、メッカという三都市の記述が他に比べて抜きんでて長いのである。日本語訳の文字数にもとづいて述べると、これら三都市の記述は、それぞれ全体の13%、17%、11%ほどを占めている。なかでもカイロの記述が、ムスリムにとって最上級の聖地であるメッカとエルサレムを押さえて最大のスペースを占めているのは特筆に値する。これが『旅行記』のプロパガンダ文献としての性格によることは言うまでもない。

プロパガンダ文献としての特徴は横に置き、『旅行記』を単純な旅の記録として見るとき、そこに含まれる個々の記述の特徴としてはどのようなことが指摘できるであろうか。訪れた都市の描写、逸話的なできごと、特別な体験、交友の記録、耳にした空想的な話といったものを記録する点において、『旅行記』は我々が普通に旅の記録に期待するものを記していると言ってよい。また、各都市について記す際に、その近郊で育てられる農産物や、住民の風習・慣習に関心が払われるのも当然のことと言える。これに対し、『旅行記』の特徴と呼ぶに値するのは、都市の描写を行う際に、その宗教施設に加えて防御施設や給水設備に強い関心を示すこと、また、長さや距離・日付などに関し、正確な数字を呈示しようとする強い傾向を見せることである[4]。『旅行記』は、都市全体から個々の建築にいたる各種の人工的な構造物の外形に対し非常に強い関心を示し、そうした情報を、数字を織り交ぜながら表現する傾向が強い。一例として、東アナトリアの都市、アーミド（現在のディヤルバクル）についての記述の冒頭部を見てみよう：

> 昔のダイ月の6日（1046年12月11日）[5]に私たちはアーミドの町に到着した。その町の礎は一枚岩に置かれていた。町の長さは、測ると2,000歩であり、幅も同様である。それの周りには黒い石で壁がめぐらされている。その石は、100マンから1,000マンの大きさに四角く切られたものである。この石の正面はお互いにぴったりと合わせられており、土や漆喰はまったく使われていない。壁の高さは20アラシュであり、厚さは10アラシュである。100ガズごとに塔が建ててあり、その円周の半分は80ガズである。胸壁もまたこの石からできている。壁の上に行くことができるように、町の内部から、多くの場所に石造りの階段が取りつけられている。それぞれの塔の上には戦うための場所が造られている。この城内区には四つの門があり、すべて

鉄製であって木は使われていない。(I:22)

市壁の高さを記録する旅行者は少なくないかもしれないが、それに使われている石の大きさや形状、壁の厚さ、さらに塔と塔の間隔に数字を示しながら触れる旅行者は少なかろう。しかも市壁の記述はまだ同じくらいの長さ続いている。このような、構造物の詳細な記録に『旅行記』が示す関心は、決して防御施設に限られたものではない。例えばエルサレムの聖域の記述に際し我々が最初に読むのは、「私はこのモスク［ここでは聖域全体を指す］を測ろうと思った。まずその外観と配置をよく見知り、それから測ろうと考えた」(II:32) という言葉なのである。

これまでに、『旅行記』中のこうした記述の多くが事実を伝えるものであることが確認されている。最も印象的と思われるのは、上記のようにエルサレムの聖域の大きさを測ろうとしていたナーセルが、「アーチの石に、『このモスクは、王のガズで縦に704アラシュ、横に455アラシュである』と書かれているのを見た」(II:32) ことを述べる記述である。ここで興味深いのは、明らかにこれと同じものと判断される刻文（正確には、損傷して取り替えられたこの刻文の後継の刻文）が、現在でも聖域に存在していることである[6]。これは、『旅行記』の伝える刻文が現実にそこに存在していたという何よりの証拠と言えるであろう。この他にも、訪問時のある町の長の血統を正しく指摘している例（I:16）や、タブリーズで、訪問の4年ほど前に大きな地震が起きたことを聞いたと記している例（I:18–19）など、『旅行記』の最初の数頁をめくっただけでも、他の情報源との比較から記述内容の正確さが確認できる例を複数指摘することができる。

『旅行記』が含む多くの情報が信頼に値するものであることは、研究者による評価からも理解することができる。例えば、『ムスリム治下のパレスチナ』という地誌研究の古典において、ル・ストレインジは『旅行記』中のエルサレムとその聖域に関する記述を評して、「彼［ナーセル］の聖都とハラム区域［聖域］に関する記述は極めて詳細であり、十字軍到来以前の諸聖所に関し我々に残された最後のものとして、極めて価値が高い」と評している。そして『旅行記』の記述に依拠し、当時のアクサー・モスク（聖域の一部をなす）を再現した平面図まで掲載する[7]。建築物の構造や大きさに強い関心を見せる『旅行記』の特徴が、ル・ストレインジによるこのような評価に一役買っていることは容易に了解されよう。

2. 教宣員ナーセル・ホスロウ

では、ナーセル・ホスロウとはどのような人物だったのであろうか。あらゆるテクストの性格を考える際にその著者のことを考慮に入れるべきなのは当然であるが、こと『旅行記』のことを考える際には、ナーセル・ホスロウの人となりを考慮に入れることが特に重要になる。すでに触れたように、ナーセルは、ファーティマ朝の正統性やこの王朝が奉じていたイスマーイール派という宗派の正しさを宣伝する地下組織の重要なメンバーだったからである。

ここではファーティマ朝とイスマーイール派についての説明から話を始めなければならないだろう。イスマーイール派は、8 世紀の後半に生じ、9 世紀後半から目立った活動を展開した、シーア派の一分派である。この派は、コーランには常人の表面的な文言解釈では到達できない内面（バーティン）があるとし、自派の指導者イマームを、それを理解することのできる唯一絶対の権威であるとする。そしてファーティマ朝は、そのようなイスマーイール派の運動のなかから生じた国家であった。自らをイマームと主張する世襲のカリフ（イマーム＝カリフ）を戴くこの王朝は、909 年にチュニジアで成立したが、969 年にはエジプトを征服し、そこに新都カーヒラ[8]を建設するなど、急速に強大化する。この王朝はまた、バグダードに都を置くアッバース朝（749–1258）のスンナ派カリフ政権の権威を認めず、形式的にせよアッバース朝カリフからの任命によって各地を支配していた諸王朝、例えばナーセルの元々の出仕先であったセルジューク朝などと対立した[9]。

ファーティマ朝が勢力拡大を目指して用いた特徴的な戦略が、その教宣組織

（ダアワ）の利用である。イスマーイール派の教義を敵対勢力の支配領域に広め、敵を転じて味方となすという戦略であり、これには実際に無視できない力があった。ナーセルの出身地であるホラーサーン・中央アジア方面においても、彼から1世紀ほど前に、アッバース朝カリフを宗主と戴くはずのサーマーン朝（873–999）の、その君主自身がイスマーイール派に改宗してしまうという事件が起こっている。この改宗事件に関わった教宣員たちは、イスマーイール派とはいえ、ファーティマ朝カリフをイマームと認める一派にはどうやら属していなかったようである。しかし彼らの後継者たちは、ナーセルの頃までにはすでに宗旨替えをし、強勢を誇るファーティマ朝に従うようになっていた[10]。

このような地下教宣組織の存在は、敵対勢力の間に疑心暗鬼を惹起する。サーマーン朝や、後続のガズナ朝（977–1187)、セルジューク朝の宮廷などでは、「イスマーイール派」というレッテルを貼ることが政敵排除の手段とされるようにもなっていた[11]。我々のナーセル・ホスロウは、このような状況のなかでセルジューク朝に出仕していたことになる。そしてその同じ彼が、旅の後には、ファーティマ朝の教宣組織の中で重きをなすにいたっていたのである。

『旅行記』に記録される旅が教宣員としてのナーセルのキャリアにおいてもった意味は、ペルシア語文学史上の大詩人としても知られる彼が残した、ある自伝的な内容の詩から窺うことができる。そこでは、確実な真理と安心立命を求める詩人本人が、苦難の旅を経て楽園とも見まがうような都市に到達し、そこで長年求めていた真の師と出会い、教えを受けたことが述べられる。その上、今はその師から離れた場所にいる詩人は、師に対し、預言者ムハンマド（632没）やイスマーイール派の初代イマームであるアリー（661没）の子孫で、かつこれら二人と比肩するような境地にあるとされる人物に、彼の挨拶を取りついでくれるように依頼する。さらに詩人は、師の名前を軽々しく言うことはしないと前置きしながら、続く詩行で彼を「神から助けを受けた者」（mu'ayyad az khudāwand）と形容してみせるのである[12]。この詩は寓意的なタッチのものであるが、都市をカイロ、師を、後にファーティマ朝教宣組織全体の長となったムアイヤド・フィー・アッ＝ディーン（1077没；ナーセルの訪問時にカイロに居住)、そして挨拶を送られた人物をイマーム＝カリフ、ムスタンスィル（位 1036–94）と解釈すれば、全てが整合的に理解できる。すなわち、ここからは、カイロ滞在中のナーセルが、ムアイヤドに師事してイスマーイール派教学の研鑽と教宣員としての訓練を積んだことが窺われるのである。

『旅行記』に記録された旅がもつこのような意味は、『旅行記』自体においても、プロローグ部分に寓意的に示されていると解釈しうる。セルジューク朝官吏としての出張旅行の様子を伝えるプロローグ部分は、堕落した生活をおくるナーセルに超自然的な力が徐々に改悛を決意させるという筋書きになっているからである。決定打となった夢に現れ、飲酒癖をたしなめた人物（その身元は読者には明示されない）との問答の中で、ナーセルは叡知と知性はどこで得られるかを質問する。そして、「求めれば得られるであろう」という返答とともにその人物が指したのが、メッカの方角であった。目覚めたナーセルは、「昨夜の夢から覚めた。今、40 年の夢からも覚めなければならない」（I:12）と悟ったとされている。旅に出たナーセルがメッカではなくカイロに長期滞在したことを知る我々にとっては、これは意味深長な話である。

さて、『旅行記』に記される西方への旅を終え、1052 年に帰着したナーセルは、ニーシャープールやバルフといったホラーサーンの諸都市で宣教に携わったようである。また、カスピ海南岸のタバリスターン地方に赴き、そこでも宣教を行ったことが窺われる[13]。当時、ファーティマ朝の教宣組織はファーティマ朝領域外の地域を 12 に分割し（それぞれジャズィーラ［原義は島］と呼ばれた)、それぞれにフッジャ（明証）という長を置く制度をとっていたが、ナーセルはその著作や詩のなかで自らをホラーサーンのフッジャと称している[14]。

しかし、彼に対するスンナ派側の圧迫はどうやら徐々に強まっていった。ナーセルはユムガーンという山間の僻地（アフガニスタン北東部、ヒンドゥークシュ山脈北麓のバダフシャーン地方）に身を引かざるをえなくなる。イスマーイール派を奉じるこの地の領主の庇護を受けるようになったのである。1061–62 年にはすでにユムガーンで執筆活動を行っていた彼は、この山間の僻地を拠点としながらその死にいたるまで活動を続けていったと考えられる[15]。

なお、ナーセルは、その著作のほとんどにおいてファーティマ朝教宣員としての自らの立場を全く隠していない。それどころか、彼の著作は、彼のその立場を前提として著されたものがほとんどである。例えば、ユムガーン時代の彼が1070年に著した『二叡智の統合』は、イスマーイール派の根本教義に関するある韻文作品の註釈として著されており、純然たるイスマーイール派の宗教文献である。そして、著者ナーセルについては、ムスタンスィル直々の命により「この地」(広くホラーサーンを指すか) に戻ってきたことが、序文においてはっきりと記されている[16]。上で触れた自伝的な詩の内容からも窺われることではあろうが、事情は詩においてもおおよそ同じである。彼はその多くの詩において、自らのイスマーイール派信仰をおおっぴらにしているのである。

『旅行記』の著者ナーセル・ホスロウは、ファーティマ朝の教宣組織の中で、フッジャと称するほどに重要な役割を担う人物であった。それどころか、ナーセルは、その教宣員としての立場において執筆活動を展開していた。さらに、ナーセルの旅それ自体が、教宣員としての彼の経歴の中で決定的に重要な意味をもつものであったことが理解される。『旅行記』とは、そのような人物がそのような旅に関して残した記録なのである。

3. 屋上の牛

では、いよいよ『旅行記』のプロパガンダ文献としての側面を見てみよう。前節で見たナーセルの経歴や執筆活動、そして筆者が繰り返しプロパガンダ文献という言葉を使ってきたことからは意外に感じられると思うが、実は、『旅行記』では、ナーセルがイスマーイール派の教宣員であることどころか、彼がこの宗派に特別な親近感を抱いていることさえ一切触れられることがない。このテクストにおけるファーティマ朝のプロパガンダは、特にイスマーイール派とは関係のない著者がファーティマ朝やその都カイロを褒めそやすという形で行われている。では、『旅行記』はどのような形でファーティマ朝やカイロを讃えているのであろうか。顕著な記述をいくつか見てみよう。

みなが王[17]に安らいでおり、圧制者や密告者を恐れることはなかった。また王は、圧政を行わず、誰の財産にも手を出すことはないという信頼を受けていた。私はそこで、語ったり記述したりしてもアジャム［イランを中心とする非アラブ圏の東方。ホラーサーンも含まれる］の人々には信じられないほど〔多くの〕財産を人々がもっているのを見た。彼らの財産は、私にははかりしれないほどのものであった。また、そこで見た安寧と治安の良さは、他のどこでも見たことがない。(III:15)

荷運びらくだ14頭分の雪が王の飲料庫に運ばれることになっており、そこからアミール［将軍］たちや貴顕たちの大部分に分配されていた。町の人々が病人のために〔雪を〕求めても与えられていた。同様に、町で必要とされ禁裏に求められたどのような飲み物や薬も与えられていた。バルサムの油脂などのその他の油も同様であった。これらの物がどんなに求められたとしても断られることはないのであった。

ミスル［エジプト］の王の行状。ミスルの人々が〔享受する〕安寧と平穏さといえば、亜麻布商、両替商、宝石商の店で〔さえ〕鍵がかけられることはなく、〔商品に〕網がかぶせられているだけであるのに、誰も何も盗もうとはしないほどであった。(III:17)

このような状況とこれほどの富を享受し、しかも王は誰にも圧政を行わず、臣民も財産を隠すことがないとは、何と安らいだ臣民、公正な王であることか。(III:15)

臣民の財産には決して手を出さず、逆に求められた薬は惜しみなく与え、高額商品を扱う商人でさえ店に鍵をかけないでいるほどの安全を実現して彼らを守るファーティマ朝のイマーム＝カリフ。また、その統治のお陰でナーセルの地元である「アジャム」の人々には考えられない富を享受する安らいだ臣民たち。『旅行記』はカイロを一種の理想郷として描き出している。カイロの記述はナイル川からの取水開始を祝う盛大な年中行事についての詳しい記述を含み、そこではファーティマ朝軍の威風堂々たる行進の様子やムスタンスィルの神々しいとさえ言えるいでたちも描写されるが（III:8–11）、これなどもページェントに感銘を受けたナーセルが無邪気に書き記したものと考えるのはあまりにナイーブであろう。

では、『旅行記』のカイロに関する部分は、全て宣伝であり信頼に値しないということになるのだろうか。もちろん、ことはそれほど単純ではない。カイロに関する部分も相当な割合で事実を含んでいることは間違いないのである。例えば『旅行記』は、ナーセルの滞在の数年前に起こったという、「一部の軍人たち」によるアブー・サイードという「王に近いユダヤ教徒の宝石商」の殺害事件や（III:17）、ナーセルの滞在中に起こったというアレッポの統治者による反乱の顛末（III:21–22）について報告しているが、できごとの展開に関する細かな説明（イマーム＝カリフの雅量を強調しているように読める）を別とすれば、それらの事件が実際に起こったものであることは他の情報源から充分に確認可能である（III:17, n. 49, 21, nn. 59, 60）。したがって、カイロに関する個別の記述の真偽を考えるにあたっては、それがどこまで本当でどこからは宣伝なのか（あるいは意図せぬ誤解や誤記なのか）を判断しないといけないことになる。そして、これが実はなかなか困難な作業なのである。

当然ながら、問題となるのは他の情報源と対比することが期待できない類の情報である。一例として、上の「亜麻布商、両替商、宝石商の店で〔さえ〕鍵がかけられることはなく、〔商品に〕網がかぶせられているだけであるのに、誰も何も盗もうとはしないほどであった」という記述のことを考えてみよう。筆者は上でこの記述を『旅行記』のプロパガンダ的性格を示すものとして引用したが、ここで書かれていることが絶対になかったと断言するのは躊躇される。筆者に言えるのは、常識に照らすとそのようなことがあったとはとても思えないこと、また、『旅行記』のカイロの記述が、とても本当とは思えず、またカイロを褒めそやすような同様の記述を多数含んでいることから、この記述もそうしたものの一つと判断するのが妥当であると思われることくらいであろう。事情はこれを信じる立場をとる場合でも同じである。その場合には、これは常識の範囲内であると、また、カイロの記述に含まれる、事実を伝える他の記述と同様に、これも事実を伝えるものと判断されるべきであると主張することになろう。どちらの判断にも決定的かつ直接的な証拠はないのである。

もちろん、単一の史料のみが伝える情報が信頼性に問題を抱えるというのはごく一般的な事柄であり、それには遠近の様々な情報を総合的に考慮した妥当性の判断でもって対処するしかないのは言うまでもない。しかし、『旅行記』、特にそのカイロを記述した部分に関しては、そこにこのテクストのプロパガンダ文献としてのバイアスという問題が加わり、さらに話が難しくなるのである。ある意味、我々は、我々が対峙しているテクストの、事実に対する誠意に信頼がもてない状態で、個々の記述の妥当性を判断せねばならないからである。疑い出せばきりがない。とは言っても、何でも信じればいいというわけでもない。また、こうした場合にも中庸が美徳になるかと言われると、どうもそうとも思われない。「落としどころ」を一律に決めることはどうやらできないのである。

『旅行記』におけるカイロ関連の情報の扱いをさらに複雑にするのは、このテクストがもつ魅力、つまり、詳細に数を示し、かつ、ことカイロに関する限りはとにかく魅力的に美しく書こうとするこのテクストの性格に、歴史家の史料批判の眼を曇らせる力があることである。例えば、アラブ・ムスリムによる征服からファーティマ朝期までのカイロの地誌に関する大著を著したアイマン・フアード・サイイドは、11 世紀半ばのカーヒラがどのような街区から構成されていたのかを検討する際に、10 の街区があると述べ、それらの名を逐次列挙する『旅行記』の記述（III:11）を利用し、「もしナーセル・ホスロウを信じるならば、5/11 世紀半ば頃には 10 のハーラ［街区］があった。ナーセル・ホスロウが伝えることは確実性を欠く。しかし他に情報がないことに照らすと、私たちはそれを信じるしかない」と述べている[18]。もちろんサイイドは、この言明を挟む箇所でその前後の状況に関する様々な情報を整理しているので、彼が『旅行記』の情報を「信じるしかない」と述べるにあたっては、そうした他の情報との対比が踏まえられているに違いない。また、どういう名前の街区がいくつあったかという記述がプロパガンダとして意味があったとはにわかに考えがたく、その意味でもサイイドの冒しているリスクは問題のない範囲のものであるように思われる。しかし、それしか史料がないから信じるしかないというあまりに率直なこの言明自体には、やはり懸念を抱かざるをえないであろう。『旅行記』は、その一見魅力的な内容ゆえに、このような、「少々リスクはあるが大丈夫だ。そもそも仕方ないし」という歴史家の判断を導きやすいのである。

『旅行記』の、特にカイロの記述を、当時の状況を伝える情報源として用いるときには慎重の上にも慎重を期さなければならない。油断して誘惑に負け、親ファーティマ朝プロパガンダの片棒を担がされるようなことがあってはならない。できる限り他の情報源から得られる知見と対比して解釈を妥当なものとしていく以外に方法はないが、歴史家はその作業を皆で地道に進めていくしかない。あまりに当たり前ではあるが、これが以上の検討のまとめということになろう。

もちろん「言うは易く行うは難し」であることは認めざるをえない。そもそも、上の宝石商の話などは、解釈を洗練させていく方図がにわかに見当たらないからこそ悩ましいのである。しかし筆者には、この困難は歴史家たちがあえて引き受け、皆で背負っていかなければならない性質のものであるように思われる。そのような意図を込めて、ここでは、この悩ましさの象徴となるような印象的な例をもう一つ見て節を閉じることにしたい。

実は、本書の編者である長谷部史彦は、新書版の書物のなかで当時のカイロ（フスタート）の発展を描き、以下のように『旅行記』の記述を利用している[19]。

> 多方面から人を引きつけるこの都市には賃貸住宅も多かった。彼はこんな話も耳にしている。
>
> ある人が七階建ての屋上を小庭園にしてそこに子牛を運びこみ、大きくなるまで育てて、揚水車をつくるとそれをこの牛に回させて水を引いている

> という話である。この屋上には柑橘類やバナナなどの木々が植えられ、それらはすべて実を結ぶ。また、あらゆる種類の花やハーブも植わっている。
> ちょっとおおげさな気もするが、建物の高層化も進行していたのである。

フスタートに高層建築が建っていたことは、考古学的には立証されていないものの、ナーセル前後の多くの史料が語っている。また、建物の上に植物が植えられていたことは考古学的調査から確認されている[20]。となると、高層化を認める長谷部が「ちょっとおおげさな気もするが」というのは、7階建てという具体的な階数と、屋上で育てられ、揚水車を廻す牛の話ということになろう。なかでも牛の話は、いかにも「ちょっとおおげさ」な感じがする。

「ちょっとおおげさ」だと述べる長谷部がこの牛の話を心の底から信じているとは考えがたい。そしてこの話、いかにも誰かが考えつきそうな法螺話のようにも見える。筆者の感覚からすると都市の繁栄を宣伝する材料としては意外なネタのように思われる屋上の牛も、『旅行記』が想定していた11世紀の読者層にとっては、もしかしたら大いに効果のある話であったのかもしれない。だがしかし、子牛を屋上に上げて（ロープで釣り上げればさして難しくないか）ここに書かれているようなことをした人物がいなかったと誰が確言できるであろうか。これが宣伝用の法螺話なのか、宣伝まじりではあるものの事実を伝えたものであるのか、少なくとも今の筆者には、どのような情報源をたどっていけばこれに答えが見いだせそうか、なかなか見当がつかないのである。

屋上に牛はいたのか。おそらくこの問題自体にさしたる重要性はない。しかし、屋上の庭園で黙々と揚水車を回す牛のイメージが、我々が折に触れて『旅行記』の性格を思い出す縁となるのであれば、狭いところに閉じ込められ一生を労働に費やした（と『旅行記』が伝える）牛も、もしかすると本望と思ってくれるかもしれない。

おわりに

『旅行記』は正確な情報を豊富に含んでいる。エルサレムの聖域に行けばそれを測ってみようと考えるようなナーセルの特性が生んだ詳細な記述もあいまって、このことは『旅行記』を重要な歴史史料として知らしめさせている。では、その知見にもとづいて『旅行記』が記すあらゆる内容を額面通りに信じることができるであろうか。そんなことはない。そこにはあらゆる旅の記録がそれなりに含んでいるおおげさな表現や誤解にもとづく説明があるだけでなく、明らかにファーティマ朝のためのプロパガンダが含まれているからである。これは『旅行記』のカイロを描いた部分に特に強く該当する。

しかも、ここで話を難しくするのは、どこまでが事実を反映しており、どこからがナーセルの他意のない誇張や誤解であり、さらにどこからが宣伝目的の虚構であるかについて判断しようとするとき、我々には、頼るべき比較材料が豊富に与えられているわけではないことである。ファーティマ朝の都カイロについてさえ、その11世紀半ばの状況を、ナーセルの細かい記述の真偽判断に役立つレベルで伝える材料は、どう控えめに言っても豊富であるとは言えない。突き詰めて言えば、歴史家は、かなりの程度において、歴史家自身の培った「眼力」――あるいは「勘」――にしたがって、個々の情報の扱いを決めなければならないことになる。

もちろん、書き記されている事柄の信頼性を認めるかどうかという問題はありとあらゆる史料に関わるものであり、旅の記録という類型のテクスト、ましてや『旅行記』のみに関係するものではない。それどころか、歴史家による史料の利用は、決してここで扱ったような事実の抽出に限られるものではない。ここでことさらこのような幼稚とも見える問題を取り上げたのは、しかし、ここに旅の記録という類型のテクストがもつ一つの扱いにくさが表れているように思われるからである。旅の記録には、その旅の体験を共有することがなかった読者に対し、まさにそのことによって特権的な立場に立った著者が一方的に叙述を行うという性格がつきまとう。このことは、後世ある旅の記録を史料として読むことになった歴史家にとって、著者の周囲の読者がその信憑性を受け入れていた（と推定される）ことを、記述の信頼性の根拠として利用するのを難しくする。「こんな嘘はいくら何でも読者の目を恐れて書けなかったはずだから、これは本当のことに違いない」という論法が使えないのである。『旅行記』の扱いの難しさには、旅の記述がもつこのような性格も関係しているのである。

さて、後出しの感は否めないが、『旅行記』に関しては、実はもう一つ触れておかなければならないことがある。それは、現存する『旅行記』のテクストは、ナーセルが著したテクストをそのまま保存したものではないという説の存在である。なかでも、現行テクストが、ナーセルの著したオリジナルから意図的にイスマーイール派色を削り落とした、スンナ派の立場から中和されたヴァージョンであるという説には言及しておく必要があろう[21]。この説には、著者のイスマーイール派への帰属を伏せるからこそプロパガンダ文献たりうるという『旅行記』の根本的な性格への無理解が関係しているようにも思われるが、筆者には今この議論に立ち入る準備はない[22]。ここでは、現行のテクストがオリジナルであるにせよ、そうではないにせよ、『旅行記』のプロパガンダ文献としての性格はそこに充分に見てとれるのであり、この説の当否はこの章で行った議論にはさしたる影響がないことだけを述べておきたい[23]。

最後に一つ質問したい。あなたは屋上の牛の話の信憑性についてどのような意見をおもちだろうか。正直に言って、私にはこれについて何の確かな知見もないが、個人的には、モロッコの古都フェスの旧市街にある昔ながらの中庭式住宅の屋上で、そこに住む知り合い一家が子羊を飼っていたことが思い出されてならない。そこで育て、やがてメッカ巡礼明けの犠牲祭の際にそこで屠るのだと聞いたように記憶している。時は21世紀、場所はモロッコ、家は確か4階建て程度、さらに羊と牛という大きな違いはあるが、この経験がどうしても頭に浮かんでくるのである。

言うまでもなく、筆者のこの体験自体は、屋上の牛についての判断材料としてはほとんど無価値である。しかし、筆者は、『旅行記』の牛の話を読んだ時に、すぐにこの羊の話を思い出し、そんな自分に少し誇らしい思いがしたものである。上に記したように、『旅行記』は、解釈を洗練させていく方図がにわかには見当たらないような記述を多く含む。そうした事情は、実は他の多くの歴史史料においても同様である。こうした事情に関し、筆者は、それと息長くつきあっていくことを歴史家の責任であると述べた。では、そのためにはどうすればよいのであろうか。筆者が自分を誇らしく思ったのは、無理矢理にでもあらゆることに好奇心をもち、とにかく四方八方をギョロギョロ見るという重要な実践を、少なくともフェスで羊を見ていたときの自分は、しっかりやっていたのだと感じたからであるように思われる。

註

1 『旅行記』のこの両義性を踏まえた、簡にして要をえた紹介文に、菊地達也「ナーセル・ホスロウ《旅行記》」岡本さえ編著『アジアの比較文化』科学書院、2003, 24–27 がある。あわせて参照されたい。

2 森本一夫（監訳）、(I) のみ長峯博之（解題）、北海道大学ペルシア語史料研究会（訳）「ナースィレ・フスラウ著《旅行記 (*Safarnāmah*)》訳註 (I) (II) (III) (IV)」『史朋』35 (2003)、1–29; 36 (2003)、24–47; 37 (2004)、1–26; 38 (2005)、23–50. 引用にあたっては、I:28 というような形で出典表示を簡略化する。引用文中の［　］は筆者による引用時の補足を示し、出典中で補足を意味するためにすでに用いられている［　］は〔　〕で置き換える。出典中で示されている原語のローマ字つづりは省略する。

3 ナーセルの滞在中、メッカでの食糧不足のために、大々的な巡礼団の派遣は2年続けて中止され、代わりに小さな使節団が送られた。なお、III:17 には、チュニジアのカイラワーンに関し「私はそこに行った」という唐突な言明が見られるが、カイロ滞在中のどの時点でそこに赴いたのかなど、それ以上の詳細は分からない。

4 記述内容に関する以上のまとめは、『旅行記』をドイツ語に訳したナジュマーバーディーとヴェーバーのまとめを踏まえたものである (Naser-e-Khosrou; S. Najmabadi & S. Weber [trs.], *Safarname*, Munich: Diederichs, 1993, 17)。

5 ここで用いられている暦は、サーサーン朝最後の皇帝、ヤズデギルド3世（位 632–51）の即位を紀元とする太陽暦、ヤズデギルド暦である。I:13, n. 5 参照。

6 A. Elad, *Medieval Jerusalem and Islamic Worship*, Leiden & New York: E. J. Brill, 1995, 567–570. なお、引用文中に用いられる2種の単位、王のガズとアラシュにつ

いては、II:32, n. 29, I:22, n. 53 参照。前者は約98cm、後者は約64cm。

7 引用文はG. Le Strange, *Palestine under the Moslems*, London, Boston & New York, 1890, repr. with a new intro. by Walid Khalidy, Beirut: Khayats, 1965, 6. 平面図はp. 110の次の頁に掲載されている。ただし、ル・ストレインジは他の史料にもとづく平面図も同様に掲載しており、『旅行記』が例外的な扱いを受けているわけではない。

8 カイロという都市名はこのカーヒラに由来する。というよりも、両者は突き詰めて言えば同じ言葉である。しかしこの章では、現在のカイロ一帯に広がっていた都市域全体を指すのにカイロを、その一部をなしていた、ファーティマ朝造営の新都を指すのにカーヒラを、という形で使い分けを行う。ナーセル訪問当時のカイロは、新都カーヒラと7世紀半ば以来の歴史をもつフスタートという「双子都市」を主たる構成要素としていた。

9 より詳しくは、菊地達也『イスラーム教「異端」と「正統」の思想史』講談社、2009, 180–202; 同『イスマーイール派の神話と哲学』岩波書店、2005、13–28参照。

10 この事件については、P. Crone & L. Treadwell, "A New Text on Ismailism at the Samanid Court," in C. F. Robinson (ed.), *Texts, Documents, and Artefacts: Islamic Studies in Honour of D. S. Richards*, Leiden & Boston: Brill, 2003, 37–67 参照。改宗した君主はナスル・イブン・アフマド（位914–43）である。

11 最もよく知られているのはガズナ朝下で宰相ハサナクが処刑されたいきさつであろう。ペルシア語史書『バイハキー史』におけるその劇的とも言える描写は、いまや英訳で読むことができる。Abu'l-Fażl Beyhaqi; C. E. Bosworth (tr.); M. Ashtiany (rev.), *The History of Beyhaqi (The History of Sultan Mas'ud of Ghazna, 1030-1041)*, 3 vols., Boston: Ilex Foundation & Washington, D. C.: Center for Hellenic Studies, 2011, Vol. 1, 270–291.

12 この詩については、A. C. Hunsberger, *Nasir Khusraw, The Ruby of Badakhshan*, London & New York: I.B. Tauris, 2000, 55–69. なお、ハンスバーガーによるこの伝記は、個々の内容に吟味を要するところはあるものの、現在のところナーセルについて何かを調べる際にまず参照すべき便利な文献である。ナーセルの思想を扱った同著者による"Nasir Khusraw: Fatimid Intellectual," in F. Daftary (ed.), *Intellectual Traditions in Islam*, London & New York: I.B. Tauris, 2000, 112–129 もある。日本語では、半世紀以上前の仕事になるが、黒柳恒男「ナーセル・ホスローの生涯と作品」『東京外国語大学論集』8 (1961)、55–66が参照可能。

13 Hunsberger, *Nasir Khusraw*, 222, 226–229; I:6, n. 22（長峯による解題）.

14 Hunsberger, *Nasir Khusraw*, p. 19. I:5, n. 18（長峯による解題）も参照。

15 1061–62年の執筆活動についてはH. Corbin, "Nāṣir-i Khusrau and Iranian Ismā'īlism," in R. N. Frye (ed.), *The Cambridge History of Iran*, Vol. 4, Cambridge: Cambridge U. P., 1975, 536 [520–542]. ユムガーンでの彼の死がいつのことであっ

たかは明確でない。1072年から1077年の間、もしくは1088–89年という年代が現在のところ有力とされている（I:6, n. 28; 長峯による解題）。バダフシャーン地方は現在でもイスマーイール派の広い分布が見られる地であり、伝教者としてのナーセルは広く畏敬の念を受けている（Hunsberger, *Nasir Khusraw*, 222）。また、ユムガーンのハズラテ・サイイド村にはナーセルのものとされ、参詣の対象とされる廟が現存している。

16 E. Ormsby, *Between Reason and Revelation: Twin Wisdoms Reconciled: An Annotated English Translation of Nāṣir-i Khusraw's* Kitāb-i Jāmiʿ al-ḥikmatayn, London: I.B. Tauris, 31–32. ナーセルの他の著作については、Hunsberger, *Nasir Khusraw*, 10–16; 德原靖浩「ナーセル・ホスロウにおけるイスマーイール派思想」小林春夫他編『イスラームにおける知の構造と変容』早稲田大学イスラーム地域研究機構、2011、237–261を見よ。

17 原語は「スルターン」であるが、ここでは、セルジューク朝のトゥグリル・ベグ（位1038–63）がアッバース朝カリフから授与されたことがしばしば取り沙汰される、君主の公式の称号としての「スルターン」という意味で用いられているわけではない。混乱を避けるため「王」と訳す。

18 A. F. Sayyid, *La capitale de l'Égypte jusqu'à l'époque fatimide Al-Qāhira et Al-Fusṭāṭ*, Beirut: Orient-Institut der Deutschen Morgenländischen Wissenschaft & Stuttgart: Franz Steiner Verlag, 1998, 182–183.「5/11世紀」は、ヒジュラ暦で5世紀、西暦で11世紀にあたることを指すイスラーム研究における慣用的表現。

19 長谷部史彦「マムルーク騎士と民衆」佐藤次高・鈴木董編『都市の文明イスラーム』講談社現代新書1162; 新書イスラームの世界史1、講談社、1993, 156–157 [153–192].

20 高層建築についてはSayyid, *La capitale de l'Égypte*, 605–609. 植物については、同書、608.

21 こうした説については、I:8, n. 35（長峯による解題）参照。

22 『旅行記』のこの性格については、菊地「ナーセル・ホスロウ《旅行記》」26に説得的な言及が見られる。

23 なお、筆者は、『旅行記』全体が19世紀にイギリス帝国主義によって捏造されたものであることを主張する興味深い「トンデモ本」を紹介したことがある。森本一夫「ナースィレ・フスラウ著《旅行記》を訳しながら」『歴史と地理』574 (2004)、54–58.

地中海を旅した二人の改宗者
――イラン人カトリック信徒とアルメニア人シーア派ムスリム

守川知子

はじめに

人はなぜ旅をするのか。旅をすると、どのような変化が心に生じるのだろうか。

筆者はこれまで主に、イスラーム社会の「巡礼」を研究対象としてきた。巡礼もまた、旅の一形態であり、信仰心のある者がその「信仰」を目的に旅をする場合、特にイスラーム社会のメッカ巡礼や聖廟参詣など、大規模なキャラバンを組み集団で行う場合、彼らの信仰心はより一層強化されることが明らかとなっている[1]。中世に隆盛したサンティアゴ・デ・コンポステーラ巡礼や近世日本の伊勢参詣も同様であろう[2]。しかし、「旅」のすべてが信仰心から発するものでもない。ましてや何らかの仕事や用務で旅する場合や、あるいは個人の場合はどうなるのだろうか。

本稿では以上のような問題関心から、「旅と信仰」をテーマに、近世期の地中海を旅した二人の改宗者の足跡をたどる。本稿で対象とする二人は、奇しくもサファヴィー朝（1501–1736年）下のイラン（ペルシア）に生まれ、17世紀に何らかの用務をもって地中海方面に旅し、そしてその旅路も含めた自らの生涯を自身の筆で「回想録」として語り残すなど、いくつかの共通点がある。とはいうものの、二人の生涯やその足跡はまったく異なる。一人は16–17世紀の節目にヨーロッパに派遣された公式使節団の一員であり、もう一人は17世紀の後半に、家族に半ば「放逐」される形で地中海方面に出向させられた人物である。そして何よりも、前者はトルコ系のシーア派ムスリムであり[3]、後者はアルメニア正教徒の家に生まれている。このように、境遇も、旅の目的も足跡もまったく異なる二人であるが、彼らの最大の共通点は、二人がともに「改宗者である」(もしくは「改宗者となった」)ということである。本稿では、これら二人の改宗者の旅の軌跡をたどることにより、17世紀の西アジア世界の特徴や、人生を左右する「個人での旅」と「信仰」について明らかにしていきたい[4]。

1. 西アジアのシーア派政権サファヴィー朝

最初に、本稿の前提となる16–17世紀の西アジア世界を概観しておこう。

1.1 サファヴィー朝の成立

サファヴィー朝は、1501年にイラン北西部のタブリーズで成立したシーア派政権である。それまで圧倒的にスンナ派が優勢であった地に、突如シーア派政権が誕生したことにより[5]、以後サファヴィー朝は隣国のオスマン朝と激しい対立を繰り広げることになる。両者が直接まみえたのは、1514年のチャルディラーンでのことであり、この時は火器を擁するオスマン軍にサファヴィー軍は惨敗し、当時の首都タブリーズをも一時期占領されるという事態を招いた。この敗戦により、サファヴィー朝はアナトリア東部の領有を放棄したが、その後もオスマン朝は攻撃の手を緩めることなく、16世紀前半を通してスルタンのイラン遠征が何度か行われ、サファヴィー朝の西方国境は常に緊張関係の中にあった。

一方のオスマン朝にとって16世紀は、東方の新興勢力であるサファヴィー朝への牽制以外にも各地に領土を拡げていく時代であった。セリム1世(在位1512–20年)や後継者のスレイマン1世(在位1520–66年)は、1517年にはエジプトにあったマムルーク朝を滅亡させ、1526年にはモハーチの戦いでハンガリーを獲得、そして1529年にはウイーンを包囲するに至り、1538年にはプレヴェザの海戦でローマ教皇・スペイン・ヴェネツィアの連合艦隊を敗走させ、地中海の制海権を確立した。このようなオスマン朝の拡大に危機感を抱いたヨーロッパ諸国は、オスマン朝と敵対するサファヴィー朝との同盟を模索する。こうして古くは16世紀の最初期から、ハプスブルク家やヴェネツィア、ローマ教皇といったオスマン朝と直接領土を接するヨーロッパの国々がイランに使節を派遣し、軍事同盟の可能性を探ったのである。

1.2 シャー・アッバース(在位1587–1629年)の時代

サファヴィー朝の最盛期を現出したとされるシャー・アッバースの時代[6]は、ヨーロッパ諸国との関係が最も緊密になった時代である。アッバースは政権内部の内紛を収め、イラン北東の外敵の脅威を取り除くと、1597年にイスファハーンの新都建設に着工する[7]。町の旧市街の南東部に王宮、大モスク、バーザール、大広場が建設され、市壁が大きく拡張されると同時に、市壁の外にも新たに高級官僚らの居住街区が設けられ、その後のイスファハーンは名実ともにサファヴィー朝イランの政治・経済・宗教・文化の中心地となっていく。

さて、イギリス出身の冒険家シャーリー(Sir Anthony Sherley)がヴェネツィアから来朝したのは、アッバースが政権基盤を確立した1599年のことであった。シャーリーは自らが当時のスコットランド王ジェームズ6世(在位1567–1625年)の親戚のようなものだと主張し、シャー・アッバースにイギリスとの対オスマン同盟の実現性を唆した。そしてアッバースを口説き落としてヨーロッパへの使節団の派遣を決意させたのである。これが後に見るウルチ・ベクが参加した使節団となる。

シャー・アッバースの政策でもう一つ重要なことは、1603年に始まるコーカサス遠征と、その際のアルメニア人の「強制移住」である[8]。同年秋の遠征で、アッバースは旧都タブリーズまで迫っていたオスマン勢力を駆逐し、さらにアルメニアに兵を進めた。一方、翌1604年春に、オスマン朝が大宰相を総司令官としてコーカサスに向けて出陣したことが知れると、アッバースはアルメニア人を新都イスファハーンへ移住させ、コーカサス地方の焦土作戦に出た。結局、オスマン軍は撤退し、アッバースはこの勝利によりこの地方の領有権を確立したのであるが、ここで問題となることは、焦土作戦のために数万人のアルメニア人をイラン国内に移住させたことである。

アッバースは、アルメニア人の国際商業ネットワークや彼らの工芸の才能を利用すべく、主としてアラス河畔のジョルファーという町から、イスファハーン郊外に新たに建設した「新ジョルファー街区」に彼らを住まわせた。移住したアルメニア人たちは、このとき以降、王室独占の生糸交易を委託され、免税特権を得ながら御用商人として南・東南アジアやヨーロッパ各地との交易活動に従事した[9]。新ジョルファー街区に居住したこのようなアルメニア人は、17世紀全般を通じて相当裕福な商人として繁栄を享受していたとされる[10]。

1.3　ゾハーブ協定（1639年）とサファヴィー朝の政策転換

サファヴィー朝とオスマン朝の領土争いの主な対象は、上述のコーカサス地方に並んで南のイラク地方であった。イラクには重要な歴代シーア派イマームの聖廟があることから、サファヴィー朝にとってイラクの領有は悲願であり、シャー・アッバースは晩年にイラクに侵攻しここを制圧するが、大帝アッバースの死後、再度形勢は逆転する。オスマン朝のムラト4世（在位1623–40年）が1638年に自ら兵を率いてイラクを奪還すると、翌1639年には両国家間で「ゾハーブ協定」と呼ばれる和議が成立した[11]。同協定により、アルメニアはイラン領へ、イラクはオスマン領への帰属が決定し、150年近くにわたる両者の領土問題は、ここに一応の解決を見たのであった。

この和議の締結後、サファヴィー朝政権はより一層国内に目を向けた。街道整備や、商業や交易活動の活性化といった経済政策に加え、国内のシーア派信仰の普及・浸透をはじめとする宗教政策が17世紀中葉以降の大きな特徴である。また17世紀に入ると、ヨーロッパ諸国の側もオスマン朝との抗争を排して講和を締結するようになるため、ヨーロッパからイランへは軍事同盟ではなく、交易や宣教を目的とした人々が来訪するようになっていた。イエズス会やドミニコ会の修道士たちはイラン国内で宣教活動を行い、ムスリムではなく、アルメニア正教徒やユダヤ教徒などからカトリックへの改宗が進んでいった。この状況を是としなかったシャー・アッバース2世（在位1642–66年）は、国内の宗教マイノリティのイスラームへの改宗を奨励するようになる。言われているところでは、1620–30年代や1660年代に幾度かグルジア人の大量改宗があり、また1656年には2万軒のユダヤ教徒が改宗したと言われる。さらに1654年までに、それまでの方針を転換して重税が課せられるようになったアルメニア人の5万軒が貧困を逃れて改宗したとされる[12]。アッバース2世のこのような宗教政策により、17世紀中葉以降、イラン国内での宗教マイノリティのイスラームへの改宗が進んでいく。本稿の後半で見るアブガルが生まれたのは、このような時代の首都イスファハーンでのことであった。

以下、サファヴィー朝下のイランから西方へ旅した二人の人物の軌跡を追っていこう。

2. 対ヨーロッパ使節随行員ウルチ・ベクの旅と改宗

ウルチ・ベク（Uruch Beg）は、トルコ系のバヤート部族出身の軍人である。彼は、1604年にスペインのヴァリャドリードで、*Relaciones de Don Juan de Persia*（『ペルシアのドン・フアンの報告書』）という題名の書物をスペイン語で著し、出版した[13]。この書物は3章からなり、1章はイランの歴史や慣習について扱い、2章はオスマン朝など近隣諸国とサファヴィー朝の抗争史を、そして3章では自身のヨーロッパ使節としての旅の記録が綴られている。2章で16世紀のサファヴィー朝の対外抗争史が扱われているが、これは、彼が初めて従軍した1585年のオスマン朝によるタブリーズ包囲に際して、同じく軍人であった父親が戦死したことと無関係ではなかろう。彼の前半生は、先にも見たように、まさしくオスマン朝との激しい抗争の内にあったのである。

2.1　ヨーロッパ諸国への使節団の派遣

スペインとの対オスマン同盟関係を期待し、まさに使節を派遣しようとしていたシャー・アッバースは、シャーリー兄弟の来訪を契機に、スペインだけでなくヨーロッパのキリスト教君主たちへ向けて使節を派遣することを決意する。何となれば、シャーリーは、自分はキリスト教国の王たち全員に顔が利くとアッバースに信じさせたからである。こうしてアッバースは、ローマ教皇、神聖ローマ皇帝、スペイン王、フランス王、ポーランド王、ヴェネツィア公、イングランド女王、スコットランド王の計8ヶ国にそれぞれ使節と贈り物を送ることを決定した[14]。使節団は、フサイン・アリー・ベク（Ḥusayn ʻAlī Beg）を大使として、4名の書記官と15名の従者からなっており、さらに兄のアンソニーと5名の通訳、15名の英国人、およびインド洋経由で到着したばかりの2名のポルトガル人修道士（ドミニコ会士とフランチェスコ会士）が同行した。ウルチ・ベク自身は、大使に準じる4人の書記官の中の第一書記となり、さらに第二書記として大使フサイン・アリー・ベクの甥のアリー・クリー・ベク（ʻAlī Qulī Beg）がいた[15]。

2.2　ウルチ・ベクの旅

ウルチ・ベクは、1599年7月9日、アンソニーらとともにイスファハーンを発ち、カーシャーン、コム、サーヴェを経由して、サファヴィー朝の旧都カズヴィーンへと向かった。カズヴィーンでヨーロッパ諸国への贈呈品を待つために8日間ほど彼らは滞在し、その後北上してカスピ海へ抜け、沿岸の港町で見送りの家族や友人に別れを告げてイランを発った[16]。

カスピ海では2ヶ月もの間、嵐に遭遇して出航した港に戻ったり、凪のために船を出せずに待機したりといった状況に見舞われながら、最終的には12日間でカスピ海を渡り、モスクワ公国の領地であり、「最初に入った人の住む場所はキリスト教徒の町であった」ところのアスタラハンに到着する[17]。16日間滞在したこの町で、シャー・アッバースによって先に派遣されていたモスクワへの即位祝賀特別大使と一緒になり、以後はこの大使とともに一行はヴォルガ川を遡り、カザンやニジニ・ノヴゴロドを経由してモスクワへの行程を船や橇で進んだ。

イスファハーンを発ってからおよそ4ヶ月後の11月の金曜日、イラン使節団は、当時のモスクワ大公ボリス・ゴドゥノフ（在位1598–1605年）に盛大に出迎えられてモスクワに入城する[18]。宮中でのパーティーで歓迎され、その後、彼らは越冬をかねて5ヶ月ほどモスクワに滞在した。そして復活祭のころ、出立の許可とともに、大使やウルチ・ベクら使節団の者たちは、外套や8メートル近くもある布地や金銀のゴブレットをモスクワ大公から下賜され、モスクワを後にした[19]。

モスクワから先、彼らは積み荷の多さや移動の簡便さゆえに船旅を勧められると、ルビンスク経由で白海の港町アルハンゲリスクから船に乗り、スカンディナビア半島の北を回って北海からエムス川河口のエムデンに上陸する。エムデンではオルデンブルク伯と面会し、続いて南方のカッセルへ向かい、ヘッセン＝カッセル方伯と面会、さらにライプツィッヒでザクセン選帝侯に会おうとするが不在のため果たせず、そのままエルベ川経由でプラハへと向かった[20]。

1600年の秋に、彼らはプラハで神聖ローマ皇帝ルドルフ2世（在位1576–1612年）と接見し、そのままルドルフ2世のもとで越冬する。翌1601年の春、プラハを発ち、ニュールンベルク、アウグスブルク経由でミュンヘンへ行き、ミュンヘンでは退位したばかりのバイエルン公ヴィルヘルム5世（在位1579–97年）と面会した。その後、南に下ってマントヴァに2日滞在し、ヴィンチェンツォ1世（在位1587–1612年）と面会、さらにヴェローナの町でヴェネツィア行きを確認するため3日間滞在した。先にも述べたように、使節団派遣の本来の目的にヴェネツィア元首との接見が含まれていたが、しかしちょうどこの時期にオスマン朝からの使節がヴェネツィアに来ていたため、ヴェネツィア側はサファヴィー朝使節団の来訪を拒み、ここにきて一行はヴェネツィア行きを断念せざるを得ない事態となってしまう[21]。

こうして彼らはフィレンツェ・ピサでトスカーナ大公フェルディナンド1世（在位1587–1609年）から10日間にわたる世話を受け、シエナを経由してローマに赴いた。ローマ教皇クレメンス8世（在位1592–1604年）との正式な謁見後、彼らは2ヶ月間にわたってローマで過ごす。この間、アンソニーとの間に不和が生じ、アンソニーは別行動をしている。このイギリス人は、サファヴィー朝使節団の携えた何十箱もの贈呈品をおそらく途中で売却し、利益を自分のものにした疑いがあった[22]。

その後、一行はジェノヴァに1週間滞在した後、ガレー船でサヴォーナに行き、再度馬上の人となり、アヴィニョン、ニーム経由でモンペリエに進んだ。アヴィニョンではローマ教皇の副特使の邸で2日間休息を取っている。そしてモンペリエから、ナルボンヌ、サルス・ル・シャトーを経由して彼らはペルピニャンまでやってきた。ペルピニャンで総督らの歓迎を受け、10日間滞在した後、30名の護衛とともに一行はピレネー山脈を越え、バルセロナへ向かった。バルセロナではフェリア公爵に10日間歓待され、その後アルブケルケ公の待つサラゴサへ行き、続くトゥデーラでは、使節団の来訪を宮廷に伝え、スペイン国王からの指示を仰ぐために1–2週間待機した。許可が下りると、当時スペイン国王の都となっていたヴァリャドリードに入城し、国王フェリペ3世（在位1598–1621年）のもとで2ヶ月間にわたる熱烈な歓迎を彼らは受けたのであった[23]。

この時点でイラン使節団は、まだ訪問していなかったイングランド、スコットランド、フランス、ポーランド、ヴェネツィアへの訪問を断念し、イランへ帰国する方針を立てた[24]。彼らはセゴヴィア、マドリード、アランフェス、トレド、メリダを経由してリスボンへと向かい、リスボン港で喜望峰を経由してイランへ帰る船を待った。当時はポルトガルがペルシア湾のホルムズ島に拠点を構えていたため、喜望峰経由の海路であれば、敵対するオスマン領を通ることなくイランへと帰国できたからである。

以上見てきたように、1599年夏にイランを出発し、モスクワ、白海から北海、エムデン、カッセル、プラハ、ミュンヘン、そして地中海方面のマントヴァ、フィレンツェ、ローマ、ジェノヴァ、アヴィニョン、ペルピニャン、バルセロナ、ヴァリャドリード、リスボンと、彼らの旅は足かけ3年近くに及んだ。途中シャーリーらと袂を分かち、後述のように改宗する者が続出したため一行の規模はかなり縮小し、さらには本来の用務先であったイギリス行き等を断念したとはいえ、ウルチ・ベクらイラン使節団のヨーロッパ歴訪の旅は、大西洋岸のリスボンにて、こうして幕を閉じるはずであった。

2.3 ウルチ・ベクの改宗

使節団が帰国しようとヴァリャドリードからリスボンへと向かっていた際、途中のメリダの町で一つの事件が起こる。それは、使節団に随行していたイラン人が暴漢に短剣で襲われ死亡する、というものであった。使節団の者たちはその同僚をメリダ郊外に「イラン式（Persian rites）」に埋葬したが、この殺人事件は、国を代表する公式のイラン使節に対してスペイン王国領内で生じたことから、スペイン国王に抗議する必要があった。彼らは全員で一旦リスボンまで行き、そして出航の準備を待つ間に誰かがヴァリャドリードのスペイン宮廷へ報告することとした。その役目を仰せつかったのがウルチ・ベクであり、彼にとってはこれが人生の大きな転機となる。

報告のため、リスボンからヴァリャドリードに戻ったウルチ・ベクは、カトリック信徒になるため使節団から離脱しイエズス会預かりになっていたアリー・クリー・ベクのもとに立ち寄るが、その瞬間、「私（ウルチ・ベク）が彼や修道士らと話し始めるよりも先に、全能の神がいかに私の内にも奇跡が起こることを望んでいるか」を悟ったのであった[25]。宿舎に戻った彼はすぐに修道士らを呼びに行かせ、洗礼志願者としてキリスト教の教えを乞うた。こうしてウルチ・ベクは、リスボンに戻る前のわずかな時間に、王宮附属礼拝堂でフェリペ3世夫妻が名付け親となる中、アリー・クリー・ベクとともにカトリック信徒としての洗礼を受けたのである[26]。彼は「ドン・フアン（Don Juan）」の洗礼名を授かった。

イランに一度戻って妻と息子をスペインに連れてこようと考えていたウルチ・ベクは、洗礼後すぐに使節団一行の待つリスボンに戻った。だが自分は海路ではなく陸路のオスマン領経由で戻りたいとイラン大使に伝えたことにより、彼の改宗疑惑が大きくなってしまう[27]。身の危険を察知したウルチ・ベクは、使節団の一行とは距離を置き、唯一の話し相手となった第三書記のブンヤード・ベク（Bunyād Beg）を改宗へと誘い、友の心が決まるや否や二人でヴァリャドリードに舞い戻った。最後にこの友人の洗礼を済ませ、ウルチ・ベクの旅と回想録はここに幕を閉じる[28]。

2.4 『報告書』に見るウルチ・ベクの旅と改宗

ウルチ・ベクはこのように、使節団の一員としての旅の最終段階で改宗したが、彼が改宗に至る伏線はその回想録の随所に見てとれる。

最大の要因として、ローマ到着以降、次々と現れる改宗者たちの存在があろう。ローマでは、使節団の下級随員であった床屋、料理人、書記の3名が改宗し、そのままローマに留まることになった。というよりも、彼らは使節団がローマを出立する際に現れず、大使らが彼らを探しにわざわざ町に戻ったところ、大聖堂の中で彼らがキリスト教の教義を学び、まさに改宗しようとしていることを知ったのである。この3人の改宗への動きに対し、大使のフサイン・アリー・ベクは狼狽し、教皇に直訴するのだが、教皇はそれに対し、「神の法というのは愛情のひとつである。誰も信者となることを強制されることはなく、誰もが自由に振舞ってよい。私にできることは神の意志に従うことである」と、イラン大使の訴えに耳を貸さなかった[29]。

ローマでの部下3名の改宗に加えて、スペインのヴァリャドリードでは、同じく使節団の一員であり、大使の甥でもあったアリー・クリー・ベクが一足先に改宗志願者となり、イランには帰らずにスペインに留まることを望んだ。ウルチ・ベクに次ぐ第二書記の若者の改宗は、ウルチ・ベクにも大きな影響を与えているが[30]、ローマ以降相次いだこれら4名の改宗が残る随員に影響したことは否めまい。

さらに、キリスト教の最高権威者であるローマ教皇クレメンス8世との直接の謁見の重みは計り知れない。ウルチ・ベクは、部下の改宗にかかる先のような教皇の言葉を自著に書き留めていることからして、おそらく教皇の述べた

「信仰は個人の自由である」というこの言葉に感銘を覚えたのだと思われる。また、イラン国王から教皇らへの贈り物をアンソニーが売却してしまったことがイタリアで発覚するが、この詫びに対してもクレメンス 8 世は、「私は、私のもとに来る誰をも罰しない。ましてやペルシアの王から送られた者であればなおさらだ」と意に介さず、寛大さを示した。イラン側からの贈呈品がなかったにもかかわらず、ローマ教皇は使節団の一行に対して、2000 ドゥカートもの金貨や金の鎖や教皇の肖像画を下賜した。またスペインまでの旅費は教皇によって賄われ、バルセロナの律修司祭が一行を送り届ける役目を任されるほどに、彼らは厚遇されている[31]。

さらにローマやスペインの宗教施設の豪華絢爛さについても忘れてはならないだろう。2 ヶ月間のローマ滞在中は毎日、枢機卿や公爵が彼らを市内見物に連れ出し、彼らは好むと好まざるとにかかわらず「大聖堂や聖遺物」を見て回った[32]。サラゴサでも、アルブケルケ公が案内した大聖堂や教会をウルチ・ベクは特筆しており、「もっともこの時点では我々はまだ不信心者だったのだが」と明記しているとはいえ、そのような宗教施設を訪れることが「自分たちにとってはすばらしい喜び（a great and holy joy to us）」だったとさえ述べている[33]。

だが上記の諸々にもまして彼が改宗した最大の要因は、「カトリック信徒の陛下」たるスペイン国王フェリペ 3 世からの高額な年金にあったのかもしれない。旅の最終局面にスペインに赴いたウルチ・ベクは、スペイン宮廷の豪奢さにひたすら感嘆の意を表している。何台もの馬車とお付きの高官たちを従えて出迎えに参上する公爵や、ベルベットや多色織りの豪華な衣服やタペストリーのある邸など、イランからの使節たちを驚嘆させるに十分であろう。またリスボンまでの旅費やその後のイランまでの船賃は、今度はすべてフェリペ 3 世が支給した[34]。ましてやカトリック信徒になったウルチ・ベクは、国王からヴァリャドリード内の住居と 1200 クラウン（400 ポンド相当）の年金を受け取っている[35]。このような高額の金銭的援助もまた、改宗者としてその地に留まる彼らにとっては十分魅力的だったのではなかろうか。

ウルチ・ベクの『報告書』は、1 章・2 章と 3 章ではかなり趣を異にする。

3章は使節団員としての旅の過程を記しているが、イランを発ってから先は、キリスト教やその威光に関わる記述が目に見えて増えている。そして行程を進めるにつれ、同行者らの改宗や、教皇やカトリック君主の威厳や教会建築の豪奢さを逐一書きとめる方向へと向かっている。ここからもまた、ウルチ・ベクにとっては、使節団の一員としてのこの「旅」そのものが彼の「改宗への軌跡」であったことが窺われるのである。

改宗後、「ペルシアのドン・フアン」を名乗った彼は、結局イランへは戻らずにスペインで暮らすことを選んだのであった[36]。

3. アルメニア商人アブガルの改宗と旅

サファヴィー朝下のイランでは、もう一人回想録を書き残した人物がいる。その回想録は、その人物の晩年の1707–08年頃に、きわめて平易なペルシア語で記された。手稿本がテヘラン大学図書館に現存するものの冒頭部の欠落や乱丁があり、『告白の書（*I'tirāf-nāma*）』というタイトルは図書館でのカタログ作成の際に付されたもので、当初のタイトルはわかっていない[37]。本章では、非常に珍しいこの回想録を用いながら、一人のアルメニア人シーア派ムスリムの生涯をたどっていこう[38]。

3.1 アブガルの改宗

17世紀中葉、サファヴィー朝の都イスファハーンのアルメニア人街区新ジョルファーで、裕福なアルメニア商人の家に、アブガル（Abgar）という名の男の子が生まれた[39]。彼は幼いころから感受性が強く繊細で、街区の他の人々とは異なり賭け事を忌み、火獄を恐れ、常に神や来世のことを考えるような少年であった。

17歳か18歳のころ、アブガルが川向うの街区長の家に遊びに行ったところ、すでにイスラームに改宗していたアルメニア人との会話がきっかけとなり、キリスト教の聖書の中にイスラームの教えの正しさや真理を証明する文言を見出してしまう。そしてその人物との約束通り、アブガルはイスラームへの改宗を表明するに至る。改宗を表明した後、彼は家には戻らずその区長のもとに留まり、40日後に人払いのされたその街区から王宮に向かい、そこでシャー・スレイマーン（在位1666–94年）や聖職者らのもと、クルアーンの「開扉章」を詠み、信仰告白を行って新たにムスリムとなった[40]。彼のムスリム名は「アリー・アクバル（‘Alī Akbar）」である。当時の言葉で、このように改宗したムスリムのことを「新ムスリム／イスラーム新改宗者（*Jadīd al-Islām*）」と呼んでいたようであり、以後、アブガルの回想録にはこの表現が多く見られる。

しかしながら、既述のように、たとえこの時期イラン国内でマイノリティのイスラーム改宗の風潮や傾向が見られたとはいえ、未だ若いアブガルにとってこの改宗は「勢い」で行った面があった。また何よりも、家族やアルメニア人コミュニティの人々から猛烈な非難や反対を受けたため、「新ムスリム」となった後、アブガルは3ヶ月間も床に伏せてしまう。病床で、彼は自らの改宗が正しかったのかどうか、激しく逡巡するのであった。

> 「もしやイエス様の教えのほうが良いのだろうか」という疑念が生じた。昼夜を問わず、隠れて泣いた。「どうして私はイスラームを選んでしまったのだろう？」[41]

3.2　改宗後のアブガルの遍歴

アブガルの改宗を猛反対した家族は、病から回復したアブガルを半ば強制的にイランの外へ「放逐」した。彼はまず、従兄のいるイズミールへ向かう。イズミールでは交易活動をしている従兄のもと、アルメニア人街区で9ヶ月間暮らし、その後、この従兄の勧めもあってヴェネツィアへと渡った[42]。イズミールもヴェネツィアもアルメニア人街区を有し、彼らの国際交易ネットワークの一大拠点である上、17世紀のアルメニア人たちは、新ジョルファーを中心に、若者や手代を各地に派遣し、商取引を学ばせる習慣があった[43]。アブガルは、そのようなアルメニア人特有の強力な家族のつながりと商人家系の慣行に則って早くに国外に出されたのであるが、ただ彼はヴェネツィアでおそらく絵画か装飾美術を学んでいることから、純粋に「家業」を行っていた訳ではなさそうである。そうであるならば、やはり彼の国外移住には、イスラームが主流の国や町の中に居住せざるを得ない環境から彼を隔離したい、という家族の強い思いがあったのであろう。

ヴェネツィアで約8年間西洋工芸を習得したアブガルがイランに帰国しようとすると、家族はこれにも断固反対し、殺されても構わないからアブガルが帰れないようにするよう、従兄たちに働きかけたほどであった[44]。アブガルはそのため投獄の憂き目を見るが、釈放後はイタリアを離れ、途中の町で出会ったオスマン朝のカーディー（裁判官）に見初められ、その娘と結婚してカーディーの故郷であるブルガリアのヤンボルの町に移住する[45]。

ヤンボルで6年間過ごし、義父のカーディーが亡くなった後、彼は妻と義母や義弟を連れてイスタンブールへ向かう。しかしイスタンブールで、故郷のイランに帰ることを希望したアブガルに対し、義母と義弟は与せず、アブガルと妻を残してヤンボルへ帰ってしまう[46]。何があろうとアブガルに同行する意思を固めていた妻は、イスタンブールで娘を出産し、その後彼らはイランへ帰るためイズミールへと移るが、ほどなくして、その妻が病気で亡くなってしまう。妻を亡くしたアブガルは、シーア派を糾弾するオスマン朝のパシャやイェニチェリたちから逃れるべく、夜逃げ同然の体でアルメニアのエレヴァンへと落ち延びたのであった[47]。

エレヴァンで10年ほど暮らし、その間に娘と息子の二人の子供を亡くしたアブガルは、ついにイランへ戻ることを決意し、およそ30年ぶりに彼は故郷のイスファハーンに落ち着いた[48]。そして晩年、自らの遍歴を伝える回想録『告白の書』をペルシア語で著したのである。

3.3　信仰上の「遍歴」

アブガルは20歳になる前に故郷のイスファハーンを発ち、最初はイズミールで9ヶ月間滞在し、続いてヴェネツィアへ行き8年を過ごし、その後ブルガリアのヤンボルに居を構えて6年間暮らし、イスタンブールへ入っておそらくは1年ほど過ごした後、再度イズミールに移り、さらには父祖の故地であるアルメニアのエレヴァンに入った。エレヴァンでは10年ほど過ごしているが、この地もまた彼にとっては終の棲家とならず、約30年の歳月を経て、アブガルは生まれ故郷のイスファハーンに戻ってくる。

アブガルの「旅」は、あわよくばキリスト教（アルメニア正教であれ、カトリックであれ）への再改宗をもくろんだ家族による半ば強制的な「旅」である点が最大の特徴であるが、このような特徴ゆえに、彼の意に反して、移住先の社会でアブガルは常にマイノリティとして存在することになる。アブガルが暮らしたいずれの町にも、当時、アルメニア人のコミュニティがあったことが知られているが[49]、「新ムスリム」であった彼の場合は、アルメニア人という同胞がいたにもかかわらず、それぞれの社会の中で信仰上の苦悩を抱えた。先にも触れたように、改宗当初は、シーア派ムスリムが大半を占めるイラン社会と、その中に孤島のように存在するアルメニア人コミュニティの中で、彼はイスラームへの改宗を後悔するような発言を残している。「ムスリムが一人もいない」[50] ヴェネツィアでの暮らしについてはあまり多くを語らないため彼がどのように信仰を維持していたのか不明な点が多いが、キリスト教徒の社会の中で、ムスリムと話をすることさえ禁じられていた[51] 彼の8年間の生活が並大抵ではなかったことは想像に難くない。

そして、彼が「少数派」として信仰の危機を迎えたのは、何もヴェネツィアなどキリスト教社会にあった時だけではない。オスマン朝のカーディーの娘との結婚とその数年後の義父の死後にイスタンブールに赴いた際にも、彼は信仰の危機に陥ったのである。アブガルいわく、

> イスタンブールにはシーア派の学者（ウラマー）がたくさんいた。彼らは言った。「我々の教えが真実だ。」［一方］スンナ派の学者は言った。「我々の教えこそ真実だ。」
> 私は考え込んでしまった。「どちらの教えが真実なのだろう？」[52]

ムスリムとして、スンナ、シーアの間で悩む個人の内面が描かれることは極めて珍しいが、サファヴィー朝下のイランで生まれ、「シーア派ムスリム」に改宗した（と思われる）アブガルは、オスマン朝領内に暮らす中でスンナ派かシーア派かの間で悩み、逡巡するのである。その過程で、彼はシーア派への傾倒ぶりをオスマン朝のパシャやイェニチェリから糾弾されることにより、また妻の死により、オスマン朝領内に居場所を失い、結果アルメニアへ向かった。だが彼の宗派上の「迷い」は、父祖の故地エレヴァンでも続く。そのエレヴァンで彼は徐々にシーア派ムスリムとしての思いを強めていくが、その背景には子供たちの相次ぐ死や、17 世紀後半のアルメニアがゾハーブ協定によりイラン領にあったという環境によるところが大きい。こうしてシーア派ムスリムとしての信念が定まった時点で、彼はようやくイランに帰る決意を固めたのであった。

以上のような彼の 30 年にわたる人生の遍歴は、3 つの段階に分けることができよう。まず、同胞のアルメニア人コミュニティを頼ってキリスト教徒の中で暮らした約 10 年間があり[53]、続いてオスマン朝のカーディーの娘との結婚を機にヤンボル、イスタンブール、イズミールといったオスマン朝領内で暮らした 10 年ほどの日々、そして最後に、妻の死によりオスマン朝を去り、アルメニア人の故地のエレヴァンで過ごした約 10 年の歳月である。この過程の中で彼は、最初は「新ムスリム」として不安定ながらもキリスト教徒の中で信仰を維持し、オスマン朝下では同じムスリムとはいえ、シーア派ではなく、妻やオスマン朝が擁したスンナ派に傾倒する。最後のエレヴァンでは、アブガルは身内の不幸を境に一層信仰に励む日々を送り、アルメニア人同胞の地にありながらシーア派ムスリムとしての信仰心を確立していく日々となった。このように、若い時分に改宗したアブガルの信仰上の「戸惑い」や「不安定さ」は、その後の彼の長い異国での生活における種々の段階と連動して生じている点が、彼の回想録からは明瞭に読み取れるのである。

「遍歴」を終え、イスファハーンに戻った彼は、二度にわたってシーア派イマームの聖廟のあるマシュハドへ参詣に出かけている。そして他の病人に治癒を施すまでになったと記していることから[54]、遍歴を終えた彼は、この時点においてようやく、思想面でも一人のシーア派ムスリムとして迷いのない境地に至ったことが確認できるのである。アブガルの長い「遍歴」の人生は、それそのものが「改宗者としての心の軌跡」であり、若き改宗者がその後の人生において様々な局面を経ながらも信仰を確立させていく過程と見ることができよう。

4. 旅と改宗と地域社会

ウルチ・ベクとアブガルの二人の事例からは何が見えてくるだろうか。最後にその点について検討しよう。

ウルチ・ベクの旅は、16 世紀の最末期から 17 世紀初頭にかけて、キリスト教諸国やローマ教皇との対オスマン同盟を探る使節としての旅であった。一方のアブガルは、アルメニア正教徒の家に生まれたにもかかわらず、10 代後半にイスラームへと改宗し、それがために半ば「放逐」されるかたちでオスマン朝、イタリアへと送られた旅であった。それゆえ、両者の「旅と改宗」の関係は大きく異なる。すなわち、ウルチ・ベクの場合は、「旅」が改宗に大きな影響を与えたのに対し、アブガルの場合は、「旅」は彼の信仰心を試す場として機能した。ただいずれの場合も、巡礼のような信仰を目的とした旅とは異なり、使節団として、もしくは親族や同胞のコミュニティを頼って移住したがゆえに、異国の地にあって彼らの信仰心は大きく揺らぐことになる。ウルチ・ベクの場合は、それがカトリックへの改宗というかたちで顕著に現れ、またアブガルの場合は、自身の信仰を維持するために、孤独の中で並々ならぬ葛藤と逡巡を抱えることになった。

4.1 「マイノリティ」としての旅人

ここでは最初に、彼らが故郷を離れた「異邦人」であることからくる「マイノリティ性」について、旅中にあってマイノリティ性を際立たせるものと、「孤独」な自らを維持する「矜持」の点から考えてみたい。

ウルチ・ベクは国を代表する公式の使節団として派遣されているため、各地で歓待され、立派な宿舎を宛がわれ、道中の金子も先方に用立ててもらった上に、護衛兵や従者、馬車や船、馬などすべてを供されている。すなわちこれは「特別待遇」を受けていることになるが、言うまでもなく、逆にそれは「異邦人性」を際立たせる。一方のアブガルも経済的には裕福でありながら、地域の中では「アルメニア人」という「マイノリティ性」を常に抱えている。

「異邦人性」を際立たせるものとして、服装の問題もある。改宗するまで、ウルチ・ベクら使節団の者たちはターバンや長衣といったイラン式の衣服を身につけていた。彼らの服装は異国にあっては物珍しく[55]、ウルチ・ベク自身は、このようなオリエント風の衣装が各地で注目の的だったことを煩わしくさえ思っていたようである。それゆえ、彼や第二書記のアリー・クリーらは、改宗後即座に「スペイン風の衣服」に着替えている。すなわち当時の衣服は、出自だけでなく、個人の信仰心までをも代弁する装置となっていたのである[56]。

このように、外見も内面も訪れた地域社会と異なっていた場合、マイノリティとして信仰心を保つのは容易ではない。そのような中、たとえば若くして改宗したアブガルを支えたのは「結婚」であり、お告げや導き手としての「夢」であり、「新ムスリム」としての「矜持」であった。

アブガルの従兄や親族は、彼がムスリムと結婚することに断固として反対した。代わりに、ヴェネツィアではヴェネツィアの娘を結婚相手として紹介している。彼女がカトリックかアルメニア正教かはわからないが、少なくともムスリムでないことだけは確かである。一方で親族の反対を押し切ってカーディーの娘と結婚した後は、彼は子供たちに「ファーティマ」や「ムハンマド」といったムスリム名をつけている[57]。先にも見たように、アブガルは自らの意思でオスマン朝カーディーの娘と結婚した時に初めて、生まれ育った家族やアルメニア人コミュニティのもとを離れ、自立した一人の男として、またムスリムとして、生きていくことができるようになった。ウルチ・ベクもまた、イランに残る家族を連れ帰ろうとするが、信仰を守ることと、信仰の異なる家族を守ることでは、前者が勝る結果となっている。いずれの事例からも、最も身近な存在である「家族」が信仰を維持する上でいかに重要かが窺われよう。

「夢」は、アブガルの回想録には頻繁に現れる。たとえば彼にとっての「異教徒たちの町」であるヴェネツィアでは、彼はしばしば夢で預言者ムハンマドやヒズル[58]の姿を見ることで、癒され、鼓舞されている。またスンナ派かシーア派かで悩み悶えていた際のエレヴァンでは、アブガルはシーア派イマームたちの夢を何度も見て教え諭されることにより、子供たちの死や孤独から立ち直っていった[59]。ウルチ・ベクの回想録では「夢」はほとんど出てこないが、友人を改宗させる最後の場面で、白い鳩が部屋に舞い込んできたことが象徴的なヴィジョンとして描かれている[60]。

そして何よりも、異国にあったアブガルの信仰を支えた「改宗者としての矜持」は、彼に関心を持った周りの人々からの質問にあったと考えられる[61]。

「どこの者か？」
「イスファハーンの者です。」
「ムスリムか？」
「はい。最初は不信心者（*kāfir*）でした。ジョルファーの生まれです。今はムスリムです。」
「ムスリムになって何年か？」
「11 年になります。」
「両親はいるのか？」
「母がいます。父はインドで亡くなりました。」
「どうしてムスリムになったのか？」
「聖書の句を見て、ムスリムになりました。」

このように、遍歴の過程で出会う人々から尋ねられることによって、彼は「新ムスリム」としての矜持を保つことができた。質問に対して「自分は改宗者である」と誇りを持って言うことにこそ、マイノリティとしての自負が見られるのである。「アリー・アクバル」となったアブガルは、異国の地でのマイノリティでありながらも、夢や質問や、そして結婚によって自らの信仰を保持し得たのである。

ウルチ・ベクの場合は、家族を捨てる代わりに、同僚を一人改宗へと誘っているが、やはりここからも故郷を捨てる改宗者の「マイノリティ性」や孤独感が垣間見える。スペインで改宗したウルチ・ベクは、もはや故国のイランに帰ることは不可能であった。彼は、同行していたイラン大使に、道中もしくは帰路の船上で殺害される可能性さえあったため、自身の口から大使に自らの改宗を伝えることはなかった。加えて、使節団の一行の中で連鎖する改宗[62]は、改宗者たる彼らがもはや宗教・宗派の異なる故郷に帰ることはできない、ということを強く認識していたことの表れだとも見なせよう。ウルチ・ベクは、イスファハーン出身のアルメニア人ムスリム改宗者であることに誇りを持っていたアブガル同様、自らの出身地を「ペルシアのドン・フアン」という洗礼名に付すことによって、自らが異邦人でありかつ改宗者であることを留め置こうとしたのだと思われる。この洗礼名にこそ、改宗者としてのウルチ・ベクらの自負や矜持を見ることができよう。

以上のように、旅中にあっては異邦人というマイノリティ性を抱えているがゆえに旅人は注目され、自らが少数派であることを日々自覚せざるを得ない環境下に置かれる。加えて、旅人や異邦人として思想上の少数派である場合、信仰や信条を同じくする家族や友人とともにあることによって、さらには出自への誇りや、「改宗者」たることの矜持を持つことによって、異国の地のマイノリティたる改宗者らは、自らが自らの意志で選び取った信仰を維持することができたと考えられるのである。

4.2　改宗者に見る地域社会

もう一点、これら二人の改宗者とその旅の事例から見えてくることは、近世期の西アジアやヨーロッパ社会では、人は土地の宗教や宗派に強く規定されているという点である。

ウルチ・ベクら使節団の一行が、数ヶ月という比較的長期間滞在したのは、モスクワ、プラハ、ローマ、ヴァリャドリードと、宗教色が非常に色濃く出る町であったことは看過してはならないだろう。モスクワはロシア正教が強く、当時の大公ボリスは宮廷内での成り上がり者だったとはいえ、彼が摂政を務めていた1589年にモスクワに総主教座が置かれるなど、16世紀末のモスクワでの正教会の影響は極めて大きかった。ウルチ・ベクは、聖書や聖人伝を非常に大切にし、イコンの飾られた教会に十字架を手に熱心に通って礼拝するモスクワの人々の様子を特筆して伝えている[63]。また、プラハを都としていたルドルフ2世は、「カトリックの守護者」であるハプスブルク家の出身であり、スペイン国王フェリペ2世（在位1556–98年）のもとで幼少期を過ごしている。その影響でルドルフ2世もまたフェリペ2世同様、厳格なカトリック信徒となり、領域内のプロテスタントを激しく弾圧したとされる。カトリックの「総本山」であるローマや、イエズス会の活躍が著しいスペインについては、ここで改めて言うまでもないだろう。このように、地域社会のもつ「宗派色」が、逆に少人数で旅をしている者たちには強く影響することがウルチ・ベクの事例からは浮かび上がる[64]。

一方でアブガルの場合は、結束力が非常に強く信仰心が堅いアルメニア人コミュニティの中で[65]、自分なりの新しい家族や矜持を見出すことで彼はイスラームの信仰心を強化していった。だがこのようなアブガルであっても、スンナ派カーディーの家族を持った際のオスマン朝領内で、スンナ派に傾倒していたことは決して看過してはならない。結婚相手の家族がイスラーム司法職であることが大きいとしても、ヤンボルに続くイスタンブールでアブガルは「スンナ派とシーア派のどちらの宗派がよいのだろう」と逡巡しているのである。アブガルの発言によると、イスタンブールにもシーア派がいたことになるが、たとえそうであったとしてもオスマン朝の首都は明らかにスンナ派の町である。ブルガリア、イスタンブール、イズミールと、アブガルがスンナ派に傾倒していた町々は、いずれもオスマン朝の領域内である。このような中、10代後半で改宗した時点からシーア派傾向を持っていたアブガルは、義父であるカーディーの死後は、もはやオスマン領域内に留まることはできず、サファヴィー朝の影響下にあったエレヴァンへと流れていった。そして最終的に自身のシーア派信仰を確信した上で、初めて彼はイランに戻ってくるのである。

これらの点からは、近世期のヨーロッパのみならず、とりわけ17世紀の西アジアにおいても、「宗派」のもつ意味が強くなっていること、そしてそれがオスマン朝においてはスンナ派、サファヴィー朝においてはシーア派と、地域や「領域国家」と密接に結びついていることが明らかとなる。

おわりに

本稿で扱った二人の「旅」はまったく性格の異なるものである。ウルチ・ベクの使節としての3年間の旅路は、彼の「改宗への軌跡」である。一方のアブガルの30年に及ぶ「旅」は、新たに改宗した一個人の「改宗後の心の軌跡」である。性格が異なるとはいえ、この二つの事例からは、旅が心や内面に与える影響力の大きさを見ることができる。

巡礼の場合は、多くが目的地への直線型の往復運動となる。だがしかし、これら二人の改宗者の事例から明らかなように、公務であれ家業であれ、用務を負っての旅の場合、その行程は単純な直線型の往復運動とはならず、様々な町や土地をめぐり歩くことになる。また、巡礼は目的が明確であるため、信仰心が高揚すると同時に、集団の場合は他者との相乗効果も生まれる[66]。その結果、個々人の信仰心はさらに高められ堅固なものになるが、少人数での旅の場合は、旅先の見知らぬ地域社会の中にあって「異邦人」であるがゆえのマイノリティ性が、思想面においてもまたより一層強調される結果となる。本稿で見た二人の信仰上の心の動揺はそれを如実に示していよう。

このような個人の「心の揺れ」が見られる二人の「旅」の事例から考えられることとして、「改宗」とは、土地の宗教や宗派がもつ「磁場」に引きつけられた結果であると見なし得る点を最後に指摘しておきたい。信仰心をもって集団で行う巡礼のような旅とは異なり、個人や少人数での用務の場合、個々人の信仰心は大きく揺さぶられる。それが時に信仰上の「迷い」として、また時に

「改宗」として現れるのである。そして自らの信仰と地域が一致した時に初めて、人は旅を終える。すなわち、近世期の人々は、ヨーロッパであれ、西アジアであれ、自らの信仰とかなう地域に居住することで、信仰を保つことができたと考えられるのである。逆に、その場所に留まり生きていく際には、その地の宗教や宗派に改宗しなければそこに残ることは不可能であったとも言えよう。17世紀とは、ヨーロッパのみならず、西アジアもまた、スンナ派のオスマン朝領とシーア派のサファヴィー朝領というように、地域社会において「宗派」の違いが色濃く出る時代だったのである。

かたや日常語のペルシア語ではなくスペイン語で、洗礼名「ドン・フアン」を名乗り、かたや母語のアルメニア語ではなくペルシア語で、ムスリム名「アリー・アクバル」として、彼らはそれぞれの生涯を綴った。これもまた改宗者ならではのことであり、彼らの残した回想録は、生まれ育った故郷や家族を捨てざるを得なかった者たちが生涯をかけて流離った人生の軌跡であり、かつその終着点と見なすことができよう。

註

1 拙著『シーア派聖地参詣の研究』(京都大学学術出版会、2007年)参照。

2 サンティアゴ巡礼については、関哲行著『スペイン巡礼史——「地の果ての聖地」を辿る』(講談社現代新書、2006年)が網羅的に扱っており、伊勢参詣については、鎌田道隆著『お伊勢参り——江戸庶民の旅と信心』(中公新書、2013年)、金森敦子『伊勢詣と江戸の旅——道中日記に見る旅の値段』(文藝春秋、2004年)など多数の研究がある。

3 この人物は実際にはトルコ系であるが、便宜上「イラン人」とみなす。本稿では「イラン人」という言葉を「サファヴィー朝下の人々」として広義で用いる。サファヴィー朝は自らを「イラン(Īrān)」、また支配下の人々を「イラン人(Īrāniyān)」と呼び習わしており、その中にはペルシア語のみならず、トルコ語やクルド語などペルシア語以外を母語とする者も含んでいる。

4 本稿は、2011年11月12日開催の「前近代の地中海世界における旅をめぐる知的営為と記述」研究会(慶應義塾大学)にて口頭報告した内容に基づいている。報告の機会を与えてくださった長谷部史彦先生(慶應義塾大学)はじめ、同研究会では、諸先生方から貴重なご意見を多数いただいた。記して謝意を表す。

5 成立当初のサファヴィー朝のシーア派信仰は、支持母体のキジルバシュ遊牧部族の影響もあり、過激で異端的要素を多分に含んだものであった。その異端的性質が、オスマン朝にサファヴィー朝を攻撃する口実を与えた。

6　アッバースの時代については、デイヴィッド・ブロー著（角敦子訳）『アッバース大王——現代イランの基礎を築いた苛烈なるシャー』（中央公論社、2012年）が参考になる。

7　サファヴィー朝下のイスファハーンについては、Blake, Stephen P., *Half the World: The Social Architecture of Safavid Isfahan, 1590-1722*（Mazda Publishers, 1999）参照。

8　サファヴィー朝はそれまでも、コーカサス地方の帰属をめぐってオスマン朝と激しく争い、16世紀には何度かグルジア方面に遠征して多数の捕虜をサファヴィー朝領内に連行した。このような戦争捕虜たちの中から、王直属の軍人として活躍したり、後宮に入る者が多数いたことはつとに知られている［前田弘毅『イスラーム世界の奴隷軍人とその実像——17世紀サファヴィー朝イランとコーカサス』明石書店、2009年］。

9　インドや東南アジア、広東から地中海やヨーロッパ大陸部に広がるアルメニア人の商業ネットワークについては、Aslanian, Sebouh David, *From the Indian Ocean to the Mediterranean: The Global Trade Networks of Armenian Merchants from New Julfa*（University of California Press, 2011）が非常に詳しい。

10　この点については、以下の論文を参照のこと。Baghdiantz-MacCabe, Ina, "Princely Suburb, Armenian Quarter or Christian Ghetto? The Urban Setting of New Julfa in the Safavid Capital of Isfahan（1605–1722）", *Revue des mondes musulmans et de la Méditerranée*, 107–110（2005）, pp. 415–436.

11　アッバースの跡を継いだシャー・サフィー（在位1629–42年）と、オスマン朝のムラト4世の間で締結されている。

12　Baghdiantz-MacCabe, Ina, "The Socio-Economic Conditions in New Julfa Post-1650: The Impact of Conversions to Islam on International Trade", *Revue des études arméniennes*, 26（1996–97）, pp. 367–396.

13　より詳細なタイトルは、*Relaciones de Don Juan de Persia: dirigidas a la Magestad Catholica de Don Philippe III. Rey de las Españas, y señor nuestro* というものである。同書には英訳（*Don Juan of Persia: A Shi'ah Catholic 1560-1604*, Ed. and Trans. by Guy Le Strange, 1926）があり、本稿では主にこの英訳を利用する。

14　Don Juan: 232–233. アッバースの時代に先立つ1562年には、イングランド女王エリザベスから正式な使節Anthony Jenkinsonがイランに来訪していた。このような使節往来の伝統もあったことから、アッバースはシャーリーを信頼したが、実際には彼の行動は女王の意向を反映しておらず、各地で混乱を巻き起こした。弟のロバート・シャーリーは1608年までイランに留まり、アッバースのもとで活動する。

15　Don Juan: 233–234.

16 Don Juan: 234–235.

17 Don Juan: 238.

18 Don Juan: 251.

19 Don Juan: 257-258. モスクワ出立時には、従者のうち4名がイランに帰国し、また途中で出会ったモスクワ特使が残留したため、ウルチ・ベクらの使節団（大使と書記4名）には11人の従者が随行したことになる。アンソニーと喧嘩し糾弾されたドミニコ会士は消息が知れなかった。

20 Don Juan: 259–273.

21 Don Juan: 274–282.

22 Don Juan: 283–284. なお使節団がローマを発ったのは6月9日である［Don Juan: 337（訳註12)］。

23 Don Juan: 287–291. ローマから先は地名が挙がるのみで、具体的な記述は乏しい。バルセロナで彼らを出迎え私財で歓待したフェリア公は、ロレンツォ4世（1571–1606年）のことであろう。またサラゴサのアルブケルケ公はベルトラン3世（1571–1612年）であろう。

24 当初の訪問予定先8ヶ国のうち、結果としてローマ教皇、神聖ローマ皇帝、スペイン国王の三者しか訪問を成し遂げていないことになる。またこの時点で、イランを出発してから丸2年半ほどが経過している。

25 Don Juan: 299.

26 Don Juan: 302.

27 大使のフサイン・アリー・ベクは、ウルチ・ベクの改宗を当初から知っていたが、知らないふりをしてイランに連れ帰り、シャー・アッバースに召し出そうとしていた［Don Juan: 304］。

28 ウルチ・ベクはフェリペ3世の妻から「ペルシアのドン・フアン」の洗礼名を、フェリペ3世が名付け親となったアリー・クリー・ベクは「ペルシアのドン・フェリペ」を、またブンヤード・ベクは「ペルシアのドン・ディエゴ」の洗礼名を授けられた［Don Juan: 302, 307］。

29 Don Juan: 286–287.

30 Don Juan: 292–293. ウルチ・ベクはここで自分と比較しながら、アリー・ベクの改宗について詳細に触れている。

31 Don Juan: 285–286.

32 Don Juan: 286. 時代は下るが、1世紀近く後の1688年末に、ローマで教皇インノケンティウス11世に拝謁したシャム（タイ）からの使節ら高官の中には、教会の壮麗さや偉容やクリスマス前夜の礼拝堂での儀礼の尊厳に驚嘆し、「自分はフランスに留まって教えを受け、キリスト教に帰依したいと明言する」者も現れている［タシャール（鈴木康司訳）『シャム旅行記』（17・18世紀大旅行記叢書7)、岩波書店、1991年、645–646頁］。

33　Don Juan: 288.

34　多分に誇張が入るにせよ、舞踏会や闘牛は、「これまで訪れたどの国よりもスペインでのものがすばらしい」とウルチ・ベクは称える［Don Juan: 292–293］。

35　Don Juan: 308. ローマで改宗した3人は、1人月額10クラウンを支給されたようである［Don Juan: 337（訳注12）］。このような改宗者への年金支給からは、逆に、当時のスペイン王室やイエズス会側が、尋常ならざる歓待や大盤振る舞いをすることによって、自国内においても「異教徒」や外国人に対して熱心に布教活動を行っていた様子が浮き彫りとなろう。

36　その後、1604年に彼はヴァリャドリードで『報告書（*Relaciones*）』を出版するが、その翌年、道端での喧嘩に巻き込まれてあえなく死亡する。

37　この本のペルシア語校訂本は以下のとおり。*I'tirāf-nāma: Rūznāma-yi khāṭirāt-i Abgar（'Alī Akbar）Armanī az Jadīd al-Islāmiyān-i 'ahd-i Shāh Sulaymān va Shāh Sulṭān Ḥusayn Ṣafavī*, Ed. by Mansur Sefatgol, Tehran, 2010. 本稿では便宜上『告白の書』のタイトルを用いる。

38　アブガルおよび彼の改宗、そしてその時代性については、別稿で詳しく論じる予定である。

39　この時期のジョルファーについては、1660年代から1670年代にかけてイスファハーンに通算7年半滞在したフランス商人のジャン・シャルダンが非常に詳しく伝える［羽田正編著『シャルダン『イスファハーン誌』研究――17世紀イスラム圏都市の肖像』東京大学出版会、1996年、167–174頁］。なお、当時の新ジョルファー街区では、ムスリムの居住はまったく許されておらず、敬虔なムスリムはこの街区に近づくことさえ忌み嫌ったという。また、17世紀のジョルファーを中心としたアルメニア人の交易ネットワークとその実態については、Aslanian（2011）および浅田實「十七世紀アルメニア商人の活躍――貿易ディアスポラとしての」（創価大学人文論集、2号、1990年、175–196頁）を参照。

40　アブガルの回想録『告白の書』は前後を欠いており、かつ年代がほとんど現れない。しかし、当時の様々な状況を重ね合わせると、アブガルの生まれは1650年代半ば、彼の改宗は1672年か73年ごろと想定される。アブガルの改宗意思の表明が当時のサファヴィー朝の君主にも報告されている点は興味深い［*I'tirāf-nāma*: 61-63］。なおS. Aslanian氏から、アブガルは当時の有力なアルメニア商人Veligianian/Walijanian家の者ではないかという貴重なご教示をいただいた。この点は今後検討していきたい。

41　*I'tirāf-nāma*: 63–64.

42　*I'tirāf-nāma*: 66.

43　Aslanian 2011: 66–85, 121–165; 浅田 1990: 188–191.

44　*I'tirāf-nāma*: 66–67.

45　*I'tirāf-nāma*: 73–77.

46 *I'tirāf-nāma*: 79.

47 *I'tirāf-nāma*: 82–86. 回想録はこの部分に欠落・乱丁があると思われ、前後関係やイズミールからアルメニアへ至る経路や経緯、時期は不明である。

48 *I'tirāf-nāma*: 113.

49 ブルガリアのヤンボルのみはAslanian（2011）の指摘もなく不明だが、アブガルの義父となるカーディーは、ヤンボルにもアルメニア商人が多数いると伝えている［*I'tirāf-nāma*: 77］。

50 *I'tirāf-nāma*: 69.

51 *I'tirāf-nāma*: 71.

52 *I'tirāf-nāma*: 82.

53 最初のイズミールでアブガルはアルメニア人街区で暮らしているので、オスマン領下にありながらもキリスト教コミュニティの中にあったと考えられる。

54 *I'tirāf-nāma*: 118, 119-120, 126, 128–131.

55 身に付けていたペルシア風の衣装があまりにも奇異であったために、ヴァリャドリードの通りでは大勢の人が自分の跡をつけてきた、とウルチ・ベクは記す［Don Juan: 289］。

56 使節団大使フサイン・アリー・ベクらは肖像画が現存している。アブガルの服装は史料上からは読み取れないため、不明である。ただ17世紀の段階でもイランでは、ムスリムとキリスト教徒は基本的には異なる装いであったと考えられる。シャーリーがヴェネツィアからオスマン領を経由してイランに来た時はトルコ人の格好をしており、ウルチ・ベクが洗礼後リスボンに戻る時には、大使らに悟られないよう再度イラン風の服に着替えている［Don Juan: 234, 302］。思想信条と服装の問題については、後註64も参照のこと。

57 *I'tirāf-nāma*: 80–81, 84, 114. アブガルは実際には、カーディーの娘の他にもイスタンブールでもう一人、またその後も何人かの妻を娶ったようである。

58 ヒズルは「緑の男（ハディル）」とも呼ばれる不思議な力を持つ人物で、アラビア語やペルシア語の伝承に多く登場する。不死の水を飲んだことから不死や泉、水にかかわるものが多く、船乗りたちの聖者として広く尊崇を集めている。

59 *I'tirāf-nāma*: 97–98, 104, 105, 106.

60 Don Juan: 306–307.

61 一例として*I'tirāf-nāma*: 70を挙げるが、このような会話は同書の中にいくつか見られる。

62 モスクワ以降16名の使節団の中で、実に6名が改宗したことになる。中でも書記は4名のうち3名が改宗した。また1名が途中で殺害されたため、改宗せずにイランに戻ったのは10名以下である。

63 Don Juan: 253.

64 彼らが旅した地中海やヨーロッパにおける、当時の宗派問題の大きさを示す出来事がいくつかウルチ・ベクの書に記されている。たとえば同道のフランチェスコ会士は、エルベ川河口の町で住民に教皇派だと知られることを避けるために「イラン人」の格好をした。そこの住民はすべてルター派であり、教皇派と知られた場合にはそのフランチェスコ会士は切り裂かれてしまうだろう、との恐怖があったからだと、ウルチ・ベクは伝える［Don Juan: 265–266］。キリスト教の中での宗派の差のほうが、キリスト教徒とムスリムとの相違よりも大きいことを示す事例であろう。アンソニーもまた、カトリックに改宗したことからイギリスには戻れず、ヴェネツィアやスペインをさすらう生涯を送った。

65　シャルダン『イスファハーン誌』、171 頁。

66　巡礼キャラバンの者たちは道中にあっても狂信的（fanatic）だと他者の目には映っていた［守川 2007: 286–289］。

インド洋船旅の風
――ポルトガル来航期におけるアラブの航海技術研究の一齣

栗山保之

はじめに

著名な歴史家マスウーディー al-Masʻūdī（956年歿）は、その著書『黄金の牧場と宝石の鉱山（*Murūj al-Dhahab wa Maʻādin al-Jawhar*）』において、つぎのように記している。

> 私はかつて、この海（ザンジュの海 Baḥr al-Zanj）をオマーン地方のスハール Ṣuḥār――スハールはオマーン地方の首邑（qaṣaba）――から、ムハンマド・ブン・アルザイダブード Muḥammad b. al-Zaydabūd やイブン・シーラフ Ibn Sīrah として知られるジャウハル・ブン・アフマド Jawhar b. Aḥmad――この海において、彼、そして彼と共に船にいた者は遭難した――といった船長たち（arbāb al-marākib）で、シーラーフの人たちであるナーホダー（nawākhidha）の一団と共に、旅したことがある。また別の機会であるが、私は［ヒジュラ暦］304年に［東アフリカの］カンバルー島（Jazīrat al-Qanbalū）からオマーンへ旅したことがある（al-Masʻūdī *Murūj* I,125）[1]。

マスウーディーがインド洋の西海域を占めるアラビア海の船旅にでていたことを伝えるこの記述は、アラブやペルシャ系の船乗りたちがアラビア海という大洋を安全かつ確実に航行していたことを示している。

一般に、前近代の航海は自然環境と不可分であり、それを巧みに利用することによって実践されてきた。石炭や重油などの化石燃料を用いる動力機関がいまだ存在しない前近代において、船を推し進める重要な役割を担っていたのは風であった。とりわけインド洋では古来、季節によってその風向や風量を変える季節風を最大限に利用した航海がおこなわれ、マスウーディーを乗せた、シーラーフのナーホダーたちが操る船もまた、その帆に季節風をいっぱいにはらみ、インド洋を縦横に駆け巡っていたのである。

本稿では、この前近代のインド洋航海に不可欠な風について考察することを目的とする。先行研究には、ポルトガル来航以前のインド洋航海技術を検証する過程で、季節風の名称やそれを利用する航海時期について言及した、アラブのインド洋航海技術に関する G. R. ティベッツ G. R. Tibbetts の技術史研究や[2]、インド洋を舞台とした人や物の多様な動きによって形成されるインド洋海域世界を論じ、季節風がインド洋の航海にとって重要であることはもちろん、さらには陸域の社会や経済活動にも多大な影響を及ぼしていたことを具体的に述べる家島彦一の海域史研究がある[3]。いずれの研究も、大洋航海や海域世界における季節風の働きを多岐にわたって論じた、参照すべき重要な研究として挙げられる。そこで本稿ではこれらの研究成果に依拠しつつ、従前の研究ではほとんど用いられていない、16 世紀のアラブの航海技術者スライマーン・アルマフリー Sulaymān al-Mahrī が著した複数の航海技術書を主要史料として分析することにより、インド洋航海における季節風について再考してみたい[4]。

1. 風について

スライマーンに代表されるインド洋の船乗りたちは、風をどのように認識していたのであろうか。スライマーンは、インド洋を航海するうえで必要な技術的要素をまとめた『諸原理の簡易化に関して精力的な人びとの贈物（*Tuḥfat al-Fuḥūl fī Tamhīd al-Uṣūl*）』のなかで、風について以下のように記している。

知れよ、風（rīḥ）とは、その根源が空気（hawā）なのである。空気が動くと、それは波立つが、この波の動きこそ風なのである。あなたが［風を］見ることができないのなら、扇で空気を打ちつければ、扇からあなたに風が生じるだろう。それゆえ扇の動きが激しければ、それから強い風が発生するだろう。また風は冷気（bard）から生み出される。われわれには、このことに関して多くの証明があるが、そのうちの一つに、たとえば、あなたがすべてを吹き飛ばす西風によって航行していると、西方以外の方向から雨雲が生じるのである。そうして、その雲がわれわれに近づくと、雲の冷気が到来して、最初の風が生じるのである。ところが、それがわれわれのもとから遠ざかり、冷気が断ち切られると、最初の西風が戻ってくるのである。またつぎのような証明もある。すなわち陸風（al-rīḥ al-barrī）は夜以外に陸からは吹いてこないし、海風（al-rīḥ al-baḥrī）は全世界の大部分において昼以外に海から吹いてこないのである。このことは、夜の冷気と夜の海の熱気［ゆえ］であり、昼においてはその反対であって、すなわち海の冷気と、太陽の熱が砂漠や山々を熱することによる陸地の熱気である。また別の証明もある。砂漠地は山岳地よりも寒さがより多い。なぜならば夜の砂漠は山よりも寒さが厳しくなるからであり、雨の陸地が冷気の多さゆえに不毛の地よりも冷気が多いのと同様なのである。それゆえにあなたは以下のように説明できる。つまり風は冷気から生み出され、これと同様に、空気中に雲が生じれば、一般的に風は存在しているのである。とくに流れる雲の場合にはそうである。なぜならば、雲は冷気より生成されるからであり、それ（雲）は凝縮した冷気だからである。［以上、風の説明の］終わり（Sulaymān *Tuḥfa,* ff.9r-10r）。

以上の記述は、風の定義とその発生の二点にまとめられる。風そのものの定義としてスライマーンは、風とはその根源が空気であり、空気が波立つことによって生じるものであるとみなしていた。また、そうした空気の波立ちによって生じる動き、すなわち風の発生に関しては、いわゆる海陸風などの事例を提示し、その発生要因の一つとして冷気の存在に言及している。スライマーンが述べたこの発生要因としての冷気の役割は、今日の気象学が明らかにしている風の発生要因の一つとほぼ合致している。たとえば海陸風とは一般的に、海と陸との温度差によって生じる風であって、昼間は陸よりも温度の低い海から温度の高い陸へ、そして夜は海よりも温度の低い陸から温度の高い海へと風は吹きつけるものであり、また砂漠や山岳地域においても、昼は砂漠の方が山岳よりも温度が高いために温度の低い山岳から吹きつけ、夜は温度が低い砂漠から温度が高い山岳へ風が吹きつけるのである[5]。

スライマーンは、上述の風の定義やその発生要因以外に、風向についても論じている。彼が著した航海技術書『海洋の知識に関する優良なる指針（*Minhāj al-Fākhir fī ʻIlm al-Baḥr al-Zākhir*）』（以下、『海洋の知識』と略記）には、つぎのようにある。

> 知れよ、根源的な風（al-aryāḥ al-aṣlīya）は四つであると。［それらは］シマール（Shimāl: 北風）、ジャヌーブ（Janūb: 南風）、カブール（Qabūl: 東風）、ダブール（Dabūr: 西風）である。これらの四つの［風の］間に吹きつけるものはアラブの間では、ヌクバー［風］（nukbā）と呼ばれている。そして海の航海技術者たち（muʻālima）の間では、それ（風）はすなわち、そこ（風の吹きつける方向）から上昇または下降する天体（kawkab）の名称で呼ばれている。海におけるこの風には、その始め、その終わり、そしてその真ん中に境（ḥudūd）があり、［それは］マウシム（mawāsim）と呼ばれていて、それは海の旅人たち（saffār）の間では一つの印（maʻlūma）なのである（Sulaymān *Minhāj,* f.82r-v）。

スライマーンによると、陸域を生活圏とするアラブは風向によって風を大別し、それぞれをシマール（北風）、ジャヌーブ（南風）、カブール（東風）、ダブール（西風）と呼び、あわせてそれらの風の間を吹く風をヌクバーと称していたとする[6]。これに対して船乗りたちは異なる名称で風向を認識していた。

上の引用にみえる「海の航海技術者たち」とは、インド洋航海におけるより多くの経験と知識および技量を有する優れた船乗りを指すが（栗山 2012, 309）、彼らを含む一般の船乗りたちは、「そこ（風の吹きつける方向）から上昇または下降する天体の名称」によって風向を認識していた。「上昇または下降する天体の名称」とは、船乗りたちの方位認識と関連している。アラブ、ペルシャ、インドあるいはザンジュなどの船乗りたちは、全方位を32の点に分割した点数式分割によって示す羅針方位（khann,pl.akhnān）をもとに方位を認識していたが、この羅針方位を表す用語として天体の名称が船乗りたちの間では用いられていた（Tibbetts 1981, 294–298; 栗山 2012, 315–317）。したがって、陸域の人びとが主に、風向を東西南北の4方位をもとにして認識していたのに対し[7]、船乗りたちは彼らが用いていた羅針方位にもとづき、32方位によって風向を認識していたのである。船乗りたちが陸域の人びとよりもより細かく風向を表現していたのは、後述するように、彼らが季節の移り変わりにしたがって風向を変える季節風を利用して航海していたからである。

以上のように船乗りたちは、風を定義し、その発生と風向などを認識していたが、先に引用した『海洋の知識』の下段にある、「海におけるこの風には、その始め、その終わり、そしてその真ん中に境があり、それはマウシムと呼ばれていて、海の旅人たちの間では一つの印なのである」という記述は、とくに注目に値する。なぜならこの記述は、風がもっとも重要な推進力であった前近代のインド洋航海において、風の発生期・最盛期・終息期に関わる情報ゆえに、大洋を往還する船乗りたちにとって生死に関わる非常に重大な事柄だからであった。そこで次節以降では、このマウシムに関わる問題を考察してゆきたい。

2. 季節風について

マウシム（mawsim,pl.mawāsim）とは、季節や時期などを意味するアラビア語である。インド洋の船乗りたちの間では、これらの字義とあわせて、特定の季節に一定の方向へと吹きつける季節風を利用して航海する時期、すなわち航海時期を示す語としても用いられてきた（Tibbetts 1981, 360; Varisco 1994, 224; 家島 2006, 58–62）。

インド洋、とくにその西半分を占めるアラビア海では、夏季と冬季とで風向が顕著に逆転する季節風が発生し、夏季には南西季節風が、そして冬季には北東季節風が同海域において卓越する（Tomczak&Godfrey: 1994, 196; 和達 1987, 11–12; 松山 2000, 5）。このような特徴を有する季節風とそれを利用した航海時期との関わりについてスライマーンは、航海技術書『航海科学の精密なる知識におけるマフラの支柱（*ʻUmdat al-Mahrīya fī Ḍabṭ al-ʻIlm al-Baḥrīya*）』（以下、『航海科学』と略記）のなかで、つぎのように記している。

> 知れよ。航海時期（mawsim）とは、二つの［風の］吹きつけ（ḍarbayn）を基礎としている。第一の［風の］吹きつけ（al-ḍarb al-awwal）はダブール風（Rīḥ al-Dabūr）であり、それは船乗りたちの間においてはカウス風（Rīḥ al-Kaws）のことである。また第二の吹きつけ（al-ḍarb al-thānī）はカブール風（Rīḥ al-Qabūl）であり、それは［船乗りたちの間においては］アズヤブ風（Rīḥ al-Azyab）のことである（Sulaymān, *ʻUmda,*f.38r）。

このようにインド洋の航海時期は二つの風の吹きつけ、つまり二つの季節風をもとして構成されていた。これら二つの季節風は、陸域を居住圏とする一般的なアラブの間ではダブール風とカブール風という呼称で知られていたが、インド洋の船乗りたちはダブール風をカウス風、カブール風をアズヤブ風と称していた。

カウス風について、フィールーザーバーディー al-Fīrūzābādī（729/1329–817/1415 年）はアラビア語辞典『辞海（*al-Qāmūs al-Muḥīṭ*）』において「アズヤブ風の向かい風（nayyiḥat al-Azyab min al-riyāḥ）」と定義している（al-Fīrūzābādī *al-Qāmūs* II, 247）。フィールーザーバーディーのこの解釈は、イブン・アルムジャーウィル Ibn al-Mujāwir（13 世紀）の『南アラビア地誌（*Ṣifat Bilād al-Yaman wa Makka wa Baʻḍ al-Ḥijāz al-Musammāt al-Taʼrīkh al-Mustabṣir*）』

でも確認でき、そこではカウス風がアズヤブ風と向かい合う風として叙述されている（Ibn al-Mujāwir *Ṣifat*,110）。またザビーディー Muḥammad al-Murtaḍā al-Zabīdī（1145/1732-1205/1791 年）は、アラビア語大辞典『花嫁の宝冠（*Tāj al-ʻArūs*）』においてフィールーザーバーディーの解釈を引用した後、「インドの旅人たちが、イエメンへ向かうのならば、彼らの風はアズヤブ［風］であり、また彼らが［インドへ］戻るのならば、すなわち［彼らの風は］カウス［風］である」と記している（al-Zabīdī *Tāj al-ʻArūs* XVI,457）。このように、スライマーンがダブール風と同義であるとしたカウス風とは、アズヤブ風と相対する風向の風で、具体的にはイエメンからインド方面へ向かう船旅で利用される風を指し、それはインド洋において夏季に卓越する南西季節風に相当していることがわかる。

一方、アズヤブ風についていえば、先に引用したザビーディーの「インドの旅人たちが、イエメンへ向かうのならば、彼らの風はアズヤブ［風］である」という字義があげられる。すでに確認したように、アズヤブ風はカウス風と相対する風向の風であることから、先にスライマーンが示したように、カウス風の向かい風はアズヤブ風となり、それは東風であるカブール風に相当する。このことは、すでに引用した『花嫁の宝冠』の、インドの旅人たちがイエメンに向かう際に用いる風がアズヤブ風であったことからも確かであろう。したがって、このインド方面からイエメンへと吹き付けるアズヤブ風とは、カウス風とは逆の風向を有する、インド洋において冬季に卓越する北東季節風に相当するのである。なお、イブン・マンズール Ibn Manẓūr（630/1233-711/1311-1312 年）は、アラビア語辞典『アラブの言語（*Lisān al-ʻArab*）』において「アズヤブは、南（al-Janūb）、または東（al-Ṣabā）と南との間を吹く風」とし（Ibn Manẓūr *Lisān al-ʻArab*, 453-454）、フィールーザーバーディーもまたこれと同様の解釈を提示している（al-Fīrūzābādī *al-Qāmūs* I, 80）。さらに、イブン・アルムジャーウィルもアデンで船頭（rubbān）から、アズヤブ風は南風であると聞いており、イエメン・ラスール朝時代に著された農事暦にもアズヤブ風は南風と記されている（Varisco 1994, 28, 39）。また、イブン・マンズールは「イエメンの人びとや、ジェッダとアデンとの間において海をゆく者は、南［風］をアズヤブ［風］といい、それ以外の名を知らないのである」とも述べている（Ibn Manẓūr *Lisān al-'Arab*, 453–454）。これらの記述にはアズヤブ風を南風とする見解が述べられているが、その記述内容から判断すると、アデン湾からバーブ・アルマンデブ海峡（Bāb al-Mandab）までの海域において、アズヤブ風が吹きつける冬季に生じる南風を指していることから（Admiralty 1955, 32; Findlay 1882, 36）、この風がアズヤブ風の一部であるということが認められるのである。

ところで、上記の二つの季節風の一つであるカウス風は、インド洋の船乗りたちの間では、さらに二つの時期に分割されて認識されていた。スライマーンは『航海科学』においてこのことをつぎのように記している。

> さて第一の吹きつけ［つまりカウス風］について言えば、それはすなわち二つの区分を基礎としている。それというのも、第一の吹きつけのはじめにおいてインドの海が閉鎖されるからである（inghilāq）。したがってこのことゆえに、第一の吹きつけは二つの区分を基礎としているのであり、二つの区分のうちそれぞれの区分とは一つの航海時期なのである（Sulaymān *'Umda*, f.38r）。

このように、カウス風の吹きつける時期が船乗りたちによってさらに二つの時期に分けて認識されていたのは、カウス風が卓越する夏季においてインド洋が閉鎖されるからであった。ここで言うインド洋の閉鎖とは、カウス風がおおいに発達する6、7、8月のおよそ3カ月間に、強烈な南西季節風がインド洋において卓越し、海が非常に荒れて船の帆走がきわめて困難になるため、この期間に港を閉鎖して航海を避けたことを示している（Tibbetts 1981, 367; 上岡・家島 1979, 20; 家島 2006, 59-60）。このようなインド洋の閉鎖によってカウス風が吹きつける時期は、この閉鎖期を挟んでその前後に二分され、前者はカウス風の吹き始めの風で風の頭（Ra's al-Rīḥ）と称され、また後者はカウス風の吹き終わりの風としてダーマーニー Dāmānī/ ディーマーニー Dīmānī またはティルマーフ Tirmāh と呼ばれていた（Sulaymān *'Umda,* f.38r）。

さて、カウス風やアズヤブ風はいずれも、広大なインド洋において同時期に同じ風量で一様に吹きつけるわけではない。現代のインド洋航海に関して A. G. フィンドレイ A. G. Findlay が著した『インド洋航海指南（*Sailing Directory for the Indian Ocean*）』によると、南西季節風であるカウス風は一般に、東アフリカのザンジバル付近で 3 月末ないし 4 月初旬に吹き始め、南東アラビアの沿岸付近においては 5 月終わりごろから吹き始めるが、シンドやグジャラートなどインド北西岸ではすでに 4 月中旬から吹き始めており、その南に位置するボンベイ付近では 5 月中旬から、そしてボンベイ以南のインド西岸においては 5 月下旬から 6 月初旬に吹き始めるという。一方で、北東季節風たるアズヤブ風はアラビア海においては 10 月中旬くらいから吹き始めるが、アデン湾では 11 月初頭に吹き出し、1、2、3 月は安定している。またアラビア南東沿岸では 10 月にわずかで移り変わりやすい風が吹き、インド西岸では 11 月から 3 月までよく吹き、セイロン島（スリランカ）では 11 月半ばに吹き始めるという（Findlay1882, 31–61）。

このように季節風にはインド洋の各地域に吹きつける時間差が認められるため、船乗りたちはこの時間差を考慮したうえで目的地へと出航していた。本稿末に掲載した表【ヒジュラ暦 917 年の航海時期】は、スライマーンの『航海科学』に記載された、季節風を利用した航海時期の記述をまとめたものである（Sulaymān *'Umda,* ff.37v-41r）。この表において出航地と目的地とした箇所がそれぞれ季節風によってむすばれるところであり、その右隣の「『航海科学』記載の航海時期」が、出航地と目的地との間を安全かつ迅速に航行することができる適切な航海時期を表している。たとえば、カウス風を用いた航海時期をみると、表中の 47 番はその出航地がアデン 'Adan で、そして目的地がマラッカ Mallāqa やスマトラ Shumṭrā、タナーシル Tanāṣirī、ベンガル Banjāla であり、その航海時期は 270 日目となっている。この 270 日目とは、後述するように、ノウルーズというペルシャ暦で新年を意味する日を暦上の起点とし、この日から数えて270日目に出航することを意味している。ところが表中の48番をみると、アデンの東方に位置するシフル al-Shiḥr の場合、同じ目的地でも、アデンの航海時期よりも10日遅い280日目に出航することが確認できる。さらに表中の50番をみると、インド西岸のグジャラート Jūzrāt の場合、アデンやシフルと同じ目的地に出航する時期は、アデンよりも20日間、そしてシフルよりも10日間遅れて出航するようになっていることが認められるのである。このように、インド洋の各地域では季節風が吹きつける時間差があるため、船乗りたちはその時間差を考慮に入れて、出航地から目的地へと最大限に安全に航海できる適切な航海時期を設定していたのであった。

3. 航海時期について

季節風は文字通り季節の移り変わりにともなってその風向や風量を変えるため、船乗りたちは彼方に位置する目的地の方向へと吹きつける風を確実にとらえる必要があった。そのため船乗りたちは、インド洋を航海するうえで不可欠な季節風がいつ頃から吹き始め（発生期）、それがいつ頃もっとも強く吹き（最盛期）、そして弱まるのはいつ頃なのか（終息期）を正確に推し量らなければならなかった。

前節において、表【ヒジュラ暦917年の航海時期】を作成する際に、スライマーンの『航海科学』所収の記述をもとにしたことはすでに述べたとおりだが、この『航海科学』には、インド洋、紅海、そしてペルシャ湾に散在する港や地域を往来するための航海時期が50余り記されている。たとえば、インド亜大陸北西岸のカシアワール半島地域のグジャラートからベンガル湾の周辺地域へ向かう航海時期は、つぎのようにある。

> マラッカやスマトラ、タナーシリー、ベンガル、およびその他のベンガル湾にあるすべての港へのグジャラートの航海時期は、ノウルーズの120日目から160日までであり、その最良の時期は140日目である（Sulaymān

'*Umda*, f.38v）。

また同じ『航海科学』に収録された、南アラビアの国際貿易港シフルからインド西岸の諸地域へと航海する時期を記した部分は、以下のようにある。

> グジャラートやコンカン Kunkan、マラバール Munaybār へのシフルの航海時期。グジャラートへの最良の航海時期（khiyār mawsim）は、ノウルーズから 140 日目である。コンカンの航海時期の最良は 130 日目であり、マラバールの航海時期の最良は 120 日目である（Sulaymān '*Umda*, f.38r）。

このように、船乗りたちは航海に適した時期をあらかじめ設定し、その航海時期にしたがって出航していたが、上に引用した二つの史料にみえる航海時期はいずれも、ノウルーズから何日目と表示されているように、適切な航海時期を定めるための起点として、ノウルーズが用いられていた。

ノウルーズ nawrūz,nayrūz,nīrūz とは一般に、ペルシャ暦で新年を意味するペルシャ語である（Taqizadeh 1937–1942, 906; Tibbetts 1981, 361; Varisco 1994, 73）。ペルシャ暦は、1 年を 365 日とする太陽暦の一つであり、前イスラーム期より今日のイランを中心とした西南アジア地域でひろく利用されてきた（Blois 2000, 261–263）。インド洋の船乗りたちが航海時期を設定、判断する際に用いていた暦は、このペルシャ暦にもとづいていた。ただし、船乗りたちが利用した暦はペルシャ暦とは若干異なっていた。第一に船乗りたちの暦は、ペルシャ暦のように 1 年を 12 の月に分割せず、ノウルーズから 365 日まで日を単純に数えあげるものであった（Tibbetts 1981, 361; Varisco 1994, 73–74; Blois 2000, 262）。したがって、先に引用したシフルの航海時期を示す史料に、「グジャラートへの最良の航海時期は、ノウルーズから 140 日目である」とあるのは、シフルからグジャラートへの航海に出航する時期が、ノウルーズから数えて 140 日目が最適であると解釈する。第二にペルシャ暦は、セルジューク朝スルタン＝マリク・シャー・ブン・アルプ・アルスラン Malik Shāh b. Alp

Arslan, Abu al-Fatḥ Mu'izz al-Dīn, Jalāl al-Dawla（治世 465-485/1072-1092 年）によるヒジュラ暦 471/ 西暦 1079 年の改暦によって、ノウルーズが常に春分に置かれるよう閏をいれて暦が調整されるようになったが[8]、船乗りたちの暦はマリク・シャーの改暦以降も従前のペルシャ暦と同様に閏を入れず、1 年を 365 日とするものであった。そのため船乗りたちの暦は、ごく大雑把に言うならば、実際の 1 太陽年[9] と比して、4 年間でおおよそ 1 日、40 年間では約 10 日早くなることになり、その結果、船乗りたちの暦におけるノウルーズは、太陽年のように必ずしも常に春分に置かれるわけではなかったのである。

ところで、船乗りたちの暦におけるノウルーズがいつなのかを記した航海技術書はない。しかし、南アラビア地域やインド洋に関わる諸史料には、船乗りたちの暦におけるノウルーズが、ユリウス暦やヒジュラ暦のいつにあたるのかを示す記載をいくつか見出すことができる。たとえば、イエメン・ラスール朝第 3 代スルタン＝アシュラフ al-Malik al-Ashraf 'Umar b Yūsuf（696/1296 年歿）が著した農事暦（執筆年代ヒジュラ暦 670-71/ 西暦 1269-1272 年）は、その暦においてカーヌーン・アッサーニー Kānūn al-Thānī 月 8 日がノウルーズであったことを記しており、それは西暦 1269-1272 年のノウルーズが 1 月 8 日であったことを示していた（Varisco 1994, 28, 73-74）。またもっとも著名なインド洋航海技術者のイブン・マージドがヒジュラ暦 893 年ズー・アルヒッジャ月 9 日に著した航海詩には、その著作年時がちょうどノウルーズに相当しているとイブン・マージド自身によって記されており（Ibn Mājid *al-Qiblat al-Islām*,ff.136v-137r）、それは西暦 1488 年 11 月 14 日にあたっていた。さらにスライマーンの『航海科学』が執筆されたヒジュラ暦 917/ 西暦 1511 年のノウルーズは 11 月 9 日である。これらのノウルーズはいずれも、ササン朝ペルシャ最後の皇帝ヤズダギルドⅢ世 Yazdagird Ⅲ（651 年歿）のノウルーズを基準として設定されていた（Tibbetts 1981, 361; Varisco 1994, 73）。すなわち、ヤズダギルドⅢ世の治世におけるノウルーズは、ヒジュラ暦 11 年ラビー・アルアッワル月 22 日 / 西暦 632 年 6 月 16 日であった[10]。そこで、このヤズダギルドⅢ世のノウルーズをもとにして、閏を置かない、1 年を 365 日とする船乗りたちの暦によって、先に提示した諸史料に記された船乗りたちのノウルーズが西暦でいつにあたるのかを確認すると、スルタン＝アシュラフの農事暦に記載されたノウルーズは西暦1269-1271年1月8日になり、イブン・マージドの航海詩に見えるノウルーズは西暦1488年11月14日となり、『航海科学』のノウルーズは西暦1511年11月9日であることが認められるのである。

このように、船乗りたちの暦におけるノウルーズは、太陽年と比して、4年にほぼ1日ずつ早くなることとなっていた。そのため、スライマーンが提示した、船乗りたちの暦にもとづく航海時期（表【ヒジュラ暦917年の航海時期】の『航海科学』記載の航海時期）は、それが所収された『航海科学』の執筆年であるヒジュラ暦917年、およびこのヒジュラ暦917年のノウルーズと同じノウルーズのヒジュラ暦908-910（西暦1508-1510）年の4年間の航海にのみ合致するものであって[11]、他の時代の船乗りたちがスライマーンの示したこの航海時期をそのまま自分たちの航海時期として利用することはできなかった。なぜならば、4年に1日ずつ早くなるということは、80年でほぼ20日早くなることになるからであり、たとえば、『航海科学』所収のヒジュラ暦917年の航海時期と、その80年後のヒジュラ暦997年の航海時期とでは、単純に計算して、おおよそ20日間ものずれが発生するからであった。このことは、スライマーンが提示した航海時期の末尾に「これ（航海時期）は、われわれの時代のものである」と付記していることからもわかる（Sulaymān *ʻUmda,* f.41r）。つまり『航海科学』記載の航海時期、すなわちヒジュラ暦917年の航海時期は、けっして恒常的で不変なものではなく、むしろ他の時代にはずれが生じるため、そのままでは転用できないことを示唆しているのである。したがって、実際の航海に適する時期は、自然界における季節風の吹きつけがほとんど変化しないために、年ごとに大きく移り変わることはないものの、その一方で船乗りたちが航海時期を判断するために用いていた暦のうえでは、彼らの航海時期はけっして一定ではなく、むしろ年ごとに移り変わっていたのである。

それでは、船乗りたちは4年に1日ずつ早くなってゆくノウルーズのずれをどのようにして修正していたのであろうか。先述したように、船乗りたちの暦は、閏を置かない、1年を365日とする暦であった。そのため、イブン・マージドが航海詩を著したヒジュラ暦893年のノウルーズは11月14日であったが、スライマーンの『航海科学』の著作年であるヒジュラ暦917年にはノウルーズは11月9日となり、両者のノウルーズには5日のずれが発生することとなるのである。ティベッツによれば、イブン・マージドやスライマーンはいずれもこのずれについて何ら言及していないものの、このずれを定期的に調整していたと考えられるという（Tibbetts 1981, 362）。船乗りたちがノウルーズのずれを認識していたことは、すでに確認したように、ノウルーズをヒジュラ暦のなかでいつにあたるのか対応させていたことからも明かである。しかしながら船乗りたちが定期的に調整していたはずとはいえ、詳しい調整法など具体的なところは今のところわかっていないのである。

また、船乗りたちの暦による航海時期の設定には、別の問題もあった。表【ヒジュラ暦917年のインド洋航海時期】の「ユリウス暦による航海時期」は、同表の船乗りたちの暦によって表された「『航海科学』記載の航海時期」をユリウス暦で表したものである[12]。ユリウス暦を用いたのは、スライマーンが著した暦に関する論考において、ヒジュラ暦やコプト暦などとならんで、ユリウス暦が言及されていることから（Sulaymān *Risāla*,f. 3r）、スライマーン自身がユリウス暦に関して相当程度の知識を有し、そしてそれゆえにスライマーンが、彼ら船乗りたちの暦にもとづいた航海時期を、ユリウス暦によって認識することができたと考えられるからである。

しかしながら、この「ユリウス暦による航海時期」によって、ヒジュラ暦917年の航海時期を検討してみると、それは実際の自然の推移と比べて、ずれが生じていた可能性が高いことがわかる。なぜならば、ユリウス暦は実際の太陽年と比較してみると、以下に示すように、ユリウス暦の1年が太陽年の1年よりもわずかに長いからである。

太陽年：365.24219879…日／1年

ユリウス暦：365.25日／1年

グレゴリー暦：365.2425…日／1年

ユリウス暦と太陽年の差：約 0.0078 日／ 1 年

グレゴリー暦と太陽年の差：約 0.0003 日／ 1 年[13]

このように、ユリウス暦の方が実際の太陽年よりも 1 年間でおよそ 0.0078 日長いのである。1 年の単位ではさほど差は認められないものの、たとえば 128 年が経過すると約 1 日、さらに 1280 年で約 10 日の遅れが実際の 1 太陽年と比して生じることとなる[14]。この結果、スライマーンがインド洋を航海していたヒジュラ暦 917/ 西暦 1511 年の段階では、太陽年と比して、10 日ほど遅れていたということになる[15]。つまり仮に、スライマーンが、船乗りたちが用いる暦で表した「『航海科学』記載の航海時期」をユリウス暦でとらえ直すことができたとしても、それはヒジュラ暦 917 年の時点において実際の航海に適する時期よりもおおよそ 10 日も遅れていたという大きな問題が生じていたことになるのである。

そこでユリウス暦よりも、より太陽年に近く誤差の少ないグレゴリー暦で「『航海科学』記載の航海時期」を改めて計算してみる。西暦 1582 年に制定されたグレゴリー暦は太陽年の 1 年で約 0.0003 日長いだけであり、これは 10000 年で 3 日の遅れを生ずるにすぎない。したがって、先に計算した「ユリウス暦による航海時期」の値に 10 日間を加えて算出することによって、より誤差の少ない値を導き出せるのであり、表中の「グレゴリー暦による航海時期」がそれである。この「グレゴリー暦による航海時期」が、「『航海科学』記載の航海時期」を、太陽年にしたがって移り変わる自然の推移にもとづいて、暦の上での誤差がもっとも少なくなるように表したものである。ただし、すでに記したように、グレゴリー暦は西暦 1582 年に制定されたものであり、ヒジュラ暦 917 年は西暦 1511 年なので、スライマーンは当然、グレゴリー暦による暦の調整をいまだ知らないのである。したがって、より太陽年に近いグレゴリー暦で表したこの航海時期はあくまでも仮定の話であって、船乗りたちが彼らの暦によって設定した実際のヒジュラ暦 917 年の航海時期が、このグレゴリー暦による航海時期のように、より太陽年に近い誤差の少なくなるように調整されていたのかは、不明なのである。いずれにせよ明らかなことは、船乗りたちの暦によって表された、ヒジュラ暦917年時点における「『航海科学』に記載された航海時期」は、仮にそのまま何ら修正されずに適用されていたとするならば、実際の自然の推移と比して、おおよそ10日も遅れていたということになるのである。

むすびにかえて

インド洋の船乗りたちは風を空気の波立ちととらえ、彼らが用いる32羅針盤方位によってその風向を認識し、風が吹きつける時期を重要視していた。船乗りたちは、カウス風（南西季節風）とアズヤブ風（北東季節風）という二つの季節風を利用し、インド洋を安全かつ確実に往来するための航海時期を設定していた。船乗りたち設定していた航海時期は、4年に1日ずつ早くなるものであった。そのため、本稿で考察したスライマーンの『航海科学』に記載されたヒジュラ暦917年の航海時期はそのまま他の時代の航海時期に転用することはできず、この意味においてインド洋の航海時期は、船乗りたちの暦のうえではいつの時代も不変ではなく、時間と共に移り変わってゆくものであった。また、『航海科学』に記載されたヒジュラ暦917年の航海時期を、スライマーンがその知識を有していたと考えられるユリウス暦によって表すと、ヒジュラ暦917年の時点でそれは、太陽年にもとづく自然の推移と比して、おおよそ10日も遅れていたことが明らかとなった。つまり、船乗りたちの暦にしたがって航海時期を設定すると、ヒジュラ暦917年の時点で実際に航海に適した時期よりもおおよそ10日も遅れていたことになるのである。この10日もの遅れが、ヒジュラ暦917年におこなわれた航海にどれほどの影響を及ぼしたのかは不明であるものの、季節の推移に応じて風向を変える季節風に依拠して航海がなされる以上、船乗りたちはこの10日程度の遅れを敏感に察知していたはずなのである。

いずれにせよ、前近代のインド洋の船旅におけるもっとも重要な要素の一つである風に関する以上の考察から、ポルトガル来航期のインド洋におけるアラブの航海技術が、風の認識や風向あるいは風量などに関わる気象学、季節風と航海に関連する海洋学、そして暦に関わる天文学や暦学などといった、実にさまざまな学問領域から形成されていたことが確認できた。ポルトガル来航期のインド洋を縦横に往還していたアラブの船乗りたちは、きわめて高度で知的な技術を有していたのである。

表：ヒジュラ暦 917 年の航海時期

番号	出航地	目的地	『航海科学』記載の航海時期	ユリウス暦による航海時期	グレゴリー暦による航海時期
1	アデン	グジャラート	120日目-170日目	3月8日-4月27日	3月18日-5月7日
		コンカン	120日目-170日目	3月8日-4月27日	3月18日-5月7日
2	シフル	グジャラート	140日目	3月28日	4月7日
		コンカン	130日目	3月18日	3月28日
		マラバール	120日目	3月8日	3月18日
3	ズファール	グジャラート	90日目	2月7日	2月17日
		コンカン	90日目	2月7日	2月17日
		マラバール	90日目	2月7日	2月17日
4	東アフリカ	グジャラート	150日目	4月7日	4月17日
		ミシュカース	160日目	4月17日	4月27日
		ハイリージュ	160日目	4月17日	4月27日
		シフル	160日目	4月17日	4月27日
		アデン	160日目	4月17日	4月27日
5	グジャラート	マラッカ	120日目-160日目	3月8日-4月17日	3月18日-4月27日
		スマトラ	120日目-160日目	3月8日-4月17日	3月18日-4月27日
		タナーシル	120日目-160日目	3月8日-4月17日	3月18日-4月27日
		ベンガル	120日目-160日目	3月8日-4月17日	3月18日-4月27日
7	コンカン	マラッカ	130日目-170日目	3月18日-4月27日	3月28日-5月7日
		スマトラ	130日目-170日目	3月18日-4月27日	3月28日-5月7日
		タナーシル	130日目-170日目	3月18日-4月27日	3月28日-5月7日
		マルタバーン	130日目-170日目	3月18日-4月27日	3月28日-5月7日
		ペグー	130日目-170日目	3月18日-4月27日	3月28日-5月7日
8	マラバール	マラッカ	150日目	4月7日	4月17日
		スマトラ	150日目	4月7日	4月17日
		タナーシル	150日目	4月7日	4月17日
		マルタバーン	150日目	4月7日	4月17日
		ベンガル	150日目	4月7日	4月17日

9	モルディブ諸島	マラッカ	150日目	4月7日	4月17日
		スマトラ	150日目	4月7日	4月17日
		タナーシル	150日目	4月7日	4月17日
		マルタバーン	150日目	4月7日	4月17日
		ベンガル	150日目	4月7日	4月17日
10	シフル	マラッカ	100日目	2月17日	2月27日
		スマトラ	100日目	2月17日	2月27日
		タナーシル	100日目	2月17日	2月27日
		マルタバーン	100日目	2月17日	2月27日
		ベンガル	100日目	2月17日	2月27日
11	ズファール	マラッカ	100日目	2月17日	2月27日
		スマトラ	100日目	2月17日	2月27日
		タナーシル	100日目	2月17日	2月27日
		マルタバーン	100日目	2月17日	2月27日
		ベンガル	100日目	2月17日	2月27日
12	マスカト	マラッカ	120日目	3月8日	3月18日
		スマトラ	120日目	3月8日	3月18日
		マレー半島西岸	120日目	3月8日	3月18日
		ベンガル	120日目	3月8日	3月18日
13	ザイラウ	シフル	210日目	6月6日	6月16日
		ミシュカース	210日目	6月6日	6月16日
14	ベルベラ	シフル	210日目	6月6日	6月16日
		ミシュカース	210日目	6月6日	6月16日
15	アデン	ホルムズ	180日目-190日目	5月7日-5月17日	5月17日-5月27日
16	グジャラート	アラビア半島	330日目-130日目、140日目	10月4日-3月18日、3月28日	10月14日-3月28日、4月7日
17	グジャラート	カルハート	300日目-150日目	9月4日-4月7日	9月11日-4月17日
		マスカト	300日目-150日目	9月4日-4月7日	9月11日-4月17日
		ホルムズ	300日目-150日目	9月4日-4月7日	9月11日-4月17日
18	コンカン	アラビア半島	340日目-130日目	10月14日-3月18日	10月24日-3月28日
19	コンカン	ホルムズ	340日目-140日目	3月28日	4月7日
20	ホルムズ（沿岸航行）	アラビア半島	330日目-90日目	10月4日-2月6日	10月14日-2月16日
21	ホルムズ（大洋航行）	アラビア半島	330日目-120日目	10月4日-3月8日	10月14日-3月18日

22	グジャラート	東アフリカ	アズヤブ風の開始 -80日目	？-1月27日	？-2月6日
23	ベンガル	アデン	40日目-70日目	12月19日-1月18日	12月29日-1月28日
		メッカ	40日目-70日目	12月19日-1月18日	12月29日-1月28日
		ホルムズ	40日目-70日目	12月19日-1月18日	12月29日-1月28日
		コロマンデル	40日目-90日目	12月19日-2月7日	12月29日-2月17日
		スリランカ	40日目-90日目	12月19日-2月7日	12月29日-2月17日
24	マラッカ	メッカ	40日目-70日目	12月19日-1月18日	12月29日-1月28日
		アデン	40日目-70日目	12月19日-1月18日	12月29日-1月28日
		ホルムズ	40日目-70日目	12月19日-1月18日	12月29日-1月28日
		コロマンデル	40日目-90日目	12月19日-2月7日	12月29日-2月17日
		シーラーン	40日目-90日目	12月19日-2月7日	12月29日-2月17日
25	タナーシル	メッカ	40日目-70日目	12月19日-1月18日	12月29日-1月28日
		アデン	40日目-70日目	12月19日-1月18日	12月29日-1月28日
		ホルムズ	40日目-70日目	12月19日-1月18日	12月29日-1月28日
26	マルタバーン	メッカ	40日目-70日目	12月19日-1月18日	12月29日-1月28日
		アデン	40日目-70日目	12月19日-1月18日	12月29日-1月28日
		ホルムズ	40日目-70日目	12月19日-1月18日	12月29日-1月28日
27	スマトラ	メッカ	20日目-80日目	11月29日-1月28日	12月9日-2月7日
		アデン	20日目-80日目	11月29日-1月28日	12月9日-2月7日
		ホルムズ	20日目-80日目	11月29日-1月28日	12月9日-2月7日
28	スマトラ	ベンガル	90日目-140日目	2月7日-3月28日	2月17日-4月7日
29	タナーシル	ベンガル	90日目-140日目	2月7日-3月28日	2月17日-4月7日
30	モルディブ諸島	アデン、アラビア半島	ノウルーズ -110日目	11月9日-2月27日	11月19日-3月8日
		グジャラート	ノウルーズ -120日目	11月9日-3月8日	11月19日-3月18日
		コンカン	ノウルーズ -120日目	11月9日-3月8日	11月19日-3月18日
31	ディウル・アルシンド	アラビア半島	ノウルーズ -90日目	11月9日-2月8日	11月19日-2月18日
32	マリンディ	マダガスカル島	70日目-90日目	1月18日-2月8日	1月28日-2月18日
33	キルワ	スファーラ	ノウルーズ -50日目	11月9日-12月29日	11月19日-1月8日
34	スファーラ	キルワ	150日目-180日目	4月7日-5月7日	4月17日-5月17日

35	メッカ	マラバール	270日目	8月5日	8月15日
		コンカン	270日目	8月5日	8月15日
		グジャラート	270日目	8月5日	8月15日
		ホルムズ	270日目	8月5日	8月15日
36	サワーキン	マラバール	270日目	8月5日	8月15日
		コンカン	270日目	8月5日	8月15日
		グジャラート	270日目	8月5日	8月15日
37	ザイラウ	グジャラート	280日目	8月15日	8月25日
		コンカン	280日目	8月15日	8月25日
		マラバール	280日目	8月15日	8月25日
		ホルムズ	280日目	8月15日	8月25日
38	ベルベラ	グジャラート	280日目	8月15日	8月25日
		コンカン	280日目	8月15日	8月25日
		マラバール	280日目	8月15日	8月25日
		ホルムズ	280日目	8月15日	8月25日
39	アデン	マラバール	280日目	8月15日	8月25日
		コンカン	280日目	8月15日	8月25日
		グジャラート	280日目	8月15日	8月25日
40	シフル	マラバール	300日目	9月4日	9月14日
		コンカン	300日目	9月4日	9月14日
		グジャラート	300日目	9月4日	9月14日
41	ミシュカース	マラバール	300日目	9月4日	9月14日
		コンカン	300日目	9月4日	9月14日
		グジャラート	300日目	9月4日	9月14日
42	ズファール	ムナイバール	300日目	9月4日	9月14日
		コンカン	300日目	9月4日	9月14日
		グジャラート	300日目	9月4日	9月14日
		ホルムズ	300日目	9月4日	9月14日
43	ファルタク	ホルムズ	300日目	9月4日	9月14日
44	アデン	ホルムズ	290日目	8月25日	9月4日

45	カルハート	グジャラート	300日目	9月4日	9月14日
		コンカン	300日目	9月4日	9月14日
		インドのすべて	300日目-180日目	9月4日-5月7日	9月14日-5月17日
46	マスカト	グジャラート	300日目-170日目	9月4日-4月27日	9月14日-4月7日
		コンカン	300日目-170日目	9月4日-4月27日	9月14日-4月7日
		インドのすべて	300日目-180日目	9月4日-5月7日	9月14日-5月17日
47	アデン	マラッカ	270日目	8月5日	8月15日
		スマトラ	270日目	8月5日	8月15日
		タナーシル	270日目	8月5日	8月15日
		マルタバーン	270日目	8月5日	8月15日
		ベンガル	270日目	8月5日	8月15日
48	シフル	マラッカ	280日目	8月15日	8月25日
		スマトラ	280日目	8月15日	8月25日
		タナーシル	280日目	8月15日	8月25日
		マルタバーン	280日目	8月15日	8月25日
		ベンガル	280日目	8月15日	8月25日
49	ミシュカース	マラッカ	280日目	8月15日	8月25日
		スマトラ	280日目	8月15日	8月25日
		タナーシル	280日目	8月15日	8月25日
		マルタバーン	280日目	8月15日	8月25日
		ベンガル	280日目	8月15日	8月25日
50	グジャラート	マラッカ	300日目	9月4日	9月14日
		スマトラ	300日目	9月4日	9月14日
		タナーシル	300日目	9月4日	9月14日
		ベンガル	300日目	9月4日	9月14日
51	コンカン	マラッカ	305日目	9月9日	9月19日
		スマトラ	305日目	9月9日	9月19日
		ベンガル	305日目	9月9日	9月19日
		タナーシル	305日目	9月9日	9月19日

52	マラバール	マラッカ	305日目	9月9日	9月19日
		スマトラ	305日目	9月9日	9月19日
		タナーシル	305日目	9月9日	9月19日
		マルタバーン	305日目	9月9日	9月19日
		ベンガル	305日目	9月9日	9月19日
53	モルディブ	マラッカ	305日目、310日目	9月9日、9月14日	9月19日、9月24日
		スマトラ	305日目、310日目	9月9日、9月14日	9月19日、9月24日
		タナーシル	305日目、310日目	9月9日、9月14日	9月19日、9月24日
		マルタバーン	305日目、310日目	9月9日、9月14日	9月19日、9月24日
		ベンガル	305日目、310日目	9月9日、9月14日	9月19日、9月24日
54	コロマンデル	マレー半島西岸	315日目	9月19日	9月29日
55	東アフリカ	ホルムズ	290日目	8月25日	9月4日
56	東アフリカ	モルディブ	310日目	9月14日	9月24日
57	ムガディシュ	モルディブ	310日目	9月14日	9月24日
58	東アフリカ	ズファール	315日目	9月19日	9月29日
		ミシュカース	315日目	9月19日	9月29日
		ハイリージュ	315日目	9月19日	9月29日
		シフル	315日目	9月19日	9月29日
		アデン	315日目	9月19日	9月29日

典拠：Sulaymān al-Mahrī, *'Umdat al-Mahrīya fī Ḍabṭ al-'Ilm al-Baḥrīya*, ff.38r.-58r.

参考文献

De Blois, F. 2000: "TA'RĪKH", *E.I.2nd*, Ⅹ ,pp. 257-264.

Ferrand, G. *Instructions nautiques et routers arabes et portugais des XVe et XVIe siècles,* 3vols., Paris, 1921-1928.

Findlay, A. G. 1882: *Sailing Directory for the Indian Ocean*,4th ed., London.

al-Fīrūzābādī *al-Qāmūs al-Muḥīṭ* , 4vols., al-Qāhira, n.d.

Hydrographic Department, Admiralty 1955:*Red Sea and Gulf of Aden Pilot*, 10th ed.,London.

Ibn Mājid *al-Qiblat al-Islām fī Jāmi' al-Dunyā* in Ferrand, G., *Instructions nautiques*, tome.I, ff.128r-137r.

Ibn Manẓūr *Lisān al-'Arab*, 15vols., Dar Sader, Beirut,n.d.

Ibn al-Mujāwir *Ṣifat Bilād al-Yaman wa Makka wa Ba'ḍ al-Ḥijāz al-Musammāt al-Ta'rīkh al-Mustabṣir (Descriptio Arabiae Meridionarlis)*, ed. O. Löfgren, 2vols., Leiden, 1951–1954.

Lettinck, P. 1999: *Aristotle's Meteorology and Its Reception in the Arab World*,Brill,Leiden/ Boston/K öln.

al-Mas'ūdī *Murūj al-Dhahab wa Ma'ādin al-Jawhar*, 7vols., Publications de l'université libanaise, Bairut,1965-1979.

308

Taqizadeh, S. H. 1937–1939, 1940–1942: "Various Eras and Calenders Used in the Countries of Islam", *BSOAS*, vol.9, pp. 903–933; vol. 10, pp. 107–1132.

Taqizadeh,S.H. 1991: " DJALĀLĪ",*E.I.,2nd*, Ⅱ ,pp. 397–400.

Tomczak,Mattias & Godfrey,J.Stuart 1994: *Regional Oceanography:An Introduction*, Pergamon, London.

Sulaymān al-Mahrī *Minhāj al-Fākhir fī 'Ilm al-Baḥr al-Zākhir*, in Ferrand,G., *Instructions nautiques*, tome. II, ff. 59r.-92v.

Sulaymān al-Mahrī *Risālat Qilādat al-Shumūs wa Istakhraj Qawā'id alUsūs,* in Ferrand,G., *Instructions nautiques*, tome.II, ff.1v-3v.

Sulaymān al-Mahrī *Tuḥfat al-Fuḥūl fī Tamhīd al-Uṣūl*, in Ferrand, G., *Instructions nautiques*, tome. II, ff. 4v.-11r.

Sulaymān al-Mahrī *'Umdat al-Mahrīya fī Ḍabṭ al-'Ilm al-Baḥrīya*, in Ferrand, G., *Instructions nautiques*, tome. II, ff. 11r.-58r.

Tibbetts, G. R. 1981: *Arab Navigation in the Indian Ocean before the Coming of the Portuguese*, London: The Royal Asiatic Society of Great Britain and Ireland.

al-'Umarī, Shihāb al-Dīn Ibn al-Faḍl *Masālik al-Abṣār fī Mamālik al-Amṣār*,ed.Kāmil Salmān al-Jubūrī, Mahdī al-Najim, 15vols., Dār al-Kutub al-'Ilmīya,Lubnān, 2010.

Varisco, D. M. 1994: *Medieval Agriculture and Islamic Science: the Almanac of A Yemeni Sultan*, Washington.

al-Zabīdī *Tāj al-'Arūs*,vol.1-21, Kuwait Government Press, Kuwait, 1965–1984.
上岡弘二，家島彦一　1979:『インド洋西海域における地域間交流の構造と機能――ダウ調査報告 2』東京外国語大学アジア・アフリカ言語文化研究所。
上田雄　2009:『文化系のための暦読本　古今東西の暦の「謎」を読む』彩流社。
栗山保之　2012：『海と共にある歴史――イエメン海上交流史の研究』中央大学出版部。
鈴木敬信　1991:『改訂・増補　天文学辞典』地人書館。
松山優治　2000:「モンスーンの卓越するインド洋」『海のアジア　モンスーン文化圏』（尾本恵市・濱下武志・村井吉敬・家島彦一編）岩波書店。
家島彦一　1991:『イスラム世界の成立と国際商業―国際商業ネットワークの変動を中心に』岩波書店。
家島彦一　1996:『海が創る文明―インド洋海域世界の歴史』朝日新聞社。
家島彦一　2006:『海域から見た歴史―インド洋と地中海を結ぶ交流史』名古屋大学出版会。
和達清夫（監修）　1987:『海洋大事典』東京堂出版。
渡邊敏夫　2012:『暦入門――暦のすべて』雄山閣。

註

1　引用した史料において、（　）は同意語を示し、［　］は達意のための筆者による挿入を示す。以下同様。

2　インド洋の航海技術者イブン・マージドIbn Mājidの航海技術書（*Kitāb al-Fawā'id fī Uṣūl 'Ilm al-Baḥr wa al-Qawā'id*）を英訳したティベッツは、その翻訳をもとにアラブの航海技術の詳細を論じており、インド洋の航海技術を検討するうえで有用な研究である（Tibbetts 1981）。

3　家島の海域史研究はきわめて多岐にわたっているため、ここにすべてを記すことはできないが、是非とも参照すべき研究を挙げるならば、（家島 1991; 家島 1996; 家島 2006）の各研究書が非常に有用である。とくにモンスーンあるいはモンスーンを利用した航海時期、海上貿易などを論じた研究（家島 2006, 42–73）は家島の長年にわたる現地調査（1974–1984 年）にもとづいており、きわめて具体的である。また、（上岡，家島 1979）は上記現地調査の一部分をまとめた報告であるが、東アフリカのモンバサにある Dhow Port Office のダウ出入港記録を整理した資料や多数の写真が収録されており大変に貴重であるので、併せて参照されたい。

4　スライマーン、および彼の著作については、とりあえず（栗山 2012, 308–312）を参照のこと。

5　気象学では、空気は暖められると膨らんで密度が薄く軽くなって上昇し、反対に冷たい空気は密度が濃く重くなるため、暖かい空気と冷たい空気が出会うと、冷たい空気は重いために暖かい空気の下に入り込み、この時の空気の動きが風であるとしている。冷気が風の発生要因であるとスライマーンが指摘したのはこのような現象ゆえである。

6　陸域をおもな生活圏とする一般的なアラブの風に関わる認識については、（Varisco 1994, 111–117 ; Lettinck 1999, 156–193）に詳しいが、前者は歴史学・人類学、後者は哲学・気象学の視点から風に関して言及している。

7　その他に、8 方位、12 方位、16 方位などによって風向を認識する場合もあった（al-ʿUmarī *Masālik* Ⅱ, 191; Varisco 1994, 112）。

8　この暦がいわゆるジャラーリー暦（al-Jalālī）と呼ばれる暦である（Taqizadeh 1991, 397–400; Varisco 1994, 73–74）。なお、置閏法はいまだ十分に明らかではなく、置閏周期の何年目に閏年を置いたのかは確かではないという（渡邊 2012, 43）。

9　太陽年とは、地球が太陽の周りを春分点に対して一周する周期（鈴木 1991, 404）。

10　本文で示したノウルーズについて、このヤズダギルドⅢ世の時代のノウルーズまで逆算して計算するといずれも 6 月 15 日になり、6 月 16 日とはならないが、6 月 15 日という日は天文学的に新月を計算する時に用いるものであり、実際には人びとの間で用いられるのは一日遅れの月光を初めて認めた 6 月 16 日となるため、6 月 16 日をノウルーズとしているのである。（渡邊 2012: 64）を参照せよ。

11　『航海科学』が執筆されたのはヒジュラ暦 917 年であり、それは西暦 1511 年にあたり、1511 年のノウルーズは西暦 1508 年から 1510 年まで 11 月 9 日となる。

12　1 年の長さを 365.25 日として 4 年に 1 回の閏日を置く太陽暦の一つで、今日も用いられている暦である（渡邊 2012, 45–47）。

13　太陽年、ユリウス暦、グレゴリー暦のそれぞれの 1 年間の日数および太陽年との差の値は（上田 2009, 61–63, 67–68）を参照した。

14　ユリウス暦が太陽年と比して遅れることに問題が生じたのは、キリスト教の重要な祝祭であるイースターとの関わりにおいてである。春分の日の後の最初の満月のつぎの日曜日がこのイースターにあたるため、春分がいつになるかがキリスト教にとって重要であった。そこで西暦 325 年のニケア公会議において春分は 3 月 21 日に固定された。しかしながら当時、キリスト教で採用されていたユリウス暦は太陽年よりも、1 年で 0.0078 日程度長いため、128 年では 1 日遅れることになり、その結果、グレゴリー暦が採用される西暦 1582 年の春分はユリウス暦で 3 月 11 日となり、実際の自然の推移と比して、10 日程度も遅れていたのである。

15　この自然界の推移とユリウス暦とのずれを解消するために、ユリウス暦を改暦して制定された暦が、グレゴリー暦である。すなわち、ローマ教皇グレゴリウス 13 世はこの 10 日のずれの問題を解決するために、1582 年 10 月 4 日の翌日を 10 月 15 日として、その間の 10 日間を削除し、さらに太陽年と暦との誤差を縮めるために、閏年の規定を変えたのである（上田 2009, 66–68）。

跋

本書は、慶應義塾大学言語文化研究所の公募研究（2010年4月～2012年3月）「前近代の地中海世界における旅をめぐる知的営為と記述」の成果の一部である。当初のメンバーは、岩波敦子、太田啓子、神崎忠昭、佐藤健太郎、関哲行、野元晋、藤井真生、堀江聡、森本一夫の各氏と長谷部史彦（代表）であり、途中から藤木健二氏が加わった。それぞれ熱心に研究会に参加し、旅とその記述という大テーマを中心としつつも、メンバーの中から「終末論三兄弟」と呼ばれる「花形役者」まで生み出し、議論は毎回夥しい広がりをみせ、一次・二次の夜宴へと舞台を移しても止めどがなかった。専攻や年齢を異にするヨーロッパ圏とイスラーム圏の研究者が垣根を取り払い、かしこまらないで言いたい放題に意見を交わせたことが何よりの成果であったと思われる。また、公開シンポジウムを含めて多くの知力漲る報告者諸氏をお招きし、さらなる拡充が実現した。このうち、栗山保之、櫻井康人、守川知子の各氏は、ありがたいことに力作論文もお寄せくださった。

2つの研究年度のはざまに、東日本大震災という未曽有のカタストロフが襲来した。その被害は未だ終息することなく、列島社会が抱えていた旧来の諸問題はさらに深刻なかたちで顕在化した。以下、本プロジェクトの活動概要を時系列的に示しておきたい。

2010年度

4月17日　第1回研究会

長谷部史彦「旅行記研究の可能性――中近世アラブ史の視座から」

6月13日　第2回研究会

関哲行著『旅する人びと』についての批評と討論（その1）

10月9日　第3回研究会

関哲行著『旅する人びと』についての批評と討論（その2）

11月27日　公開シンポジウム「地中海世界の旅人たち――中世から近世へ」

講演1　湯川武「中近世地中海地域のムスリムの旅人たち」

講演2　関哲行「中近世スペインの旅人たち――キリスト教徒、ユダヤ教徒、モリスコを例として」

コメント：三沢伸生、小澤実、佐藤健太郎、神崎忠昭

司会：長谷部史彦

12月22日　第4回研究会

栗山保之「インド洋世界における旅人・船旅・航海技術」

藤木健二「近世オスマン帝国における旅――旅行家エヴリヤ・チェレビーを中心に」

2011年

2月5日　第5回研究会

堀江聡「異境探訪――新プラトン主義者の足跡を訪ねて」

橋川裕之「ビザンツ世界における旅とその記述」

2011年度

5月28日　第1回研究会

藤井真生「エネア・シルヴィオ・ピッコローミニと『ボヘミア史』」

太田啓子「ファフド家と学問の旅――16世紀メッカのウラマーと知のあり方」

7月16日　第2回研究会

森本一夫「ナーセル・ホスロウの『旅行記』をめぐって」
岩波敦子「写本の旅、学知の旅――中世ヨーロッパにおける天文学の伝播」

10月15日　第3回研究会
神崎忠昭「修道士ラウール・グラベル（980年頃―1046年以降）の〈世界〉――住んだ世界、見た世界、聞いた世界、そして前提となる世界」
野元晋「空間の旅から異世界の旅へ、そして時間の旅へ
――イスマーイール派思想家のクルアーン解釈から：
アブー・ハーティム・ラーズィーを中心として」

11月12日　第4回研究会
図師宣忠「中世南フランスにおける〈異端〉追跡と審問記録」
守川知子「地中海を旅した二人の改宗者
――イラン人カトリック信徒とアルメニア人シーア派ムスリム」

2012年
1月21日　第5回研究会
櫻井康人「越境する人びと
――フランク人とムスリムとの〈結婚〉を中心に」
佐藤健太郎「17世紀モリスコの旅行記
――ハジャリーのイスラーム再確認」

擱筆にあたって、本公募研究の準備・遂行と本書刊行について御支援を賜った言語文化研究所の故中川純男元所長、岩波敦子前所長、西村太良現所長、事務面でご助力いただいた同研究所の重盛千絵さん、高木真千子さん、鎌倉美保さん、そして、編集作業を一手にお引き受けくださった慶應義塾大学出版会の宮田昌子さんに深謝申し上げたい。

執筆者略歴（執筆順）

関　哲行（せき　てつゆき）
1950 年生まれ。上智大学大学院文学研究科博士課程単位取得退学。現在、流通経済大学社会学部教授。専攻は、中近世スペイン史。主著に『スペインのユダヤ人』（山川出版社、2003 年）、『スペイン巡礼史――「地の果ての聖地」を辿る』（講談社現代新書、2006 年）、『旅する人びと』（岩波書店、2009 年）などがある。

佐藤健太郎（さとう　けんたろう）
1969 年生まれ。東京大学大学院人文社会系研究科博士課程修了。博士（文学）。現在、北海道大学大学院文学研究科准教授。専攻は、マグリブ・アンダルス史。主著に関哲行・立石博高・中塚次郎編『世界歴史大系　スペイン史 1　古代～近世』（共著、山川出版社、2008 年）、私市正年・佐藤健太郎編『モロッコを知るための 65 章』（共編著、明石書店、2007 年）などがある。

藤井真生（ふじい　まさお）
1973 年生まれ。京都大学大学院文学研究科博士課程研究指導認定退学。博士（文学）。現在、静岡大学人文社会科学部准教授。専攻は、中世チェコ史。著書に『中世チェコ国家の誕生――君主・貴族・共同体』（昭和堂、2014 年）、主要論文に「中世チェコにおけるアルコール飲料――都市とビールの結びつき」（白幡洋三郎・錦仁・原田信男編『都市歴史博覧――都市文化のなりたち・しくみ・たのしみ』笠間書院、2011 年）などがある。

岩波敦子（いわなみ　あつこ）
1962 年生まれ。ベルリン自由大学博士課程修了。Dr.phil. 現在、慶應義塾大学理工学部教授。専攻は、ヨーロッパ中世史。主著に *"memoria et oblivio. Die Entwicklung des Begriffs memoria in Bischofs- und Herrscherurkunden des Hochmittelalters"*（Berlin, 2004）、『誓いの精神史　中世ヨーロッパの〈ことば〉と〈こころ〉』（講談社選書メチエ、2007 年）、『精神史における言語の創造力と多様性』（納富信留・岩波敦子編著、慶應義塾大学出版会、2008 年）などがある。

神崎忠昭（かんざき　ただあき）
1957 年生まれ。慶應義塾大学大学院文学研究科博士課程単位取得満期退学。現在、慶應義塾大学文学部教授。専攻は、西洋教会史。主要論文に「『ヴェッティヌスの幻視 *Visio Wettini*』について――中世ヨーロッパにおける夢の役割」（『慶應義塾大学言語文化研究所紀要』26、1994 年）などがある。

藤木健二（ふじき　けんじ）
1976 年生まれ。慶應義塾大学大学院文学研究科後期博士課程単位取得退学。現在、慶應義塾大学文学部助教。専攻は、オスマン帝国史・中東都市社会史。主要論文に「18 世紀イスタンブルにおける靴革流通と靴革商組合」（『史学』82 巻 3 号、2013 年）などがある。

長谷部史彦（はせべ　ふみひこ）
1962 年生まれ。慶應義塾大学大学院文学研究科博士課程単位取得退学。現在、慶應義塾大学文学部教

授。専攻は、アラブ社会史。主著に『ナイル・デルタの環境と文明Ⅰ・Ⅱ』（編著、早稲田大学イスラーム地域研究機構、2012–13年）、『中世環地中海圏都市の救貧』（編著、慶應義塾大学出版会、2004年）、佐藤次高編『西アジア史Ⅰ　アラブ』〈新版世界各国史8〉（共著、山川出版社、2002年）などがある。

櫻井康人（さくらい　やすと）
1971年生まれ。京都大学大学院文学研究科博士課程研究指導認定退学。博士（文学）。現在、東北学院大学文学部教授。専攻は、十字軍史・十字軍国家史。主要論文に、「エルサレム王国における『他者』との結婚」（渡辺昭一編『ヨーロピアン・グローバリゼーションの歴史的位相——「自己」と「他者」の関係史』勉誠出版、2013年）、「マルシリオ・ゾルジの『報告書』に見るフランク人の現地人支配」（『史潮』新74号、2013年）などがある。

太田啓子（おおた　けいこ）
1972年生まれ。お茶の水女子大学大学院人間文化研究科博士後期課程修了。博士（人文科学）。現在、公益財団法人 東洋文庫・若手研究員。専攻は、アラブ史。主要論文に "The Meccan Sharifate and its diplomatic relations in the Bahri Mamluk period," *Annals of Japan Association for Middle East Studies* 17/1, 2002、「メッカ・シャリーフ政権と紅海貿易——中継港ジッダの興隆とマムルーク朝の対ヒジャーズ政策」（博士論文・お茶の水女子大学大学院人間文化研究科、2008年3月提出）などがある。

森本一夫（もりもと　かずお）
1970年生まれ。テヘラン大学人文学部博士課程中退。博士（文学）。現在、東京大学大学院情報学環准教授（東洋文化研究所兼任）。専攻は、イスラーム史、イラン史。主著に *Sayyids and Sharifs in Muslim Societies: The Living Links to the Prophet* (London & New York: Routledge, 2012; 編著)、『聖なる家族——ムハンマド一族』（山川出版社、2010）などがある。

守川知子（もりかわ　ともこ）
1972年生まれ。京都大学大学院文学研究科博士後期課程研究指導認定退学。博士（文学）。現在、北海道大学大学院文学研究科准教授。専攻は、西アジア史、イラン社会史。主著に『シーア派聖地参詣の研究』（京都大学学術出版会、2007年）などがある。

栗山保之（くりやま　やすゆき）
1968年生まれ。中央大学大学院文学研究科博士課程退学。博士（史学）。現在、東洋大学文学部非常勤講師。専攻は、イエメン史・インド洋海域史。主著に『海と共にある歴史——イエメン海上交流史の研究』（中央大学出版部、2012年）、論文「イエメン・ラスール朝時代のアデン港税関」（『東方学』210号、2010年）などがある。

地中海世界の旅人――移動と記述の中近世史

2014年3月31日　初版第1刷発行

編者――――長谷部史彦
著者――――関哲行・佐藤健太郎・藤井真生・岩波敦子・神崎忠昭・藤木健二・
長谷部史彦・櫻井康人・太田啓子・森本一夫・守川知子・栗山保之
発行所――――慶應義塾大学言語文化研究所
〒108-8345　東京都港区三田2-15-45
代表者――――西村太良
制作・発売所――――慶應義塾大学出版会株式会社
〒108-8346　東京都港区三田2-19-30
TEL〔編集部〕03-3451-0931
〔営業部〕03-3451-3584〈ご注文〉
〃　03-3451-6926
FAX〔営業部〕03-3451-3122
振替　00190-8-155497
http://www.keio-up.co.jp/
装丁――――耳塚有里
印刷・製本――――萩原印刷株式会社
カバー印刷――――株式会社太平印刷社

© 2014 Institute of Cultural and Linguistic Studies, Keio University

Printed in Japan　ISBN 978-4-7664-2129-3

慶應義塾大学言語文化研究所

アジアの文人が見た民衆とその文化

山本英史編著　哲学、歴史、文学の研究者が、前近代のアジア、アフリカ諸地域に遺された書物から、当時の知識人による民衆文化観を読み解く。言語文化研究の未来を拓く、9名の研究者による意欲的な論考集。

◎3300円

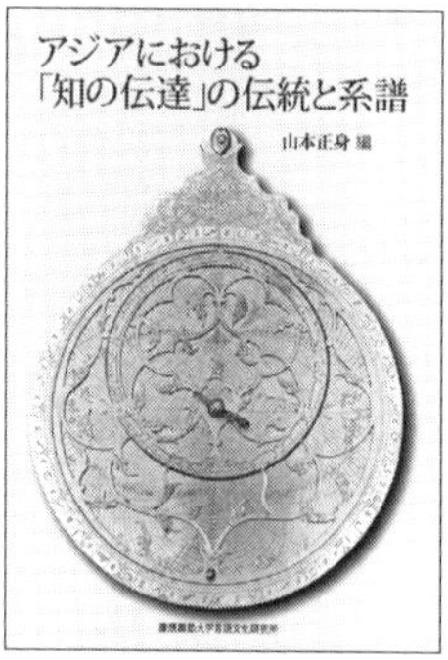

アジアにおける「知の伝達」の伝統と系譜

山本正身編　前近代のアジア、イスラーム世界には「知の伝達媒体」としてどのような「教育メディア」が存在したのか、そして「知の伝達」の営為にどのような影響を与えたのか。歴史・社会背景を踏まえ、新たな教育史像を再定義する。　◎3500円

表示価格は刊行時の本体価格(税別)です。